内容分析方法导论

（原书第2版）

The Content Analysis Guidebook 2ed

［美］金伯莉·纽恩多夫（Kimberly Neuendorf） 著

李 武 等译

重庆大学出版社

The Content Analysis Guidebook, Second Edition, by Kimberly A. Neuendorf.

English language edition published by SAGE Publications of London, Thousand Oaks, New Delhi and Singapore, Clark Moustakas, 2017.

内容分析方法导论。原书英文版由 SAGE 出版公司于 2017 年出版。版权属于 SAGE 出版公司。

本书简体中文版专有出版权由 SAGE 出版公司授予重庆大学出版社,未经出版者书面许可,不得以任何形式复制。

版贸核渝字(2017)第 20 号

图书在版编目(CIP)数据

内容分析方法导论(原书第 2 版)/(美)金伯莉·纽恩多夫
(Kimberly Neuendorf)著;李武等译. -- 重庆 :重庆大
学出版社,2020.12
(万卷方法)
书名原文:The Content Analysis Guidebook 2ed
ISBN 978-7-5689-2443-6

Ⅰ. ①内… Ⅱ. ①金… ②李… Ⅲ. ①社会科学—研
究方法 Ⅳ. ①C3

中国版本图书馆 CIP 数据核字(2020)第 201153 号

内容分析方法导论
(原书第 2 版)

The Content Analysis Guidebook 2ed

[美]金伯莉·纽恩多夫(Kimberly Neuendorf)著

李 武 等译

策划编辑:林佳木

责任编辑:林佳木　　版式设计:林佳木
责任校对:王　倩　　责任印制:张　策

*

重庆大学出版社出版发行
出版人:饶帮华
社址:重庆市沙坪坝区大学城西路 21 号
邮编:401331
电话:(023) 88617190　88617185(中小学)
传真:(023) 88617186　88617166
网址:http://www.cqup.com.cn
邮箱:fxk@ cqup.com.cn(营销中心)
全国新华书店经销
重庆升光电力印务有限公司印刷

*

开本:787mm×1092mm　1/16　印张:27　字数:574 千
2020 年 12 月第 1 版　2020 年 12 月第 1 次印刷
ISBN 978-7-5689-2443-6　定价:98.00 元

作者简介

金伯莉·A. 纽恩多夫（Kimberly A. Neuendorf）

密西根州立大学传播学博士，任教于克利夫兰州立大学传播学院，担任影视和交互媒体系主任和教授。开设有关电影、其他媒介和研究方法等系列课程。已发表 120 余篇期刊论文、图书章节和研究报告。目前的研究兴趣聚焦于弱势群体的媒介呈现形象、新媒介技术融合、媒介使用和情感与情绪管理的关系，以及有关动态图片内容的形式特征对受众反馈的影响。

保罗·D. 斯喀尔斯基（Paul D. Skalski，撰写第 7 章和资源列表 1）

克利夫兰州立大学传播学院副教授，于 2013 年去世。在克利夫兰州立大学完成硕士课程后，他于 2004 年在密歇根州立大学取得传播学博士学位，并于 2011 年取得克利夫兰州立大学终身教职。他的研究兴趣包括媒介效果和新技术采纳与使用，尤其关注视频游戏领域。他热爱学术，热爱生活。

朱莉·A. 卡基嘎斯（Julie A. Cajigas，撰写第 7 章和资源列表 1）

艾克朗大学传播学院的讲师。卡基嘎斯曾就职于商业公司和非营利组织，拥有十余年从事公共关系和社交媒体运营的实践经历。她在克利夫兰州立大学获得传播学硕士学位，研究兴趣包括社交媒体用户行为、社交媒体传播效果以及大众媒介中的种族刻板印象。除此之外，卡基嘎斯服务于克利夫兰乐团和合唱团已经十年有余。她和家人居住在俄亥俄州科普利乡。

杰夫瑞·"凤凰"·艾伦（Jeffery "Phoenix" Allen，撰写资源列表1）

克利夫兰州立大学应用传播理论和方法研究课程项目硕士研究生。2014年，他以优异的成绩在克利夫兰州立大学完成电影和数字媒体专业课程，取得学士学位。艾伦曾在美国陆军部队服役，是一名精密仪器测量和维修技术员。退役后他在一家私人企业从事计算机技术支持和维修工作。他目前的研究兴趣聚焦于用户的人格特征与其使用移动设备之间的关系，重点探索妨碍用户信息获取的相关干扰因素。业余时间，他喜欢钓鱼。

主译简介

李 武

北京大学传播学博士，上海交通大学媒体与传播学院副教授，数字传播与信息行为中心主任，开设"量化传播研究方法"和"信息行为理论"等相关课程。长期致力于与知识传播有关的在线行为议题研究（如开放存取、数字阅读和知识付费），试图深入理解互联网的发展如何改变人们获取、消费和分享知识的方式。截至目前，主持国家社科基金一般项目、国家社科基金青年项目、教育部人文社科项目和上海市社科基金项目等4项纵向项目。以独立作者或第一作者身份出版专著2本，译著3本，论文70余篇。研究成果曾获上海市哲学社会科学优秀成果二等奖、上海市信息资源管理青年杰出成果奖和全国编辑出版优秀论文奖等重要奖项。

前　言

在传播学、新闻学、社会学、心理学、商学和其他学科，内容分析法已有60多年的应用历史。作为一种方法，内容分析主要为科学领域的研究实践，然而其应用范畴已扩展到了诸如法律等领域。自20世纪70年代起，由于工作的原因，我接触了大量运用研究。从那时以来许多东西发生了改变，但有些东西至今仍然任，我们会使用计算机来组织和分析讯息，并利用相关软件快速地据统计分析。但是，研究人员在开展研究时对理论的关注仍然不够，同时研究流程的严谨性仍未得到有效提高。当前似乎存在着这样一种错误的看法，认为任何人都可以从事内容分析研究，哪怕没有接受过规范的方法训练，也没有做好充分的准备工作。哪些讯息研究才可以被称为"内容分析研究"？针对这个问题的回答，至今仍然存在着争议。因此，有必要对内容分析的规则做出明确的界定，同时明确开展这项量化研究方法的前提假设。

截至目前，我以编码员、项目主管、项目顾问或学术导师的身份参与的内容分析项目至少已有150项。通过这些研究经历，我对内容分析的操作流程和所能实现的目标已经非常熟悉。在研究工作中，我一直坚持将内容分析法置于传播学研究的核心，并致力于提升内容分析法的评价标准。对于此书，我抱有看似矛盾的写作目标——将以严谨著称的学术路向与以应用为主的实践路向进行有机结合，同时为学术研究和应用研究提供启发。资源列表1为读者提供了多种计算机文本分析软件的比较指南。另外，读者可以通过《内容分析方法导论在线版》(*CAGO*)查阅其他相关材料，包括抽样代码簿、编码表、字典库、参考文献，以及有关存档和计算机文本分析软件的更多信息(参见资源列表2)*。

本书的读者对象为传播学、社会学、心理学和其他社会科学的高年级本科生和研究生。本书对于相关领域的学者和从业者同样具有参考价值，比如市场营销、广告、新闻、电影、文学、公共关系、商科及其他关注讯息的产生、传播和影响的相关领域。

---

* 这是本书作者个人提供的网络资源，为英文网站，读者可根据关键词"The Content Analysis Guidebook Online"搜索查阅。——编者注

致　谢

本书是我 35 年来围绕内容分析法展开的研究和教学的结晶。我要对过去多年遇到的许多人报以最诚挚的谢意。

首先，我要特别感谢 Bradley S. Greenberg、已故的 Charles K. Atkin 和 M. Mark Miler。在密歇根州立大学求学期间，他们给予了我学习并精通内容分析法的机会。

与我在克利夫兰州立大学共事多年的 Leo Jeffres、David Atkin、Sue Hill 和已故的 Sid Kraus，他们对本书第一版的写作提供了诸多帮助。在修订第二版的过程中，其他同事（包括 Jill Rudd、Anup Kumar、Guowei Jian、Rick Pitchford 和已故的 Paul D. Skalski）也提供了非常重要的建议。在此，对这些同事深表谢意。

SAGE 出版社的专业人员对本书的出版也提供了很大的帮助。特别感谢 Matthew Byrnie（当我处于写作困难时期时，他表现得非常有耐心）和文字编辑 Amy Harris。

来自其他机构的学术同仁也加深了我对内容分析法的理解，他们为本书的再版工作慷慨地贡献了各自的知识。这些人包括：David Voelker、Tom Johnson、Julie Gajigas、Pam Shoemaker、Ben Bates、Ed Fink、Vish Vishwanath 以及 Limor Shifman。特别值得一提的是，统计学家 James Henderson 博士为本书第 6 章的写作做出了重要贡献，我将永远感谢他的慷慨帮助。此外，也感谢其他内容分析团体的成员，他们提供的帮助同样具有很好的启发作用。这些成员包括 James Pennebaker、Cindy Chung、Mike Thelwall、Joe Woelfel、Michael Young、Will Lowe、Cheryl Schonhardt-Bailey、David Fan、Sharon Smith、Cherie Chauvin、Kristen Harrison、George Barnett、Amy Jordan、Dale Kunkel、Jennifer Manganello、Matthew Lombard、Ulie Andsager 和已故的 Phil Stone。

特别感谢我的学生，如果没有他们的帮助，我不敢贸然将内容分析法运用到如此多的研究议题中。感谢 Jeffery "Phoenix" Allen、Jordan Tobin（博士）、Devin Kelly、Matt Egizii、Mu Wu、Ev Penev、Carolyn Kane、Serena Hendricks、Ben Gifford、Jeff Spicer、Rachel Campbell、Elizabeth Langdon、OlgaProminski、Alicia Romano、Amy Brown、Pete Lindmark、Kim Cooper、Mary Casey、David Kasdan、Bet-

tina Lunk Weber、Amy Dalessandro、Tom Gore、Patricie Janstova、Sharon Snyder-Su-
hy、Elizabeth Kenney、Ryan Weyls、Patinuch Wongthongsri、John Naccarato、Jeremy
Kolt、Amy Capwell Burns、Barb Brayack、Jean Michelson、Ann Marie Smith 和 James
Allen Ealy。最后,我也对 Dorian Neuendorf 认真细致的编辑工作致以最诚挚的
谢意。

目　录

主题框目录

定义内容分析法 1

引 言

作为量化研究方法之一，内容分析法备受欢迎，发展迅速。伴随着计算机应用和数字媒介领域的诸多进展，对讯息进行有组织的研究也更为快捷和方便了。当然，这并不意味着这些研究在质量上会"自动"提高。本书旨在介绍目前已有的对讯息进行内容量化分析的相关方法。

简而言之，内容分析法就是对讯息特征进行系统的、客观的和量化的分析。从实现方式的角度来看，该方法可分为人工编码分析和计算机辅助文本分析（Computer-aided text analysis，CATA）。从应用领域的角度来看，该方法可用于深入考察面对面的人际互动，分析各种媒介（从小说到网络视频）中出现的人物形象，利用计算机驱动技术探索新闻媒介以及政治演讲、广告、自媒体中的词汇运用，考察诸如视频游戏和社交媒体中出现的交互式内容，等等。

一直以来，内容分析法被广泛应用于各种研究和调查领域，包括被用于研究自然形成发展的语言（Markel，1998）、对温室效应的新闻报道（Miller，Boone，& Fowler，1992）、给编辑的来信（Perrin & Vaisey，2008）和电视中不同性别的人物特征刻画（Greenberg，1980）。内容分析法也经常被运用于非常具体的研究议题。比如，有学者利用该方法分析土耳其的小学数学教材（Özgeldi & Esen，2010）、印第安纳西北部的绿道计划（Floress et al.，2009）、在医患互动中由病人本人和陪同者提出的问题（Eggly et al.，2006）、已故和在世的公共知识分子的网页的点击情况（Danowski & Park，2009）、社交网站评论的情感倾向（Thelwall，Wilkinson，& Uppal，2010）。还有学者利用该方法对 19 世纪一位探险家在自杀前留下的作品进行语言学分析（Baddeley，Daniel，& Pennebacker，2011），对加拿大葡萄酒酿造厂网页的主题开展分析（Zhu，Basil，& Hunter，2009）。

通过内容分析方法，我们通常会得到所期望的结果，但经常也会有一些意想不到的研究发现。一项针对好莱坞女星面部特征的分析项目，基于婴儿脸在著名影视女星中流行的程度来预测经济发展的稳健时期（Pettijohn & Tesser，1999）。Johnson（1987）从临床语言治疗视角分析波基猪（*Porky Pig*）的语言和发音，发现在每集动漫中出现口吃的词汇量在 11.6% 和 51.4% 之间，同时出现口吃的数量与某些特定的行为（如眨眼、脸部露出奇怪的表情等）在统计学上有显著关联。Hirdes、Woods 和 Badzinski（2009）考察了一系列跟耶稣有关的商品销售所采用的说服性诉求手段。Atkinson 和 Herro（2010）通过研究，发现《纽约时报》在报道 Andre Agassi 这位网球明星时会更多地提及他的年纪——"年轻或年老"（相对于网球这项竞技性运动而言的，而非平时我们所谓的"年轻或年老"）。Wansink 和 Wansink（2010）对在过去一千年中所画的 52 幅《最后的晚餐》中所展示的食物和人物头部之间的比例关系进行分析，发现主食、面包和盘子的大小在过去的几百年间呈线性上升趋势。本书的第 9 章将为读者详细地介绍内容分析法所应用的领域，也就是内容分析法应用的主要"情境（contexts）"。但是，上面的几个例子已经足以告诉我们内容分析法可以应用于多个领域，只要研究者具有足够丰富的想象力，就能将其运用得更为广泛。

正如一项以用户对线上健康论坛的注意力为研究对象的项目（Pian，Khoo，& Chang，2014）所展示的，内容分析法可以跟其他测量方法相结合。在该研究中，作者利用眼动跟踪系统首先确定那些最能引起用户注意力的文本，然后利用内容分析法分析这些文本信息的类型和特征。Himelboim、McCreey 和 Smith（2013）则将内容分析法和网络分析方法进行有机结合，用于考察用户对 twitter 上跨意识形态政治见解的接触度。具体而言，他们首先在 twitter 上推出了 10 个具有争议性质的政治话题，然后确定用户的聚类情况（即确定具有高度关联关系的用户群体）；同时确定可以通过分析讯息以获得其政治倾向性的内容，最后发现 twitter 用户不太可能从他们的追随者那里接触到跨意识形态的信息内容。换言之，同一类群体中的信息内容具有高度的同质性。同样地，对信源和信宿的分析中，通过内容分析法获取的数据结果也可以与调查数据和实验数据相结合。本书第 2 章将会详细地介绍内容分析法与其他方法的"整合"路径。

本书将会介绍各种内容分析方法的技巧。在本章中，我们将会全面阐述内容分析法的概念及其发展,包括如何确保研究的客观性、如何运用各种科学的方法,以及怎么才能符合各种评价标准(如研究效度和信度)。同时,我们会在本章中确定内容分析法的标准,对于那些认为内容分析方法只是一种简单手段的读者而言,这些内容无疑会扩展他们的视角,丰富他们的知识。

内容分析法日益流行

不管是应用范围还是方法使用,内容分析法的技巧都在不断发展。在大众传播研究领域,内容分析法可以说是在过去 40 年中发展最快速的研究方法(Yale & Gilly,1988)。根据 Riffe 和 Freitag(1997)的研究,《新闻与大众传播季刊》(*Journalism & Mass Communication Quarterly*)刊发的应用内容分析法的论文数量在过去的 24 年内几乎翻了 6 倍,从 1971 年占比 6.3% 提高至 1995 的 34.8%。该刊也因此成为发表应用内容分析法分析大众媒体议题论文的主要期刊之一。Kamhawi 和 Weaver(2003)对十种重要的大众传播学期刊在 1980 年至 1999 年的发文情况进行了统计分析。他们发现内容分析法深受传播学者的喜爱,利用该方法开展研究的论文数量仅次于调查法,两者的比例分别是 30% 和 33%。Freimuth、Massett 和 Meltzer(2006)分析了《健康传播杂志》(*The Journal of Health Communication*)自创刊以来头十年的发文情况。他们发现在所有运用量化研究方法的论文中,1/5 的论文采用了内容分析法。Manganello 和 Blake(2010)考察了在 1985 年至 2005 年期间采用跨学科视角研究健康议题的相关文献。在分析了这些文献采用内容分析法的比例以及所采用的具体类型之后,他们指出利用内容分析法开展与健康有关的媒介讯息的研究项目的数量在稳步上升。

在内容分析领域,CATA(计算机辅助文本分析)软件的数据分析能力一直在快速提升(参考本书第 5 章),尤其是伴随着网络数据库和在线文档库容量的日益增长(Evan,1996;Gottschalk & Bechtel,2008)。在历史上,从来没有像现在这样能够稳定地访问如此大量的数字信息,也从来没有像现在这样能够利用计算机进行快捷而又准确的数据分析工作(至少对于基本的数据分析工作而言是这样的)。而且,学者和实践从业人员都开始尝试将内容分析(尤其是 CATA)的传统做法与目前蓬勃发展的一些领域进行融合和嫁接。这些领域包括自然语言处理(Indurkhyaa & Damerau,2010)、计算语言学、基于大数据的文本挖掘、社会化媒体数据中的讯息利用,以及情感分析、舆论挖掘(Pang & Lee,2008)等。关于这些方面的具体内容,请参考本书第 5 章。一方面,内容分析法已经走过了将近百年的发展道路,可被视为所有"讯息分析"的开山鼻祖;另一方面,内容分析法也在不断地扩展和完善,以适应新时代的发展需要。

内容分析法在传播学、新闻学、社会学、心理学和商学等相关领域的应用由来已久。而且,现在越来越多的研究者开始使用这种研究方法。White 和 Marsh(2006)指出图书情报领域的研究者也越来越青睐内容分析法。类似的情况也发生在其他学科领域,比如护理学、精神病学和儿科等诸多医学专业(Neuendorf,2009),以及政治学(Monroe & Schrodt,2008)。在性别研究领域,内容分析法的重要性也得到了普遍认同,其标志性事件便是一份跨学科研究期刊——《性别研究》(Sex Roles)——在 2010 年和 2011 年刊发的两辑特刊(Rudy,Popova,& Linz,2010,2011)。

尽管内容分析法在各个学科领域都被认可,但是关于该方法的质量评价标准却没有得到应有的重视。有些学者已经注意到了这个问题并为之担忧。比如,De Wever 等人(2006)观察到研究者经常利用内容分析法分析在正式的教育情境下借助计算机开展的非同步小组讨论的文本内容,但也指出这种研究"尚未确立任何评价标准"(p. 6)。Strijbos 等人也指出,在计算机辅助协作式学习领域,对内容分析法的使用存在严重的方法论层面的缺陷。

图 1.1 展示了内容分析法在不同研究领域的应用所呈现的"爆炸式"发展态势。借助这张图,我们可以看到内容分析法作为一种研究方法在过去五十多年中(从 1960 年至 2014 年)所呈现出来的增长情况。这些数据来源于五个学术型索引数据库:PQD & T(ProQuest 博硕士论文数据库)、PsychInfo(心理学信息库)、SSCI(社会科学引文索引)、A & HCI(艺术与人文索引数据库)和 SCI(科学引文索引)[1]。我们在这些数据库中能检索到许多题名、主题或摘要中包含"内容分析(content analysis)"的博士论文、硕士论文和研究性期刊论文。

需要指出的是,对图 1.1 结果的解读要持谨慎的态度。首先,这只是一个对于单一术语的简单检索结果,可获取的文献最早回溯至 1960 年,同时没有任何上下文信息帮助我们判断研究者是如何使用"内容分析法"这一术语的。换言之,许多被标识为"内容分析"的研究可能实际上只是基于文本的质化研究,或者是其他的并不符合本书所界定的内容分析法概念的研究。另外,少量被SCI 数据库所收录的文章其实是对于化合物的"成分分析"(不过通过浏览发现,这类论文在 SCI 数据库中的占比不会超过 10%)。其次,上述五个索引数据库在期刊和论文的覆盖方面难免会有所重复。如许多心理学领域的期刊会同

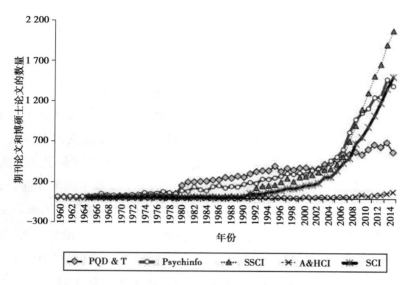

图 1.1 运用内容分析法的文献所呈现的年度发展趋势

来源:PQD & T、PsychInfo、SSCI、A & HCI 和 SCI

时被 PsychInfo 和 SSCI 收录。再次,我们可以明确地认为,内容分析法应用的增长在一定程度上是由于这些数据库收录的期刊数量本身不断增多所导致的。

但即使将上述因素考虑在内,事实还是很明显的。在研究文献中,内容分析法从来没有像现在这样得到如此的重视,同时也没有像现在这样得到众多学科的认可[2]。只有艺术和人文学科的学者仍然对量化的内容分析法保持着距离。

关于内容分析法的谬论

对内容分析法的诸多看法中,存在一些明显的谬论,比如开展内容分析法比运用其他研究方法更为容易;研究者认为内容分析法是什么,它就是什么;任何人都不需要经过培训或事先规划就可以运用内容分析法。还有一种被普遍接受的看法,即认为研究者没有兴趣或没有理由将内容分析法用于商业研究或非学术性研究。不幸的是,学术期刊的某些做法时常会加深人们对内容分析法的这些错误理解。这些期刊往往不像对待其他用于社会科学和行为研究的科学研究方法(如调查法、实验法和参与性观察法)一样,要求内容分析法也达到同样的严谨程度。在过去的 30 多年中,我参与过 200 多个内容分析的研究项目。鉴于这些研究经历,我认为在给出一个关于内容分析法的完整定义之前,首先要澄清人们对这种方法的种种谬论。

谬论 1：内容分析法局限于简单分析层面

　　事实：内容分析法可以很简单，也可以很复杂，这完全取决于研究者的需求。内容分析法不见得就比调查法、实验法和其他研究类型更为局限。

　　研究者可以根据研究的需求决定内容分析法的应用范围和复杂程度，但不管其研究复杂程度如何，都必须遵循科学研究的基本规范。图 1.2 向我们展示了一个由"简单"的内容分析研究所得到的结果。这张图摘录了 Gottschall 等人（2008）的研究发现，这是由 31 位合作者、编码员组成的研究团队。他们的研究任务是考察世界各地的民间故事，其目的只有一个——确定这些民间故事中，用来描绘吸引力的相关词汇在女性角色和男性角色上的使用情况。具体来说，这项研究的测量包括：（a）表达"具有吸引力"和"不具有吸引力"的相关词汇（研究团队事先选好 58 个形容词及其变体，比如"漂亮、更漂亮、最漂亮""丑陋、更丑陋、最丑陋"，然后统计这些词汇出现的频次）；（b）这些词汇修饰的角色的性别（借助人称代词的使用进行测量）；（c）借助检索人称代词的方法推算民间故事中女性角色和男性角色的大概数量，以探究这些描述吸引力的词汇数量和不同性别角色数量间的比例关系。整个研究只是测量这三个方面，因此对编码员的培训任务也相对简单。事实上，虽然有 31 位编码员，但编码员间的研究信度还挺不错的。

　　尽管这项内容分析研究的编码方案非常简单，但是研究者选择的样本非常庞大。他们从全球 13 个地区中选择了 90 卷民间故事集，需要进行内容分析的文本共有 16 541 页（单倍行距），累计 817 万个单词。

　　图 1.2 提供了这项研究最为主要的研究结果，即民间故事中女性角色和男性角色被吸引力相关词汇描述的"风险率"比例。这些数据已经将民间故事中男性和女性角色的大致数量考虑在内。因此，我们可以清楚地看到，欧洲的民间故事具有最为明显的"性别偏见"——在他们的故事中，女性角色被吸引力相关词汇描述的概率是男性角色的 8.81 倍[3]。总体而言，女性角色被这些词汇描述的概率是男性角色的 6 倍。在全球各地，没有一个地方的民间故事在使用与吸引力相关的词汇描述男性和女性角色上表现出性别平等倾向，男性的"风险率"都低于女性的（Gottschall et al.，2008）。

　　即使编码方案相对简单，研究者仍得到了较为宏观的结论。研究者认为，这种女性相对于男性的"风险率"在各个地区和文化中都存在一致性，这就"强

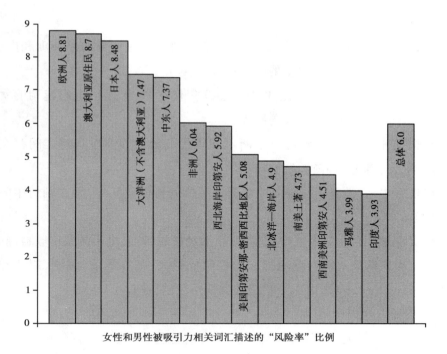

图 1.2　民间故事中女性角色和男性角色被吸引力相关词汇描述的"风险率"比例

来源：改编自 Gottschall et al. ,2008。

有力地支持了如下观点，即相对于男性，更加注重女性的身体魅力这一现象是人类文明中的共性"，同时也表明了"关于何以为美的谜底不再是个谜——人类确实更加注重女性的吸引力"（Gottschall et al. , 2008）。

　　相对于前面这个案例，Smith（1999）的硕士论文恐怕是利用内容分析法最为复杂的研究之一。这篇硕士论文旨在考察 20 世纪 30 年代、40 年代和 90 年代大众电影中的女性角色的性别形象构建。这篇文章的抽样是非常有问题的，由于在 1939 年以前没有最高票房电影清单，因此也就没有有效的抽样框了。在 1939 年之后，所有年份的电影都取自该年度的票房前五名。针对每一部电影，作者测量了 18 个变量；针对每部电影中的一号和二号主角，作者测量了 97 个变量（CAGO 提供了这项研究的完整编码方案）。其中有些变量在内容分析法中从未被其他研究者使用过。举一个例子，作者将心理学家 Eysenck（1990）用于测量个人外向性（如"好交际的""自信的"和"喜欢寻求刺激的"）的量表用于分析电影中的主人公。该量表一般都是在问卷法中应用，由被调查者自我汇报对这些问题的看法或答案，因此可想而知，将该量表用于内容分析法会显得有多么复杂。另外一个典型的例子，就是作者提出的研究假设之一是"伴随着时间的推移，女性的形象构建中刻板印象会逐渐减少"。为了检验这个假设，作者设计了 27 个测量变量，并对这些变量进行逐一分析。整个研究共有四位编码员参与,耗时半年才最终完成。

这项研究的结果显然是多面向的,这也反映了研究本身的复杂度和广度。研究结果包括但不局限于以下的结论:

- 在不同的年代(20世纪30年代、40年代和90年代),电影建构的女性形象受到刻板印象的影响在显著减少。
- 根据统计结果,大致可以推断不同年代电影中的女性身材之间存在差异,其趋势是越来越青睐苗条的身材。
- 电影中,女性身上传统的性别刻板印象的特征越明显,她在剧情中的生活越糟糕。
- 女性角色拥有的男性特征越多、生活经历越糟糕,电影的票房收益越高。
- 电影团队中女性对创意拥有的控制权越大(如在导演、编剧、制片和剪辑领域)(Smith,1999),电影中塑造的女性角色越传统。

谬论2:任何人都可以不做特别的准备而直接使用内容分析法

事实:确实,任何人都可以使用内容分析法,但前提是至少要经过一些必要的培训,并且需要准备翔实的研究计划。

尽管内容分析法日益流行,但是严格的方法论标准却还不明朗,尤其是关于研究效度和信度的问题(Lombard, Snyder-Duch, & Bracken, 2002; Neuendorf, 2009, 2011; Pasadeos et al. , 1995)。甚至是近期针对内容分析法开展的文献综述工作也发现,很多已经发表的研究都缺乏这些重要的标准。比如,一项针对133篇利用内容分析法分析健康媒体信息的文献综述发现,没有一篇文章完整地汇报研究效度(Neuendord, 2009),38%的文章找不到任何关于研究信度的信息。同样,Lombard等人(2002)对大众传播领域运用内容分析法的论文做过类似的文献综述,发现31%的论文完全没有报告研究的信度。在运用人工编码开展的内容分析法中,对编码员进行培训是必不可少的环节。但是,很多针对内容分析法论文做的文献综述都表明这个方面存在严重的问题。一项针对59篇关于广告信息的内容分析论文的研究指出,"许多作者根本没有说明是否对编码员进行了培训,更不用提交代具体的培训方式了"(Abernethy & Franke, 1996, p. 5)。另外一项文献综述考察了消费者行为和市场营销领域内132篇利用内容分析法开展的研究,发现48%的研究项目没有任何有关编码员培训的汇报(Kolbe & Burnett, 1991)。Kolbe和Burnett还发现了其他的问题,包括缺乏研究问题或研究假设(占比39%)、不科学的抽样(80%的研究采用方便抽样），以及编码员之间的非独立性（超过50%的论文都存在这个问题）。

为了使内容分析法也跟其他研究方法一样达到同样严格的标准，利用该方法的研究者需要好好反思自身在这个方面所受的专业训练和使用该方法的能力。研究者在开展真正的实验研究之前，必须首先通过被广泛认可的文本材料去学习实验方法。类似地，研究者在从事内容分析法之前，也应该好好学习关于该方法的一些被普遍接受的规则（Neuendorf，2011）。在开展内容分析之前的准备阶段，需要研究者投入相当的时间和精力，相信读者在阅读本书后续内容时会深以为然。

一方面，设计内容分析法的研究者必须具备一定程度的专业知识；另一方面，内容分析法的核心理念是，每个人都能够成为有效的"人工编码员"。这意味着，编码方案必须是客观和可靠的，尽管这些编码员可能具有不同的背景和倾向，但在接受培训后，他们可以就编码方案的使用达成共识（Neuendorf，2009）。

当然，毫无疑问的是，每个编码员必须熟练掌握编码讯息的语言，这意味着可能需要对编码员开展某些特别的培训工作。如果要分析自然情境下人们的交谈，编码员需要了解某一特定方言与通用语言之间的细微差别。如果要为电视或电影内容编码，编码员需要掌握关于制作技巧和视觉传播的相关知识。如果要为印刷广告编码，编码员需要学习一些关于平面设计的知识。除了要培训编码员使用编码方案（这对所有的编码员来说都是必须要掌握的）之外，编码员还需要具备其他的特殊技能。

对于那些不使用人工编码员的内容分析项目（如使用CATA），研究者的主要任务之一就是要确定完备的词库或编码协议。由于没有步骤可以确保编码员能够正确地理解和规范地使用编码方案，研究者需要开展额外的核对工作。本书第5章将对这个方面提供一些可参考的见解。

谬论3：所有对讯息开展的分析都叫作内容分析法

事实：并不是所有对讯息开展分析的研究方法都是内容分析法，该术语只对应于符合某些特定标准的内容调查方法。一些针对讯息开展的调查方法并不能称为真正的"内容分析法"。

事实上，用于分析人类讯息的方法多种多样，各种方法的价值也不尽相同。内容分析法只是其中的一种类型而已。该方法在本书中被界定为系统的、量化的讯息分析方法。在学术文献中，对于哪些分析属于内容分析，仍然存在不同的意见。在很多情况下,该术语会被误用(e. g. , Council on Interracial Books for Children, 1977;DeJong & Atkin, 1995;Goble, 1997;Hicks, 1992;Thompson, 1996)。有些声称使用"内容分析法"的研究却并没有真正运用它(e. g. , Bales, 1950;Fairhurst, Rogers, & Sarr, 1987;Thorson, 1989)。

在一些学科领域,"质化内容分析法"这一术语被用于笼统地指代许多对讯息开展非量化研究的方法(Altheide, 1996;Mayring, 2000;Schreier, 2012;Zhang & Wildemuth, 2009)。Altheide 和 Schneider(2013)提出"民族志内容分析法"的说法,该方法试图整合内容分析和参与式观察,以更好地揭示"研究者与文档资料的互动过程与方式"(p. 5;同时参见,Gormly, 2004)。Fink 和 Gantz (1996)区分了"阐释性"和"批判性"这两种分析路径,指出前者遵循的是一种质化的、整体性的方法,后者依赖的基础则是建立在意识形态理论上的价值判断。在本书中,我们认为内容分析法是一种量化的研究路径。通常而言,量化研究依赖于测量手段本身的可靠性,而质化研究和批判性分析则依赖于研究者的专业知识和水平。也就是说,在量化内容分析中,研究过程是独立于研究者本身的,但在质化研究和批判性分析中,却非如此。

需要指出的是,量化和质化方法之间的分隔界线"非常细微……即使最为精细的量化研究仍然依赖于自然语言(话语),而众多的质化研究也包含了一些量化信息(数字)"(Schedler & Mudde, 2010, pp. 418-419;Weisburd, 2009)。

进一步讲,我们可以考虑利用"量化"和"质化"这两个标签分别描述所观察到的现象,也可用于描述对现象进行总结的分析策略。量化测量的核心任务是为某一现象的特征赋予数量化的值(包括计数或累加)(e. g. , Fukkink & Hermanns, 2009)。事实上,在问卷法和实验法中,我们主要是以自我汇报的形式来测量人类特征(如沮丧情绪、外向性格和交流焦虑等)。在内容分析中,我们的量化测量对象转化为新闻报道的框架构建或者政治言论的情感基调。换言之,不管是所要调查的现象,还是所要考察的构念,其本质都是非常"质化的",而对它们的分析毫无疑问却是"量化的"。反之亦然,我们也可以利用质化方式对量化事件进行阐释和解读。在这里,我们的重点是可以应用的分析策略以及这些分析策略背后所隐含的假设。

我们不会详细地介绍各类质化讯息分析方法,但读者应该意识到,对讯息的分析中存在一些质化的分析路径(Lindlof & Taylor, 2011)。

对于质化内容分析法而言,其重要的方法论来源之一是 Altheide(1996)的"经典文本"(canonical text)(同时参见,Altheide & Schneider, 2013)。该方法的核心是通过文本(如一则讯息或一系列讯息)确定"主题模式"。这些主题并非来自文本外部(如通过理论化的编码或之前的研究发现),而是在研究者深度阅读文本的过程中"浮现"出来的。研究者在最终确定好主题后,便可以开始探寻文本的"主题模式"。

质化内容分析法的另外一种方法论来源是 Hijman(1996)对媒介内容进行质化内容分析时的分类。她对一些用于讯息分析的质化分析方法进行了详细而又准确的描述。本书结合 Hijmans(pp. 103 – 104)和 Gunter(2000)的研究成果,对质化内容分析法阐述如下。

修辞分析

修辞分析方法由来已久。对于这种方法来说,文本(包括文字和图片)的特性是其关键要素。研究者投身于对文本或图片特征的重构工作,包括讯息的结构、形式、隐喻、论证结构及意义选择。分析的重点不在于讯息所表达的内容,而是讯息所表达的方式。在充分考察文本、作者和读者之间的互动关系后,这种方法中的讯息不会被视为美学对象,而是被视为一种为了沟通和劝服而进行的遣词造句行为。在分析过程中,研究者会将文本分解成不同的部分。研究者通过解读不同部分的表达方式,寻找和洞察作者所使用的说服策略。该方法存在一个前提假设,即研究者本身就是优秀的修辞学家。修辞分析历史悠久,其源头可追溯至古希腊的哲学家(Aristotle,1991),是许多学科的重要来源。修辞分析长期被广泛应用于对新闻内容、政治演讲、广告和其他传播内容的分析工作(McCroskey,2005)。

叙事分析

叙事分析方法源于叙事理论,其目标是要理解文本和社会现实之间的关系(Altman,2008)。人们总是利用各种传播形式讲述故事,叙事被认为是最基本、最通用的语言表达模式(Smith,2000)。借助叙事分析,研究者能够从故事和情节中挖掘个人经历和陈述方式(Franzosi,1998;Riessman,2008)。这种分析方法涉及对形式上的叙事结构的描述。研究者将重点聚焦于故事中的人物——他们所面临的困境、选择、与他人的冲突和自我发展等。在分析中,研究者需要对叙事结构进行解构和重构。因此,该方法假定对于文本故事来说,研究者是出色的读者。Propp(1968)曾运用该方法对俄罗斯的童话故事进行详尽分析,最终确定了故事对主人公通常设置的类型(如英雄、助人者、恶棍和协调者等)、叙述中某些元素的出现顺序(如最初情形、缺席和禁止等),以及叙述中的特定安排(如隐瞒、追寻、变形和惩罚等)。这项研究可谓是利用叙事分析方法开展的最复杂的,也是最有趣的应用之一。

话语分析

通过将词汇分析与内容主题分析相结合来确定核心术语。话语分析方法旨在揭示语言和词汇运用的特征,即媒介中对于某一特定话题的描述信息。这项分析方法旨在探寻不同媒介表征(如传播者的动机和意识形态)的特点。该方法假定研究者对语言使用非常熟稔。Gunter(2000)认为 Dijk 于 1991 年出版的《种族主义与新闻》(*Racism and the Press*)一书是大规模开展话语分析的极佳例证。在 Gunter 看来,Dijk 分析了少数族裔在新闻媒体中的"语义的宏观结构"或者说语义的总体特征(p. 88),最终得出结论——少数族裔在新闻媒体中通常被描述为有问题的群体。

长期以来,话语分析方法被广泛用来分析各类公共传播议题,包括宏观和微观议题。Duncan(1996)考察了 1992 年的新西兰国家幼师劳动合同法的劳资谈判,并确定了两个关键词——"儿童优先"和"为了孩子"。在劳资谈判中,双方都利用这两个词汇为自己辩护。比如说,教师代表利用它们提出提高教师待遇和福利的要求,而雇方和政府代表则用它们反对这类的公共支出。在论文中,Duncan 大量直接引用了谈判中双方的话语来支持自己的观点。同时,作者也指出他的分析只是"对文本的一种解读方式,除此之外,还存在许多其他可能的解读"(p. 161)。

结构主义分析或符号学分析

结构主义分析或符号学分析方法的重点在于挖掘讯息的深层意义,即通过文本中的符号、代码和二元对立发掘其深层结构、内在含义和意指过程。这项分析方法通常假设研究者身处其文化背景之中,并且善于解读文化意涵。结构符号分析方法源于符号学理论(Peirce, 1931, 1958)。在符号学中,意义不仅是能指和所指相互作用的结果,而且是符号在思想和语言层面相互作用的结果(Saussure, 1974)。符号学分析的目标就是要确定语言结构(如语言和文化的规则)。这些语言结构往往被用来组织传播过程中各种符号的相互关系(Eco, 1976; Hodge & Kress, 1988; Saussure, 1974)。

符号学分析非常适合用来考察文化和艺术作品。Christian Metz 的经典之作《电影的符号分析》(*A Semiotics of the Cinema*),就运用了大量的符号学分析技巧对叙事性的电影开展了卓有成效的分析工作。在这本书中,作者对法国电影《再见菲律宾》(*Adieu Philippine*)开展了组合分析(如考察电影文本的不同片段之间的关系），揭示了这部电影在镜头、场景和插曲等方面的结构特征。另外，作者对 Federico Fellini 的半自传体性质的电影《八部半》（8-1/2）中的自我反思特征（即"镜像结构"）展开了相当详细的符号学分析。

阐释性分析

阐释性分析方法的重点是在对讯息的观察和编码分析的基础上形成理论。该方法植根于社会科学研究方法，包括理论抽样、分析论证、比较研究等。对分类和概念类别的建构也是阐释性分析的来源。尽管如此，阐释性分析方法也强调自身的质化属性和逐步积累过程。换言之，在这种分析方法中，研究者被认为是优秀的观察者，他们需要根据研究进展的实际情况不断修正已有的研究发现。

许多由阐释性分析而来的分析框架往往建立在经验基础上，并且非常翔实。事实上，相比其他内容分析法，它们的研究结果更为精确（e. g.，Berger，1998，2014）。只需略做调整，研究者完全可以在内容分析法中结合这些研究技巧。

上面所介绍的质化讯息分析方法是由 Hijmans（1996）提出并归类的。除了这些之外，我们还需要了解以下几种其他类型的质化讯息分析方法。

会话分析

会话分析方法用于分析在日常生活中出现的会话，这种方法被广泛运用于心理学、传播学和社会学（Sudnow，1972）。在通常情况下，这种方法首先要把会话内容转录为文字，其研究程序被描述为"遵循严格意义上的实证研究路径，避免事先的理论演绎，转而采用归纳分析……其目的在于揭示人们在日常生活中是如何使用会话技能和交谈策略的"（Kottler & Swartz，1993，pp. 103-104）。这种方法通常需要将原有的谈话进行转录。会话分析从属于民族志计量学，这种精确化的方法是由"民族志计量学"的方法路径演变而来的。在这种方法里，调查者的主观参与性得到了增强。应用会话分析方法的研究为数不少，包括对医患互动的分析（Manning & Ray，2000）。另外一个典型的例子便是 Nofsinger（1998/1999）的研究，他对电视记者 Dan Rather 对美国副总统乔治·布什的采访记录做了会话分析。研究发现，在那次采访中，记者和总统都在尝试取得谈话中的主导权，以便掌控访谈的走向。

批判性分析

批判性分析长期以来被文化研究学者所使用，也有传播学者将其运用在媒介讯息的分析中(Newcomb, 1987)。该方法来源于批判理论和对资本主义、新古典自由主义进行批判的马克思主义批判学说。在传播学研究中,研究者利用批判理论开展分析的目的在于,探寻加强和巩固社会不平等(包括不同阶级、不同性别和不同种族的不平等)的权力结构(Habermas, 1981, 1987)。法兰克福学派是批判理论的主要奠基者之一,学者们尝试寻找实现人类自由的可行方案,并试图从被奴役或破坏真正民主的文化、政治和经济束缚中将人类"解放"出来(Horkheimer, 1982; Horkheimer & Adorno, 1972)。

在电影研究领域,使用批判性分析方法在理论上颇有建树的文献为数不少(e. g. , Cooper, 2010; Lyman, 1997)。比如说,Strong 在 1996 年发表了一篇文章,其主题是 20 世纪 90 年代中期的两部电影——迪士尼的《风中奇缘》(*Pocahontas*)和派拉蒙的《魔柜小奇兵》(*The Indian in the Cupboard*)——是如何反映美洲原住民形象的。这篇文章的写作深受作者自身多重身份的影响——她既是母亲,也是音乐家,还是对美洲原住民形象表征长期保持兴趣的人类研究者。Strong 承认这些不同角色的视角为她的研究提供了很多精确的信息(包括电影中的许多歌词),并使自己能够给出简明扼要的观点,让众多细节能够与文化分析框架相匹配。比如,她据此得出的结论之一是——"迪士尼为我们创造了一个新时代的风中奇缘,使得我们能够拥抱和追求和谐的千年之梦,也使我们能驱逐奴役和空虚的噩梦"(p. 416)。

规范分析

有些分析具有明显的规范性(e. g. , Legg, 1996)。比如,由 32 位教育学家和政府顾问组成的种族教科书委员会,于 1977 年编撰并出版了《美国历史教科书中的刻板印象、失真歪曲和有意遗漏:寻找和确定种族主义和性别歧视的内容分析测量方法》(*Stereotypes, Distortions and Omissions in the U. S. History Textbooks: A Content Analysis Instrument for Detecting Racism and Sexism*)。该书为历史课本中所涉及的不同群体提供了核实清单,这些群体包括非裔美国人、亚裔美国人、墨西哥裔美国人、美洲原住民、波多黎各人以及女性。对于上述的每一个群体,该书为父母和教师提供了一份用于审核儿童历史教科书中的内容的参考标准。比如,在检验美洲原住民的清单中,包括如下标准:

> "发现新大陆"的传说完全是欧洲中心视角的……战争和暴力不是原住民族的特征……1924 年颁布的《印第安人公民法案》不是一份善意的法案……印第安人事务局是一个管理百万人的官僚机构,该机构效率低下、腐败孳生。(pp. 84-85)

显然,这份指南的出发点是好的,并且有助于分析社会的变迁。但是,这种规范性的分析路径并不符合大多数学者对"内容分析法"所下的定义。

再举一个类似的例子。Wilkinson、Bennet 和 Oliver(1997)发表了《用于评估互联网资源质量的标准和指标》(*Evaluation Criteria and Indicators of Quality for Internet Resources*)这篇论文。文中给出了 125 个问题,用于评估网站的质量情况。作者希望通过这些问题确定互联网资源的特征,包括信息的准确度、网站的易用性、网络资源的趣味性等。这项工作相当于为确定"高质量"的网站开出了评价标准。尽管作者声称他们运用的是内容分析法,但这种分析并不符合本书对"内容分析法"的定义。

计算机和质化讯息分析

在过去的几十年中,计算机辅助软件发展迅猛,用于支持多种质化分析方法的应用。NVivo 是一款主要的质化分析工具(等同于量化分析中的 CATA 软件)。研究者可以运用该软件对文本或相关文档进行标记、检索和描述分析(Bazeley & Jackson,2013)。其运作原理是:通过概念节点体系(以树状结构分层)对经过编码的文本进行组织。由于质化分析方法强调研究者在数据收集和数据分析过程中本身就是"研究工具",因此研究者主要使用 NVivo 用于管理数据、编码和做备忘笔记。显然,这明显不同于量化分析。在量化分析中,研究者构建或使用内置的算法对文本数据进行探究和挖掘。尽管 NVivo 在发展过程中也增加了一些量化的辅助功能,但它的核心功能一直是支持质化分析工作(Bazeley & Jackson,2013)。

举一个利用 NVivo 开展研究工作的例子。Creed、DeJordy 和 Lok(2010)对 10 位就职于美国两个主要信教支派的同性恋、双性恋和变性人牧师进行深度访谈,并利用 NVivo 对这些访谈资料开展分析工作。他们使用了归纳分析方法,"在多个阶段就文本数据、浮现的主题和现有的理论进行反复迭代"(p. 1342)。通过这些分析技巧,他们为这些牧师提出了"认同努力(identity work)"模型。该模型有 8 个一阶构念(如"治疗和接受""从内心挑战正统权威"等)。这些构念进而被归并为 3 个二阶微观过程(如"身份和解的努力"等)。在这类研究中,诸如 NVivo 这样的计算机软件被应用于分析复杂的讯息内容。如果没有这些软件的帮助,就算能够完成这些工作,其工作量和难度也是可想而知的。

谬论 4:内容分析法只适用于学术研究目的

事实:并非如此。

　　诚然,大多数内容分析项目是在学术领域开展的,其目的也是学术导向的。但是,来自非学术领域的研究者对内容分析法的应用也越来越有兴趣,尤其是商业和通信行业。Whitney、Wartella 和 Kunkel(2009)认为政府机构、媒体组织、意见领袖和普通公众都能从内容分析法中受益,并给出了翔实的理由。从实际情况来看,内容分析法也确实开始频繁地被应用到非学术领域。举个例子,有律师事务所曾经聘请研究者从事内容分析工作,分析媒体对自己的知名客户的新闻报道,将其研究结果作为事务所提出移交案件审判管辖地的有力证据。比如,如果原先辖区存在过多的负面新闻报道,为了相对公正的审判,事务所可以据此提出迁移案件审判法庭的请求(McCarty, 2001)。也有其他的律师事务所从事类似的工作,其目的则在于明确新闻报道的特定模式,从而否决原告提供的信息的可靠性。

　　为了回应诸多批评意见,美国西南地区的一家日报社曾聘请了新闻学者开展研究,以系统地分析该报对当地非裔美国人社区的新闻报道(Riffe, Lacy, & Fico, 2014)。2009 年,美国国家危机评估中心(U. S. Secret Service National Threat Assessment Center)邀请美国国家科学院和专家委员会对各种分析讯息的方法进行评估,进而比较这些研究方法在预测危机方面的有效性。

　　发生了为期三天的民众动乱后,俄亥俄州辛辛那提市的警民关系降到了历史上的冰点,辛辛那提市决定与美国公民自由联盟(ACLU)合作,用法律途径解决这个问题。作为工作内容的一部分,辛辛那提市资助了兰德公司的一项研究,通过由车载摄像机记录的视频资料研究交警的路检问题。Dixon 等人(2008)利用传播适应理论作为理论框架分析车载摄像机所记录的连续片段。基于对交警/司机种族组合方式的分层随机抽样,该研究发现:(a)交警对黑人司机倾向于实施更为严格的路检(如路检的时间更长);(b)相对于与黑人司机的交谈,交警与白人司机的交谈更为积极(如更随和)(统计分析表明这种效应部分可能是由于黑人司机接受更长的路检所导致的);(c)当交警和司机属于同一种族时,交警的交谈更为积极(如更友好)。这些研究发现对培训警察的沟通技巧、社区的干预计划等无疑具有参考作用,从而有助于缓解当地紧张的警民关系。

　　企业内部的调查研究有时也会利用内容分析法。比如说,大城市报纸媒体的市场调查部门会系统地比较自己和当地电视媒体对地区性问题的新闻报道。组织传播领域的专家顾问在对组织内部传播模式进行考察时,往往会对记录在案的讯息(如电子邮件和企业备忘录)进行内容分析研究。里顿豪斯排名公司(Rittenhouse Rankings)是一家投资人关系企业,该企业曾对全球 100 强公司的

CEO 年度公开信进行内容分析,借此方法预测公司在次年的股票价格(Blumenthal,2013)。另外,心理学家和法学专家在实践中也会采用基于参照标准的内容分析法作为临床诊断工具(如对无症状性临床前期 PCAD 症的诊断)。

在当前,越来越多的市场调查公司和民意调查公司都使用内容分析法作为他们为顾客提供调查服务的方法和模板之一,比如用于分析被调查者在问卷中对于开放式问题所提供的答案,也用于对新闻报道内容的分析。有些公司甚至为客户提供定制化的内容分析服务,比如 Talkhouse 责任有限公司和 SSA 公司(Social Science Automation)。前者为通用汽车的供应商提供 CATPAC Ⅲ 软件,用于检测通用汽车超级碗广告的影响和效果;后者为其客户提供 Profiler Plus 软件和相关的数据分析服务,它的客户包括政府部门和私人企业。

内容分析法定义的六要素

本书所指的内容分析法是在科学研究范式内开展的方法,同时具有不同于其他科学研究方法的自身特征。因此,内容分析法作为以讯息为核心的分析方法,具有特殊的地位。

主题框1.1　定义内容分析法

对量化的讯息分析法的发展做出重要贡献的学者都曾经对内容分析法下过定义:

Berelson(1952,p.18):内容分析法是一种对显性传播内容进行客观的、系统的、定量的描述的研究技巧。

Stone 等人(1966,p.5,作者指出 Ole Holsti 博士对此定义也有贡献):内容分析法是指通过系统客观地辨识文本特征,并以此进行推论的研究技巧。

Carney(1971,p.52):作为一种研究技巧,内容分析法旨在提出与"传播"有关的问题并获取能够被验证的结论。这里的"传播"是非常广义的,如小说、绘画、电影或音乐作品。该技巧不仅适用于对文学作品的分析,而且适用于对其他作品的分析。

Kassarjian(1977,p.9):(对当前所有的定义进行回顾后),他认为研究者们就内容分析法所达成的共识就是:这种方法必须是客观的、系统的和量化的。

Weber(1990,p.9):内容分析法是借助一套程序对文本进行有效推论的研究方法。

Berger(1998,p.23):内容分析法是一种研究技巧,该技巧强调从一些媒介形态中选取有代表性的样本,并对这些"事物"(如暴力和对女性形象的负面描述)的数量进行测量。

Smith(2000,p.314):作为一种研究技巧,内容分析法通过系统客观地考察素材(通常是跟言语有关的素材)的特征从而提炼出研究者所需的信息,并且所获取的结果是不带主观偏见的,是可以被其他研究者所复制的。内容分析法与临床解读法(clinical interpretation)并不相同,后者的研究结果更为全面和主观。另外,临床解读法在实施之前一般并不会事先确定特定的标准。

Ahuvia(2001,p.139):"内容分析法"是对一类研究方法的统称,这类研究方法将文本编码为不同的类别,然后统计不同的内容在每个类别中所出现的频次。

Krippendorff(2013,p.24):内容分析法是一种从文本(或者其他有意义的材料)及其使用情境中获得可重复的、有效的推论的研究技巧。

Riffe、Lacy 和 Fico(2014,p.19):量化内容分析法是对传播符号进行系统和可重复的考察。它遵循效度测量规则,通过统计方法分析相关变量的关系,并将这些符号数字化,从而对传播现象进行描述,对其内涵进行推论。将传播活动本身与传播情境联系起来考察,其中既包括信息的生产情境,又包括信息的消费情境。

Babbie(2013,p.330):内容分析法是对被记录下来的人类传播活动或现象的研究。

本书的定义:内容分析法是一种概括性的、量化的讯息分析方法,它需要遵循科学方法的标准(包括客观性—主体间性、先验设计、信度、效度、可推广性、可复制性,以及以理论为基础的假设检验)。内容分析法在变量类型的选取上没有限定,也不受限于讯息产生和传送的情境。

主题框 1.1 提供了关于内容分析法的多个定义,以方便对它们进行比较分析。那么,本书是如何定义内容分析法的呢? 下面做详细讨论。

1. 内容分析法需要遵循科学研究方法的标准

内容分析法需要符合科学研究方法的标准,这恐怕是它区别于其他具有质化倾向和阐释学传统的讯息分析方法最为主要的特征(Bird,1998;Klee,1997)。在大多数定义中,内容分析法都需要遵循社会科学的实证研究范式(Gunter,2004)[4]。科学研究方法的目标是获取具有普适性的知识,对某一问题和现象进行描述、解释、预测和控制(Hanna,1969;Kaplan,1964)。

符合科学研究方法需要达到下述标准:

客观性—主体间性

任何科学研究的主要目的之一是以一种客观的方式（独立于调查者本身的主观偏见）描述或解释某种现象。因此，客观性是一个很重要的衡量标准。然而，正如《现实的社会建构》（*The Social Construction of Reality*，Berger & Luckman，1966）这部经典的作品所指出的，现实中并不存在所谓的真正客观性——"知识"和"事实"都是人们在主观上达成的共识。根据这种观点，人类所从事的任何探究活动从本质上来讲都是主观的，但是我们必须要努力使不同主体的探究具有共通的一致性。我们不会问"这是真实的吗？"相反，我们会问"我们是否都一致同意这是真实的？"有时，学者们也把这一标准称为主体间性（Babbie，1986，p.27）。

先验设计

虽然先验（在事实之前）设计实际上是为了满足客观性—主体间性的一部分，但我们仍然有必要单独强调这个标准。在大多数情况下，所谓的"内容分析"研究是对讯息进行浏览和观察之后，再选择和确定编码变量和"测量"方式。这种做法完全是归纳式的，违背了科学研究的指导思想。研究者必须在正式的测量过程开始之前就要明确变量的选取、测量的方式以及编码的规则。如果采用的是人工编码方式，那么研究者事先必须构建好编码指南和编码表。如果采用的是 CATA 中的计算机编码，那么所用于计算机编码的词库或其他的编码协议也需事先确定。

当然，我们需要意识到这种"常规科学"的研究路径具有"天然"的局限性。Kuhn（1970）曾经就此提出经典的看法，他认为在目前科研范式下基于过去的理论、科研和事实进行演绎并不具有创新性。因为编码方案都作为先验设计被事先确定好，所以内容分析法也存在同样的问题。当然，利用内容分析法在一定程度上还是可以有所创新和突破的。正如本书第 4 章所介绍的，在对最终的编码方案"定调"之前，研究者可以也应该需要开展大量的探索性研究工作。整个过程可以说是归纳和演绎的结合。

研究信度

研究信度是指多次进行测量获取同样结果的可能性程度（Carmines & Zeller，1979）。如果在内容分析过程中采用的是人工编码方式，那么研究信度指的就是编码员间信度（intercoder reliability），即两个或多个编码员编码结果之间的一致性水平。在内容分析法中,研究信度是一个非常重要的衡量标准。如果没有达到可被接受的研究信度,内容分析的测量是毫无意义的。本书第 6 章将详细地阐述这个问题。

研究效度

研究效度是指一项经验测量在多大程度上反映了人们对该概念所认可的真实含义(Babbie, 2013, p. 151)。通常而言,"研究效度"这个衡量标准可以被表达为这样的问题,"我们确实能测量到我们希望测量的东西吗?"虽然在内容分析法中,研究者就是"老板",可以自行决定测量哪些概念以及如何测量这些概念,但也有许多不错的研究指南可以帮助我们评估和改善内容分析法的研究效度(Carmines & Zeller, 1997)。本书对这个议题的讨论将在第 5 章中详细展开。

可推广性

研究结果的可推广性是指研究结果适用于其他案例的可能性程度,通常指向的是这次研究的样本来源范围。在完成针对 300 名城市居民的民意调查后,研究者显然希望将其研究结果推广到这个城市的所有居民。同样的道理,基于对发布在报纸上的 800 则个人广告的内容分析,Kolt(1996)将他的研究结果推论到所有在美国报纸上发布的个人广告。他之所以可以这么做,有三个理由。首先,他对美国日报的选择是随机的。其次,他对报纸的出版日期也是随机抽样的。再次,在被选中的每期报纸中,他对个人广告的选择又是基于系统随机抽样方法。在本书第 3 章,我们将介绍抽样知识,即如何从总体中抽取具有代表性的样本。

可复制性

对一项研究进行重复操作可以有效地避免将特定的研究发现进行过度概括的倾向。对研究进行重复操作涉及利用不同的案例或在不同的情境中进行考察,以此来验证在不同的研究中是否可以获得相似的研究结果(Babbie, 2013, p. 7)。因此,研究者在汇报研究结果时应该尽可能详尽地提供有关研究方法和操作程序的信息,以方便其他研究者重复该项研究。不管是学术研究还是商业研究,最好都提供关于方法的完整报告,这也是始终贯穿本书的一个重要理念。

正如 Hogenraad 和 McKenzie(1999)所警示的,内容分析法有时在研究结果的可复制性方面会存在致命的缺陷。因为有些讯息是基于当时特定历史背景的,对这些讯息进行重复抽样几乎不太现实。如他们对致使欧盟最终成型的系列政治演讲开展的内容分析研究。考虑到这种情况,Hogenraad 和 McKenzie 提出了另外一种可复制性方案——拔靴复制(bootstrap replication),即从原始的数据库中多次随机采集子样本并对此进行比较分析。

基于理论的假设检验

通常而言,科学研究方法遵循假说—演绎的路径模式。换言之,研究者从理论中推导出一个或多个研究假设(一般为推测性陈述或者对变量关系的预测)。研究者测量每个变量,然后利用数理统计方法检验变量之间的关系是否和预期相符。如果答案是肯定的,那么研究假设成立,也验证了推导出该研究假设背后依赖的理论。如果答案是否定的,那么研究假设不成立,我们也需要重新思考所依赖的理论。在没有被证实的情况下,理论本身有可能需要被修正。如果研究者不能依据理论明确地提出研究假设,那么退而求其次,他们可以提出一个或多个研究问题。研究问题是关于变量之间可能存在某种关系的提问形式。在假说—演绎的科学研究范式中,研究假设和研究问题都是在收集数据之前提出来的。本书第 4 章提供了多个适用于内容分析法的研究假设和研究问题的例子。

2. 讯息作为数据收集单元、数据分析单元或两者兼之

研究中的单元是指独立的、个体的"元素(thing)",作为研究的主题,研究单元包括研究内容或研究对象。在通常情况下,区分数据收集单元(有时也被称为观察单元)(Babbie,2013)和数据分析单元是非常有必要的,虽然两者在许多研究中并没有差别。所谓数据收集单元是从变量测量的角度而言的,而数据分析单元则对应的是数据分析和汇报层面。

在大多数社会科学和行为科学的调查研究中,独立的个体既是数据收集单元,也是数据分析单元。比如针对城市居民开展调查,测量他们对总统和市长的看法。在这个调查中,数据收集单元是每位受访者(即个人)。如果我们采用的是电话调查法,那么每个人都将独自回答采访者的问题。这个过程便是针对每个单元——测量每个变量(如对总统的态度、对市长的态度、性别和年龄等)。一般在这样的例子中,数据分析单元同样也是个人。也就是说,在整个数据集中,每位受访者回答的所有答案构成了一行数据记录。统计分析工作针对的就

是这样的数据集,n 代表参加回答的受访者人数。当研究者报告"城市居民对现任总统的信任平均值是 6.8"的时候(测量尺度为 0 到 10),这个数值代表的就是 n 位受访者在这道题目上的分值的平均数。

有的时候,数据收集单元和数据分析单元是不一致的。比如一项研究夫妻不和问题的项目可能会记录夫妻双方的互动,数据收集单元应该是双方言语互动中的"话轮(turn)(指一个说话者在会话过程中从开始说话起直到停止说话或者被别人打断、替代为止所说的话)"。每次当丈夫或妻子在讲话的时候,研究者都会记录下来他/她的话轮的语气和内容。而这项研究的最终目标是比较两组夫妻(接受调解咨询服务的夫妻组和没有接受调解咨询服务的夫妻组)在这个方面所表现出来的差异。因此,数据分析单元自然也就是由夫妻双方所组成的组合,即每组已婚夫妻的互动和关于所有话轮的信息。

在内容分析法中,数据收集单元或数据分析单元必须保证至少一个是讯息单元。简单地说,对于"内容分析"来说,必须把传播的内容作为调查研究的主题。在方才提到的研究夫妻不和问题的案例中,虽然数据分析单元不是讯息单元,但数据收集单元是讯息单元(语言互动中的话轮),因此该研究案例可被视为内容分析。第 3 章会为读者提供更多关于数据收集单元和数据分析单元的例子。

3. 作为量化方法的内容分析

任何量化研究分析的目标都是提供对核心类目的计数和对其他变量的"总量"进行测量(Fink,2009)。不管是"计数"(counts)还是"数量"(amount),都存在一个使对象数量化的过程。正如其研究目标所展示的,量化内容分析法的目标是以数量化的方式对被选中的讯息集进行概括。它既不是对讯息进行全面完整的描述,也不是对讯息展开细枝末节的描述。

对于很多人来说,量化研究和实证研究的区分不甚明显。实证研究建立在对真实的、可理解的现象的观察上,因此量化研究和质化研究都可以算作实证研究。那么,什么不是实证研究呢? 非实证研究通常是指对理论及其所适用的条件进行抽象处理和描述,而不需要对事件、行为和其他"真实"事物进行观察。哲学领域中的许多研究方法和数学领域中的某些研究方式都可以被认为是非实证的。尽管后者处理的对象毋庸置疑是数字,但其研究方式有可能是非实证的,这或许出乎很多人的意料。相对而言,社会科学和行为科学领域的大多数文献都是建立在实证研究工作上的,包括量化研究和质化研究。

前面已经提到,我们可以区分研究方式的性质和研究现象的属性,两者既可能是质化的,也可能是量化的。毫无疑问,讯息的特征是它可以被量化处理(Smith,2000)。我们经常看到的是,标榜为"质化分析"的研究其实有可能是量化研究,之所以被称为"质化研究",只是因为其研究现象具有质化特性。Farrell、Wallis 和 Evans(2007)曾开展深度访谈和焦点小组调查人们对护理项目的态度。正如作者所言,"本研究借助标准化的编码指南和内容分析法分析定性数据"(p.267)。在一项针对底层服务工作者对兼职工作看法的研究中,Walsh(2007)收集了用户在问卷中对开放式问题的答案,"对于这些定性的文本,我们将其分为 23 个类目和主题进行分析,并根据它们各自的出现频率进行分解"(p.163)。在这几个案例中,尽管研究者本人都将其材料视为定性信息,但事实上都运用了量化分析方法。

有必要一开始就说明,本书认为基于实证研究传统的批判性分析和质化分析,对从事内容分析的研究者非常有用。这些方法可以帮助我们对文本信息进行翔实和深刻的挖掘(请注意在许多批判性研究中,文本作为一个术语不仅指的是书写文本,也可以指其他类型的讯息。比如电影文本就包括台词对话、视觉影像、制作技术、音乐以及电影中呈现出来的任何有意义的形式)。批判性研究往往非常详尽且注重细节,这种研究传统是它们的主要优点之一。这种研究路径可以对文本展开非常透彻的剖析,从而为读者理解文本提供完全崭新的视角。毫不夸张地说,这种研究可以把读者带入文本的世界中,比如把读者带入所谓的电影"剧情声"中——"(这种剧情声)是电影中各种符号的总和,包括叙事本身、由叙事所隐喻的虚构性时空维度,以及由此创造出来的人物、风景、事件和其他叙事性元素(Metz,1974,p.98)"。也许,这种研究可以帮助我们真正地洞察原始文本所要表达的内涵和意图,帮助我们从那些能够参透文本的他者的视角(非作者本人)来重新审视文本本身。举个例子,研究小朋友们对于所喜爱的电视节目的看法,为了全面地理解这种以儿童为核心的内容,一些质化研究和批判分析显然必不可少。

当试图分析文本(一则讯息或讯息集)的时候,研究者需要评估自己的需求,也需要评估借助量化分析方法(如内容分析法)和非量化分析方法而产生的可能的研究产出。如果要分析和阐释《拯救大兵瑞恩》(*Saving Private Ryan*)这部电影中的反战主义,采用基于马克思主义分析路径的批判性研究或许是比较合适的。但如果要分析暴力行为在 20 世纪头十年高票房电影中的流行程度,那么内容分析法显然更为恰当。相对而言,内容分析法测量更宽泛,其研究结果具有更好的普遍性。也正因为如此,内容分析法对某一特定现象或特定问题的描述往往不太翔实,也不够深入。

如前所述,考虑到每种研究方法不同的研究目标,量化内容分析和对讯息的质化或批判分析都有自身的优势,两者可以相互补充(Hardy, Harley, & Phillips, 2004; Neuendorf, 2004; Stepchenkova, Kirilenko, & Morrison, 2009)。这种观点与 Gray 和 Densten(1998)所表达的看法非常吻合:"量化研究和质化研究可被视为考察同一研究问题的两种不同方式"(p. 420)。这种三角测量(triangulation)方法"很好地确保了研究结果的有效性,因为利用多种方法可以互相验证各自所获取的研究结果"(p. 420)[5]。遗憾的是,运用这种三角测量方法的研究非常稀少(e. g. , Hymans, 2010; Pinto & McKay, 2006; Southall et al. , 2008)。有些学科甚至对这种方法不太认同,Phelan 和 Shearer(2009)就曾把他们的研究形容为"私生的",因为他们的研究在传统话语分析的基础上补充了量化分析。

当然也有一些学者尝试将内容分析法与其他非量化分析法结合起来。试举几例:Curry 和 O'Brien(2006)整合了量化内容分析法和符号分析法,分析一份爱尔兰医学出版物刊登的药物广告中的性别呈现。Miller 等人(1997)将民族志方法与内容分析法(拍摄家庭中的日常对话并进行编码分析)相结合,用于考察和比较两类美国家庭(移民自中国台湾省的和欧洲的)在家庭成员内部沟通方面所存在的可能差异。Kumar 则把对阿布格莱布监狱事件新闻报道的内容分析法与偏向于质化传统的历史情境分析法相结合,后者显然有助于解释政治和媒介在此案件上彼此互动的动态过程。

4. 内容分析法重在总结和概述

正如在第三点中指出的,内容分析法是对讯息集的内容特征进行总结和概括,而不是详细汇报细枝末节。这与科学调查方法中的注重普遍性规律的通则式(nomothetic)解释路径(如从大量个案中总结出具有普遍性的结论)是一致的,而与个案式(idiographic)解释路径(如就某个具体案例给出既详细又精确的结论)截然不同。个案式解释是从现象学视角就某一特定情形或案例展开详细描述,并将这一特定情形或案例的特点与普遍性的真理或原理进行关联。与之形成鲜明对比的是,通则式解释试图从多个案例中找出具有普遍意义的结论,该路径"要求提出具体且明确的研究问题,为了回答这些问题,有必要借鉴和研究问题相关的比较成熟的研究标准"(Te'eni, 1998)。换言之,通过个案式解释获取的研究结论往往具有独特、特殊、主观、丰富和深刻的特点,而通则式解释得出的研究结论具有普遍性、一般性、客观性、概括性和灵活性的特点。

　　可以说，一些非量化的讯息分析方法的目标是对文本进行细微的考察。历史学家们做的很多工作都属于这种类型，他们依赖原始的文本内容开展非常精确、详细的分析。由于这些研究是建立在文本的基础上，因为也被称为"内容分析"。但是，这类研究包含了大量的数据收集单元并对这些分析单元开展尽可能详细的描述和汇报，而不是对数据收集或分析单元有所选择地给出总结性和概括性的信息。一个典型的例子就是 Kohn（1973）的一本专著，这本书的主题是第一次世界大战期间的俄罗斯。在书中，作者明确声称"对俄罗斯当时所有的重要统计数据进行全面细致的调查"（p.3），最终目标是评估第一次世界大战对俄罗斯社会带来的经济影响和其他影响。这本书很大程度上是一份数据报告，而数据遴选自大量的文本。另一个例子是 John（1988）撰写的《特立尼达岛上的种植园奴隶：1783—1816》（*Plantation Slaves of Trinidad，1783—1816*），该书把读者带入了 18 世纪末 19 世纪初美国蓄奴时期加勒比海奴隶的日常生活中。书中提供了大量关于特立尼达岛上的种植园奴隶的死亡率和出生率的数据，同时配以他们日常生活的插图。同样具有代表性的是 Creed 等人（2010）一项对文本开展的质化分析项目，他们将自己的研究结果表述为"源自数据的典范"。作者将从深度访谈中获取的文本完全地呈现给读者，并没有进行任何的概括和总结。

　　Hesse-Biber、Dupuis 和 Kinder（1997）利用计算机质化分析程序——HyperRESEARCH——对各种类型的混合素材（包括相片、文本和视音频的片段）进行标识、索引（作者称之为"代码"）和检索。他们的工作重点是对这些内容进行分类，以实现检索和比较这些内容的目标。比如，在完成索引工作之后，研究者就可以通过该程序检索和获取被标识为"自尊表达"的所有内容（p.7）。类似地，研究者也可以根据其他特征对这些素材进行检索和对照索引。但是，研究者得自己负责判断这些对相似概念的交叉网络的探索到底有没有意义，程序本身并不对文本提供概括和总结。

　　相反，量化内容分析法则需要对一系列讯息的特征进行概括和总结。举个例子，在一项针对比利时人摩托车车祸的电视新闻报道的研究中，Beullens、Roe 和 Van den Bulck（2008）首先对比利时最著名的两个电视频道在 2005 年所有这方面的新闻报道开展了分析，然后在此基础上做了很好的总结和概括。他们发现导致事故的三大因素分别是天气（11.8%）、酗酒（7.1%）和超速（6.4%）。另外，48% 的新闻报道是基于带有人情味的报道框架，而 47% 的新闻报道框架主要是追究事故责任。简言之，他们所有的研究结论都是在分析 297 篇样本报道的基础上所进行的总结和概括。

5. 内容分析法可应用于各种"情境"

作为一个术语,"内容分析法"的应用并不局限于大众传播领域。只要具备其本质特征(如属于量化研究、强调概括总结),对任何讯息开展的研究都可以被视为"内容分析"。讯息传播可以是基于中介的,也就是讯息在信源和信宿之间需要借助复制和传输设备。讯息传播也可以是不需要中介的,如面对面交流所产生的讯息。下面我们就应用内容分析法的各种情境给出一些例子,当然我们不会罗列所有的情况和应用类型。

个人讯息传播

有些研究是在考察个体对讯息的创建,其研究目标通常是推论信息源本身的情况(在第2章,我们会详细讨论根据内容分析结果进行推论所存在的局限性)。

在心理学领域,越来越多的人对自然情境下的文本和言论进行内容分析,并将此作为心理测量的工具和方式之一(Gottschalk,1995;Gottschalk & Bechtel,2008;Horowitz,1998;Tully,1998)。研究者借助这种技巧对个人陈述进行分析,可以帮助他们诊断研究对象的心理疾病和心理倾向,测量该信息源的心理特征,也可以据此评估该信息源的可信度(Doris,1994)。这种研究路径起源于Philip Stone(Stone et al.,1996)在哈佛大学社会关系系的工作。他开发的"General Inquirer"计算机程序是最早将内容分析技术应用于自然状态下的演讲言论的软件(请参见 CAGO 的"内容分析法发展的重大事件"部分)。Rosenberg 和其他人(e. g.,Rosenberg & Tucker,1979)曾运用内容分析的计算机程序分析精神分裂症患者的言语,希望借此更好地诊断他们的病情。在另外一项设计更为周密的研究中,Broehl 和 McGee(1981)对历史人物——1957年至1958年印度兵变中的三位英籍中尉——进行了分析,并在此基础上发展了测量军官心理特征的相关指标。甚至有研究者利用内容分析法分析美国水门事件的相关录音带,以此更好地洞察该事件所涉及的每个人物背后的心理动机(Weintraub & Plant,转引自 Broehl & McGee,1981,p. 288)。

部分心理学学者仍然在继续研发计算机程序,用于分析书面文本和口语文本并试图给出科学的医学诊断。比如,Gottschalk、Stein 和 Shapiro(1997)曾利用 CATA 软件对病人"五分钟演讲"的文本进行内容分析,并将其分析结果与利用标准化心理测量工具(如明尼苏达多项人格测量表)所获取的结果进行比较。他们针对 25 个精神病门诊病人的研究结果表明两者存在稳健的建构效度,换言之,针对言语所获取的内容分析结果与借助问卷所获取的分析结果是高度一致的。因此,他们指出可以将对口语素材和书面素材的内容分析应用于早期初步的诊断中。这种应用具有较大的价值,不仅速度快,而且过程并不复杂(如病人不需要提交冗长的问卷)。利用 Gottschalk-Gleser 内容分析量表(该量表由16 个部分组成)开发的计算机程序(PCAD)多年来也被充分验证和广泛运用。

　　内容分析法在个人作为讯息产生者层面的应用还包括对开放式问卷或深度访谈内容的编码和分析(Gray & Densten,1998)。比如,Farrow 等人(2009)就爱尔兰验尸官对自杀的态度开展了一项问卷调查,并就其中开放式问题的答案开展了编码工作。这项研究的第一步是针对讯息集进行质化分析,并基于讯息池内容构建编码方案。尽管如此,务必需要记住的是真正的内容分析一定是形成编码方案在前,依据编码方案开展研究分析在后。

　　在语言、历史和文学领域,学者们也一直在尝试利用内容分析法分析作者或作品。在最近的几十年中,CATA 分析往往被用于描述信息源的风格,以此确定存疑的信息源,或确认未知的信息源(Floud,1977;Olsen,1993)。Elliott 和Valenza(1996)就曾研发"Shakespeare Clinic"软件用来确认作品是否出自莎士比亚,而 Martindale 和 McKenzie(1995)曾使用 CATA 软件用于验证《联邦党人文集》(*The Federalist*)一书到底是否出自 James Madison 之手。

　　同样地,内容分析法也可被用于分析个体层面的非言语传播。Magai 等人(2006)在一项针对不同年龄在情感控制和表情技巧方面所存在的差异研究中,利用面部表情编码方案来测量其情感体验。他们采用的是由 Izard 在 1979 年开发的"最大限度辨别面部肌肉运动编码系统(*Maximally Discriminative Facial Movement Coding System*,MAX)"。"面部行动编码系统(*Facial Action Coding System*,FACS;Ekman & Friesen,1978;Ekman,Friesen,& Hager,2002)"是另外一套被广泛用来对面部"动作单元"进行人工编码的系统。这些"动作单元"往往是非常明显的、易于观察的动作(如鼻翼的张翕或者前额的上下移动等),而这些动作与个体情感的表达往往是紧密相关的(当然 FACS 本身不涉及对情感表达的判断)。

人际和群体讯息传播

　　本书对人际传播的定义是将讯息传达给特定的个体,并被对方所理解。人际传播可以发生在面对面的直接交流中,也可以借助特定的中介物(如电话、电子邮件或社交媒体）。同样地，借助特定中介物的人际传播既可以发生在一对一的情境中，也可以发生在小群体环境中。

为了研究面对面的群体交流过程，Bales（1950）开发了一套内容分析方案，该方案需要对每个交流的动作或行为进行逐一编码。其中，言语行为通常是"常用的、简单的主谓组合"，而非语言行为是指"最细微的、公开的且对群体中其他成员具有意义的行为片段"（Bales et al.，1951，p. 462）。每一种行为被编码为下述 12 种类别之一：展现团结、缓解气氛、赞同他人、提供建议、表达意见、提供指引、表示对立、彰显紧张气氛、反对他人、征求意见、询问观点、寻求指导。Bale 的这一套编码方案一直被广泛应用并不断完善（Bales & Cohen，1979），也有研究者将此进行改编用来分析大众媒介呈现内容中的人类互动行为（Greenberg，1980；Neuendorf & Abelman，1987）。

主题框 1.2　分析危机中的传播

罪犯和谈判人员的人际传播

发生在警察和罪犯之间的僵持局面大多以非暴力的方式得以解决。曾有研究对由纽约市警察局经手的 137 项罪犯挟持人质的危机事件进行分析，得出如下结论：在 91% 的案件中，人质和罪犯都没有被击杀（Rogan & Hammer，1995，p. 554）。然而，那些以暴力结局的危机事件（如 1993 年发生在得克萨斯州韦科市 Branch Davidian 社区的大火事件）让我们意识到有必要深入地洞悉和理解危机情境中的谈判过程。学者和警察都非常有兴趣去研究危机情境下双方谈判的内容，以便借此把控谈判的结果，避免不良后果。

Rogan 和 Hammer（1995）对来自美国联邦调查局训练学院的三件危机谈判事件的录音资料进行了内容分析。他们重点考察的是在每个谈判过程（整个过程可划分为 8 个阶段）中的讯息效果，即将讯息有效性（message valence）和语言强度（language intensity）结合起来考察。数据收集单元是每段被打断前的谈话（话轮）。每个人的谈话次序均被人工编码为正面/积极有效性或负面/消极有效性。对于语言强度的编码则采用的是 Donohue（1991）的五种类型：晦涩的语言、惯常的隐喻、亵渎性的语言、死亡宣判、其他。整个编码工作开展得有条不紊，具有很好的研究信度（不同独立编码员之间达到相当高的共识）。

在编码的基础上，研究者分别对罪犯和谈判人员在每件危机谈判事件的八个阶段中传达的"讯息效果"分值进行计算。在所研究的三件危机谈判事件中，谈判人员所传达的讯息在每个阶段都呈现的是正面/积极有效性,而罪犯的分值在第二和第三个阶段变得越来越负面/消极。最终,在第六和第八个阶段之间,罪犯的讯息情感值转向了正面/积极有效性,达到了谈判人员的水平。在成功的谈判案例中,罪犯的分值维持在高位,并且是正向/积极的;而在两个失败的谈判案例中(其中一个谈判案例以罪犯的自戕告终),罪犯的分值在第六或第七个阶段开始不断地向负向/消极方面转变。

研究者也指出了这项研究的局限性,其中最重要的一点就是这项分析局限于讯息情感,而没有考察谈判双方的其他特征,也没有考察谈判的主要或相关内容。即便如此,仅从讯息效果的角度来看,其研究发现也是非常引人注目的。通过仔细观察讯息效果分值的变化图,就可以大致勾勒出谈判成功或谈判失败的整个过程。尽管这项研究发现还无法实时应用于正在发生的危机事件,但是这种分析技术展示了其在未来应用的可能性。同时,对以往发生的危机谈判案例(不管其结果是成功的还是失败的案例)的研究也可以让实践者更好地了解和洞察谈判过程的动态变化。正如 Rogan 和 Hammer(1995)所指出的,"这些研究发现能够帮助谈判人员更好地掌握和控制罪犯的情绪激发情况,谈判人员也就可以有效及时地采取相关措施,降低罪犯负向/消极的情感分值,从而避免可能会发生的暴力行为"(p. 571)。

主题框 1.3   内容分析的多样性

宗教类电视节目——包含各类讯息特征,从传播者风格到货币符号

在 20 世纪 80 年代,随着电视福音布道活动(Televangelism)的迅速兴起,宗教类广播电视节目的发展也达到了历史上的一个顶峰(Frankl, 1987)。考虑到人们越来越认为宗教类电视节目的核心诉求就是募捐,UNDA-USA(一家罗马天主教广播公司)委托第三方开展了一系列的内容分析研究工作。在 20 世纪 80 年代中期,来自克利夫兰州立大学的研究人员开展了一项由五个部分组成的大项目。该项目中所涉及的分析均为量化内容分析,他们运用了大量的理论和研究视角。

研究人员对 81 集宗教类电视节目进行内容分析。他们首先从美国的 40 个城镇中随机抽取多档收视率排名靠前的节目,然后从这些节目中又随机抽取 3 集,最终构成用于内容分析的 81 集节目源。这些节目类型丰富,包括脱口秀[如"700 俱乐部"(700 Club)]、电视布道家节目(如"Jim Bakker")和叙事性节目[如肥皂剧《另一种生活》(Another Life)]、少儿动漫节目["一日一学"的《大卫与歌利亚》(Davey and Goliath)]。研究人员对不同团队的编码员进行培训,并基于他们的编码结果开展五个方面的数据分析工作。

1.宗教类电视节目人物的基本特征分析

对于这类分析,数据收集和数据分析单元均为单独的个体(真实的或虚构的),用于编码的变量共有 12 个。这些变量的选取充分借鉴了包括 Greenberg(1980)和 Gerbner 等人(1980)对电视节目中的人物所做的内容分析工作。这 12 个测量变量包括年龄段(儿童、青少年、青年人、中年人和老年人)、职业和宗教信仰。研究发现之一就是在宗教类电视节目所涉及的人物中,47% 为中年人,37% 为青年人,儿童所占比例只有 7%,而老年人的比例则低至 5%(Abelman & Neuendorf, 1984a)。

2.宗教类电视节目的主题或话题

对于这类分析,数据收集单元设定为五分钟的间隔片段。编码员对每个五分钟片段进行编码,编码变量多达 60 个,用于表征在这个时段中人物的对话所涉及的主题(是否有主题? 如果有主题,则属于何种类型的话题,是社会性话题、政治性话题还是宗教性话题)。这项分析工作参考的是以往针对宗教传播所开展的相关分析(如 Hadden & Swann 在 1981 年开展的研究)。除此之外,在每个五分钟的片段中,编码员还需要对募捐请求(包括明显的请求和暗示性的请求)进行编码。大致来说,在所分析的样本中,每个小时观众被明显请求捐款的数额达到 328.13 美元。

3.宗教类电视节目内容的互动分析

研究人员对 Bales(1950)、Borke(1969)和 Greenberg(1980)的编码方案进行改编,用于考察宗教类电视节目中人物的人际互动。对于这类分析,研究人员所界定的数据收集单元为每次的语言表达(即被视为一个"动作")。编码员将它们归类为 20 种模式的一种(如提供信息、寻求支持、攻击他人、试图躲避等)。研究结果发现不同年龄段和不同性别的人物在互动模式中存在着显著差异;大多数的互动是由男性来主导的;研究也发现老年人经常被塑造为引起冲突的源头,有时候也将他们塑造为青年人咨询和求助的对象。

4.电视福音布道家的传播者风格

在借鉴大量的关于传播者风格的人际传播文献——尤其是 Robert Norton(1983)的文献——的基础上,研究人员对样本中的 14 位电视布道家进行了详细分析,数据收集单元为独白中每次的语言表达。编码人员对每次的语言表达的特征进行编码,包括表达模式(采用类似于考察互动模式的编码方案)、音量、语速和面部表情的频次。综合考虑在这些指标上的强烈程度,研究发现"表达最强烈"的三位电视布道家分别是 James Robison、Robert Schuller 和 Ernest Angley(Neuendorf & Abelman, 1986)。

5.宗教类电视节目中的身体接触

参考非言语传播方面的文献(如 Knapp 于 1978 年发表的文章),研究者在此考察的是宗教类电视节目中的人物身体接触问题。数据收集单元为每次的非偶然的身体接触行为。研究人员对身体接触双方的一些特征进行了编码,比如接触的类型(宗教性质还是非宗教性质的）、接触的部位、被接触者对于接触者的反应。研究结果之一是宗教类电视节目中的身体接触与现实生活中的身体接触在性别差异方面有着非常类似的地方，男性通常是身体接触的主动方，同时其接触往往是相当正式的，且具有一定的仪式性；相当一部分的身体接触是具有宗教性质的接触行为，比如身体治疗（Abelman & Neuendorf, 1984b）。

组织讯息传播

相对于其他情境，运用内容分析法分析特定组织机构的讯息传播的情况并不多见（Tangpong, 2011）。事实上，对于组织内部的讯息，更多的是采用质化分析方法（Stohl & Redding, 1987）。当然，也有一些在组织机构层面上利用内容分析的案例，且采用了各种分析技巧。

内容分析法在组织机构情境方面的运用，包括对雇员问卷中所涉及的开放式问题答案的分析（DiSanza & Bullis, 1999）；对语音电子邮件的词句的网络分析（Rice & Danowski, 1991）；利用 CATA 软件分析全球财富排行榜前 100 位公司总裁的自恋程度（Spangler et al., 2012）；分析上下级控制模式的人际互动（Fairhurst et al., 1987）。Larey 和 Paulus（1999）提出了一套全新的编码方案，用于分析头脑风暴讨论小组的讨论记录（每个小组均由四人组成，其目的在于集思广益，提出新想法）。他们的研究发现非常有趣，他们发现相对于互动性更强的小组，表面上互动性较弱的小组在提出新想法方面反而更为成功。当然，内容分析法现在也被更多地用于探究组织与公众/选民等不同层面对象的传播模式（e.g., Bravo et al., 2013）。但准确地说，这些跟公众或选民有关的讯息从本质上更应该被视为大众层面的讯息，而非组织机构层面的讯息。

大众讯息传播

大众传播中的讯息往往数量众多，且不区分特定的群体受众。这些讯息在大多数情况下通常是借助中介物的（如通过电视、报纸、广播和网络），但也并不尽然，公共演讲便是典型一例。

社会学家、社会心理学家、传播学者、市场营销和广告学者以及来自其他领域的研究人员都不遗余力地对大众讯息进行了大量的探索。《新闻与大众传播季刊》（*Journalism & Mass Communication Quarterly*）是大众传播研究领域最优秀的期刊之一。在该刊 1995 年发表的所有论文中，运用内容分析法的文章比例高达 34.8%（Riffe & Freitag, 1997）。研究涵盖的类型范围之广令人震惊，当然有些研究领域相比于其他领域也确实更适合采用内容分析法。比如,运用内容分析法分析新闻报道我们早已司空见惯,而运用该方法分析电影的文献则相对稀少。

各种应用情境

除了上面提及的划分讯息传播情境的方式之外,我们也可考虑将内容分析法的应用情境根据主题区分为健康传播、政治传播和社交媒体等。这些议题覆盖了包括人际传播、组织传播和大众传播的不同范围。举个例子,运用内容分析法开展健康传播的研究可包括许多议题——对医患互动的分析(人际传播)、医院工作人员之间的电子邮件往来(组织传播)和电视媒介中的医护工作者的形象呈现(大众传播)(Berlin Ray & Donohew, 1990)。上述所举的研究有一个共同之处,即这些研究都要被告知遵循健康医疗研究的基本规范、价值观、法律和商业实践的行为准则。因此,对传播研究进行基于应用情境的划分对于研究者来说是有价值的。我们将在本书的第 9 章详细描述其他类似的应用情境。

需要指出的是,有些利用内容分析法所开展的研究具有非常浓厚的实践色彩。这些研究的主要目的就是增强对特定讯息传播议题的预测和把控能力,而不是对理论性问题予以回应。主题框 1.2 提供了这样的一个案例。Rogan 和 Hammer(1995)将一套编码方案运用在诸如人质谈判这样的危机事故沟通中。他们的研究结果能够帮助我们更好地理解危机情境下双方或多方的讯息传播模式,而这些传播模式显然可以帮助我们把握并成功化解这些特定的危机事故。

另外一个类似的应用案例就是针对宗教类电视节目的内容分析。主题框 1.3 描述了这项研究,该研究充分考虑了在批判性话语盛行时期,电视媒介上所呈现的宗教的本质属性。大量的传播理论和宗教视角都为这些分析提供了很好的见地,比如人际传播理论和对宗教类大众媒介的实际考量。

6. 所有的讯息特征都能被用于内容分析

哪些讯息类型和讯息特征可被用于内容分析? 本书对此问题持广义的视角。下面我们将对相关术语进行阐述和澄清。

"内容"这一术语的使用

正如 Smith(2000)指出的,"内容分析法中的'内容'这一术语表达有些名不副实,因为言语类的素材不仅可被用于考察言语的内容,而且可被用于考察相关的形式(如风格和结构)、功能和传播的次序"(p. 314)。无独有偶,Morgan和Shanahan(2010, p. 351)也提到,学者George Gerbner在20世纪60年代所提出的"讯息系统分析"这一术语比目前通用的"内容分析"更富包含性——"Gerbner特别指出讯息系统的完整性是非常重要的"。因此,我们并不局限于"内容分析法"中的"内容"两字,而将分析范围扩展至所有的讯息特征。

显性内容和隐性内容

早期的内容分析法倾向和聚焦于显性内容,即"清晰出现的且可以直接计数的元素"(Gray & Densten,1998, p. 420)。随着时间的推移,内容分析法也开始考虑隐性内容。所谓"隐性内容"是由那些"不能直接被测量但可以由一个或多个指标进行表征或测量"(Hair et al., 2010, p. 614)的抽象概念所组成的内容。这两种不同类型的内容可以被视为语言的"表层"和"深层"结构,其分野可追溯到弗洛伊德的释梦学[6]。也有学者把显性内容类比为外延意义,而把隐性内容类比为内涵意义(Ahuvia, 2001;Berelson, 1952;Eco, 1976)。

尽管Berelson(1952)对内容分析法的早期定义非常强调显性内容,并将其局限于分析显性内容,但是许多研究者一直试图对讯息进行更加细微和深层的测量。正如Ahuvia(2001, p. 141)指出的,显性和隐性测量其实是在考察讯息的不同方面。具体而言,显性分析旨在考察有关讯息的明显和清晰的部分(如,该广告是否声称这种汽车的马力大于100?),而隐性分析的考察对象是有关讯息的细微和隐蔽的部分(如,该广告是否表现出这种汽车马力十足?)。

内容分析法通常包括对讯息显性特征的测量。比如Baruh(2009)的许多测量指标都被用来分析电视节目,包括背景是公开场合还是私密场合、身体是部分裸露还是全部裸露,以及个人财务信息是否被披露等。

相对而言,对隐性构念的测量显然要复杂得多。研究者至少可以采用两种截然不同的路径来处理这个问题。第一种路径是直接通过编码员的评估来测量讯息的隐藏特征。比如Perrin(2005)就曾对写给美国大报编辑的读者来信开展过内容分析,评估读者来信中所表现出来的独裁主义倾向和反独裁主义倾向的程度。研究发现这两种倾向在9·11袭击事件后都有所抬头。

在内容分析法中测量隐性构念的第二种路径是采用复合指标(每个具体指标通常是非常显性的)。类似于调查问卷和实验设计,对一些通用的隐性构念(如抑郁状态)的测量往往是由多个特定的问项组成的。举个例子,在Smith(1999)的研究中,"性别歧视"这一隐性构念是通过27个显性变量共同测量的。这些变量是研究者基于对大量理论文献(主要是女权主义文献)的综述,以及对电影的质化分析结果(e. g. ,Haskell,1987)所提取出来的,它们从不同的角度对"女性的刻板印象"加以测量。

在研究网站的案例中,Ghose 和 Dou(1998)选用 23 个易于测量的显性变量表征"互动性"这个潜在变量,比如是否提供关键词检索、是否提供电子优惠券、是否提供在线竞赛,以及是否提供软件下载。Kinney(2006)曾运用主成分分析法测量新闻报道(这些新闻报道的主题都聚焦于 1996 年美国福利法的政策创新方面)用词的 35 个显性指标,进行降维分析,并将研究结果提交给其他学者,让他们对这些潜在主题(即公共因子)进行分析和解读。另外,Van Gorp(2005,2007)从一个新的视角对新闻报道进行内容分析,他们认为对新闻框架的构建可被视为"来自新闻记者的潜在讯息",而通过显性变量的次序,这一隐性构念能够有效地得以表征(2005,p. 487 - 488)。

实证研究表明,相对于对显性构念的测量,利用人工方式对隐性构念进行编码的研究信度往往欠佳(Carlyle,Slater,& Chakroff,2008;Manganello et al. ,2010)。有些学者甚至质疑量化的内容分析法到底能否准确地测量隐性构念(e. g. ,Ahuvia,2001)。事实上,Berelson(1952)很早就强调量化内容分析法的重点在于分析显性意义,而质化内容分析法的焦点才是隐性意义。这种对于量化和质化内容分析的划分方式也得到了 Schreier(2012)的支持。

Potter 和 Levine-Donnerstein(1999)曾将隐性内容又细化为两种类型——模式化内容(pattern content)和投射性内容(projective content)。前者"聚焦于内容本身的模式特征",而后者"更多地指向编码员对内容意义的解读"(p. 259)。比如说,女性政治候选人的衣着方式(如正装、女性套装、礼服或者休闲装)就是模式化内容的典型例子,其衣着方式由编码员通过考察其衣服类型和着装方式等内容就可以确定。但是,该女性政治候选人的修辞风格(如官僚作风的、情感型的或者见闻广博的)就属于投射性内容,这就需要编码员启用自身已有的认知图式才能给出判断。根据 Potter 和 Levine-Donnerstein 两位学者的看法,模式化内容和投射性内容与内容线索以及编码员认知都密不可分,但隐性内容到底属于哪一种类型,取决于对该内容的编码到底是更加强调"内容线索"还是"编码员的认知图式"。

Grey 和 Densten(1998)将对隐性构念的使用作为整合量化内容分析和质化讯息分析的有效方式。他们同时使用这两种方式研究"控制点"(Locus of control)——这是一个来自 Rotter 关于内控点和外控点构念的隐性概念。Rotter 认为,具有外控点倾向的人往往会将个人生活归因为由一些个人能力控制范围以

外的社会因素所造成的结果(p. 426)。他们的研究发现表明,量化和质化内容
分析法在发现控制点概念里的新维度(这些维度借用许多非常显性的指标加以
表征)方面具有惊人的一致性。

许多研究者都不赞同对内容做简单的二元处理,所谓的"二元处理"就是非
此即彼,不是显性的就是隐性的,反之亦然。他们进而指出对显性和隐性的区
分经常是模糊不清的(Potter & Levine-Donnerstein, 1999; Riffe, Lacy, & Fico,
2014; Shapiro & Markoff, 1997)。或许,更好的处理方式是将内容视为从"高度
显性"到"高度隐性"的连续统一体,并建议对那些非常隐性的内容采取精细的
测量手段。因此,如何符合测量的客观性,达到合格的测量信度,对于研究者来
说是一个巨大的挑战。

实质内容和形式特征

许多学者对讯息(Berelson, 1952; Huston & Wright, 1983; Naccarato &
Neuendorf,1998)以及艺术品(Tolhurst, 1985)的内容和形式都做过区分。内容
属性有时也被称为"实质特征(substance characteristics)",它指的是那些能够被
任何媒介所呈现、在任何媒介中存在的成分。即使媒介形式发生了转变,这些
内容属性也都可以被完整地保留。形式属性也经常被称为"形式特征(formal
features)",它是跟讯息赖以传播的媒介形式有关的成分,尽管在一般意义上这
些成分不具有任何正式的意味。基于此,形式属性往往由特定的媒介或传播方
式所决定。

举个例子,Capwell(1977)曾就电影中的女性对同性的自我表露做过内容
分析。显然,关于自我表露的类型和程度等测量指标同样也适用于分析女性之
间在现实生活中的对话、在电视节目中的交往互动,或者在小说作品中的关系
构建。换言之,这些测量是基于内容层面的测量,可以应用于对任何一种媒介
的分析。相反,对电影拍摄的场景类型(如特写镜头和远景镜头)的考察则是对
形式的测量,这是特定媒介处理内容的独特方式。

虽然区分实质内容和形式特征是非常重要的,但我们在开展内容分析研究
的时候,不应该把重点放在考虑将变量归为哪一类上。事实上,有些变量其实
是介乎两种类型之间的,即兼具内容或形式方面的特征。所以在分析过程中,
重要的是需要同时考虑讯息的这两个方面。形式特征对于内容元素来讲,经常
是至关重要的中介。Huston 和 Wright(1983)曾总结过电视的形式特征是如何
影响观众(尤其是儿童)对电视内容的认知处理方式的。这也再次提醒了从事
内容分析工作的学者,熟悉所要分析的媒介的规范和规则是何等的重要。

文本分析和其他类型的内容分析

你可能注意到了,在主题框1.1中所提供的部分定义只是将内容分析法定义为对文本(如书面文字或转录文字)的分析。本书认为这种观点过于狭隘。事实上,我们可以使用内容分析法分析书面文本、转录演说、口头互动、视觉影像、剧中角色、肢体行为、音乐盛事,或者任何其他类型的讯息。在本书中,术语"内容分析"(content analysis)囊括针对上述所有讯息的研究,而"文本分析/文本内容分析"(text analysis or text content analysis)特指以书面文字或转录文字为分析对象的内容分析。尽管从历史的角度来看,内容分析法最早确实是从对书面文本的分析发展而来的,文本分析目前也仍然是内容分析中最为重要的部分,包括以人工编码和CATA方式开展的相关分析(Roberts, 1997b; Gottschalk & Bechtel, 2008)。如果你对内容分析法的历史发展(如何从对书面文字的分析发展为也包含对其他讯息类型的分析)感兴趣的话,建议阅读 CAGO 的"内容分析法发展的里程碑事件"部分。

本章注释

1. 需要指出的是,与"内容分析法"有关的术语变得越来越模糊。比如,作为计算机辅助文本分析的一种特殊方法(Liu, 2010),"情感分析"在2003年首次出现在PQD & T数据库中。截至2011年,该术语经常出现;但遗憾的是,用"内容分析"或"文本分析"都检索不到有关"情感分析"的文献。

2. 同样的,利用Google Scholar开展的检索工作发现含有"内容分析法"这一术语的在线文章呈现指数型增长趋势。标识为1997年的文章大约有6 000篇,2015年对应的文章数量则增至97 000篇。

3. Gottschall等人(2008)选择将描述"具有吸引力"或"不具有吸引力"的所有形容词都聚集在一起,以此形成对"吸引力参考指数"的总体测量。当然,作者也意识到这种做法存在一定的局限性,他们指出这种做法实际上没有充分表达出女性与男性在这个方面的不均衡性。当将这些形容词分开表述的时候,用于描述男性的词汇15%都为"不具有吸引力"的形容词,而女性对应的比例只有5%(p. 184)。

4. 在Gunter(2000)看来,实证范式最为主要的目的是"通过使用可以量化的测量方式(类似于自然科学家的做法)来检验研究假设是否成立,并最终确立人类行为的普遍原则"(p.4)。

5. 三角测量法与混合方法有所不同。前者是指利用不同的研究方法检验同样的研究假设或回答同样的研究问题;后者是指在同一项研究中,利用不同的研究方法检验不同的研究假设或回答不同的研究问题。

6. 在 Gregory(1987)看来,"弗洛伊德的释梦路径是借助自由关联的方法(这也是弗洛伊德精神分析程序依赖发展的基础)……在精神分析中,研究者要求研究对象全身心放松,任由思绪天马行空,可将梦中的情境或元素与任何相关的想法、回忆或情感反应联系起来。而研究者正是希望借此可以发现一些东西"(p.274)。弗洛伊德认为由研究对象报告的梦境本身是显性内容,而由梦境所关联的想法和愿望则是隐性内容。

内容分析法的整合路径 2

正如第 1 章所言,本书认为:量化内容分析法应该被视为一种符合诸多科学规范的研究方法。内容分析法与调查法最为接近,不过其数据收集和数据分析单元是讯息而非个人。科学研究方法的衡量标准包括效度(内部效度和外部效度)、信度、样本代表性、最大化信息原则(Woelfel & Fink,1980)和客观性(或称为"主体间性")。在阐述如何规范操作内容分析法以达到上述这些标准之前,我们先对科学研究的基本规则和相关术语做个简要介绍。

科学方法的语言

强调科学研究的诸多标准,其前提是要假定科学研究必须基于事实观察。换言之,科学研究的目标就是对现象进行归纳,理论在归纳的过程中扮演着"路标"的角色。"再也没有比好的理论更有用的东西了"这句古老的格言表明了正确的理论构建工作将会产生具有价值的知识。这种知识能够超越时间、文化以及其他界限从而达到"放之四海而皆准"的效果。

社会和行为科学领域的理论往往用于阐述人类认知、情感和行为方面的议题,直接针对讯息议题的理论则寥寥无几。从这个角度来看,利用内容分析法开展理论检验和理论构建的空间非常有限。当然,正如我们将在下面所看到的,当内容分析法与其他的方法进行适当的整合后,内容分析研究在理论检验和构建方面同样是非常有用的。

首先需要理解的是,我们是从理论中推导出研究假设和研究问题,而研究假设和研究问题决定了我们所要检验的假设或所要回答的问题的研究方法。比如,如果要检验一个关于理解空间关系的心理认知机制的理论,所采用的方法需要能够正确地测量个人的认知和空间知识。在这种情况下,内容分析法不会成为研究者的首选。研究者更有可能会采用实验法,包括测量眼动轨迹或脑电波等方法来进行研究。如果要探究人们长期接触有关家庭成员互动行为的图像会有哪些影响,也许可以采用实验法和内容分析法相结合的研究路径。前者可用来测量影响本身,而后者可用来检验研究中的图像和人们在实际公共空间中接触的图像是否一致。再次强调,我们需要牢记,必须基于理论推导出研究假设或研究问题,而由研究假设或研究问题来决定所要采用的研究方法。

不管是否明确表述出来,大多数科学研究的主要目标就是要确定变量之间的因果关系。换言之,我们希望发现至少有一个原因变量(X)导致至少一个结果变量(Y)。但事实上,在社会和行为科学中明确确立因果关系的研究成果是非常稀少的(有观点甚至认为从未有过这样的例子),因为要达到符合确定因果关系的三个标准几乎是不可能的:(a)存在相关关系;(b)时间序列(如 X 必须发生在 Y 之前);(c)消除或控制住其他可能会产生替代解释的所有变量。如果要符合第二个标准(时间序列),那么必须要开展历时性研究或实验研究。所谓历时性研究是指要在不同的时段测量两个或更多的变量。如果要符合第三个标准(解释所有其他的替代变量的影响),则几乎是不可能的。但是,科学研究的目标就是要尽可能地从事完整的研究,确定并测量所有可能的控制变量[1]。

鉴于真正的因果关系是遥不可及的目标,当我们讨论这个问题的时候,往往并不指向"原因"或"结果"。相反,我们将每个"假定的原因"作为自变量,将每个"假定的结果"作为因变量。变量是一个可以被定义和测量的构念,而这个构念在测量中的具体数值可能会因案例而异。换言之,对于每个不同的个案,变量都有自己的特定值。举个例子,我们假设在对话中打断他人的行为与性别有关,跟女性相比,男性在对话中会更经常地打断对方的谈话。任何一个个案(在这个例子中,所谓的个案就是"个人")在自变量和因变量上都有一个特定的值,如在自变量上的值为"男性"或"女性",在因变量上的值为" 5 分钟 4 次"" 5 分钟 12 次"或其他表示频次的数值。不同个案在同一变量上的值必须有所不同,否则该研究中就没有必要涉及这个变量。如果上述研究中的所有研究对象都是男性,那么所谓的男女比较也就无从谈起,"性别"作为一个变量也就无须存在于这项研究中,我们也无法判定性别是否对打断他人说话的行为产生了影响。在这个例子中,显然性别是自变量,打断他人行为的频次是因变量。同时,我们假定性别会对个人打断他人说话的行为产生影响。在这个案例中,自变量和因变量是不能互换的。

对于社会或行为科学家来说,实验法和调查法是检验研究假设或回答研究问题最为主要的量化研究方法。在实验法中,研究者至少需要操控一个自变量(Campbell & Stanley, 1963)。在调查法中,研究者将测量所有可能会出现的变量(包括自变量和因变量)。需要指出的是,实验法不一定都必须在实验室中操作(尽管大多数都是如此),同样地,调查法不一定都使用问卷(尽管大多数都是如此)。实验也可在诸如工作场所这样的"实地"情境中开展。比如,研究者可以将一家机构中的雇员随机安排在不同的工作条件中(如面对面的工作团队和虚拟的在线团队),然后测量有关工作产出的相关变量。这种类型的研究通常被称为实地实验。

大多数的调查法都会涉及问卷的使用,一般是研究者以自我汇报式的问卷或访谈的形式将一系列问题呈现给特定的被调查者。实验法也经常使用问卷,尤其用于测量因变量和控制变量。相反,有些调查法却不使用问卷。在这些调查中,研究者通过直接观察的方式开展研究,比如观察和记录儿童的玩耍行为。在这种情况下,虽然研究不再借助被调查者的"自我汇报",但观察过程同样依赖于研究者主观的人为"汇报"。在上述例子中,研究者的人为"汇报"就是对他人行为的编码工作。正如我们在下文所看到的,在测量过程中人为的介入是内容分析法一种重要的特征。

实验法和调查法各有其优缺点。通常而言,在实验法中,研究者对自变量的效度享有更大的控制权,但是其执行过程高度地被"人为"介入(实验法具有较高的内部效度,但外部效度较低)。调查法如果保证了随机抽样,其结果与真实生活更为接近,结论也具有更好的推广性。但调查法的测量相较于实验法不太可信,尤其是需要依赖调查者"自我汇报"答案的时候(调查法具有较高的外部效度,但内部效度较低)。多数学者都认为"最好"的研究路径是三角测量,即同时运用不同的方法(实验法、调查法和其他质化研究方法)验证变量之间的研究假设,使各种方法的优缺点互相抵消、互相平衡。因此,如果所有的方法都能够得到一致的研究结论,那么该研究结论无疑更为可靠。

作为一种独立的研究方法,内容分析法与调查法在研究目标和基本标准等方面是一致的。在典型的内容分析工作中,研究者努力地测量所有可能会出现的变量,对自变量没有施加任何的操控。在数据采集方面,研究者采用随机抽样方法,因此其研究结果能够推论到更大的范围或整个讯息总体。当然,内容分析法中的数据采集和分析单元不同于一般的调查法,前者往往是讯息,而后者通常是个人。调查法所固有的测量内部效度的问题同样存在于内容分析法中。正如调查法使用的被调查者的"自我汇报"会导致变量测量的客观性和效度存在问题,内容分析法编码过程中研究者的编码决策同样会导致编码方案的效度问题。简而言之,内容分析法具有调查法的优点,同样也避免不了其固有的缺点。

人工编码和计算机编码：简要概述

　　量化内容分析法主要有两种类型。人工编码中是用"个人"作为编码员，每个编码员配备标准的编码指南和编码表，据此解读所要分析的内容，并依据事先确立的变量记录下他们的编码结果。计算机编码则是对内容进行预先处理，使其可以被计算机解读，随后根据变量进行自动编码。通常而言，计算机编码就是使用软件进行文本分析、关键词计数、对词组或其他文本做相关的标识等。作为一个术语，CATA 用于指代"计算机辅助文本分析（computer-aided text analysis）"，目前已被广泛认可和使用。

　　CATA 的最大优势是具有"完美"的编码信度，而人工编码为了达到符合编码员间信度的要求，必须对编码员进行严格的培训，同时必须提供非常细致的编码方案。但是，在 CATA 分析过程中由于缺乏直接的人为介入，软件的自动编码可能存在效度问题。正如 Grimmer 和 Stewart 所警告的，"使用自动化方法存在许多陷阱，它们并不能替代需要深度阅读和深入思考的人工方法，并且它们的有效性还有待提高"（2013，p. 267）。

　　许多研究对通过 CATA 编码和人工编码所获得的结果进行了比较。Conway 在他的一项关于报纸对政治运动的报道的研究中，同时采用了 CATA 编码和人工编码，研究发现两者的结果存在显著差异。对此，他认为，"必须要在 CATA 中采取一些人为主动的步骤，使得内容能够适应软件程序。这些步骤可能是相当主观的，超越传统的编码员间信度的概念范畴"（2006，p. 186）。

　　本书的第 5 章提供了一些供人工编码所用的编码指南和编码表，也提供了部分借助 CATA 编码的词表。

内容分析法的操作：作业流程图

　　作为科学研究的一种形式，研究者在开展内容分析工作时必须要符合科学研究的程序。主题框 2.1 展示了一项典型的内容分析研究的作业流程图，包括所罗列的九个步骤。这个流程图遵循的是运用科学方法开展研究的步骤和流程，并在必要的时候改用了适用于内容分析法的术语。本书后面的章节将会具体介绍这些研究步骤。具体来说,第4章处理第1步至第3步,第5章涉及对第4步(编码)的介绍,第3章的主题是抽样(研究流程的第5步),第6章阐述的是第6步至第8步的问题,第8章处理的则是研究结果的呈现和报告。该流程图对人工编码和计算机编码做了明确的区分。

主题框2.1 一项典型的内容分析研究的作业流程图

1. 理论和原理:研究将考察什么内容,以及为什么? 是否有某种理论或视角表明该讯息内容具有重要的研究意义? 我们需要借助图书馆和网络资源,保证文献综述的质量。是否会使用整合模式将内容分析与其他数据关联起来,从而展示内容分析结果与信源或信宿特征的关系? 是否要提出研究问题或研究假设?

2. 概念化:研究将使用什么变量? 将如何从概念上界定它们? 请牢记,你是主导者! 界定一个既定的概念有多种方式,但没有一种是现成的。此时也许需要试着浏览一下将要分析的内容,以确保已经涵盖了所要分析的一切。

3. 操作化(测量):测量必须与概念化相吻合(这被称为内部效度)。研究将使用什么样的数据采集单元? 也许不止使用一种数据采集单元(如以话语为单元的编码方案或以说话者为单元的编码方案)。变量是否测量得当(如测量水平是否足够? 所使用的类目是否穷尽和互斥)? 必须设计出描述所有测量的先验性编码方案。在这个阶段,也许还要评估表面效度和内容效度。

a.人工编码　　　　　　　　　　　　　　b.CATA(计算机辅助文本分析)

4a. 编码方案:你需要创建如下资料:
①编码指南(详细地说明所有变量的测量);
②编码表

4b. 编码方案:在CATA中,你仍需要关于类目的编码指南(详细介绍所使用的词库以及应用方法)。可以使用软件本身提供的内部词库(如Pennebaker、Booth和Francis程序所提供的词库)。如使用定制词库,通常要从文本样本中产生词频表,并检验关键词和词组。

5. 抽样:对内容进行普查是否可行? (答案若是肯定,跳至第6步)。如果不能普查,将如何随机产生能够代表内容总体的样本? 可以根据时间段、演讲者、报刊期号、网页、渠道等确定。

6. 培训和试测信度:在培训期间,编码员一起工作,查看彼此是否能对变量的编码达成共识。然后,在独立的编码预测中,记录每个变量的编码员间信度。考虑评估编码员自身的编码信度,必要时,还需考虑单元确定信度。在每个阶段,可根据实际需要修正编码指南和编码表。

7a.编码:使用至少两位编码员,以确定编码员间的信度。编码员必须独立工作,至少同时完成10%的共同内容用于信度测试。

7b.编码:对文本样本设置一个词库,用来记录每个分析单元(如每篇新闻报道)中的词语频次。务必抽查(如使用KWIC),以检验有效性。

8. 最终信度:在实际的编码过程中,务必核实最终的编码员间信度。为每个变量计算信度值(如科恩Kappa值,林提出的CCC一致性系数)。再次考虑评估编码员自身的编码信度,以及单元确定信度。

9. 制图和报告:查看汇报内容分析结果的各种实例,确定分析数据和汇报结果的具体方式。可以汇报单个变量的结果(单变量分析),或者以不同的方式对变量进行交叉分析(双变量或多变量分析)。历时趋势分析也是常见的汇报方法。从长期看,可以利用内容分析变量和其他测量之间的关系确定研究的效标效度和建构效度。

内容分析法的研究路径

本书认为,内容分析法是在传播学视角下检验变量关系的最好工具之一。20世纪的香农-韦弗模式——其前身是亚里士多德的三重修辞分析(聚焦于演讲者、演讲内容和听众;Miller,1987)——为我们提供了最为基本的分析框架:信源、讯息、信道和信宿。在此基础上,Berelson(1952)提出了内容分析的五大目的:(a)描述讯息内容的实质特征;(b)描述讯息内容的形式特征;(c)对信源进行分析;(d)对信宿进行分析;(e)判定讯息内容对受众产生的传播效果。

不同于Berelson的观点,我们认为仅仅凭借对讯息内容的分析无法就信源和信宿给出任何结论。Carney(1971)提出内容分析法的三种应用:描述假设、检验假设和进行推论。我们赞同Carney的观点,并在此基础上考虑扩展至讯息之外的相关变量,即那些测量信源和信宿的变量。

内容分析法本身只能用于描述讯息特征或者揭示不同讯息特征之间的关系,对于全面理解人类传播行为显然捉襟见肘。为此,我们在本章提出了内容分析法的整合模式。当与将个体作为数据采集和分析单元的研究(Shoemaker & Reese,1990)进行整合的时候,内容分析法就能为我们理解人类的传播行为的多级模式以及受众对中介传播的反馈模式提供重要的关联点。因此,尽管Berelson声称可以基于考察讯息内容推论信源的特征或意图,但本书坚持认为,要达到这一目的,必须整合内容分析法与其他能够提供关于信源特征和意图的实证数据的相关方法。科学研究的目标包括描述、预测、控制和解释。只有与其他研究方法进行整合,内容分析法才能实现科学研究的最高目标——解释。

截至目前,内容分析法最为普遍的应用主要是描述、推论、心理测试和预测。这些都是对利用内容分析法开展的工作所赋予的最为通用的标签,当然这些类型并不是系统分类的条目。因为许多研究是彼此交叠的,研究者和实践人员经常并不认可将他们的内容分析研究简单地归为上述的任何一种应用类型。

描述型内容分析法

许多内容分析工作都以一种类似于处理档案资料的方式描述特定的讯息内容。以这种方式开展工作的研究者需要意识到他们的研究结论只能适用于被分析的讯息内容本身,尽管他们可能非常希望将其推广,以揭示信源的特征或信宿所受的影响。描述型内容分析法之所以能够吸引研究者,是因为它们能够清晰地勾勒出讯息本身的特征。但是,这种方法在研究的重要性和研究深度等方面有时也受到他人的质疑。

应用描述型内容分析法的例子之一是由凯瑟家族基金会赞助的一项历时性研究。该研究的主要任务是长期跟踪和记录在美国电视节目中出现的与性有关的内容(Kunkel et al. , 2001;Kunkel et al. , 2005;Kunkel et al. , 2007)。尽管这项研究的初衷是探索电视上播放的与性有关的内容对受众的影响,但研究者从来没有夸大他们的研究结论——通常只是基于电视内容本身给出研究结论。这项研究包含了许多变量,使得研究者可以从不同的角度开展深入分析。其主要的研究结论包括:在 1998 年至 2005 年期间,电视里有关性的内容数量急剧增长(在所有的电视节目中,其比例从 1998 年的 56% 提高至 2005 年的 70%;在 1998 年,平均每小时出现的与性有关的场景数量为 3.2 个,该数字在 2005 年的时候提高至 5 个),较随意的性行为出现的数量也大大提高(在 1998 年,陌生人之间发生性行为的场景比例为 7%,该比例在 2005 年达到 15%)。与此同时,电视节目中极少提及发生性行为的风险以及所需承担的责任(在所有包含性内容的电视节目中,只有 14% 的节目提到了这些内容)。

应用描述型内容分析法的另外一个例子是《非裔美国人电视报告》(*African American Television Report*)(Robb,2000),这是一份分析黄金时间电视连续剧的研究成果,由演员工会资助完成。该项目由来自南加州大学的 Darenll Hunt 带领的团队执行,总共分析了来自 6 个广播网 87 档黄金时段电视连续剧中的 384 集节目样本,里面共出现了 6 199 位人物。研究发现,在电视连续剧中,非裔美国人所占比例为 16%,这一比例要高于数据采集时非裔美国人在美国总人口中的实际所占比例(12.2%)。这种"过度表征"现象在情景剧中表现得更为突出。在喜剧中,非裔美国人的比例甚至超过一半,高达 50.5%。

再举一例,Kian、Mondello 和 Vincent(2009)曾经开展一项研究,试图回答以下两个问题:"在美国大学生篮球联赛中,在线体育频道对女篮和男篮的新闻报道有多少?""在报道美国全国体育协会第一分组的女篮和男篮联赛的新闻中,网络体育记者都使用了什么类型的描述词汇?"研究者对出现在哥伦比亚广播公司的 SportsLine 频道和 ESPN 上的 249 篇文章进行了详细分析,其中对女篮的报道比例为 27.7%。研究者对 7 344 个跟性别有关的描述词汇进行编码,发现报道女篮和男篮的新闻稿在某些方面存在显著差异,比如外形/服装(针对男篮的报道会更多地提及该方面)和心理/情感优势(针对女篮的报道会更多地提及该方面）。研究也发现在另外一些方面，二者并没有显著差异，包括在竞技实力、技术弱点、心理/情感劣势和幽默等维度上的新闻报道。

正如上面这个例子所展示的，我们需要了解这里所谓的"描述型"不一定就是指单变量分析，有可能是（事实上也经常如此）在揭示同一内容分析研究中不同变量之间的关系。其他比较不错的例子还包括 Dixon 和 Linz（2000，2002）开展的针对犯法者的电视新闻报道。他们发现犯罪人员的种族与犯罪案件的类型之间存在显著的相关关系（2000）。因此，这两个变量的关系可以描述为：

犯罪人员的种族→犯罪案件的类型（是否为重罪）

研究人员同时发现在新闻广播中，被告人的种族与涉及偏见倾向的信息数量之间存在相关关系（2002）。具体而言，对于黑人和拉丁美洲人而言，上述两个变量的相关系数是其他种族人群的两倍。这两个变量的关系可描述为：

被告人的种族→偏见信息的出现数量

我们可以看到，描述型内容分析法主要描述内容分析研究本身所涉及的诸多变量的信息，并不是推论或预测这些分析结果与信源或信宿之间可能存在的关系。

推论型内容分析法

正如前面所言，本书认为不能对内容分析结果进行过度推论，这与 Janis（1949）所持的观点一脉相承。相反，那些希望仅仅凭借内容分析工作就可将研究结论推论至信源或信宿的研究者，仍然时不时地引用 Berelson（1952）60 多年前的观点。但是，这种缺乏实证支撑的推论实在有悖于科学研究的基本原则。我们应该意识到，他们的这种做法是缺少实证根基的。

基于非系统的观察，针对心理或人际传播类型的内容分析倾向于将其结论推论至信源，而针对大众传播类型的内容分析则试图将其结论推论至受众或信源对受众的影响。显然，研究者并不满足于仅仅对讯息进行描述分析，而希望走得更远。正如我们将会看到的，相对于没有建立在实证基础上的推论，内容分析法的整合模型显然是更为明智的选择。

心理测量学内容分析法

在心理学领域，心理测量学内容分析作为内容分析法的一种类型已经被广泛认可。一方面,这种方法试图通过对个体所产生的讯息进行分析,从而为临床诊断提供参考(通常被称为临床型内容分析法);另一方面,这种方法借助对讯息的分析来测量个人的心理特征或状态(通常被称为主题型内容分析法)(Smith,1992)。内容分析法的这些应用不应该被视为没有依据的推论,因为其测量是能够通过外部标准进行证实的。

临床型内容分析法。对于这种方法来说,效标效度尤其管用,因为该方法的目标就是利用个人的口语信息推论其临床精神病状态,因而这种方法的"评价标准"具有很强的针对性。Carmines 和 Zeller(1979)提出,对于那些与传统诊断方法相结合的内容分析法,必须仔细评估研究的效标效度。将具有悠久历史的诊断方法(如对个体的病理行为进行观察)与通过内容分析所获得的结果进行比较。研究者应当通过一系列的调查分析,对内容分析词库(单词、词组和术语等)进行不断的精炼和完善,使其与传统的临床诊断和心理测试技巧保持一致。Gottschalk 和他的同事正是这么做的(Gottschalk,1995;Gottschalk,2007;Gottschalk & Bechtel,2008)。通过这种做法,他们发展了一套旨在检测精神病理(包括沮丧、精神分裂、焦虑和孤独症等)的人工编码方案(Gottschalk & Gleser,1969)。后来,研究者开发了 PCAD(Psychiatric Content Analysis and Diagnosis)程序,借助计算机实现整个编码过程。

主题型内容分析法。正如 Smith(1992)在他所编辑的《动机和个性:主题型内容分析法手册》(*Motivation and Personality*:*Handbook of Thematic Content Analysis*)中所指出的,主题型内容分析法旨在基于内容或口语素材推论"个人或社会团体的特征或经历"(p.1)。乍看这个定义,似乎这种方法是没有基于实证基础的推论型内容分析法,但仔细通读 Smith 著作的话,我们就会发现其实作者非常注意这一点。在研究过程中,作者通过测量讯息内容之外的变量来验证众多内容分析的程序,从而使得研究者可以从个人的话语推论他们的心理特征(如成就动机、权力动机、亲和信任等)和其他心理学概念。"主题"这一术语表明了这种分析技巧起源于主题统觉测验(简称 TAT)(McClelland,1984;from Murray,1943)。TAT 是一种通过对口语素材(研究者往往通过被试对图片的反应来收集这种口语素材)的内容进行分析并提炼心理学构念的方法。当然,在后续的发展中,主题型内容分析法对图像内容的处理已经远远突破了 TAT 的局限(Smith,1992,p.4)。

上述心理测量学内容分析法的两种类型都有一个共同的终极目标,就是在没有运用其他诊断或测量信源的前提下,基于内容分析结果就可推论出个人的心理特征或病理情况。但是,这种方法的实施得具备一个重要的前提条件——

用于内容分析的测量工具（如编码方案或词表）必须在多次重复性研究中经过严格和细致的验证。

预测型内容分析法

这种内容分析法的主要目标是预测某些结果或讯息所产生的影响。通过测量讯息的关键特征，研究者希望预测受众对讯息的反应。这种需求使得我们有必要将内容分析法与其他研究方法进行有机整合。最典型的做法是结合调查法和实验法，它们都将"人"作为数据采集和数据分析的单元。

应用预测型内容分析法的例子之一是 Naccarato 的研究（Naccarato & Neuendorf，1998）。作者整合了内容分析和受众分析，将印刷广告的核心特征与受众对广告的回忆率、阅读量和评估等内容关联起来。主题框 2.2 详细介绍了这个项目的研究过程。另外一个例子是 McQuarrie 和 Phillips（2008）针对受众对印刷广告风格特征的阅读偏好所做的研究。他们选取了来自《哪则广告最佳》（*Which Ad Pulled Best*）数据库中的广告文案测试数据，利用内容分析法考察了来自该数据库的 656 则广告的 6 个风格变量。通过考察广告文案测试数据和投放的广告（1960—2002），研究者发现更为有效的风格特征随着时间的推移越来越普遍，而那些不太有效的风格特征越来越少见。

Phillips（1974，1982，1983；Phillips & Hensley，1984；Phillips & Paight，1987）开展了一系列研究，将暴力活动的媒介呈现和档案库中的犯罪记录与死亡数据进行关联。研究者在此基础上利用简单的预测型内容分析法，建立了长期的研究记录[2]。他考察了媒体对拳击冠军比赛报道后的他杀事件的发生率，媒体对自杀事件报道后的自杀事件的发生率，肥皂剧中出现自杀场景后的车祸死亡率。虽然 Phillips 试图建立因果关系的努力遭受了不少批评（e. g.，Gunter，2000），但他利用这种研究方法所揭示的媒体报道和真实生活的暴力行为之间的关系是稳定的，从验证的角度来说也是可复制的。

应用预测型内容分析法的另外一个研究案例是基于新闻媒体对事件的报道预测舆论（e. g.，Salwen，1986）。通过将内容分析结果和民意测验报告进行整合，Hertog 和 Fan（1995）发现印刷媒体对 HIV 的三种假定传播途径（厕所、喷嚏和昆虫）的新闻报道在早期比较流行；民意测验报告中也显示出公众相信这些途径可以传播艾滋病，研究发现二者高度相关。主题框 2.3 详细介绍了这项富有创新的研究工作。

另外一个关于预测型内容分析法的案例是由 Smith（2008）开展的。她能够从统计学上基于威胁性讯息本身的特征预测这些讯息所带来的不良结果。确切地说，在这个研究案例中，讯息所带来的结果不是指讯息对受众所产生的影响，而是指由讯息本身的特征所导致的受众行为。虽然两者之间的因果路径可能相当复杂，但是将内容分析的数据和受众的行为数据进行整合的方式颇具亮点。主题框 2.4 详细阐述了 Smith 的这项研究。

主题框 2.2　预测广告阅读量

由于拥有 20 年的广告实战经历，John Naccarato 希望在他的硕士论文中将理论研究和实践应用相结合（Naccarato & Neuendorf，1998）。作为一名 B2B 广告专业人士，Naccarato 经常会收到一些来自出版商或其他标准化读者服务机构的报告。这些报告会提供他自己在 B2B 出版物上所投放的广告的阅读量。Naccarato 也总自己琢磨：为什么有些广告的阅读量更高？吸引读者阅读广告的因素是什么？

Naccarato 采用内容分析法，将可以直接获取的阅读量数据与广告的特征进行关联。借助这种方法，可以确定能够影响阅读量的广告特征因素。即使这种因果关系无法进一步被证实，研究者至少可以基于这些广告特征做出某种预测。利用这种思路开展研究的文献非常稀少，直接分析广告的文献更是凤毛麟角，考察 B2B 情境下的印刷广告的文献则尚未出现（Chamblee et al.，1993；Donath，1982；Holbrook & Lehmann，1980；Holman & Hecker，1983；Stewart & Furse，1986；Wood，1989）。

Naccarato 的研究问题非常具体，他希望通过找到能够影响广告阅读量的特征变量，来对阅读量进行预测。在取舍变量的时候，他没有忽视现有理论和先前的研究成果。基于说服理论，他提取了测量广告吸引力的变量（如幽默、恐惧、理性说服）（Markiewicz，1974）。从先前的内容分析研究文献中，他又改编了测量广告形式特征的一些指标，比如对色彩的运用、尺度大小和其他排版特点等（e. g.，Gagnard & Morris，1988）。除此之外，Naccarato 采纳了业界人士的建议，添加了诸如案例历史使用、代言人使用、竞争力比较等变量。最后，他又基于自身的实践工作经验，增加了诸如图表在广告排版中的角色等其他变量。最终，Naccarato 一共收集和确定了 190 个变量。

Naccarato 制定的编码指南和对应的编码表相当冗长（CAGO 提供了这两份资料）。因此，对于那些信度偏低或者缺乏方差解释量的变量，作者采用了合并或删除的处理手段，被应用于正式分析的变量共有 75 个，包括 54 个形式变量和 21 个内容变量。

在这项研究中，Naccarato 将研究总体界定为两年间所有在行业杂志 EL&P（Electric Light and Power）中出现的广告。研究者随机抽取了八期，这些卷期中的所有广告就构成了研究样本（$n = 247$）。出版商自己对 EL&P 在那两年期间刊登的所有的广告都做过读者调查,形成了《PennWell 广告阅读研究报告》。具体而言,出版商向杂志订阅者发送邮件,调查读者对广告的回忆率、阅读量以及对广告吸引力和信息丰富度的认知情况。针对杂志不同卷期所做的调查,其样本容量在 200 至 700 人次,读者回复率在 10% 到 50%。

　　由于数据采集和数据分析单元是单则广告,研究者首先对数据进行整合(整合有关广告特征的变量和四个有关受众的独立变量),然后采用逐步回归法以确定 75 个变量中哪些变量可以构建最为合适的预测模型。

　　Naccarato 的这种研究路径被证明是行之有效的。四个回归模型在统计上都是显著的,它们所解释的方差变异量分别为:59%(预测读者的回忆率);12%(预测读者的阅读量);40%(预测读者对广告吸引力的认知);18%(预测读者对广告信息丰富度的认知)。影响这四个因变量的自变量存在较大的差异。通过使用小型画报、加大色彩使用力度、在广告下端重复内容、将广告重心从产品转移到服务上等措施都能提高读者对广告的回忆率。相反,使用小页、在广告右端重复内容、将图表(而非图片)作为主要的视觉元素的广告则在读者回忆率方面表现欠佳。

　　Naccarato 的这项研究得出了一些强有力的结论,也启发我们要慎重地看待业界人士所提出的建议。业界人士提出需要加强一些说服技巧的使用,包括运用代言人、诉诸幽默、行为召唤以及采用较短的篇幅等。但是,这些技巧在研究中被证明与上述四个因变量都没有关系。相反,这项研究证明,排版位置和诉诸恐惧是比较重要的预测变量,但这些因素通常被业界人士所忽视。

　　因此,通过将讯息特征与受众反应相关联,Naccarato 发现了能够成功影响 B2B 广告的读者回忆率、阅读量和讯息有效性指标的形式特征和内容特征。接下来自然就可以将这些研究发现应用到广告的制作中。换言之,在制作广告时需要充分考虑这些能够影响其传播效果的因素。在真实的 B2B 广告中,借鉴 Naccarato 和 Neuendorf(1998)的研究结果[3],我们可以充分考虑这些特征,从而制作出"完美的"广告。更为重要的是,这个例子向我们展示了将内容分析法与其他非讯息测量(在这个例子中,是关于读者的测量)相结合的一种可能性,当然这只是众多可能性中的一种而已。

主题框 2.3　探索因果关系:新闻报道会导致舆论的形成吗?

　　在早期关于新闻报道的观点中,记者们普遍认为新闻是跟从公众舆论,而非引导舆论。他们认为在形成公共议程之后,新闻记者才会跟踪这些议程并把它们记录下来。当然,这种观点已经受到质疑,许多有关媒介效果的研究均证实媒介讯息在改变个体观点方面存在潜在的影响。Hertog 和 Fan(1995)采用了一种十分创新的研究方法,他们对某一话题领域的新闻报道进行长期追踪。研究者使用最早由 Fan(1988)所提出的对新闻报道做计算机文本分析的方法,对某一话题的新闻报道开展内容分析工作,同时收集了同一时段关于该话题的公众舆论的调查结果。

Hertog 和 Fan 收集了 1987 年至 1991 年期间在八个信息源上发表的关于艾滋病三种假定传播途径(厕所、喷嚏和昆虫)的所有新闻报道。这八个信息源包括四份美国主要报纸、三份新闻杂志和合众国际社(UPI)。研究者对 166 篇新闻报道的态度倾向进行了人工编码,态度倾向包括"赞成"(如表征公众同意通过厕所能够感染艾滋病这一观点的文章)和"反对"(如表征公众不同意通过厕所能够感染艾滋病这一观点的文章)。同时,研究者收集了针对同一时段公众舆论开展的 23 份全国健康民意调查结果。这些民意调查中都涉及了公众对上述假定的艾滋病传播途径的认知情况。研究者根据时间节点将数据进行了整合,每份民意调查代表的是某个时间段上的数据。

两位研究者利用 Fan(1988)提出的观念统制模型,对持赞成和反对意见的新闻报道的影响力进行了评估。结果发现,对于喷嚏和昆虫这两种假定的传播途径,持赞成意见的新闻报道的分量要高于持反对意见的新闻报道。这种报道方式导致了公众对这种错误观点的认知的显著变化。

更为重要的是,Hertog 和 Fan 利用格兰杰因果检验法,考察了艾滋病假定的传播途径的新闻报道与舆论的关系随着时间推移的变化情况。对于喷嚏和厕所这两种假定的传播途径,研究者发现新闻内容能够预测随后的舆论,但舆论不能预测随后的新闻内容。由于能够明确时间序列,所以这些研究结果确实能够揭示变量之间的因果关系。

主题框 2.4　从暴力言语到暴力行为:预测 FBI 中的威胁案例所导致的结果

Sharon Smith 曾经为美国联邦调查局(简称 FBI)服务了 25 年。退休之后,她有意将她在 FBI 的经历运用到博士生涯的研究中。可以说,Smith 的博士论文很好地体现了她之前的工作经历、现在的学术兴趣以及她对多种研究方法的熟练掌握。最后,她成功地提出了能够预测从暴力言语发展到暴力行为的统计模型(Smith,2008)。

Smith 使用了 96 个由 FBI 调查的关于言语威胁的案例,将它们作为分析暴力犯罪案件的样本。通过采访调查官,她对每个案例的结果进行了判定:(a)导致威胁性伤害行为;(b)导致一些非威胁性行为;(c)威胁者接近攻击目标,但没有导致威胁性行为;(d)没有导致任何行为。Smith 运用许多人工编码变量和 CATI 词库(综合运用了 Gottschalk 和 Bechtel 所开发的 PCAD2000 版以及 Social Science Automation 公司的 Profiler Plus 程序)对这些案例进行了详细的内容分析工作。

在最初的对 43 个能够确认威胁者身份的案例分析中,Smith 发现,任何有关威胁者的人口统计学变量和社会心理变量都不能成功地预测威胁性言语是否会进一步导致随后的行为。最终的分析表明,九个有关讯息本身的变量却能够显著地预测暴力行为的发生概率。在下述情况中,威胁性言语更有可能导致伤害行为:威胁性言语具有更高的概念复杂性(通过 Profiler Plus 词库测量)、代表更低的敌意(通过 PCAD2000 版测量)、没有使用暗示宗教偏见的言语、使用更有礼貌的语气、提及爱情/婚姻或其他浪漫话题、明显或隐晦地提及受害人、将威胁者的通信地址隐匿、通过多种媒介进行互动,以及没有详细说明武器的使用。

可以说,Smith 的研究结果为从事刑事司法工作和情报社区工作的实践人员提供了有益的指导作用,因为从事这些领域的工作的人员所获取的信息往往是非常不完整的,但是又不得不尽快地对威胁性言语和交流做出决策。Smith 将讯息数据和随后的行为数据进行整合。利用这种富于创新的研究路径,作者展示了内容分析法在某些特定情境中的应用潜力,比如就像这个研究案例中所描绘的一样,一则简短的讯息可能是调查者得以继续进行调查的唯一线索。

迈向内容分析法的整合模式

为了进一步阐述所谓的预测型内容分析法,可能需要构建一个完整的研究模式,把利用内容分析法分析整个传播过程中讯息要素的细节都加以呈现。

Shoemaker 和 Reese(1996)积极致力于推进整合研究,建议将关于传播主体、讯息内容、受众和效果的研究进行整合。他们提出了大众传播研究的五大领域,包括:

A. 影响媒介内容的传播主体和传播系统因素;

B. 与受众使用和评估有关的媒介内容特征;

C. 能够预测媒介传播效果的媒介内容特征;

D. 与使用和评估有关的受众特征或环境因素;

E. 与媒介效果有关的受众对媒介内容的使用和评估。

Shoemaker 和 Reese 建议将上述五大领域进行组合,以便产生许多更为广阔的研究领域,其中 A-B-C-D-E 模式无疑是"理解大众传播最为详尽的模式"(Shoemaker & Reese,1996,p.257)。在他们提出的模式中,明确区分了媒介内容对受众的影响(E)和受众对媒介内容的积极使用(D)。

Shoemaker 和 Reese 所提出的模式能够有效地启发我们对内容分析结果与其

他数据进行整合的相关讨论。上述的 A/B/C 三个研究领域显然也会利用内容分析数据,与我们在这里所要提出的整合模式是非常类似的,当然两者也存在显著差别。从在大众传播研究上的特定应用来看,Shoemaker-Reese 模式具有限制性,但考虑到所采用的方法不局限于内容分析法,Shoemaker-Reese 模式所涉及的范围无疑将会更广。本章所提出的整合模式,其目标就是聚焦于内容分析法在社会行为科学中对传播过程开展调查研究所起到的独特作用。

内容分析法的整合模式建立在经典的香农-韦弗传播模式的基础上(Shannon & Weaver, 1998)。该模式由贝尔实验室的数学家们于 1949 年提出,用来描述在中介系统中的信息流,以及将最佳的系统运行(如降低噪声)所需的条件进行模型化。原始的香农-韦弗模式由以下元素构成:信源、讯息、传送者、信号、渠道、噪声和信宿。随后,社会和行为科学家采纳该模式描述人类传播过程,其中的关键要素包括信源"编码"、信宿"解码"、从信宿流向信源的"反馈"(Berlo, 1960; Schramm, 1954)。

尽管在过去的 65 年中经历了众多的研究,香农-韦弗模式在变化的信息环境中却鲜有改变(e. g. , Baran & Davis, 1995; Dominick, 2009; Schramm & Roberts, 1971; Straubhaar & LaRose, 1996)。在 Web2.0 的环境下,学者们就讯息和渠道问题展开了激烈的争论,但仍没有改变香农-韦弗模式。对于大多数研究传播现象和传播活动的学者来说,香农-韦弗模式仍然是他们开展研究工作的范式框架。

就在 Berelson(1952)离开传播界的时候,内容分析法的整合模式开始发展起来。不同于仅仅凭借内容分析结果就进行明显的推论,整合模式要求研究者利用可获取的、除讯息以外的信息(如关于信源、信宿、渠道和其他上下文的信息),并将这些信息与通过内容分析而获取的关于讯息本身的数据进行关联。换言之,整合模式要求内容分析研究应该在整个传播模式下进行。尽管听起来带有机械主义倾向,但这种整合模式确实为我们理解讯息做出了重要的贡献,同时能够帮助我们更好地理解讯息变量和其他非讯息变量之间的关系。

应用内容分析整合模式

内容分析整合模式可被定义为"内容分析数据与其他非讯息的数据(如关于信源、信宿、渠道或讯息所处的上下文的信息)在数据层面或逻辑层面的关联"。研究者不仅需要评估来自模式中的各个要素(如信源、受众和讯息本身)的信息质量,而且需要评估各个要素关联的质量和强度。我们可以从关联强度的角度来考虑讯息变量与其他变量之间的关联。虽然不同数据集之间的关联强度不尽一致,但相对于单一的讯息描述和在没有实证数据的基础上就将内容分析结果推论至信源或受众的做法,将内容分析结果和非讯息本身的数据进行整合的做法本身就是极大的进步。

这里有必要澄清一下内容分析整合模式与三角测量法之间的差别。前面已经讲到,三角测量法是指同时使用两种或更多的研究方法用于检验相同的研究假设或者回答相同的研究问题,而内容分析整合模式指的是使用不同的方法测量研究假设或研究问题中的不同部分。从某种角度来看,整合模式更加符合研究方法中的混合方法理念。

研究者可以使用不同的研究方法获取关于非讯息本身的数据和研究发现。通常而言,如果要获取关于信源的数据,研究者会首选问卷调查法或质化研究法。研究者针对受众的研究往往聚焦于讯息的传播效果,所采用的方法通常为调查法和实验法。当然也有例外。比如,有研究者曾在实验法中利用内容分析法作为测量自变量的工具(e. g. , De Smet et al. , 2010; Strijbos et al. , 2007)。

再次强调的是,当研究者把通过内容分析获取的关于讯息的数据和通过研究信源或受众所获得的数据进行关联的时候,整合模式就起作用了。前文已经提到,来自心理学、人际传播和相关领域的学者喜欢将内容分析结果与信源信息进行关联,而研究大众传播效果的学者则喜欢关联内容分析结果与受众信息。关于媒介传播效果和内容分析,Kunkel(2009)强烈建议研究者在开展内容分析的时候,至少需要考虑受众的媒介接触情况,当然最好是将内容分析与媒介传播效果的研究进行紧密关联。

随后我们将讨论整合模式中的两种"关联"类型。(a)数据关联(基于数据层面的关联)。在这种类型的关联中,研究者获取关于非讯息本身的数据,并将这些数据与内容分析数据进行关联,其目的是在信源和讯息之间(或讯息和受众之间)揭示统计学上的关系。(b)逻辑关联(基于逻辑层面的关联)。在不能获取与内容分析数据完全契合的非讯息数据的情况下,研究者在内容分析结果与其他研究结果之间勾勒出一种逻辑关联。

整合数据关联

在整合数据关联中,对于某些研究来说,其内容分析和信源/受众数据的分析单元是相同的。这种一对一的对应关系允许研究者建立变量之间的强关系。这种关联可以表现为不同的类型。在点对点关联类型(A 型)中,用于内容分析的讯息正是和当前研究中信源所创建的内容相对应,或者与受众所接收的内容相对应。McQuarrie 和 Phillips(2008)针对 656 篇印刷广告开展的研究正是这种类型。在这项研究中,研究者用于内容分析的广告正是受众在商业广告文案测试中所面对的广告。

在非点对点的关联类型(B 型)中,将讯息和信源/受众进行关联的分析单元并不是讯息。比如,在探索新闻报道和公众舆论关系的众多研究中(e. g. , Domke et al. , 1997;Iyengar & Simon, 1993;Watts et al. , 1999),研究者对讯息和受众特征进行概括,并用时段将两者关联起来。有的时候,关联单元也许是不稳定的,在内容分析中的每个案例并不能与针对信源/受众的研究中的每个案例一一对应。其中一个例子就是 Andsager 和 Miller(1994)针对某一特定公共议题的新闻报道开展的内容分析,他们将分析结果与在社会政治环境中间歇性发生的事件(时段为 1982 年至 1994 年)进行关联。通过整合研究,他们发现在关于 RU-486(所谓的"堕胎丸")的新闻报道数量与在社会中发生的有可能会影响新闻报道的事件(如由美国全国妇女组织在 1989 年发起的 RU-486 在美合法化运动,以及 1993 年美国食品与药物管理局批准允许将 RU-486 运用于乳腺癌预防试验)之间存在某种关联。

整合逻辑关联

在整合逻辑关联中,在内容分析单元和非讯息数据之间不存在一对一的关系,也不存在临时的对应关系。研究者完全是基于理论或择优选取的变量在内容分析与其他研究之间建立一种"大致的"逻辑联系。这种整合关联法往往利用来自针对信源或受众研究的成果为内容分析工作提供理论依据,或者利用内容分析结果作为开展关于信源/受众研究的起因。比如,一项内容分析研究发现,在啤酒和红酒广告中最经常被用于吸引客户的元素是名人代言和性魅力。有研究者受这项内容分析的启发,运用新发布的广告针对青少年和成年人做对比实验发现,上述两大元素对青少年具有更大的吸引力(Atkin, Neuendorf, & McDermott, 1983)。

在研究传播过程的完整框架时,内容分析整合路径是一种非常重要的研究思路。在随后的讨论中,我们将使用相关的例子介绍整合数据关联和整合逻辑关联的应用情况。这些例子将内容分析数据与关于信源/受众的数据进行有机的整合和关联。

S→M 数据关联：对信源和讯息的关联

在心理学教育领域开展的内容分析研究中，学者往往希望在信源特征和讯息特征之间建立关联。前面已经提到，在半个多世纪中，Louis Gottschalk 和他的同事们通过分析儿童和成年人言语的内容和形式，发展了测量人类心理维度的方法（Gottschalk，1995，p. 3；see also Gottschalk，2007；Gottschalk & Bechtel，2008）。这些早期的研究在信源和讯息之间提供了一种明显稳定的关联。这些研究也被设计用来验证内容分析法相对于其他传统评估方法的效度问题，后者包括被调查者的自我汇报式量表或者由专家/受训观察员操控实施的心理评估量表。

在一项研究中，研究者测量了大脑活动和脑部葡萄糖水平，并测量了人们在 REM 睡眠、非 REM 睡眠、沉默清醒这三种状态下对"希望/绝望"的口头汇报结果（Gottschalk，Fronczek，& Buchsbaum，1993）。研究得出结论，认为"在上述不同意识状态中，人们对于希望/绝望存在三种不同的脑部表征"（Gottschalk，1995，p. 14）。可以用图 2.1 来表示这项研究，其中"信源"代表信源特征，"讯息"代表讯息特征，"信宿"代表受众特征[4]。在这个研究中，数据的关联基于单个主体，这是一种直接的数据关联。

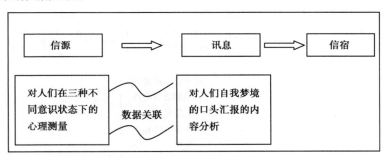

图 2.1 S→M 数据关联实例 1

（Gottschalk，Fronczek，& Buchsbaum，1993）

在关于人际口语行为的研究中，之前有大量研究表明在男性与女性的对话过程中，男性会更加频繁地打断对方的谈话。但是，Marche 和 Peterson（1993）的研究驳斥了这种观点。这两位研究者考察了 90 对组合的结构化对话，这些组合包括同性组合和异性组合。研究者对在谈话中打断对方的行为进行人工编码，编码员间的信度符合要求。研究表明，打断对方的行为独立于打断者的年龄和性别，也与参与谈话双方的性别组合无关。男性和女性在谈话过程中打断对方谈话的次数并没有显著差异。可以用图 2.2 来表示这项研究，数据通过单个个体进行关联。

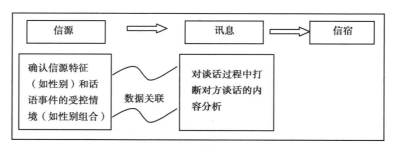

图 2.2　S→M 数据关联实例 2

(Marche and Peterson,1993)

另外,Schonhardt-Bailey(2016)开展的一项研究是将关联信源和讯息的方法应用到群体/组织传播领域的一个典范——以英国议会委员会听证会开展的政治协商为研究对象,并且聚焦于与经济政策有关的内容。Schonhardt-Bailey 采用了多种研究方法:(a)对 2010 至 2015 年期间所开展的 36 场听证会的文字脚本进行计算机自动文本分析;(b)对这些听证会中出现的非口语传播信息进行人工编码,以测量在协商过程中"肢体语言"的作用;(c)采访一些精英人士(包括议员、议会工作人员、英格兰银行的高级职员),从不同角度核实文本分析结果,并挖掘人们参与听证会的动机。可用图 2.3 来表示这项研究,基于每位参与者对数据进行关联,这是一种直接的数据关联。

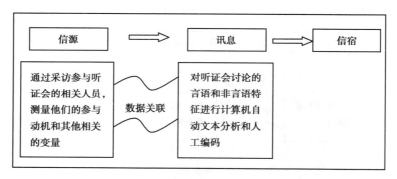

图 2.3　S→M 数据关联实例 3

(Schonhardt-Bailey,2016)

在大众传播研究领域,将内容分析结果与关于信源的研究进行整合的案例并不多。Shoemaker 和 Reese(1996)关于"中介讯息"的研究极具特色,研究者非常强调要对影响媒体内容生产的大众媒体机构及其结构因素进行研究。他们以Westley 和 MacLean(1957)提出的新闻采集过程模式为分析框架(这个模式与香农-韦弗模式非常类似),同时增加了一个非常明显的要素——媒体机构从中选择信息的"讯息域"(Shoemaker & Reese, 1996,p.34)。之前很少有研究就该议题开展研究。Shoemaker 和 Reese 系统梳理和总结了那些在没有信源数据的基础上试图将内容分析结果直接推论至信源的相关研究。

在新闻研究领域,Farley(1978)开展的研究则使用了有关信源的数据。该项目研究杂志出版商的"性别"与对《美国平等权利修正案》(*the Equal Rights Amendment*)报道语气的关系。研究发现女性出版商对该法案的报道持更加赞同的态度。另一个整合信源数据的研究是由 Shoemaker 在 1984 年针对特殊利益和其他政治团体的调查。在这个调查中,研究者将以下两种数据进行整合——《纽约时报》对 11 个政治团体报道的内容分析数据和利用问卷调查法获取的美国记者对这些政治团体的态度数据。研究发现,记者对这些团体的判断越倾向于"不正常",他们对这些团体的描述就越倾向于认为它们"不合法"(Shoemaker & Reese,1996,p.90)。另外,也有些研究新闻报道的项目在信源方面测量的是机构而非个体(包括作者或把关人)。举个例子,Pasadeos 和 Renfro(1988)对《纽约邮报》被媒体大亨默多克收购前后所刊登的内容进行对比,以此来探索公司所有权对新闻报道的影响。通过研究,作者发现在默多克拥有《纽约邮报》之后,该报扩展了视觉传达方面的版面篇幅,采用了一种更容易引起轰动效应的报道风格。

Smith 在 1999 年开展了一项内容分析研究,同时简要地调查了媒体娱乐来源。具体来说,作者研究的是三个年代(20 世纪 30 年代、40 年代和 90 年代)的电影对女性角色的塑造问题,同时借助电影领域的百科资源测量了"制作"这些电影的关键人物的性别(包括剧本作者、导演、制片人和编辑)。作者发现女性幕后工作者对电影中女性人物角色塑造的影响颇令人惊讶。幕后女性工作者可发挥空间越大,电影中女性人物越有可能被塑造成传统陈规的人物形象。Smith 的这项整合研究工作可用图 2.4 表示,这是一种很清晰的一对一的数据关联类型(A型)。

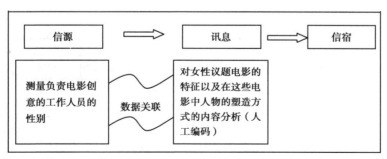

图 2.4　S→M 数据关联实例 4

(Smith,1999)

越来越多的研究者在考察在线内容的时候,同时收集关于这些在线内容来源的数据。Zhu 等人(2009)针对加拿大 206 家葡萄酒酿造厂的英文网站开展细致考察,评估这些葡萄酒酿造厂在其商业实践中对电子商务功能的运用程度。研究者对这些网站开展内容分析研究,同时对 37 家酿造厂进行电子邮件调查和电话调查,以了解他们是如何将客户关系管理或供应链管理整合到他们的在线网站中的。他们的研究可用图 2.5 表示(关联单元是 37 家可以同时获取机构数据和讯息数据的葡萄酒酿造厂)。

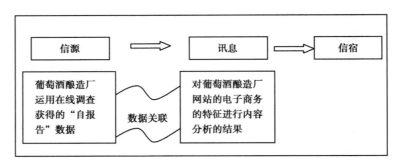

图 2.5 S→M 数据关联实例 5

(Zhu, Basil, & Hunter,2009)

在另一项研究中,研究者将通过公开获取的社区档案信息与针对社区网站所做的内容分析数据进行关联(Casey,2016)。这项研究采用多个指标构建基本生活条件量表(简称 QOL 量表),包括:经济收入、住房和人口数据(采自美国人口普查局)、教育情况的数据(采自美国教育部网站)、环境指标(采自美国国家环境保护局网站)和犯罪统计数据(采自美国国家公共安全部)。作者对每个所要分析的社区都收集了上述数据。研究发现,社区的 QOL 与社区网站的多媒体功能丰富性以及图片数量存在显著的负向关系。这似乎说明了 QOL 比较高的社区觉得没有必要用有趣的图片和互动功能去改善自身的社区服务,但是 QOL 比较低的社区倾向于认为这些必不可少。可用图 2.6 表示这项研究的数据关联整合路径。数据通过分析单元(单个社区)进行关联。

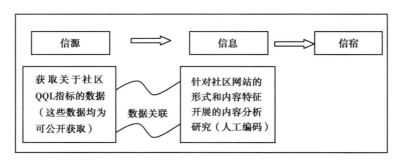

图 2.6 S→M 数据关联实例 6

(Casey,2016)

S→M 逻辑关联：对信源和讯息的关联

虽然大多数的内容分析研究都是为了要了解信源或受众的相关问题,但不是所有的研究都能意识到这一点。下面有关在信源和讯息之间建立整合逻辑关联的例子比大多数的案例都更为直接。

Robinson 等人(2009)对英国电视就 2003 年入侵伊拉克的新闻报道进行了研究,这项研究是整合逻辑关联的研究的范例。这种类型的研究往往更加关注信源特征,并以其作为开展内容分析工作的理论指导或诱因。借鉴大量关于新闻报道的理论研究文献,作者提出了研究新闻报道和媒体立场关系的三种路径——精英驱动型、独立型和反对型。他们的内容分析结果表明基于精英驱动型的新闻报道在数量方面占绝对优势,只有少量的新闻报道属于独立型或反对型。这项研究可用图 2.7 来表示,其中"信源"代表信源特征,"讯息"代表讯息特征,"信宿"代表受众特征。

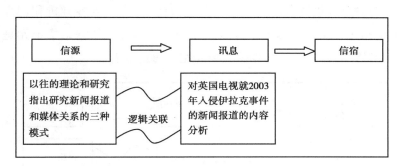

图 2.7　S→M 逻辑关联实例 1

(Robinson et al.,2009)

Snyder-Suhy 等人在 2008 年对男性家庭施暴者的口头叙述文本进行了人工编码和 CATA 编码。这些男子因最近发生家庭暴力事件被法庭强制要求进入暴力控制审判程序。借助人工编码方案,研究者考察了叙述类型、施暴对象、控制场所和描述细节等内容。借助 LIWC 程序,研究者评估了 20 多种不同的 LIWC 词库,包括负面情绪、生气、焦虑、确定性和家庭。研究者之所以要开展这项庞大的描述型内容分析工作,是受以往关于发生家庭暴力事件的先决条件和相关因素的研究的启发。这项研究可用图 2.8 来表示。

M→R 数据关联：对讯息和受众的关联

当讲到关联讯息和受众数据时,大多数研究往往聚焦的是媒介内容及其效

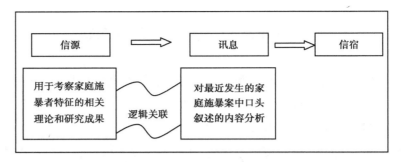

图 2.8　S→M 逻辑关联实例 2

(Snyder-Suhy et al. ,2008)

果。换言之,媒介的传播效果是大众传播研究中非常重要的议题。

通常来说,开展市场营销和大众传播研究的目的就是要确认媒介讯息所产生的效果(如是否带来更多的观众)。举个例子,Naccarato 和 Neuendorf(1998)的研究(参见主题框 2.2)可用图 2.9 表示。其中"信源"代表信源特征,"讯息"代表讯息特征,"信宿"代表受众特征。数据是一对一关联类型(A 型),数据分析单元为单篇广告,同时也收集读者调查的数据。值得注意的是,内容分析和调查分析的数据采集单元并不相同。具体而言,对于内容分析来说,数据采集单元是单篇广告;对于读者阅读调查来说,数据采集单元则是每位读者。

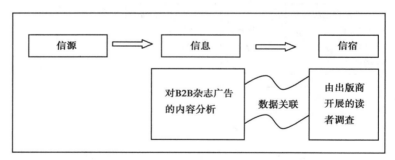

图 2.9　M→R 数据关联实例 1

(Naccarato 和 Neuendorf,1998)

类似地,在 Hertog 和 Fan 开展的研究中(参见主题框 2.3),内容分析和受众调查的数据采集单元也不相同。研究者利用时间段将数据进行关联(B 型)。分析单元为 23 个时间段(对应于 1987 至 1991 年 23 份可获取的美国全国健康调查分析报告),而原始的数据采集单元是新闻报道(内容分析部分)和每位被调查者(公共舆论调查部分)。可用图 2.10 归纳这项研究工作。

Zullow(1991)曾经开展了一项非常特别的研究,他将流行歌曲所表达的悲观情绪与随后美国的经济情势关联起来。其中主要是将可以公开获取的统计数据(民意测验以及经济发展数据)和内容分析结果相关联。这项研究十分复杂又精

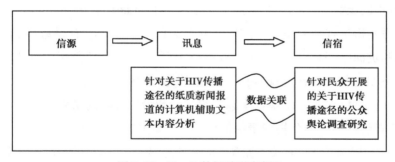

图 2.10　M→R 数据关联实例 2

（Hertog & Fan,1995）

巧,在内容分析研究中具有极高的水准。设计编码方案和开展时间序列分析都要
求研究者具有相应的方法知识和统计技能。研究发现,当流行歌曲中的"悲观沉
思"内容(如对某事件的负面叙述或评价)增多的时候,消费者的乐观情绪就随之
下降。研究同时发现,国家的国民生产总值(简称 GNP)在随后一段时间内也相
应降低,并指出流行歌曲的这种降低 GNP 的"负面效应"大约平均每两年出现一
次。不同编码员对流行歌词的编码信度都不错,消费者调研数据来自由密歇根大
学调研中心开展的消费者信心指数(Index of Consumer Sentiment)调查。可用图
2.11 勾勒这项研究工作。研究者通过时间段(年)对数据进行关联。

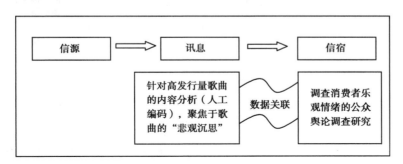

图 2.11　M→R 数据关联实例 3

（Zullow,1991）

　　Zullow(1991)也曾将对悲观情绪的测量运用在其他研究情境中。他和
Seligman 合作在 1990 年对民主党和共和党总统候选人所做的演讲(1948 年至
1984 年)进行人工编码。研究发现,在演讲中更多表达悲观情绪的候选人十有八
九都是落选的。这项研究同样以一种非常清晰的方式将讯息特征与受众反应关
联起来。

　　在另外一项整合讯息和受众数据的研究中,研究者选取了 15 部现实电视节
目,通过整合内容分析与调查数据的方式全面考察了现实电视节目的收视率(Ba-
ruh,2009)。在开展在线问卷调查之前,研究者在选定的 15 部电视节目中随机抽

取一定数量的集数,并基于 21 个变量对这些节目开展内容分析工作。这些变量包括:对写实摄像技巧的使用、对 10 种个人信息(如吸毒、精神健康状态等)的揭露、正面和负面的闲聊、身体全裸或部分裸露等。随后研究者开展问卷调查($n = 550$),调查受众接触这些电视节目的情况,并收集有关受众的人口统计学变量和心理状态的信息(包括一份由八个题项组成的测量偷窥癖的量表)。

研究者将许多内容分析变量的得分用于测量调查者接触现实节目的程度(即暴露程度)。研究发现,观众"原始"的接触总分与个人的偷窥癖程度显著相关($r = 0.24$)。研究也发现,在用有关节目内容的信息进行加权处理后,总分与偷窥癖程度的关系强度显著提高。具体而言,研究者发现四个内容特征显著地提高了现实节目对观众偷窥行为的"引诱"作用:使用写实角度的场景的比例;以半私密或完全私密为背景的场景的比例;包含八卦场景的比例;包含裸露镜头的场景的比例(Baruh,2009,p.205)。可用图 2.12 表示这项研究所对应的模型关系。在这项研究中,数据关联单元是每位被调查者。

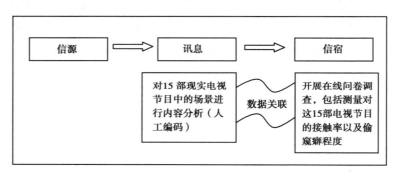

图 2.12　M→R 数据关联实例 4

(Baruh,2009)

Fukkink 和 Hermanns(2009)曾经开展了一项研究,他们对荷兰儿童求助热线的对话进行了内容分析,同时做了调查以获得儿童对求助热线的评价。这是一项将人际传播内容和受众传播效果进行关联的研究,这样的研究为数并不多。为了开展内容分析工作,研究者基于荷兰热线准则(荷兰针对热线志愿者制定的国家层面的操作规范)开发了一套编码方案。我们可用图 2.13 勾勒这项研究,其数据关联单元为求助热线对话。

M→R 逻辑关联: 对讯息和受众的关联

Boiarsky 等人(1999)针对儿童科普电视开展的研究是将讯息和关于受众的研究发现进行逻辑关联的一个典型案例。研究者利用内容分析法检验被以往相

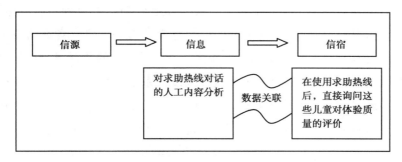

图 2.13　M→R 数据关联实例 5

（Fukkink & Hermanns,2009）

关研究确认对受众具有重要影响的讯息特征变量。具体来说,他们选择了以往在
实验研究中已经被反复验证的三个形式特征:内容节奏、视觉节奏和对声效的使
用。过往的诸多实证研究发现视频和音频的快速变化会提高儿童对电视节目的
注意力(在某些情况下,提高儿童的学习效果),但同时发现快速的内容主题切换
也可能会降低儿童的学习效果(p. 186)。Boiarsky 所带领的研究团队试图探索针
对儿童的科普电视节目——声称具有教化功能的节目类型——是否使用了那些
有助于提高儿童学习效果的技巧。他们的研究表明,当前的科普电视节目使用了
许多有助于吸引儿童注意力的特征(如声效和镜头的快速切换),但也使用了会降
低儿童学习效果的快节奏特征(如频繁的主题切换)。本研究可用图 2.14 来表示
将内容分析结果与以往的研究工作进行关联的整合方式。其中"信源"代表信源
特征,"讯息"代表讯息特征,"信宿"代表受众特征。换言之,各自独立完成的内
容分析研究和实验研究以一种松散的逻辑方式被关联起来。

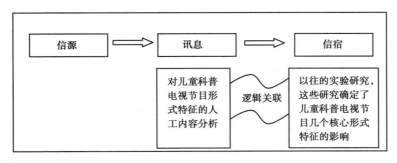

图 2.14　M→R 逻辑关联实例 1

（Boiarsky, Long, & Thayer,1999）

　　另一个将讯息和受众进行逻辑关联的例子是 Johnson 和 Holmes 于 2009 年合
作开展的一项研究。研究者基于内容分析法,试图探索将 Bandura(1986, 1994)
的社会认知理论应用于考察青少年从电影、电视中模仿和学习性行为和浪漫行为
的议题。通过对美国当代浪漫喜剧电影的内容分析,研究者发现青少年呈现的行

为模式与媒介所传达的信息并不完全一致。研究抽选的 40 部浪漫喜剧电影将浪漫关系描绘成新奇兴奋的、重视情感的以及意义重大的。研究者最后得出结论,认为青少年往往从这些电影中学会了如何开始一段浪漫的关系,但没有从中学会如何维持这种关系。"在电影中……这种浪漫关系往往重视情感,且具有重要意义……青少年把这些电影作为自己学习的对象……很有可能在将来会感到失望"(Johnson & Holmes, 2009, p. 368)。可用图 2.15 勾勒这项研究方案。

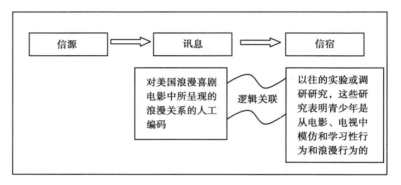

图 2.15　M→R 逻辑关联实例 2

(Johnson & Holmes, 2009)

Emons 等人非常关注媒介对性别偏见的影响(Morgan, Shanahan, & Signorielli, 2009),为此对荷兰电视台在黄金时段播放的电视剧开展了内容分析(覆盖时段从 1980 年至 2005 年)。虽然某些直接关联在总体上表明了电视节目随时间推移所呈现的趋势与社会对性别角色的态度的关系,但该研究的主要目的是探究电视节目内容对观众性别角色认知的影响。比如,基于对 163 部荷兰国产节目和 253 部美国引进节目的内容分析,研究发现女性往往被塑造为如下角色形象:比男性更年轻、更有可能照顾孩子和打理家务,不太可能从事家庭以外的工作。这项研究可用图 2.16 来表示。

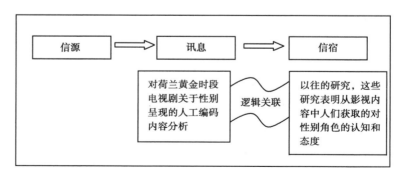

图 2.16　M→R 逻辑关联实例 3

(Emons, Wester, & Scheepers, 2010)

整合研究日益增多

截至目前,使用整合数据关联(包括在讯息和信源之间以及讯息和受众之间)的内容分析研究都是个例而非常态,尽管这种研究路径日益引起关注并得到认可(e.g., Collins, Elliott, & Miu, 2009;Howland, Becker, & Prelli, 2006;Maxwell, 2004, 2005)。除了上文所提及的研究案例之外,其他相关的数据关联研究也开始出现在我们的视野中。

对新闻媒体的整合研究。除了上文提到的 Hertog 和 Fan 合作的研究之外,许多研究也将新闻媒体的内容与信源或者受众进行关联。比如,Tandoc 和 Skoric(2010)将针对 1 000 名记者的问卷调查结果与针对由这些记者撰写的 2 330 篇新闻报道的内容分析结果进行匹配。这是一项在信源和讯息之间进行数据关联的整合研究。McCluskey 等人(2009)比较了多元化社区报纸和单一化社区报纸对社会抗议事件的新闻报道,构建了从信源到讯息的情境关联。Druckman 和 Parkin(2005)将针对美国议员种族问题的新闻报道的内容分析结果,与选举日之后的民意调查结果(调查民众对报纸的接触率、对候选人的评价以及自己的选举行为)进行整合。这是一项从讯息到受众的整合调查研究。另外,Wanta 等人(2004)整理了来自美国国家民意局的调查结果和媒体新闻报道的内容分析结果,以此来检验媒体的议程设置功能。研究发现,媒体对某个国家的报道越多,美国民众就越会认为这个国家对美国的利益是重要的。

很多人认为恶搞新闻具有强大的影响力,为了检验这个观点是否正确,Morris(2009)对"囧司徒每日秀"(*The Daily Show With Jon Stewart*)节目中关于"Indecision 2004"的报道开展了内容分析工作。研究发现,在召开议会期间,针对共和党的讽刺幽默更多地集中于政策问题和人物缺点,而针对民主党的讽刺幽默集中在某些"无伤大雅的身体特征"方面。针对来自美国国家安南堡选举民意调查(*National Annenberg Election Survey*)数据展开的分析表明,收看该脱口秀节目越多的民众对总统布什和副总统切尼的态度就越消极。

可以运用内容分析法开发针对媒介接触的测量指标。在当前碎片化的媒介环境中,内容分析法的这种特定功能有可能得到广泛应用。与前面提到的由 Baruh(2009)开展的研究类似,Pardun 等人(2005)利用内容分析结果构建了用户的媒介接触权衡指标。具体而言,作者调查了 3 261 位七、八年级的学生,并针对备受他们喜欢的电视节目、电影、音乐、网站和报纸进行内容分析,将其结果和性行为、性行为相关后果进行相关分析。最终,研究者构建了媒体性消费测量指标,并证实该指标与青少年的性行为和将来的性意愿都存在显著关系,其中对电影和音乐这两种媒介的接触率是最有效的预测变量。

Zhang 等人(2009)也在整合内容分析和问卷调查结果的基础上构建了一份权衡测量指标,用于测量用户对出现理想型身材女性的说唱音乐视频的接触情况。研究者发现该指标对于黑人女性对其自身形体的满意度没有主效应,但发现了有趣的交互效应。具体而言,对于种族认同感越强的黑人女性,对苗条理想型说唱音乐视频的接触率与对自身形体满意度之间的关系更弱,而对于种族认同感越弱的黑人女性,两者的关系则更强。

发展新的数据关联

截至目前,将传播模型中三大要素——信源、讯息和信宿(受众)——进行关联的研究从数量看仍然凤毛麟角。但某些报告也确实同时涉及了这三个要素,比如 Comstock 和 Rubinstein 的《关于电视和社会行为的 1972 年卫生局报告》(1972 *Surgeon General's Report on Television and Social Behavior*)。在这本关于媒介暴力的五卷报告中,编辑在一个章节中整合了几项关于电视内容分析和效果研究的研究工作(Baldwin & Lewis,1972),同时整合了针对信源的研究结果(对制片人、作者以及导演的访谈)。Belt 在 2015 年开展的一项关于 YouTube 视频的研究,是近些年出现的一个将网络在线信源、讯息和受众数据进行整合的典型案例,并且其收集的信息都是可以通过网络直接获得的。研究者对 YouTube 上 71 份政治视频的信源做了简单分类(如商业和非商业发布机构),记录了受众对这些视频的基本反应(如观看次数和点赞次数);同时对视频讯息开展系统的内容分析工作,包括许多内容变量和形式变量(如候选人特点、鼓励选民参与选举的程度、政治意识形态、对情感策略/幽默/音乐等元素的使用)。研究发现,获点赞数最多的视频是那些被观看次数最多的视频,而观看次数高的视频往往不太直接鼓励受众参与选举,并且更多地使用幽默策略。另外一项有趣的研究是 Paek 等人(2013)对在 YouTube 上的控烟视频的内容、发布者的基本特征以及观看者的评论进行的"多重"内容分析。

只要有可能,研究者应该努力尝试将有关信源和受众的数据整合到自己的内容分析工作中。一方面,研究者不应该忘记理论是任何一项研究的主要驱动力;另一方面,将内容分析结果整合到现有关于传播或受众的研究结果中,研究者也应该对其做法保持一定的谨慎态度。比如,Solomon 和 Greenberg(1993)研究了电视厂家为制作电视广告对家具、衣着和其他道具的选择。他们通过对 25 家专业厂家的调查发现,厂家在选择代表特定社会阶层和性别的模特方面具有高度的共识。这项内容分析研究也验证了某种共通性——"选择什么角色来营造电视广告中的虚拟世界"(p.17)。

　　有时,关于特定类型讯息的传播效果的研究正在"等待"被进行内容分析,以便把有关讯息的传播效果添加进去。元分析可能是整合这些研究发现的途径之一。"元分析"指的是将一系列考察同样变量的量化研究结果进行归纳总结。比如,Fischer 等人(2011)开展了这样的一项元分析工作,他们分析了 88 项探索媒体接触率和受众风险倾向之间关系的研究,包括实验研究、截面研究和纵贯研究。通过这项研究,他们揭示了受众对媒体的接触率和自身的总体风险倾向存在正相关关系($g=0.41$);同时不同具体维度的风险倾向也存在类似的关系:风险行为($g=0.41$)、积极风险认知和态度($g=0.35$)和积极风险情绪($g=0.56$)。作者对这种关系的考察跨越了不同的媒介形态(如视频游戏、电影、广告、电视和音乐)和不同的受众行为(如吸烟、饮酒、驾驶和性行为)。研究还发现,相较于接触消极的媒介(如电影和音乐),上述的这种关系在受众接触积极的媒介(如视频游戏)中表现得更为明显。虽然也有大量的内容分析研究考察了上述这些风险行为的频次和类型(如 Blair et al., 2005;Kunkel et al., 2001, 2005;Pfeffer & Orum, 2009;Primack et al., 2008),但没有哪项研究能够涵盖如此众多的风险行为和媒介类型。Fischer 等人的这项分析工作无疑验证了媒体接触率和受众风险倾向之间的关系。现在,我们可以问这么一个问题:到底是哪些讯息会对用户产生这种潜在的影响呢?研究者可以使用 Fischer 等人提供的路线图,并开展能够填补之前研究空缺的内容分析工作。

本章注释

　　1.控制变量帮助评估是否存在对 X 和 Y 的真正关系的其他替代解释。比如,我们希望探究个人的观看电视行为(X)是否会导致其产生攻击性行为(Y),我们可以画个示意图 $X \rightarrow Y$。我们假设发现在 X 和 Y 之间存在双变量关系。导致 Y 的原因变量除了 X 之外,还存在哪些可替代的解释呢?或许有理由相信家庭环境中的攻击性行为水平(Z)同时与 X 和 Y 都有所关联,很有可能表现为如下的表现方式:(a)$X \rightarrow Z \rightarrow Y$,或者(b)$X \leftarrow Z \rightarrow Y$。换言之,存在以下两种可能性:(a)个人观看电视导致其在家里的攻击性,后者进而导致其攻击性行为;(b)家庭的攻击氛围会同时导致个人的观看电视行为以及其在家里的攻击性行为水平。不管是上述何种可能性,X 并不直接影响 Y。这使得我们发现的任何存在于 X 和 Y 之间的关系,都可被称为"伪关系"。同时,在上述的两种可能性中,Z 扮演的是中介变量的角色(Baron & Kenny,1996),因此,在我们假定的 X 和 Y 的因果关系之外,存在其他可能的替代解释,我们可将 Z 变量作为控制变量纳入我们的研究中。如果在将 Z 作为统计变量纳入其中后,X 和 Y 的关系仍然存在,那么 Z 作为 X 和 Y 两者关系的替代解释或竞争解释的可能性可以被排除掉。

2. 近些年来,Phillips 也考察了与媒体因素无关的死亡事件,比如由药物导致的死亡(Phillips, Barker, & Eguchi, 2008;Phillips & Bredder, 2002;Phillips, Jarvinen, & Phillips, 2005),定居在纽约或只是参访纽约(Christenfeld et al., 1999),个体动因的符号意义(Christenfeld et al., 1999),死亡事件是否发生在圣诞节或元旦期间(Phillips, Barker, & Brewer, 2010),死者是否刚过完生日(Phillips, Van Voorhees, & Ruth, 1992)。

3. 在本书的第一版中,我们根据这项研究发现制作了一份印刷广告样品。读者可在 *CAGO* 中找到这份为虚构产品——捕鲸器(SharkArrest)——制作的广告。

4. 作为比较,一项典型的非整合类(即完全基于描述的)内容分析工作可用图2.17 来表述。在这个研究中,在讯息与信源之间、在讯息与信宿之间都没有任何的关联。

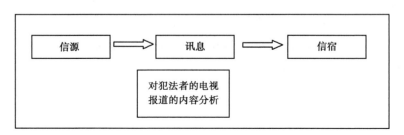

图 2.17 S→M 数据关联实例 1

(Dixon & Linz,2000)

讯息单元与抽样

3

本章将介绍内容分析研究中最基础的方法论部分。在内容分析中,研究者需要考虑从多种不同的单元类型中确定分析单元,这就表明为特定的研究选择分析单元具有一定的范围。本章还系统介绍了多种概率抽样,包括简单随机抽样、系统抽样、整群抽样、分层抽样、多阶段抽样。此外,本章还集中讨论了抽样框的选取以及讯息档案库等问题。

单　元

在内容分析法中,单元是能够确定的讯息或讯息的组成部分,被用于确定研究总体和抽取样本。单元是构成变量测量的基础,或者充当报告分析的依据。单元可以是言辞、人物、主题、时间周期、演讲陈述或对话,也可以是任何"将传播进行分解"的元素(Carney, 1971, p. 52)。

正如第 1 章中提到的,这些单元可被明确为**数据收集单元**和**数据分析单元**。同时,单元也可被定义为**抽样单元**,抽样单元当然是指抽取自总体的讯息或讯息的组成部分。这三种单元类型不尽相同。通常而言,抽样单元和数据收集单元并不一致,Verhoeven(2008)对荷兰非虚构类医疗电视节目的研究就是一个例证。他在内容分析中将电视节目作为抽样单元(每集为一个单元),将每集节目中的"陈述"(statement)或(未被打断的)"对话"作为数据收集单元。该研究一共抽取了 76 集电视节目,确定和编码了 7 242 个"陈述"。

Lombard 等人(1996)为了获取具有代表性的电视节目样本,以时间周期、日期、电视频道作为抽样单元进行随机抽样。基于所抽取的样本内容,他们分析了每集中的特定变量。但就更为细微的变量而言,研究者以每集中的 10 秒作为间隔(即"时间点")随机抽取样本作为数据收集单元。

　　除此之外,研究者还使用了其他数据收集单元(如片段、镜头、过渡、单帧)。Weyls(2001)在律商联讯(LexisNexis)数据库中收集了与成人娱乐有关的新闻报道,并使用计算机文本分析程序 Diction 分析每篇新闻报道(Hart,2000b)。在这项分析中,抽样单元和数据收集单元均为每篇新闻报道。但是,研究者的最终研究目的是探索媒体对这类新闻报道的年度变化情况。因此,本研究的数据分析单元是"年",研究结果也是以"年"为单位进行呈现的。Janstova(2006)比较了由澳大利亚电影导演 Jane Campion 和其他电影导演制作完成的电影在主题特征、主要人物和制作技术等方面的差异。在该研究中,他把整部电影作为抽样单元,把电影中的主角以及每隔 5 分钟的时间间隔作为数据收集单元及后续数据分析的单元。

　　表 3.1 对 Lombard 等人、Weyls 和 Janstova 这三项研究中的各种单元进行了总结和对比,包括抽样单元、数据收集单元和数据分析单元。

表 3.1　抽样单元、数据收集单元和数据分析单元的比较

研究项目	抽样单元	数据收集单元	数据分析单元
Lombard 等人(1996)	时间、日期、频道	电视集、时间周期等	电视集、时间周期等
Weyls(2001)	新闻故事	新闻故事	年
Janstova(2006)	电影	电影、人物、5 分钟间隔	电影、人物、5 分钟间隔

　　关于讯息的单元化(即分解为具体的单元),目前存在两种不同的观点。这两种观点对应于传统上"客位"和"主位"的区别。客位和主位这两个术语源自语言学中的"语音的"(phonetic)和"音位的"(phonemic)(Headland,Pike,& Harris,1990)。关于两者的区别,学界素有争论。但是,一般认为客位表示客观产生的知识,而主位表示主观知识或经验性知识。因此,基于客位的研究路径与内容分析更为一致。当然,将客位和主位方法进行整合,对于研究中的单元化大有裨益。正如 Berrry(1990)所指出的,"客位单元和分类体系是事先就可获取的,不是在分析过程中确定的。相反,主位单元必须是在分析过程中被发现,不能被事先预测"(p. 85)。研究人员除了可以事先确定内容分析的变量之外,也可利用扎根理论识别和确定某些重要变量(参考第 4 章关于浮现式变量的讨论内容)。同样的道理,

讯息单元也可基于讯息池进行识别和确定。通过扎根于讯息池本身,研究人员可以识别哪些讯息单元对于该讯息内容是有意义的。Berry 把这些基于讯息池浮现出来的单元称为派生主位单元(即从主位过程中演绎推导出来的)。唯一需要注意的是,真正的内容分析编码是在最终确定抽样单元和数据收集单元后才开始的。换言之,基于主位发现的过程都是在真正开展内容分析之前完成的。

研究人员本人是"老板",有权决定最终采用哪种讯息单元。尽管如此,讯息单元的取舍同时需要考虑实际效用和方法论层面的因素。在研究中,Gottschalk (1995)与同事发现口语表达中的"小从句"对于他们的研究而言是最合适的数据收集单元。可利用该单元,评估以精神病学为基础的编码表是否已经包含了许多关键指标。在选择其作为数据收集单元之前,他们考虑过其他类型的单元(包括字词、句子、段落和整个文本),但发觉并不合适。在这项特定的研究案例中,研究者认为"小从句"是用于收集数据的最小单元。根据编码表对利用该单元收集的讯息进行分析,能够为所有样本的变量测量提供最大可能的解释量(个体完整的5 分钟语音讯息)[1]。

抽样单元需要足够大,以便能够很好地代表所要研究的现象。比如,Gottschalk 和 Bechtel(1993;2008)声称,从口头表述中选择 85 到 90 个词才能满足用于指导精神疾病诊断的目的;如果低于这一数量,将会影响研究结果的可信度。Hill 和 Hughes(1997)在分析 USENET 新闻组对美国政治讨论的过程中发现,讨论的主线或完整的对话比较适合作为他们收集数据的单元(尽管该单元相当复杂)。因为研究者感兴趣的是社会互动的动态性,所以对个人帖子进行抽样和分析并不能提供他们想要的所有信息。

在不同的媒体或讯息传播模式中,单元化可能会遭遇不同的挑战。Keith、Schwalbe 和 Silcock(2010)讨论了对不同媒介上(如印刷品、广播、网络新媒体)的战争图片进行内容分析的困难,并明确指出研究跨媒介平台内容所存在的障碍。比如他们意识到,对印刷媒体以及其他静态的媒体形式中的静态图像的出现频率和呈现位置进行编码相对容易,而对动态图像进行编码将面临更大的挑战。

对连续信息流进行单元化

有证据表明,观察者(如编码者)能够把人类的行为过程作为连续单元来观察和处理,行为过程具有明确的开端与结尾;并且通常来说,这些间断往往和观察者识别出的该过程中的断点或转折点是一致的(Newtson, Engquist & Bois, 1977, p.849)。但是,当编码者试图对连续的内容进行单元化(即将一连串的行为分成离散的数据收集单元)的时候,偶尔也会得到混杂的结果。例如,Abelman 和 Neuendorf(1987)试图培训编码员,使他们能够识别电视宗教节目讨论中个人观点的变化。但由于讨论对话本身的变动特性,编码员之间的信度无法达标。由于就单元化无法达成一致的意见,研究人员转而采用最简单的方式——以 5 分钟间隔作为数据收集单元。因此,编码者在观察电视节目的过程中,只需要根据视频计数器每隔 5 分钟暂停一次,记录下编码表中所罗列的几个主题的出现频率。

Morris(2009)对用 DVD 收藏的"*Indecision 2004*"节目中的幽默内容进行单元化时,采用了一种相当具有挑战性的方法。"*Indecision 2004*"节目囊括了"每日秀"(*The Daily Show*)对 2004 年美国政治会议报道的所有脚注内容。在这项研究中,单元化的任务是"根据每个笑话或讽刺性评论来组织讯息单元,这些笑话或讽刺性评论通常是针对特定的个人或党派"。考虑到这项单元化过程存在的局限及可能带来的问题,Morris 进一步明确了数据收集的任务,即只收集那些能够引发观众笑声的笑话或评论。但需要指出的是,研究人员并没有对这一过程的信度进行统计评估检验。

在对计算机支持协作学习(CSCL)领域的学术会议论文的文献回顾中,Strijbos 等人(2006)发现鲜有研究清晰地描述了所采用的讯息单元,对为什么采用该单元作为本研究的数据收集单元或数据分析单元,往往语焉不详。作者呼吁今后对 CSCL 环境下的电子邮件内容进行单元化的时候,需要采取更为严谨的程序,并且他们也展示了如何就该步骤进行信度评估工作。

如果从连续内容中提取的事件是易于定义的和不相关联的,对编码者的培训工作——培训他们如何前后一致地对内容进行单元化——往往相当成功。Greenberg(1980)主导了一项规模庞大的内容分析项目。该项目共有 50 多位编码员,其中大部分人负责识别出电视内容中的反社会行为、亲社会行为、性行为和口头互动等行为。另外,Wurtzel 和 Lometti(1984)也报道称在他们所从事的商业活动研究(如美国广播电视网的社会研究)中,不同编码员对电视节目中的暴力行为进行单元化和编码时,能够达到不错的信度水平。

开展互动分析(interaction analysis)的研究人员在对讯息的单元化方面也同样获得了成功。正如 Folger、Hewes 和 Poole(1984)所指出的,"可以将社会互动划分为不同的片段",这些片段包括从 300 毫秒的内容到两位对话者间互动的所有主题(p. 118)。Bales(1950)选择"行为"作为他的数据收集单元,并给出了充分的理由:"行为"是"语言或非语言行为中最小的可区分单元",编码者可以"在连续序列评分的条件下"对其进行编码(p. 37)。

有时候,编码者有必要根据编码情况进行实时处理,特别是在单元代表特定状态和事件的出现频率的情况下。例如，Dozier 等（2005）对电影中出现的每个吸烟镜头进行编码的时候，有些内容无法预先就确定好，需要在编码过程中进行处理。无独有偶，Kaye 和 Sapolsky（2009）在对黄金时段电视节目中出现的"亵渎语言"实例进行编码时也面临同样的问题，他们利用斯科特 *pi*（0.94）检验编码者对单元的编码信度。

当研究人员或编码人员需要将确定的讯息单元和对这些讯息单元的编码进行区分的时候，单元化信度就是一个合适的信度评估指标。Baruh（2009）对真人秀节目的内容分析研究就是个典型例子。为了确定数据收集单元（"场景"），作者使用了以下定义："在给定的社会互动中，时间、空间或主角发生改变的每个实例都被编码为新场景"（p.198）。Baruh 声称其单元化信度"非常好"（Krippendorff *alpha* 值为 0.92）。在完成单元化后，研究者对每个场景的多个变量都进行了编码分析。

不幸的是，很少有内容分析项目或文献汇报单元化信度，同时对于单元化信度的统计评估标准也尚未达成共识，并不存在被广泛接受的评估标准。单元化信度的评估问题才刚刚成为内容分析研究者的关注点，其中 Krippendorff（2013）在2013 年呼吁需要建立一种标准化的评估方式。本书第 6 章将进一步介绍这种评估方法。

定义总体

总体是研究对象的全体，研究者都希望将其研究结果推论至总体。研究者往往基于理论界定研究总体，但有时也是出于实践方面的考虑。

总体是所有正在被研究的单元个体的集合。在内容分析中，总体通常是一组讯息。当然，它也可能是某一群体，研究者收集并分析他们的讯息。这通常出现在心理学、精神病学、人际传播的内容分析研究中，也出现在对问卷中开放式问题的回答、焦点小组访谈和深度访谈资料的内容分析中（Lockyer，2005；Stevens et al.，2004）。总体一旦确定，它就是今后任何抽样的基础。Sparkman 对在 1977 年至 1993 年发表的 163 篇针对美国广告开展的内容分析论文进行考察后，发现许多违反总体的做法。他发现 97% 的文章虽然都声称是全国性广告研究，但实际样本只包括区域性和地方性的广告。Sparkman 也指出，来自不同地区的广告在许多变量上都存在显著差异，这本身就说明了样本的采集在很大程度上会影响我们所假定的全国样本的特征。另外,如果总体被界定为全国性的平面广告,那么样本就需要从已知的全国性的平面广告中抽样,而不应该包括平面广告外的其他类型广告。

　　研究所界定的总体可以非常大(比如人类有史以来所有的出版物),也可以非常小(比如在某特定托儿所某天儿童和老师之间的互动对话,或者2015年美国发行的所有由女性导演的电影)。为了研究女性形象, Lee 和 Hwang(1997)有意将研究总体限定在1963年和1993年这两年在《洛杉矶时报》(*Los Angeles Times*)上刊登的电影广告(洛杉矶是美国电影产业的总部,1963和1993是女权主义历史上的关键年)。

　　如果研究总体非常小,那么就没有必要抽取更小的样本了。相反,研究者可以将总体中的所有对象都纳入研究范畴,这就是所谓的"普查"。例如,Neuendorf等(2010)在研究詹姆斯·邦德电影中的女性形象时,选择了20部邦德电影中的所有女性人物。

　　但是,总体往往是相当大的,研究者需要在大总体中抽取样本。为了方便查阅,表3.2列出了我们学习总体与样本特征时需要用到的常见统计术语。值得注意的是,在任何情况下样本都是对总体特征的估计。因为通常情况下研究并未对总体中的所有要素或情况展开测量,样本只是代表了总体。例如,样本中某变量的平均值(M 或 $\overline{X}$)代表的是总体中该变量的平均值(μ)的估计值。

表3.2　总体和样本的常见对应术语

特　征	总　体	样　本
研究称谓	普查	问卷法,实验法、内容分析法
研究中个案的数量	N	n
关于变量及其分布信息的数字	参数值	统计值
变量均值	μ	M 或 $\overline{X}$
变量的标准差	σ	sd 或 s
变量的方差	σ^2	sd^2 或 s^2

　　有时候,研究者会根据自己的标准对总体进行定义。在这种情况下,研究者对总体中到底涵盖多少讯息事先是不太清楚的。例如,Breen(1997)的研究以天主教、牧师或神职人员为搜索关键字,在律商联讯数据库中对1991年到1994年的所有报纸文章进行了检索,并以检索后得到的所有文章作为后续抽样的总体。

Jasperson 等人(1998)采用类似的方法,在律商联讯数据库中选定 19 家报纸,并通过特定的检索方式查询了近七个月中所有关于"美国财政赤字"的新闻报道,共得到 42 695 篇文章。作者以此为总体,并使用简单随机抽样方法从中抽取 10 000 份样本[2]。

Keenan(1996)为了研究关于公共关系的电视新闻报道,使用范德堡大学创建的"电视新闻档案"作为最初的抽样框,以"公共关系"和"公关"为检索词搜索了 1980 年至 1995 年的内容,得到 79 篇文章。作者随后就这 79 篇文章进行了内容分析研究(普查)。Miller、Fullmer 和 Walls(1996)在教育资源中心(ERIC)数据库中检索获取了 995 篇期刊文章,并对这些文章进行内容分析。Kirilenko 和 Stepchenkova(2012)用"气候变化"或"全球变暖"作为关键词检索《纽约时报》(*New York Times*)在 1995 年至 2010 年发表的文章,获取 4 043 篇文章。随后作者利用计算机文本程序对这些文章开展内容分析工作。

如果有些讯息(如历史文献)难以找到,研究者可以基于能够获取的资料来确定总体。Shapiro、Markoff 和 Weitman(1973)为研究法国大革命初期(特别是 1789 年以来)的传播情况,竭力收集了尽可能多的文献,从而获得了资料集,并在他们收集到的资料集里加以补充说明:"这些文献几乎是现存的全部……是贵族和平民在选举的最后阶段编制的。"

有时候,我们认为有些讯息已经被完整地进行索引加工,但事实上并非如此。因此,我们不得不自行编制这样的索引。Rothbaum 和 Xu(1995)打算研究有关处理父母与其成年子女关系的流行歌曲。苦于找不到合适的抽样框,他们对大学生进行调查,让大学生提供他们所熟悉的这类歌曲。因此,这项研究的总体也就变成"本科生认为的关于父母和他们的成年子女的流行歌曲"。值得注意的是,除了上述方法外,还有一种更加费力却有效的方法,即从主要的流行音乐榜单(如 Billboard 榜单)中随机选取大样本,然后再在这个样本中筛选相关的歌曲。

在许多情况下,技术的进步使研究者更加难以确定总体。首先,特定类型的内容现在通过多种传输系统都可以获取。例如,我们现在可以在广播电视、有线电视、视频或 DVD 上观看音乐视频,也可以从各种网络来源上收看音乐视频。这种多样化的信息传播渠道使研究者界定"音乐视频"总体变得更加复杂。

其次,传播内容的流动性或动态性也使研究者难以确定总体。这种流动性一方面源于不断变化的讯息内容,如频繁更新的网站(McMillan,2000;Weare & Lin,2000)以及不断更新的社交内容(Patchin & Hinduja,2010)。研究者通常会采用重复抽样的方式来解决这个问题。另一方面,流动性也有可能是因为用户的自身操作所致。为了解决这个问题,研究者可以抽取特定的样本,然后记录这些用户接收或创建的信息。例如,对于视频游戏的内容分析研究,研究者通常会将该游戏在赛季中被记录的内容作为总体,而不会试图创建该游戏所有的可能存在的内容总体(e. g. , Haninger & Thompson, 2004;Martins et al. , 2009;Weber et al. , 2009;详见第 7 章的讨论)。此外,一些关于在线内容的研究已经采集了用户的在线行为记录(Danaher et al. , 2006;Jansen & Spink, 2006;Mastro, Eastin, & Tamborini, 2002)。

就在线内容而言,确定总体会尤其困难。尽管互联网提供了"大量数据的美好前景"(Karpf, 2012, p. 648),但伴随着数据的冗余,互联网也为研究者带来了许多挑战。在"大数据"时代,可能存在着许多几乎不能界定的讯息"总体"。由于拥有"爬虫"能力,研究者可以根据特定参数抓取大量在线内容;但这也引发了许多问题,比如所抓取的内容总体到底是什么(即互联网的有效边界是什么)。再举两个其他的问题。搜寻参数是如何决定所获取的总体,这也就决定了研究者用于研究的"实际总体"。此外,由于互联网内容具有流动性特征,任何给定的在线内容总体都可能随时发生改变。正如 Karpf(2012)所言,当研究者需要界定在线内容的总体时,需要诉诸一些较为"笨拙"的解决方法。这些解决方案虽然不完美,但却非常实用。

截面和历时总体

研究通常区分为截面研究和历时研究。前者是指对某一时间点上的现象进行考察,而后者是指对一段时间内的同一现象的纵贯研究。认识到这一点,对我们如何界定总体非常重要。研究者是希望研究网络色情在某一个时间点上的情况呢,还是希望探索网络色情随时间的变化而呈现的趋势呢? 利用内容分析开展截面研究的实例很多,比如 de Groot 等(2006)对 2003 年荷兰和英国企业年度报告前言中的文本和照片的内容分析;Mastro 和 Stern(2003)对 2001 年美国电视商业广告中的种族特征的分析。

当前研究者似乎更多地从事历时内容分析研究,尽管未有研究证实这一点。这主要得益于数字技术的发展——现在的研究者能够更加方便地检索和获取以往的讯息内容。在律商联讯与其他在线新闻档案库出现之前,针对新闻报道开展的历时研究极其稀少。而在推出家庭影院之前,利用内容分析法对经典电影开展的历时研究则几乎不存在(e. g. , Campbell, 2012;Janstova, 2006;Neuenforf et al. , 2010;Smith, 1999)。例如,Spicer(2012)对 John Ford 导演在 1939 年至 1964 年发行的电影进行了全面系统的研究。在电影能够在 DVD 与流媒体上出现之前,这项研究显然是无法实施的。

此外还有很多利用内容分析法开展的跨时段的历时研究。例如,Verhoeven(2008)对 1961 年至 2000 年播放的荷兰医疗电视节目的研究;Langdon(2012)对 1970 年至 2009 年美国流行音乐歌词中"涉性内容"的内容分析;Marks 等人(2007)借助律商联讯数据库和 Factiva 新闻数据库对过去 12 年期间美英两国关于医疗与农业技术的新闻报道;Messner 等(2014)对为期 5 年(截至年份为 2011年)维基百科中关于营养健康主题的条目的内容分析;De Wever 等(2001)就在线讨论群组中的特定角色所发挥的不同影响而开展的实验研究(在这项研究中,研究者收集了为期三周的在线讯息,并对它们进行内容分析)。

基于所有可获取的总体与基于曝光的总体

就内容分析法而言,区分总体的另外一种方式是,查看是否所有的讯息内容都被接受者获取,或者多数讯息内容被接受者接受。根据这一区别,总体可被区分为基于所有可获取的总体与基于曝光的总体。

基于所有可获取的方法将总体定义为"可为接受者获取的所有讯息的集合",通常是指在特定时间范围内在特定媒体上出现的所有讯息内容。根据这种方法,可将有线电视总体定义为"在指定时间内(比如 2016 年 1 月到 3 月),康卡斯特公司通过所有广播有线电视网播放的所有节目"。与此不同,基于曝光的方法将总体定义为"被接受者接收的讯息",这些讯息的选取通常基于其曝光的频率。根据这种方法,有线电视总体可被界定为由 2016 年评分最高的 25 档节目所构成的总体。

Spicer(2012)的研究就是基于所有可获取的总体的典型例子。在这项研究中,研究者对所有由 John Ford 导演的美国西部片开展内容分析。不管这些电影的流行程度如何,只要能为潜在观众所"获取",都被研究者纳入总体范畴。此外,Kunkel 等人(1995 年)在一项关于电视暴力的全国性研究中,也使用了这种方法来界定其研究总体,并采用复合周抽样方法抽取样本。

在这个随时随地可以获取资讯的时代,运用基于曝光的方法界定总体的研究案例似乎日益增多。换言之,在研究中运用基于所有可获取的总体进行界定并不具有很好的可操作性。以有线电视节目为例,试想研究者如果构建抽取电视节目的复合周抽样方法,这种操作方式将是多么困难,你可知道现在的有线电视家庭收看的频道往往超过 1 000 个! 因此,现在许多研究者都倾向于运用基于曝光的方法来界定总体(e. g.,Fernandez-Villanueva et al.,2009)。例如 Xue 和 Ellzey

（2009）在研究广告的项目中选取的就是销量排在前三的女性杂志和销量同样排在前三的男性杂志，这些杂志单期的销售数量是由美国报刊发行审计局提供的。

Jordan 和 Manganello（2009）进一步区分了在研究媒介内容时对上述两种总体所采用的抽样方法的差异。针对基于可获取的总体来说，可供选择的主要抽样方法包括：（a）基于复合时段周期抽取样本；（b）借助搜索引擎的检索结果抽取样本。针对基于曝光的总体而言，可供选择的主要抽样方法包括：（a）基于有关流行度的统计数据抽取样本；（b）借助调查数据抽取样本（通常为针对特定人群的调查数据）。总之，选择何种抽样类型显然与研究者对总体的界定方式有关。

在界定内容分析的研究总体时，研究者经常可以使用借助网络搜索引擎的方法。研究者对检索词的选取在一定程度上会影响总体的界定，因此检索词的选择在内容分析研究过程中是非常重要的。Stryker 等人（2006）指出有必要对检索词进行"验证"，并引入"一种衡量检索短语质量的方法，这种方法基于两个评估指标：召回率（检索到相关条目的能力）和精准率（排除不相关条目的能力）"（p. 413）。这种对检索词有效性的检验方法值得进一步推广。

在多阶段抽样中，研究者可以将上述两种确定总体的方式结合起来。例如，Cooper 在对报道都市农业的新闻开展内容分析的过程中，首先将发行量排在前 25 位的美国报纸界定为所有报纸的总体（发行量数据由美国媒体审计联合会提供）。显然，作者在第一阶段采用了基于曝光的方法界定总体。在第二阶段，作者在上述所有的报纸中检索过去十年中刊登的含有"都市农业"（及相关变体术语）的文章。由于研究者在选取这些文章的时候，并不区分读者对它们的阅读量，所以这是一种基于所有可获取的总体界定的方式。

研究者在定义总体时，需要考虑指导开展内容分析的理论框架。毋庸置疑，当研究者运用讯息生产理论或在研究中将内容分析数据与传播者进行关联的时候，采用基于所有可获取的方式界定总体比较适合。与此相反，利用基于曝光的方法界定总体与讯息传播效果理论更加一致，当研究者将内容分析数据与信宿进行关联的时候，这种方法就特别奏效。

档案库

档案库是指讯息的集合，具有索引功能。但是档案库与索引有所区别，索引仅仅是列出关于讯息的标题或其他标识性信息，但档案库囊括了关于讯息的所有信息。此外,档案库也不同于在线检索的结果,Google 搜索可依据特定检索词检索出成千上万的讯息,但这些检索结果并不是档案库。

档案库的形式多种多样。在以往,档案库大多以印刷出版物的形式出现,例如《文件重播:电子媒体档案库指南》(*Reruns on File*:*a Guide to Electronic Media Archives*)(Godfrey,1992)、《尚未开发的资料:美国报刊档案与历史》(*Untapped Sources*:*America's Newspaper Archives and History*)(Vanden Heuvel,1991)以及《历史信息系统》(*Historical Information System*)(Metz,Van Cauwenberghe,& van der Voort,1990)。现在,绝大多数的档案库都可以在线访问,读者也可在线检索这些档案库。

前面提到的律商联讯数据库是充分利用索引功能的在线档案库的典范。它将 Lexis 和 Nexis 整合在一起,前者是服务于法律研究的数据库,后者几乎是关于新闻和商业全文资讯的全球最大的数据库(Emanuel,1997)。除了律商联讯之外,还有一些主要的新闻资讯档案库,如 Factiva 和 Thomson Reuters 新闻编辑室(Factiva and Thomson Reuters' NewsRoom)("VIP 报告",2007)、ProQuest 历史新闻库(ProQuest Historical Newspapers)(Armstrong & Boyle,2011)以及诸如谷歌新闻(Google News)这样可以免费获取的在线资源[3]。然而,律商联讯数据库在关于新闻报道的历时研究中可能是最常用的。在该数据库中,用户可以使用布尔逻辑检索功能,这项功能非常灵活和易于理解。但是,用户在使用时仍需要认识到这项服务的局限性。典型的问题是,律商联讯数据库在检索时并不区分单词的单复数,这会给用户带来一定的困扰。例如,搜索球队"Cleveland Browns"也会检索出任何包含 brown 和 browns 的主题词,包括棕色、薯饼(hash browns)以及布朗姓氏。另外,律商联讯每次最多只能检索 1 000 条记录,每次最多只能下载 200 篇文章。

并非所有出版物都同时为律商联讯数据库提供内容资源,因此研究者需要了解每份出版物在该数据库中的起始收录时间。此外,2001 年美国最高法院对"纽约时报诉塔西尼案"判决的限制性举措对所有在线新闻数据库造成了较大的影响,律商联讯数据库也不例外。该判决认为《纽约时报》等报纸在尚未与自由撰稿人达成付款事宜之前,不能将他们的作品提交到电子数据库中。因此,电子数据库提供商只好删除了许多自由撰稿人的文章,这些数据库的内容完备性也因此成为一大问题[4]。

律商联讯数据库有两个版本——律商联讯学术版(LexisNexis Academic)和商业版(LexisNexis.com)。用户需要了解二者的区别。律商联讯学术版是一个被广泛使用的学术数据库,个人往往通过图书馆来访问这个数据库,并不需要自行订阅。律商联讯商业版则作为商业服务销售,需要个人付费订阅。一般来说,学术版比商业版有更多的限制。最近 Cooper(2016)的一项调查比较了这两个版本的差异。在美国媒体审计联合会发布的发行量排名前 25 名的美国日报中,学术版收录了其中的 8 个,而商业版涵盖了其中的 18 个[5]。用户如果希望了解更多利用律商联讯及其他数据库进行媒介内容方面的研究的信息,可以查阅 *CAGO*。

其他类型的讯息也有在线档案库。1996 年,硅谷企业家 Brewster Kahle 创立了"互联网档案库"(the Internet Archive)。该档案库是非营利性质的,致力于发展成提供开放的知识信息的"数字图书馆"。该档案库包括开放图书馆项目和 Wayback 机器项目,前者是馆藏超过 800 多万册的电子书数据库(其中 100 多万册是免费发行的),后者是关于网站的存档库(截至 2016 年初,该库已经收集了 460 多万个网址)。但是,这两个数据均不提供全文检索服务,这也就限制了用户利用它们下载全文和开展大量内容分析研究的可能性。

在语言学、历史学和文学等相关领域,档案库通常被称为语料库。每个语料库代表了特定时代和地区的书面材料。Milic 的"世纪散文语料库"(Century of Prose Corpus)(1995)就是个范例,该语料库汇编了 1680 年至 1780 年 160 位英国作家撰写的英文文本。语料库也可以是某位特定作家(如 Edmund Spenser)的作品集,具有一定的检索功能,有助于基于共同的话题或词语产生文本之间的关联关系。数字人文学者与不同的语料库合作,制订了关于文本电子存储和传输的标准,这套标准被称为"TEI 标准"(英文全称为"Text Encoding Initiative")(Ide & Sperberg-McQueen, 1995)。在文本可被计算机研究和提炼之后,研究者可以利用存储在电子表格中的文本开展复杂的分析,这在之前是不太可能的。例如,Lowe 和 Matthews(1995)使用复杂的径向基函数神经网络技术来比较威廉·莎士比亚和他同时代的约翰·弗莱彻所写的文本,并借此解决一些有关文本著作权的争议问题。

"谷歌书籍词频统计器"(the Google Books Ngram Viewer)语料库是关于单词和词语的在线档案库。这些单词和词语提取自过去 5 个世纪中撰写的数百万册英文书(Lin et al., 2012),覆盖了人类迄今为止出版的 6% 以上的图书。借助该语料库,研究者能够通过出版物分析人类随着时间的推移而呈现的语言和情感的变迁过程。例如 Bentley 等人(2014)发现过去十年中"文学的苦难指数"与"美国年度经济苦难指数"(包括通货膨胀率和失业率)的平均值呈正相关关系。该研究结果表明,"在过去十年中,每年数百万册的出版物在平均水平上反映了作者们所共享的经济体验"(p.1)。

目前,各种各样的讯息档案库至少有几千个,覆盖形形色色的讯息类型:从关于三个臭皮匠的电影到电影剧本[6],再到美国内战期间由士兵书写的家书。在信息爆炸的互联网时代,我们已经可以轻松地访问各类档案库,包括在线数据库和其他实体档案馆。《内容分析方法导论在线版》(*CAGO*)提供了更多相关档案库和语料库的基本介绍信息和链接。以下将展现其中的部分案例。

● WordNet & EuroWordNet(Alonge et al.,1998;Fellbaum,1998;Pollach,2012;Vossen,1998)。该词库是按照语义网络进行组织的,名词、动词、形容词和副词等词汇的含义均由与其相关联的其他词汇进行表达。该词库对于从事语言学量化研究的工作者来说非常有用。这些词汇数据库均可在线获取,并具有多种功能,包括为计算机辅助分析程序词典的创建提供词汇基础(Pollach,2012)。

● ERIC(英文全称为"Education Resources Information Center",教育资源信息中心)。该数据库存储了 150 万份以上的与教育领域相关的文档。它是美国教育部教育资源中心创立的在线数字资源档案库,其文献可以追溯到 1966 年。

● 含有开放式问题答案的问卷数据与采访资料档案库对语言学家、心理学家以及其他学科的学者可能很有帮助。哈佛大学的亨利·默里研究中心(the Henry A. Murray Research Center)拥有数百个关于女性生活的档案。这些资源可供其他研究者在线获取,用作二手数据研究。

● 范德比尔特电视新闻档案库(the Vanderbilt Television News Archive)。该档案库为位于田纳西州的范德比尔特大学所拥有,是当今世界关于电视新闻最为完整的档案库,收录了自 1968 年以来美国主要电视网所播放的所有晚间新闻。研究者可获取每条新闻的摘要,并可借助计算机对文本做深入分析(e.g., Iyengar & Simon, 1993)。研究者如果支付一定的费用还可以订购视频录像。例如,为研究卡特里娜飓风到来前两天到登陆后一周(2005 年 8 月 27 至 2005 年 9 月 8 日)美国主要广播电视台(包括 CNN、ABC、NBC 和 FOX 等)对这一灾难的所有报道,Melican(2009)就付费订购了那一时期的所有新闻视频。

● (荷兰)视音频文化遗产的收藏、保存和开放使用档案库(Collects, Preserves and Opens the Audiovisual Heritage of the Netherlands)。该档案库为荷兰视音频研究院(the Netherlands Institute for Sound and Vision)所拥有,收录了 75 万小时以上的电视、广播、音乐和电影节目。目前该档案库已为研究人员和公众提供了"70% 以上的荷兰视听内容"。学者 Verhoeven(2008)在研究荷兰电视中关于医疗非虚构类节目的时候,就利用该档案库的内容界定其研究总体,并将其用作抽样框。

对档案库的评价

尽管互联网极大地提高了我们检索和获取讯息档案库的能力,但从某种程度上来说,网络提供的是未经审核的信息来源,很多所谓的"档案库"其实都是个人选择性收藏的结果。例如,许多网络段子档案库仅仅是用户根据自己的喜好而收集的资源。即便是正规的档案库,其收录的内容也可能是不准确的或不完整的。比如博林格林州立大学(Bowling Green State University)的"Gish 藏品"仅仅来源于美国无声电影明星 Dorothy 和 Lillian 的捐赠物。因此,认识到全面综合的档案库与具有遴选性的档案库之间存在差别是非常重要的。当研究者使用后者的时候(如博林格林州立大学的"Gish 藏品"),他们对讯息总体的界定就有可能已经被窄化了。

Lee 和 Peterson(1997)指出,研究者在考虑对档案库讯息进行内容分析的时候,要充分认识到这些档案库的讯息是其他研究人员出于特定目的而收集的。他们建议研究者要对档案库中的一些案例进行仔细考察,以确定该资料是否适合自己所要开展的研究。这两位作者同时很好地总结了利用档案库开展的内容分析研究文献。通过文献综述,他们提炼了使用档案库讯息开展内容分析的优势。这些优势对于大多数内容分析研究来说都是合适的。

• 能够以回顾性的方式开展历时研究。例如 Peterson、Seligman 和 Vaillant (1988)对第二次世界大战回归本土的士兵所撰写的文章进行内容分析,确定他们的归因方式,进而得出男性的归因方式与 35 年后的健康状态存在联系的结论。Genovese(2002, p. 101)比较了 1902 年至 1913 年俄亥俄高中入学考试与 20 世纪 90 年代后期的俄亥俄九年级水平考试。结果表明,早期考试要求学生对具有文化价值的信息有深入性的了解,但对学生寻找不同事物之间关系的能力要求较低,而后期的考试对学生的要求则刚好相反。Diels 和 Gorton(2014)首先从"美国总统项目"(the American Presidency Project)的网络档案获取了从 1960 年到 2012 年所有的美国总统候选人电视辩论的全文;然后同时使用人工编码和计算机辅助分析程序 Diction 对这些文本进行分析;进而分析通过总统电视辩论文本所反映出来的总统的抽象思维水平随时间推移而呈现出来的变化情况。

• 能够对不易通过其他方式获取信息的人群或机构开展分析,比如对美国总统和著名运动员的研究。Simonton(1981, 1994, 2003a, 2006)在研究人物的领导力和贡献方面,广泛地运用了历史计量学方法。具体而言,作者基于档案文本资料分析了许多著名的作曲家、科学家、作家和政治家的心理品质特征。

• 各种文档材料允许研究者从不同层面对讯息展开研究,包括个人、家庭、组织和国家等层面。研究者也可利用基于文化层面的讯息(如大众媒介产品、政治声明)开展跨文化调查研究。这种类型的研究在近些年来颇为盛行。

抽　样

　　抽样是从一个大的总体中挑选子集的过程。Fink 和 Grantz（1996）给出了一个非常恰当的描述："就社会科学研究的传统而言，由样本推断总体是非常重要的。因此，概率抽样也就成为研究者首选的抽样方式。如果研究受到时间和财力等方面的限制，社会科学家则转向非概率抽样。"（p. 117）

概率抽样

　　如果希望将内容分析的结果推断至有关讯息的总体情况，用于分析的样本应该是随机选取的，即构成随机抽样样本。这一标准与研究人员进行问卷调查随机抽取受访者是一样的。我们可将"随机性"定义为：总体中的每个个体（案例）都有均等的机会被选中[7]。

　　概率抽样通常需要列出总体中所有的个体，由此形成的清单被称为抽样框。有关讯息的抽样框通常可以基于讯息档案生成。Harwood（1999）使用来自行业出版物中的尼尔森收视率信息创建电视节目抽样框。Ward（1995）同样使用尼尔森收视率信息创建用于研究 2～11 岁儿童所需的抽样框。在这项研究中，作者聚焦黄金时段电视节目中有关性行为的内容。Zullow（1991）则使用 Billboard 榜单，随机抽取 1955 年至 1989 年的流行歌曲。

　　然而，并非所有的总体都有对应的抽样框。例如，An & KIM（2007）在研究美国和韩国的网络广告时，就找不到理想的抽样框。因此，他们利用《商业周刊》中顶级品牌排名清单作为抽取美国样本的依据，对韩国样本的抽取则参考的是韩国文化和信息数据库。实际上，他们已将网站的总体重新定义为这两个可信度较高的列表，并通过系统抽样的方法从中随机抽取所需的样本。Trammell 和 Keshelashvili（2005）在一项基于曝光为总体的研究中采取了灵活的方法来定义总体。他们借鉴了目前已经不是很风靡的追踪系统 Popdex 对公开博客的流行度进行了排名，并将这份排名列表作为他们的抽样框。他们设定的界限为访问量最低为 100，根据此标准产生了 209 份个人博客的"金牌博客列表"。

　　如果无法基于长时间的内容累积产生抽样框（比如危机热线上的来电内容、当地电台播出的新闻报道、社交媒体网站上的评论），那么研究人员可以尝试利用讯息流的某种出现频次作为抽样的依据。在这种情况下，系统抽样方法往往成为研究者的首选。比如，在随机选定的一段时间内，以 10 为区间抽取危机热线上的来电内容或广播电台播出的新闻报道。由此可见，在讯息档案和列表不存在的情况下，研究人员需要在实时环境中抽取样本。

如果研究对象是由特定的个体或群体产生的讯息，抽样往往需要两个步骤：一是对个体或者群体本身进行抽样；二是对由个体或群体生成的讯息内容进行抽样。就第一步而言，研究人员所面临的问题与开展问卷调查或实验研究所碰到的问题非常相似：如何组成具有代表性的样本？怎样才能代表全体员工或者其他特定的总体？就第二步而言，使用抽样框或上文提到的频次流技巧取决于所要分析讯息的类型。比如，研究人员可以对电子邮件进行列表编制，并基于该列表随机抽取样本，而对辩论类内容的抽样似乎采取每隔三位记录一位的方式更合适。对于这种研究工作来说，需要分两个阶段对样本进行抽样，这种方法就是下文所说的"多阶段抽样"。认识到这一点是非常重要的。

概率抽样有不同的类型，但所有的类型都基于两种最基本的形式，即简单随机抽样和系统抽样。

简单随机抽样

简单随机抽样又区分为两种类型。（a）"从帽子中抽取"。按照字面理解，就是将打印好的抽样框拆分成单独的纸条（一张纸条代表一个样本）并放在一个帽子里，然后从帽子中抽取不同的纸条。这样就能达到简单随机抽样的目的。（b）对抽样框进行编号，然后借助随机数表或随机数生成器抽取样本。

在具体实施过程中，简单随机抽样也可分为重复抽样和不重复抽样两种。就"从帽子中抽取"这种方法而言，重复抽样意味着把抽取过的个体又放回到帽子中，这就使得该特定的个体有可能会被重复抽取。就使用随机数表这种方法而言，这意味着如果同样的数字在随机列表中出现两次，那么我们就有两次机会选择该样本。

为什么需要开展这样奇怪而又枯燥的重复抽样呢？从技术上看，重复抽样更符合随机抽样的思想，即每一个体都有均等的抽取机会。举例来说，如果总体包括了 500 个个体，在第一次抽取中，每一个体都有 1/500 的概率被抽中。如果第一个被抽中的个体不放回的话，在第二次抽取中，每一个体被抽中的概率就是 1/499。在第三次抽取中，概率就是 1/498，以此类推。相反，如果是在重复抽样的情况下，每一个体在每次被抽取中的概率都是 1/500。

重复抽样并非在任何情况下都起作用，如通过电话选择受访人员。但是，它对某些内容分析方法的应用确实很有意义。例如,在一项关于儿童电视广告种族形象的研究中(Larson,2002),研究者对特定时间内多次出现的广告进行编码,因为"广告的每一次播出都会给观众留下印象"。基于多阶段抽样方法,研究者首先随机抽取一周中的某些天和某些电视频道,然后在这些时段和频道中随机抽取电视节目(e.g.,Lombard et al.,1996)。由于多个周二都会被抽中,而且同一频道也会多次被抽中,因此就会存在明显的"重复"现象。

系统抽样

系统抽样是指在抽样框中或频次流中以固定的间距抽取多个个体。例如,研究者以每 15 条的间隔抽取互联网讨论组中的信息作为样本。如果系统抽样过程是以随机数开始,那么系统抽样就可被视为概率抽样。

对于这一类型的抽样,有以下几点需要加以关注。首先,研究者要确认抽样的间隔。如果研究的总体已知,那么抽样的间隔为 N/n。例如,如果总体是 10 000,希望抽取的样本量为 500,那么样本间隔为:

$$\frac{总体\ N}{样本\ n} = \frac{10\ 000}{500} = 20$$

因此,我们可以首先在 1 ~ 20 内随机抽取一个个体作为起点,然后按照每隔 20 的规定确定其他的个体。

其次,研究者需要考虑抽样间隔与抽样框之间的关系。如果抽样框或频次流中的个体呈周期性排序,并与抽样间隔一致,就会产生周期性偏差,从而降低系统抽样结果的代表性。例如,如果抽样框是每年美国票房电影前 50 名的汇总列表,且抽样间隔刚好是 50。显然所获取的样本无法代表所有排名前 50 名的电影,只能代表某一特定名次的电影(如排名第 1 名、第 25 名、第 30 名或其他任何名次的电影)。如果抽样框中存在类似的周期性规律,系统抽样的代表性无疑会受到某种程度的威胁。

Newhagen,Cordes 和 Levy 的研究是应用系统抽样的一个典型例子。他们的研究总体是受众应《NBC 晚间新闻》邀请做而回复的电子邮件。在剔除了无关的电子邮件后,他们从 3 200 个电子邮件中每间隔 6 个抽取一个,最后抽取的样本量为 650 个电子邮件。

其他类型的概率抽样都是上述二者(简单随机抽样和系统抽样)的变异形式。主要类型包括以下几种形式。

整群抽样

整群抽样指的是对一组讯息或由此构成的讯息集进行同时抽样的过程,这种抽样方式通常具有逻辑方面的考虑。例如,Lin(1997)在一项研究黄金时段的电视商业广告的研究中,首先随机选择了月份和星期,然后收集了这个星期内在黄金时段播出的所有电视广告,以此作为研究的样本。

分层抽样

在分层抽样中,研究者依据自己的研究兴趣选择相关的一个或多个变量,然后根据这些变量再将抽样框分解为不同的子集。为了确保各分层具有良好的代表性,子样本的容量大小需要根据总体中各子集的规模大小来确定。正如 Babbie(2013)所指出的,研究者需要确保"从总体具有同质性的子集中抽取合适的数量"(p.212)。从统计的角度来看,分层抽样将分层变量的采样误差降低到了零。

Smith(1999)对电影中女性角色的研究就是应用分层抽样方法的一个例子。作者的研究兴趣在于比较好莱坞黄金时期(19 世纪 30 年代和 40 年代)和当代时期(20 世纪 90 年代)所塑造的女性形象的异同。为此,作者根据年代将好莱坞电影进行了分层。首先构建了三个不同年代的高票房的女性电影抽样框,然后在每个抽样框中采用系统抽样的方法抽取电影样本。

在非比例分层抽样中,每个分层的样本容量大小与总体各子集的规模大小不成比例。因此,各个分层只能代表每个独立的总体。除非对数据进行统计上的处理(如加权),否则无法作为一个统一的样本进行分析。但考虑到分层抽样的目标,这通常并没有太大的问题。例如,Breen(1997)使用非比例分层抽样从七个不同时期中抽取了 100 篇新闻报道。他的研究目标是比较七个不同时期的新闻报道特点,并不是将结果推断至每个不同时期的总体,因此确保每个时期都有合适的样本量就是一种明智的做法。与此相似,在一项比较俄罗斯本土女性杂志与外国女性杂志的内容分析研究中,Prominski(2006)从两个不同来源的样本中抽取了相同数量的杂志,并没有考虑这两种杂志的实际出版期数。

多阶段抽样

多阶段抽样是指在两个或两个以上抽样阶段中使用任何一种随机抽样的方法。这一抽样方法在媒介内容分析中很常见。首先,研究者对媒体本身进行初级抽样(如"最受欢迎的一组男性杂志");然后再从被选中的媒体中抽取特定的讯息内容(如"这些杂志中的系列议题");最后再从议题中抽取特定的信息内容(如"在系列议题中的广告")。Hill 和 Hughes(1997)的一项研究就采用了两阶段抽样方法。他们首先从基于 USENET 生成的抽样框中随机抽取新闻组,然后再从被选中的那些新闻组中随机抽取讨论帖。在另一个案例中,Hale、Fox 和 Farmer

（1996）首先从完整的清单中随机抽取议员的竞选活动,然后在每个选定的竞选活动中基于美国俄克拉荷马大学的政治商业数据库随机抽取商业广告。

多种概率抽样的组合

多种概率抽样的组合方式在内容分析研究中很常见,尤其是在针对大众媒介内容的研究文献中。例如,Danielson 和 Lasorsa（1997）对《纽约时报》和《洛杉矶时报》在过去一年中所有头版的语句的符号内容所开展的内容分析采用的就是多阶段分层抽样的方法。具体来说,他们在每年出版的报纸卷期中随机抽取 10 天的卷期,最后在选中的每份报纸的头版中又随机抽取 10 个句子。

复合抽样

如前所述,基于可获取总体抽样框的抽样方法之一是构建复合样本（Jordan & Manganello, 2009）。Riffe 等（e. g., Riffe, Lacy, & Fico, 2014）考察和检验了这种复合抽样方法在新闻媒介研究中的应用情况。Riffe 等探讨了多种抽样方法的效率问题,即样本对总体的代表性程度。他们使用来自范德比尔特档案库中知名的 ABC、CBS 新闻广播资料作为研究总体,然后基于这份总体统计来评估各种抽样方法的有效性。研究发现,最适用于分析工作日电视新闻的抽样方式是,首先按月份分层,然后在每个月中利用简单随机方法抽取其中两天。与简单随机抽样相比,这种复合抽样方式要有效得多。另外,Riffe 等人（Riffe, Lacy, & Drager, 1996）在《时代》杂志一年 52 期中抽取部分作为样本,他们发现最有效的方式同样也是先按月份分层,然后从这个月中随机抽取一期。这种方式要比简单随机抽样更为有效。

对于以日报为对象的研究来说,研究者同样发现以周为单元的复合抽样的效果要比简单随机抽样要好（Riffe, Aust, & Lacy, 1993）。对于以消费者杂志为对象的研究来说,基于月份分层构建的复合抽样方式相比简单随机抽样也具有更大的优势（Lacy, Riffe, & Randle, 1998）。还有其他研究者也探讨了复合抽样的效率问题。在一项关于报纸中有关健康新闻报道的研究中,Luck 和同事（2011）使用蒙特卡洛自助抽样方法,来准确估计一年期或五年期的新闻所需要的周数。他们发现不管是用于估计一年期还是五年期的新闻报道,都应至少选取六周的样本,这个方法对于两者都是最有效的。这种复合抽样方法同样也被运用于对博客内容（Buis & Carpenter, 2009）和黄金时段电视节目的研究中（Kaye & Sapolsky, 2009; Mastro & Behm-Moriawitz, 2005; Mastro & Ortiz, 2008）。

就有关新闻报道的内容分析而言,基于"天数"和"月份"的周期性变异十分重要,因此研究者选取以"天数"和"月份"作为分层的依据可能就是明智的做法。其实,对于所有的抽样方法来说,研究者都需要考虑这种周期性变异的问题。例如,电影档期存在季节性变化(如"暑期档大片"和"节假日的家庭影片"),因此研究者抽取的样本中就应该包括在一年中不同时期发行的电影。

非概率抽样

实际上,利用非概率抽样方法抽取的样本是不符合要求的,只有在别无选择的情况下才使用这种类型的抽样。一般情况下,我们不能将基于非概率抽样抽取的样本所获知的结论推论到总体。下文介绍几种常见的非概率抽样类型。

方便抽样

这一方法强调获取抽样对象的便利程度。Kolbe 和 Burnett 发现,方便抽样在有关消费者行为的内容分析研究中运用得非常广泛,约有 80.5% 的文献采用了这一抽样方法,这是一种不太好的现象。Babbie(2013)也指出,方便抽样"对社会研究而言是一种极其冒险的抽样方法"。有的时候,我们并不清楚研究者为什么不使用概率抽样。比如,Simoni(1996)对 24 本心理学教科书采用方便抽样,个中原因我们难以获知。有的时候,研究者采用非概率抽样的原因是非常清楚的,比如通过概率抽样获取讯息内容存在困难。例如,Schneider、Wheeler 和 Cox(1992)的一项研究分析了在三家金融机构开展的 97 个面试小组中求职者的回答情况。在这种情况下,就难以对求职者实施严格的随机抽样。

Garcia 和 Milano's (1990)开展的一项关于情色电影的研究同样是个很好的例子,该研究因为难以创建恰当的抽样框,从而采用了非概率抽样。研究过程中,由于缺乏有关情色电影的完整清单,研究者派遣 40 位编码员(学生助理)走访电影租赁店,并选择在成人片区域所看到的第一部电影。研究者也承认,他们选择电影的这种做法是非随机的。

立意抽样/判断抽样

立意抽样也称判断抽样,这种抽样方法是指研究者根据自己的主观判断选取个体,即选择自己认为合适的个体入选样本。例如,Fan 和 Shaffer(1989)以文本的易读性为标准选择手写的文章用于文本分析。Graham、Kamins 和 Oetomo(1993)对三个国家平面广告的选取,依据的是新近性原则以及"产品对"原则。这里所谓的"产品对"原则是指在广告中是否对德国和日本的产品进行对应,比如一则对德国汽车的广告是否对应了另外一则对日本汽车的广告。

配额抽样

配额抽样与非概率分层抽样相当类似。研究者首先需要确认用以分类的关键变量,然后分别从每个类别中选择若干个体。在问卷调查法中使用配额抽样的一个典型例子就是商场拦截法。市场调查公司招聘调查员,并指示他们在商场中采访一定数量的购物者,比如 20 位携带儿童的女性购物者或 20 位 40 岁以上的男性购物者。

利用网站开展的研究在确定总体和抽样框方面存在很大的难度。因此,这些研究通常不得不使用非概率抽样方法。Ghose 和 Dou(1998)的研究是一个典型的案例。在这项研究中,他们抽取了 101 个互联网产品网站,一半来自被专家评审排名在前 5% 的产品网站,另外一半来自没有被评为顶级的产品网站。虽然最终包含了"各种各样的产品类别"(p. 36),但显然不是基于真正的随机抽样而产生的样本。因此,作者也不能将研究结果推论至更大的总体。

样本容量

遗憾的是,对于样本容量大小的确定尚不存在被广泛接受的标准。一种常见的做法是根据该领域其他研究者的做法来确定所需的样本容量(e. g. , Beyer et al. , 1996;Slattery, Hakanen, & Doremus,1996)。事实上,也有一些更好的方法用于帮助研究人员确定合适的样本容量。

研究者已经考察了基于不同的样本容量用于内容分析研究的一些案例。自 Stempel(1952)确定以周为单元选取代表报纸全年新闻报道样本的抽样方法以来,大量的研究者对来自这类媒介的信息总体进行了考察。Lacy、Robinson 和 Riffe 选取了 320 份不同的样本,这些样本是从 2 份 52 期的周报中选取而形成的。他们发现抽取 12 个样本(按月份分层)和 14 期(通过简单随机抽样)就足以代表总体。当然,他们也提示说所需的样本容量也会随着报纸类型和所检验变量的不同而有所不同。

在确定样本容量方面,一个更通用的方法就是通过标准误差和置信区间的公式来计算。换言之,所需的样本容量(n)取决于两个因素:(a)特定样本均值的置信区间;(b)变量在总体中的估计方差。该方法假定研究者采取的是概率抽样方法。主题框 3.1 提供了利用抽样误差和置信水平计算最低样本容量的公式和相关说明。表 3.3 总结了对应特定的置信水平所需的最低样本容量。这种情况主要适用于研究变量为二分定类变量(通常表示为百分比)的情况。如何得到这些结果,具体算法请参考主题框 3.1。

表 3.3　不同置信水平对应的最低样本容量

允许的抽样误差	置信水平为 95%	置信水平为 99%
±2%	2 401	4 147
±3%	1 067	1 849
±5%	384	663
±10%	96	167

想象一下,我们试图考察政治广告是否是消极负面的(如攻击对手)。借助表 3.3 可以知道,如果要确保 95% 的置信水平,而且研究变量的允许抽样误差是 ±5%,我们至少需要随机抽取 384 条政治广告。换言之,当随机抽样的样本至少达到 384 个时,我们就有 95% 的把握认为该统计量可以推论至总体参数,而且抽样误差在 ±5%[8]。

请注意,越需要确保更精确的置信区间(即降低允许的抽样误差),所需的样本容量就越大。另外值得注意的是,如果测量的变量不是简单的二分变量,所需的样本容量也许会更大。虽然这么大的样本量给人工编码带来了巨大挑战,但计算机辅助编码却能够处理这些工作。但请记住,计算机辅助编码的高效率是以牺牲某些东西为代价的,比如计算机就无法准确测量有些内容。第 5 章将详细介绍人工编码与计算机编码的各自优缺点。

结果汇报

在内容分析文献的写作中,需要全面汇报数据收集/分析的单元、总体的定义和抽样方法。具体来说,研究者需要提供抽样单元、数据收集单元和数据分析单元,并在必要的时候介绍单元化的过程。除此之外,研究还需要定义总体,说明抽样框,并详细介绍关于抽样策略的选择(包括抽样类型和样本容量的确定)。

主题框3.1　标准误和置信区间

　　大致来看,标准误是对样本中某变量均值和抽样分布离散程度的测量(相当于样本分布的标准差)。借助标准误,我们可以计算样本均值的置信区间。这个置信区间告诉我们真实的总体平均值(μ)落在给定范围内的把握程度。例如,如果内容分析的结果显示美国电视广告的平均时长为"2.1秒,95%置信水平,正负0.5秒"。这意味着我们有95%的把握确定真实总体的平均值在1.6秒到2.6秒之间。这一计算过程的核心思想是,不同样本均值的数值,由于抽样的原因,其数值是围绕着现实总体的平均值而上下波动的。

　　基于正态分布,研究者通过将标准误乘以给定权重(例如,1.0,1.96,2.58)来构建置信区间,由此产生抽样误差;然后用该值对样本均值进行加减。以下列出了一些常见的置信区间:

置信水平	置信区间(均值 ± 抽样误差)
68%	均值±(1.0 × 抽样误差)
95%	均值±(1.96 × 抽样误差)
99%	均值±(2.58 × 抽样误差)

　　计算标准误的公式有两种:(a)用于计算定距或定比数据(即连续型数值数据)的;(b)用于计算二项分布的定类测量的。

$$(a):SE=\sqrt{\frac{\sigma^2}{n}} \quad (b):\sqrt{\frac{P \times Q}{n}}$$

其中:σ^2为总体方差;n为样本容量;P为二分定类变量中正面选项的百分比;Q为二分定类变量中负面选项的百分比;并且,($P + Q = 1$)。

　　我们可以使用这些公式计算所需的样本容量(Kachigan,1986,p. 157-158;Voelker, Orton and Adams,2001)。其中(c)用于定距/定比变量的计算,(d)用于二分定类变量的计算。

$$(c):n=\left(\frac{Z_C\sigma}{samp.\ error}\right) \quad (d):n=(P \times Q)\left(\frac{Z_C}{samp.\ error}\right)^2$$

其中:Z_C为正态分布的权重(例如,1.96表示95%的置信水平);σ为总体的标准差估计;*samp. error*为允许的抽样误差;$P \times Q = 0.5 \times 0.5 = 0.25$,最保守的情况下的估计百分比。

　　使用上述公式来确定所需的样本容量n存在一个困难:我们不知道总体参数σ或P和Q值。

　　因此,我们必须要估计总体方差的大小。对于二分定类变量的情况,我们通常使用最保守的案例,也就是P和Q相等($P=Q=0.50$)的情况。因为只有$P=Q=0.50$,两者的乘积才会最大,因此计算得出的 n 也是所需样本容量的最大估计值。当测量变量为定距或定比变量的时候,计算任务会更困难,这时通常会借鉴之前有关该总体的相关信息。如果在类似的样本中已经使用该测量变量,那么可利用该样本标准差估计当前所要研究的总体的标准差[通常将样本方差乘以调整系数(如 $n/[n-1]$)进行调整]。

让我们设想有这么一个研究例子。我们希望将报纸头条中关于政治人物(如市长)的报道推论至总体,我们感兴趣的变量是一个二分定类变量:在该头条报道政治人物的新闻中是否使用了正面的描述。假设允许的抽样误差为 ±3% ,置信水平为 95% ,那么计算公式为:

$$n = (P \times Q)\left(\frac{Z_c}{samp.\ error}\right)^2$$

$$n = (0.5 \times 0.5)\left(\frac{1.96}{0.03}\right)^2$$

$$n = 1\ 067$$

因此,我们的研究需要 1 067 条标题样本,这样我们才可以做如下声明:"我们有 95% 的把握确定在总体中,关于市长的积极头条新闻的比例为 50% ,正负误差值为 3% 。换言之,积极的头条新闻比例介于 47% 和 53% 之间。"我们再举一个测量变量为定距或定比变量的例子。假设我们利用 0~10 的量表测量人际交流中个人的言语强度,希望达到的置信水平为 99% ,允许的抽样误差为 ±1% 。另外,基于过去的研究我们估计总体标准差为 5.0 。计算公式如下:

$$n = \left(\frac{Z_c \sigma}{samp.\ error}\right)^2$$

$$= \left(\frac{2.58 \times 5}{0.01}\right)^2$$

$$= 166.41$$

因此,基于 167 个或更多的样本进行统计分析,我们就能够以 99% 的置信水平和 ±1% 的抽样误差报告个人言语强度的均值。

需要指出的是,计算样本容量还有其他的公式,其中一些公式需要知道总体规模(N)。此外,读者也可以直接利用一些网络上的样本容量计算器。

本章注释

1. 如果数据收集单元是全部讯息,那么句子分析法(by-clause analysis)承担了更大的可变性。例如,由 20 个句子组成的口头讯息可能包括 20 种焦虑分数,而不仅仅是 0 或 1,是 $0-n$, n 即讯息中句子的数量。

2. 经过精确地筛选过滤,10 000 条讯息量进一步缩减到 8 742 条,这个过程旨在去除由搜索算法产生的不相关讯息。Jasperson 等人(1998)的文章为搜索过程和筛选提供了完整的汇报模型。

3. 对"突发新闻"开展历时研究,目前学界存在许多可替代 LexisNexis, Factiva 和 NewsRoom 的分析工具。如 Habel, Liddon 和 Stryker(2009)基于皮尤互联网(Pew Internet)和美国生活报道(American Life Report)的在线新闻报道,还使用了当时最热门的新闻搜索引擎谷歌新闻、雅虎新闻、CNN 和 MSNBC 来获得研究 HPV 疫苗的在线新闻报道。他们引用了很多研究结果,发现在线新闻搜索引擎和聚合新闻网站"在提供突发新闻和快速检索方面优于传统的律商联讯数据库"(p.402)。同时,Weaver 和 Bimber(2008)比较了律商联讯和谷歌新闻两类工具对报纸故事的搜索功能,结论是律商联讯缺失了大量新闻报道,因为律商联讯"对有线新闻一无所知",这是个很大的局限。

4. 大约自 1995 年开始,出版商广泛使用"全权合同",要求作者准许以现有所有形式和尚未开发或未来出现的所有形式使用其作品(Masur, 2001)。但律商联讯数据库在其数据库文档中仍然指出,并非所有档案库出版物的文章都可以通过他们的数据库获得。

5. 令人惊讶的是,被学术版本涵盖的八个中只有一个(*Orange County Register*)没被商业版本收录。在 25 家最受欢迎的报纸中,被律商联讯学术版收录的,按照发行量的递减顺序如下:《华尔街日报》(*The Wall Street Journal*)、《今日美国》(*USA Today*)、《纽约时报》(*The New York Times*)、《华盛顿邮报》(*The Washington Post*)、《休斯顿纪事报》(*Houston Chronicle*)、《明尼阿波利斯星坛报》(*Minneapolis Star Tribune*)、《坦帕湾时报》(*Tampa Bay Times*)和《橘郡纪事报》(*Orange County Register*)。被律商联讯商业版收录的报纸有《华尔街日报》(*The Wall Street Journal*)、《今日美国》(*USA Today*)、《纽约时报》(*The New York Times*)、《洛杉矶时报》(*Los Angeles Times*)、《圣荷西信使报》(*San Jose Mercury*

New)、《纽约邮报》(*New York Post*)、《华盛顿邮报》(*The Washington Post*)、《芝加哥论坛报》(*Chicago Tribune*)、《达拉斯晨报》(*The Dallas Morning News*)、《丹佛邮报》(*The Denver Post*)、《每日新闻》(*Newsday*)、《休斯顿纪事报》(*Houston Chronicle*)、《费城问询报》(*The Philadelphia Inquirer*)、《亚利桑那共和报》(*The Arizona Republic*)、《明尼阿波利斯星坛报》(*Minneapolis Star Tribune*)、《坦帕湾时报》(*Tampa Bay Times*)、《圣迭戈联合论坛报》(*San Diego Union-Tribune*)、《底特律自由报》(*Detroit Free Press*)。律商联讯没有收录的报纸有《纽约每日新闻》(*New York Daily News*)、《芝加哥太阳报》(*Chicago Sun-Times*)、《纽瓦克明星纪事报》(*The Newark Star Ledger*)、《俄勒冈人报》(*The Oregonian*)、《克利夫兰诚实商人报》(*The Cleveland Plain Dealer*)和《西雅图时报》(*The Seattle Times*)。

6. 互联网电影剧本数据库(IMSDb)自称是"最大的网络电影剧本资源",拥有超过1 000个的电影剧本档案。Walker等人(2011)让这一档案库具备了一个有趣的功能,该功能超越了内容分析,可用于机器学习人物的语言风格。他们基于"语料库统计的语言表达生成引擎,自动创建'角色语音',该引擎在电影剧本数据库(IMSDb)的语料上进行的训练"(p. 110)。

7. 在某些情况下,这可能是已知的,但选中的概率却不相等。

8. 本章介绍的公式可用于计算基本内容分析结果的置信区间,这些公式有时是被强烈推荐的方法。然而,与调查和实验报告一样,这仍然只是例外而不是规则。

变量和预测 4

通常来说,理论是学术工作的起点,研究问题、研究假设或两者的提出都直接来自相关理论。这是对科学研究中"假说-演绎"模型的典型应用。在"假说-演绎"模型中,研究者在理论演绎推导的基础上,提出研究假设和研究问题,需要对哪些变量进行测量是一目了然的(有关研究假设和研究问题表述形式的讨论,我们将在本章的后半部分介绍)。实际上,回顾以往运用内容分析法的文献,我们可以发现许多内容分析研究都没有真正地检验研究假设或回答研究问题,因此也就没有真正地针对理论开展检验工作。在一项综述研究里,Manganello 和 Fishbein 回顾了已发表的内容分析研究文献,得出结论:"发表在传播学刊物上的内容分析研究文献,其中应用理论的文献数量不足一半"(2009,p. 5)。Manganello 和 Blake(2010)还进行了一项后续研究,系统考察了1985 年至 2005 年对健康类媒体开展的内容分析研究。他们发现:在考察的441 篇期刊文章里,其中 55% 的文章至少引用了一个理论或模型;同时这种情况会因期刊类型的不同而有所差异,传播学期刊中 72% 的文章使用了理论,而健康类期刊中只有 38% 的文章将研究建立在理论的基础之上。这些迹象表明:由于研究者越来越重视内容分析研究的理论基础,其研究质量也在不断提升(e. g. , Rudy, Popova, & Linz, 2011)。但总的来说,大多数的内容分析研究主要的驱动力还是研究者的好奇心和实践需求。值得注意的是,即使是这些非理论导向的调查研究,我们也建议研究者依循精心设计的研究流程,其中包括对变量(即内容分析维度)的选取。本章将介绍这样的流程。

在开展内容分析工作之前,研究者需要查阅学术研究和应用研究的文献,尽可能地使用理论作为后续研究的指导。尽管如此,在利用内容分析开展研究的时候,研究者本人就是"老板"[1]。需要分析什么内容,选取哪些变量,研究者拥有最后的决定权。本章将介绍选取变量的几种方法。

正如第 2 章中提到的,**变量**这个概念可以被测量,且没有固定的值[2]。换言之,对于每个个体而言,它的数值存在差异。我们在第 1 章中也提到过,变量可区分为隐性变量和显性变量,也可区分为内容/实质变量和形式变量。严格来说,内容分析法中所包含的变量不存在于信源(传播者)或者信宿(接受者)中,而存在于讯息本身之中(虽然本书鼓励研究人员将讯息变量与信源变量或信宿变量整合在一起进行分析,见第 2 章)。

确定关键变量

关于如何选择内容分析的变量,一个有效的方法即考虑哪些变量最为关键,即那些对我们全面理解讯息池和特定媒介具有重大帮助作用的变量。对于研究者来说,找出并确定这些关键变量的特征,不仅辛苦而且极具挑战性。如果研究者无法找出所要研究的讯息真正区别于其他讯息的形式变量和内容变量,可能就会产生具有误导性的研究结果。比如,如主题框 4.1 所展示的,如果 Kalis 和 Neuendorf(1989)在研究中没有测量两个关键的形式变量,就会得到不完整的结论。

主题框 4.1　险些遗漏的关键变量

音乐录影带里的摄像技术

20 世纪 80 年代,音乐录影带是媒介产业中发展最快的市场之一,然而它在刻画女性形象方面却饱受批评(Vincent, Davis, & Boruszkowski, 1987)。Kalis 和 Neuendorf(1989)在他们的内容分析研究中对音乐电视录影带进行了概率抽样,用于评估暴力暗示的存在和处理方式。这些暴力暗示包括含有暴力或侵略性的行为。研究人员仔细地检验了可以清晰地辨别出施暴者和受害者的所有案例。

人们通常认为现实世界中暴力的主要侵害对象是女性。与这个广为流传的看法相比,该项研究结果令人吃惊。研究发现:与男性相比,女性成为暴力行为受害者的频率更低,实际上,女性更容易成为施暴者而不是受害者。导致上述现象的原因是显而易见的。研究人员将那些他们认为对研究快节奏的媒介形式十分重要的变量也考虑了进去。对于展现暴力行为的所有镜头,研究人员在镜头的开始和结束时各测量了一次摄像机的焦距(也就是远景、中景、特写镜头、大特写镜头)。作为考察视频节奏(也就是剪辑的速度)的一部分,他们还测量了每个短时间镜头的长度。

为什么在音乐录影带中,人们一般会认为女性更容易成为被侵害对象?那些形式变量方面的研究发现为我们提供了一种可能的解释。当女性是暴力行为的对象时,镜头的平均时长为3.1秒,而男性受害者镜头的平均时长为2.0秒,并且她们出现在荧幕上的时间远远超过这两个数字。另外,作为暴力行为的目标时,女性相比于男性更容易出现在特写或大特写镜头里。这种对女性受害者的视觉强调很可能使观众更能记住这些对女性施加的暴力行为,因此招来了对女性形象刻画的广泛批评。

值得注意的是,研究人员如果没有考虑到对媒介至关重要的形式变量(也就是拍摄范围和镜头时长),便不会发现音乐录影带对女性受害者给予突出呈现这一现象。

研究人员可以在非常宽泛的层面上确定变量,也可以在非常具体的层面上确定变量。作为一项全面的研究,研究者需要同时兼顾这两种变量。在最宽泛的层面上,研究人员需要尽可能地寻找**通用变量**,用于描述区别于其他刺激物的特征。在最具体的层面上,研究人员需要寻找特征变量,其通常与特定媒介传播的特定讯息类型是密切相关的。

至于如何为内容分析研究选择变量,下面将为读者介绍四种方法[3]:

1. 考虑通用变量
2. 参考理论和以往研究收集变量
3. 运用扎根方法或浮现过程法确定变量
4. 努力寻找与特定媒介相关的关键变量

考虑通用变量

我们可能会依据许多不同的要素来描述刺激物。研究人员希望能够寻找并确定一套通用变量,这些变量能够适用于所有的刺激物(包括讯息内容)。认知心理学家、语言学家和人类学家在这项工作中发挥了主导作用,对他们的研究工作进行回顾和总结是十分必要的。

Osgood、Suci 和 Tannenbaum(1957)是第一批尝试测量"意义"的通用维度的学者。他们对"语义意义"(即人们如何区别不同的概念)的三维度划分(划分为"评估""效能"和"行动")为后续众多社会行为科学研究提供了测量基础。他们使用"语义差异量表",启用成对的概念来测量"评估"(例如好-坏)、"效能"(例如强-弱)和"行动"(例如主动-被动)这三个不同的维度。这种测量方法现在已经成为实验法和问卷法的标准做法(Heise,1965)。

Marks(1978)曾试图寻找证据来证明这样的观点:人类感官(听觉、视觉、味觉、嗅觉、触觉)是以同样的方式运作的。在专著《感官的联合》(*Unity of the Senses*)中,他基于 Galileo 和 Locke 这些源头回顾了"物体基本特性"的经典看法,并主要参考亚里士多德(Aristotle)的作品,提出了"人类的所有感官是并行运作的"这一研究视角。在 Marks 看来,人们可以通过视觉或触觉来感知某个刺激物的存在,这些体验都将具有**相同的维度**[4]。不论哪个感官参与其中,人们都依据某种"相似的感官属性"感知特定的刺激物。这些"属性"包括:

1. 延展:某种感觉的表面空间大小(比如,在某部电影的某个镜头里,在多大程度上可以通过移动镜头或追踪镜头来展现物理空间)

2. 强度:某种感觉的表面强烈程度(比如,镜头的远近程度)

3. 亮度:某种感觉的表面刺激程度(比如,镜头的黑白对比或颜色的鲜明程度)

4. 特性:这个术语由早期的哲学家提出,它包括了一系列多种多样的属性。Marks 将其理解为感觉的普遍特征(比如,舞台布置或一个镜头中各组成部分的位置)(p.52)

除此之外,Marks 还将"持续时间"视为第五属性(该概念来源于 Külpe 在 19 世纪的研究工作,比如,一部电影中某个镜头持续了多久)。与寻找刺激物本身的特征相比,Marks 以及其他先贤对描述个体的经历更感兴趣。尽管如此,他们所探索的这些"特征"为我们开展新研究提供了起点。换言之,他们为我们提供了一个通用的模板,这个模板有助于我们在内容分析研究中寻找并确立关键变量。

同时,Marks(1978)和其他人也曾经使用了一种扎根的方法,试图发现人们如何区别不同的刺激物。研究人员给每个被试展示一组刺激物,让他们自我报告在多维认知空间里所感知到的不同刺激物之间的距离。最后,研究人员根据被试的报告结果查看彼此的组合维度(McIsaac, Mosley, & Story, 1984; Melara, Marks, & Potts, 1993)。例如,在研究人员向 52 位被试展示随机选择的风景照片后,他们确定了关于意义的五个维度:(a)开放 VS 闭合;(b)贫瘠 VS 葱茏;(c)陆地 VS 水域;(d)自然景观 VS 人文痕迹;(e)有入口小路 VS 没有入口小路(Fenton, 1985)。与真正意义上的通用变量相比,这些维度显然更为具体(主要适用于摄影和户外景观)。

Berlyne(1971)在他的经典著作《美学和精神生物学》(*Aesthetics and Psychobiology*)中提出了有关美学的通用变量。在考虑了一些与 Marks(1978)提出的"相似的感官属性"(即诸如强度、尺寸、颜色、视觉形式和音调这样的"精神物理学的变量")和用于描述刺激物意义的"生态学特征属性"很类似的特征变量之后,Ber-lyne 添加了"对照"变量(collative variables)。这些对照变量是"艺术或任何其他具有美学吸引力事物所具有的不可简化的重要元素"(p. Ⅷ)。它们看起来确实超越了那些完全存在于刺激物内部的特征(Cupchik & Berlyne, 1979),大致可以被描述为存在于刺激物和个体对其感知的互动过程中(也正因为如此,我们将其运用到内容分析中的时候,要特别谨慎)。另外一些学者也将这些对照变量描述为"刺激物的两个现有特征"的结合,或将其描述为"人们将自己对刺激物的感知与自身对其的预期进行的比较"(Martindale, Moore, & Borkum, 1990, p. 54)。Berlyne(1971)提出的与美学相关的对照变量包括:

1. 新奇性

2. 不确定性和出人意料的程度

3.(主观上的)复杂性

4. 前三个变量之间的关系(即新奇性、不确定性和感知复杂性之间
   可被意识到的互动关系)

这些来自不同领域的学者在确定通用变量方面做了很多的努力,这些努力为我们的思考提供了丰富的素材。但需要指出的是,他们的研究贡献大多聚焦于接受者对刺激物或讯息的**反馈**,而没有聚焦于捕捉讯息本身的普遍特征。只有通过调整他们的研究成果,我们才可能发现并确定适用于讯息本身的通用变量。或许真的存在适用于所有讯息研究的特定变量,这些变量有可能从上文提到的哲学性的思考中获取。**讯息复杂度**是最有可能被全面通用的一个变量。主题框 4.2 提供了有关这个概念的详细介绍。

主题框4.2　讯息复杂度

一个关于内容分析潜在通用变量的实例

许多心理学研究表明:人们对不同复杂度的外界刺激的反馈存在着巨大的差异。讯息的复杂度可能会产生更大的吸引力以及导致不同的生理取向,即使是针对未成年人的研究也不例外(Berlyne, 1971)。有证据表明:具有欺骗性的演讲和诚实的演讲相比没那么复杂(Zhou et al., 2004),原因可能是编造假故事会造成一定的认知负担(Tausczik & Pennebaker, 2010)。有关讯息认知处理的最初研究曾得到了一个与直觉相反的发现:与曝露在简单的讯息环境中相比,曝露在复杂的讯息环境中的个体对辅助任务的反应速度

(STRTs)更快。但是,后续的研究表明:高度复杂的讯息环境可能使认知系统"过载",从而将多余的认知原料转移到二级任务中(Fox,Park,& Lang,2007;Lang et al.,2006)。

学者还检验了复杂度与情感之间的关系。Saegert & Jellison(1970)的研究使用汉字和简单的笔画作为外界刺激,他们发现:当曝露在简单的刺激情境中时,曝光和情感之间的关系呈现出"倒 U"的曲线;当曝露在复杂的刺激情境中时,曝光和积极情感成正相关关系(Brentar,Neuendorf,& Armstrong,1994)。也就是,当接受者对刺激感到厌倦时,持续的简单刺激可能会加重接受者筋疲力尽的感觉。而接触更为复杂的刺激时,人们看得越多就会越喜欢。而且,复杂度在劝服研究中似乎是一个需要加以考虑的调节变量。例如,Potter 与 Choi(2006)的研究发现那些具有较复杂听觉结构的广播广告讯息能更好地被记忆、引发更强烈的生理唤起、增加受众对广告讯息的好感度。但是,研究人员发现听觉结构的复杂度对改变受众对广告诉求的态度没有影响。

"复杂度"这个构念的概念化存在多种方式。在那些研究受众对媒介讯息反馈的文献中,媒介讯息处理的有限能力模型(LCMP)(Lang,2000)假设受众认知处理水平的高低不仅取决于分配的资源,还取决于处理讯息所需的资源,而后者经常和讯息的复杂度有关。在这类研究传统中,复杂度被定义为所呈现讯息的类型、数量、速度和错综复杂度(Buijzen,Van Reijmersdal,& Owen,2010,p.440)。

Watt & Welch(1983)将大量的信息理论研究成果引入到传播和讯息的研究视野中,并建议将"复杂度"这个构念视为一个连续统。他们用 Moles(1968)的研究去说明某个概念的"复杂的程度"会在从简单(有序的、可预测的、结构化的)到复杂(无序的、不可预测的、随机的)的整体区间内浮动(p.78)。同样的,Krull(1983)注意到"信息理论视野中评估复杂度[熵]的方法与统计方差的概念紧密相连",同时也将动态图像处理过程中所需的认知负荷的变化作为研究重点(p.106)。因此,依据上述的概念化,复杂度包括信息势的特征,这些特征显然对所有的讯息研究都极为重要。

Watt & Welch(1983)进一步区分了**静态复杂度**和**动态复杂度**。静态复杂度指的是某一指定时间点外界刺激的随机程度。动态复杂度指的是一段时间内外界刺激变化的总量。例如,一张照片可能具有高静态复杂度,但是动态复杂度却为零。一段包含一系列简单图像(每一幅图像都具有低静态复杂度)的视频展示,如果剪辑的速度很快且不均匀,那么它依然有可能具有高水平的动态复杂度。

长期以来,测量讯息复杂度的手段多种多样。在很多情况下,学者采用计算机编码手段对书面语的复杂度进行测量。"可读性"是测量复杂度的一个常用指标,它会对某个文本进行等级水平的评定,即相对确切地说,是六级还是八级等。"可读性"与以下特征有关,比如词汇的平均长度、句子的平均长度,或者也可能是所用词汇的丰富程度(比如,文本中特殊词汇占总词汇量的比例,被称为"类别/表征"比率)。在学术界,有一些测量"可读性"的标准化指标公式。比如,在文字处理软件中可以轻易找到并使用的"Flesch-Kincaid Grade Level 评估法"(比如微软文字处理软件),但这种评估方法在实际应用中的稳定性曾受到过质疑(Mailloux et al., 1995)。除此之外,"SMOG 可读性测量公式"(即"Simple Measure of Gobbledygook"; Mclaughlin, 1969)在医学领域也得到了广泛的应用。此外,学者使用编码员对政治演说、访谈、私人信件和外交文件(Lee & Peterson, 1997)进行编码,通过内容分析对信源的认知复杂度或整体复杂度进行了评估。而且,一些 CATA 程序可以测量动词复杂度并自动生成指标,比如 Diction 和 LIWC(Tausczik & Pennebaker, 2010)。

对动态图像复杂度的测量显得较为局限。Watt & Welch(1983)研究了儿童对电视的反馈。在这些研究中,他们提出了同时测量电视屏幕静态视觉复杂度和动态视觉复杂度的方法,即覆盖网格并测量网格中相邻的两个单元之间亮度(灰度)或颜色(色度)的差异。这种方法没有被其他学者的采纳,但未来可能会有所改变,因为新兴科技带来的发展也许会使这种操作成为可能。在不久的将来,使用计算机对复杂度进行编码将会展现出巨大的潜力,特别是在数字视频流行的时代(在这个时代里,从 MPEG 压缩里寻找运动向量可被用来测量动态视觉复杂度),而且元数据(EBU/SMPTE Task Force, 1998)也发挥着数据流的功能。正如第 7 章提到的,元数据的潜力至今还没得到充分的挖掘。通过人工检查来对动态视觉图像内容的复杂度进行编码取得了一些成果。例如,Lang 等人(2006)曾提出针对动态图像序列每次发生变化的"信息推广"(l^2)的七维度组合,即对象变换、新颖性、关联性、距离、视角、情感和形式转换。这些研究者以及后来追随他们的研究者(e.g., Norris et al., 2012)在构建不同视觉复杂度的实验刺激时使用了这套编码组合,并且至少有一位研究者在内容分析研究中使用了这个组合(De Ros, 2008)。正如第 7 章提到的,学者们曾尝试使用视频检索软件来测量几种特定类型的视觉复杂度。Kearns & O'Connor(2004)使用 Autonomy Virage 软件来协助研究人员划分出一个视频流,并且测量它的动态视觉复杂度(他们使用"熵"来表示这个概念,"熵"的概念可追溯到 1974 年 Watt 和 Krull 的研究成果)。

Watt & Welch(1983)有关儿童和电视的研究使用了这样的一种方法,即将复杂度的结构类型化为不同的媒介传播类型,比如听觉 VS 视觉、静态 VS 动态。例如,他们发现儿童对电视节目[比如《芝麻街》(Sesame Street)以及《罗杰斯先生的街坊四邻》(Mr. Roger' Neighborhood)]的视觉注意力与更高的听觉静态复杂度、更高的听觉动态复杂度和更高的视频动态复杂度有关,但和更高的视频静态复杂度无关。儿童对节目中某个特定对象的认知与更高的听觉动态复杂度、更高的视频动态复杂度有关。儿童对节目中信息的回忆与更高的听觉静态复杂度、更低的听觉动态复杂度、更低的视频静态复杂度、更低的视频复杂度有关。简单来说,复杂度的整体结构对进一步了解儿童处理动态图像的方式至关重要,虽然这种重要性与具体涉及哪种类型的复杂度有关。此外,那些能够吸引儿童注意力的复杂度因素（比如声音和图像的快速变化）似乎会降低儿童对内容信息的回忆率。

　　Watt 和 Krull（1974）的早期研究试图找出能够测量电视内容听觉复杂度的重要指标。他们选定了两种方法：语言发生率熵（verbal incidence entropy），即一段电视内容中发言者的数量和观众在区分不同发言者时所遇到的相关困难；语言时间熵（verbal time entropy），即观众进行上述区分所需的时长总量即某个发言者的声音在被其他发言者中断或替代之前所存续的时间（Potter & Choi，2006，pp. 396-397；Watt and Krull，1974）。后续有关听觉复杂度的研究则将其定义为包含许多上述结构特征的讯息，引起受众在某方面反应的程度，其中包括声调变化、产品效果、音响效果和片头曲（Potter & Choi，2006）。

　　总的来说，复杂度是一个丰富的构念，与认知、情感和生理的结果有关。有关它的概念化操作过程多种多样，目前尚无被广泛认可的操作化定义，而且在内容分析研究中找到的相应测量方法也不曾得到广泛的应用。复杂度这个较为"繁复"的通用构念，值得我们进行更加广泛的探索。

　　毫无疑问，并不存在一份包含所有通用变量的完整清单。即使确实有人提出了这样一份完整清单，研究者也必须根据每个变量与手头任务之间的相关性做出相应的取舍。换句话说，即使对所有的信息刺激物来说某个变量都被认为是可测量的且可识别的，在某个特定的研究案例中它也仍然可能没有解释力和预测力。此外，不同的接受者之间也存在文化差异，这些文化差异会影响他们对所谓通用变量的反应，进而给意义的解读带来一定的问题。例如，Berlyne（1971）提出将"颜色"列为一个通用的精神物理学变量，并且几乎没有人质疑它在描述所有对象刺激物方面的重要性，但是这个变量的含义和影响力在不同的文化中差异却很大（Lechner，Simonoff，& Harrington，2012），在不同的性别中也是如此（Arthur，Johnson，& Young，2007）。例如，Hupka 等人（1997）对五个民族的研究结果表明同一颜色变量在不同国家确实存在巨大差异，比如哪些颜色代表着嫉妒（在美国绿色代表嫉妒，而在俄国黑色代表嫉妒），哪些颜色意味着猜忌（在美国红色意味着猜忌，而在俄国黑色意味着猜忌）。

参考现有理论和过往研究收集变量

　　通常来说，现有理论和过往研究成果主要发挥三种作用：（a）对信源方面的预测；（b）对讯息传播效果方面的预测（这两种方式为研究提供基本理论或框架，但通常不提供那些只用内容分析法就可以检验的研究假设）；（c）内容分析研究中关于各个变量之间的关系的预测。值得注意的是，上述预测关系中的变量必须是可以测量的。

关于理论和以往研究的第一类应用类型聚焦于"信源→讯息"关联模式（S→M，见第 2 章）。在这类模式中，研究者预测的是信源的特点与讯息属性之间的关系。例如，以往众多研究似乎都表明，和女性相比，男性更频繁地打断对话，并且和男性相比，女性在谈话中更频繁地被打断。Dindia（1987）质疑这一结论，她在研究设计中，参考了大量有关人际交互的文献，并在文献综述的基础上选择特定的变量和测量方式。

关于理论和过往研究的第二类应用类型源于"讯息→信宿"关联模式（M→R，见第 2 章）。在这类模式中，相关理论和过往的研究成果为研究者预测讯息的传播效果提供了基础（可能已经存在相应的研究证据，也可能不存在这样的研究证据），读者也可以参考关于媒介传播效果的讨论（Kunkel，2009）。例如，Berkowitz（Berkowitz；1964，1973；Berkowitz & LePage，1967）的研究表明：人体对某个刺激物做出的总体反应可能会导致他/她对另一个刺激物所做出的反应。对兴奋转移理论的检验有力地支持了该理论的核心思想——个体的总体生理唤起可以影响他/她在随后表现出侵略性行为的可能性（Gardstrom，1999；Zillmann，1971；Zillmann，Johnson，& Day，2000）。在这个领域，类似的研究也发现电视画面的节奏（即"镜头的剪辑速度"）可以提升观众的总体生理唤起水平，这也进一步加强了观众对快节奏暴力内容的反应水平（Jeffres & Perloff，1997）。因此，在内容分析研究中就很有必要纳入有关视频或电影画面节奏的变量，因为这类变量能够提供有关观众反应的信息。

Manganello 和 Fishbein（2009）指出：在健康行为领域，研究者分析媒介讯息的动机往往基于两个理论视角，即 Gerbner 的涵化理论（Morgan，Shanahan，& Signorielli，2009）和 Bandura 的社会学习和社会认知理论（Bandura，2009）。这两个理论视角都表明：长期接触特定的讯息内容对接受者会产生影响，特别是在某些特定条件下呈现的讯息内容（比如对某些行为给予肯定和奖励）。许多内容分析者采用上述一种或两种有关讯息的传播效果理论作为自己开展研究的理论基础，将其运用于各个议题，包括电视媒体上的暴力行为（早期研究者偏爱这个话题的研究）、媒介中与性别角色相关的类型化行为、电影中的危险活动等。

关于理论和过往研究的第三种应用类型，为收集用于回答研究问题和检验研究假设的相关变量奠定了基础，这些问题和假设通过内容分析法本身就能够得以回答或检验（对应第 2 章中的"讯息"本身）。例如，Rogers 和 Farace 于 1975 年基于一系列关系传播理论选取变量，构建了一套测量面对面人际互动过程的相关变量，包括双方对等性、互动短暂性和控制补充性。这些关系传播理论为他们提供了构建测量方法的基石，包括 Bateson（1958）和 Watzlawick 等人（1967）的理论。

在应用层面,Rogers 和 Farace 提出的编码方案既可以用来对个体发言者的行为进行分析,对二元体中的两组成员之间的互动行为进行分析,也可用来对传播过程中的某些系统方面进行分析。

另一个相当有趣的例子是众多不同的内容分析研究对 Goffman(1959,1979)的自我呈现理论(Self-presentation)的应用。Raban(2009)分析了"谷歌知道"在线问答平台(该平台目前已经关闭)上的问题和答案,发现提问者对含蓄的社交线索的在线呈现与提供社交和金钱反馈的回答者相关。Mager 和 Helgeson(2011)提出了一套用于对时间跨度超过 50 年的杂志广告开展内容分析的编码方案,该编码方案包括源自 Goffman 文化定位框架理论中的变量。他们发现:在广告中,媒介对女性角色的构建越来越客观,但在广告中关于 Goffman 所谓的"更微妙的元素"里,女性的角色仍然从属于男性。Lindner(2004)对 Goffman 有关广告形象中的精细线索的建议和标准进行改编,并将之应用于对杂志广告中女性形象的内容分析。此外,Kane(Kane,2008;Kane et al.,2009)在参考 Goffman 自我呈现理论和 Jones 的相关延伸研究的基础上,提出了用于研究用户在社交媒体上上传信息的行为(包括上传自己的个人信息)中与自我呈现有关的变量。研究意外地发现,用户展现自己与他人约会的行为与其展现具有强迫或恐吓性质的自我呈现行为之间具有显著的正相关关系。

直接复制现有内容分析的测量法

以往的研究不仅可以为研究者提供理论、假设和变量选择方面的指南,而且可以提供精确的变量测量方法。从实用的层面看,从过去的研究中直接复制变量的测量方法通常是奏效的。在不同的研究中采用相同的测量方法,有利于我们对基于不同总体和时段所得到的研究发现进行直接比较。White 和 Marsh(2006)曾经收集了在图书情报学领域中被反复使用的内容分析测量和编码方案。

有些研究完全或部分复制了现有的内容分析编码方案。这些例子包括:Hyman(2010)对欧洲中部和东部 10 个国家流通中纸币上的肖像所做的内容分析;Coffey 和 Cleary(2011)对美国有线电视新闻网(CNN、MSNBC 和 Fox 新闻频道)上传统电视屏幕空间和新兴电视屏幕空间(如"屏幕跑马灯 news crawl")的比较性内容分析;以及 De Wever 等人(2010)对使用建构主义社交编码表(该编码表至少已经被四项研究使用过)进行在线讨论的互动分析。

有的时候,研究者需要开展跨文化、跨媒介和历时性的比较研究。例如,Oerter 等人(1996)运用一份编码方案对在 4 个国家(美国、印度尼西亚、日本和韩国)开展的有关人性概念的访谈笔录进行了内容分析。随后,研究人员与德国、中国、斯洛文尼亚和克罗地亚这四国的参与者共同开展了同样的分析。由于所运用的编码方案相同,作者就可以在两项研究的基础上开展全面的跨文化比较。Kunkel 等人(2005)首先对 1997 年至 1998 年出现在电视屏幕上有关性行为的画面进行了大范围的内容分析,随后将同样的方法用于考察其他三个时段在电视屏幕上出现的相同画面(分别为 1999 年至 2000 年、2001 年至 2002 年、2004 年至 2005 年),这是一项典型的历时性研究。

此外,正如将在第 5 章进行阐述的,对 CATA 文本分析来说,学界存在一些"标准"词典,使用 CATA 程序的研究人员当然也会反复地使用这些词典。

对非内容分析研究中的测量进行改编

当无法找到合适的内容分析编码表或测量方法时,研究人员可以对运用于其他类型的研究或分析中的测量方法进行改编。

似乎研究人员越来越多地将调查法和实验法中的变量"转化"到内容分析法的情境之中。例如,Smith(1999)曾经试图将那些广泛用于测量外向性人格和神经质人格的问项用于分析电影中的人物。这种将主观的、自我报告式的测量方法转换为客观的、内容分析式的方法是不太可靠的,通常信度较低。比如,编码者对影片人物的"社交性"或"紧张度"的编码结果往往无法达成一致。当然,也有一些成功的转化例子。Kolt(1996)曾将用于测量人际启动策略的方法应用于针对报纸刊登的个人征婚广告的内容分析中,有关变量的编码信度较高;同时研究发现面对面的初次相遇与通过印刷广告初次相遇之间具有惊人的相似性。

许多研究人员都成功地改编了著名的贝姆性别角色量表(Bem Sex Role Inventory, 1981),将之运用到内容分析研究中(e. g., Calvert et al., 2003; eschholz, Bufkin, & Long, 2002; evans & davies, 2000; Long et al., 2010)。调查研究中的变量测量方法也被转化用于内容分析研究。另一个主要领域是有关文化价值感变量的测量。Zhang(2009)基于 Geert Hofstede 的"个人主义-集体主义"框架和现有的广告研究文献,构建了一个包含 15 个测量维度的编码方案,用来研究中国的电视广告。Lunk(2008)在对社交媒体帖子的研究中,使用的"个体主义/集体主义"和"男性化/女性化"的测量方法改编自多项其他研究,包括 Mulac、Bradac 和 Gibbons(2001)提出的调查测量方法、Hofstede(2001)提出的调查指标、Rubin 和 Greene(1992)对引文的分析研究以及 Ting-Toomey(2005)总结的类型学。鉴于身份认同领域缺乏现成的编码方案,Neuendorf 和 Skalski(2009)建议从现有的调查研究测量方法中发展出适合于内容分析研究的测量方法。在 Beckwith(2009)有关美国著名电影中主演人员的研究中,他虽然采用了 Milton Rokeach 所创立的价值观描述符,但没有直接改编 Rokeach 提出的价值观调查量表。这是因为测量方法是有版权的,其他研究者并不能够任意改编,需要考虑到"合法使用"的问题。

调研人员经常使用质化研究方法(如焦点小组和深度访谈)帮助他们在后续阶段设计研究问卷。类似地,内容分析者也可以首先使用批判性方法或质化观察方法对所要研究的内容进行"精细入微的阅读"(close reading),帮助他们寻找和确定在后续正式编码分析中所需的重要变量(在正式编码分析中,这些变量必须以定量的方式进行测量)。此外,来自批判学者著作中的深度的、沉思式的、敏锐的观察也可以为随后的量化研究提供丰富的素材。

量化研究者对电影内容的研究已开始有意识地使用这种方法。正如 Salomon (1987)所指出的,"电影可能是被研究得最彻底的媒介形态之一",研究者对电影内容(p. 51)已经开展了"大量的、哲学的、符号学的、史学的和心理学的研究分析"。但是 2000 年之前完成的有关电影的量化内容分析研究的数量屈指可数(e. g.,Capwell,1997;Custen,1992;Ealy,1991;Pileggi et al.,2000;Powers,Rothman,& Rothman,1996;Smith,1999)。随着有关故事片的内容分析研究越来越多(见第 9 章的概要回顾),这种情况在最近几年有所改观。不足为奇的是,这些量化的内容分析研究都汲取了大量有关电影的批判研究和质化研究的研究成果。例如,Smith(1999)研究了 20 世纪 30 年代、40 年代和 90 年代美国高票房电影中的性别角色呈现议题。该研究大量地参考了有关女性电影的女性主义和历史学的研究成果。Janstova(2006)在她的研究中,对研究问题的提出和编码表变量的选取,就是建立在有关电影生产的作者论(auteur theory)的研究成果和对导演 Jane Champion 开展的相关批判性分析成果的基础上,其中后者是 Janstova 研究中的一个特别关注点。此外,Spicer(2012)在确定自己的内容分析策略时,不仅参考了有关美国西部电影的批判性文化研究,而且参考了有关 John Ford 电影的学术著作。在上述每个例子中,有些基于批判性或文化研究所得出的结论在内容分析研究中得到了证实,有些则不然。由此可见,对于批判性研究来说,内容分析法是非常有益的补充。

当然,有些非学术文献也有可能成为研究者改编测量的依据。Cho 等人(2010)设计了一套编码表来研究女性杂志中有关日光浴和皮肤癌的报道,他们的变量测量方式部分改编自美国癌症协会和美国疾病控制与预防中心(the American Cancer Society and the Centers for Disease Control and Prevention)所提供的有关皮肤癌的预防和检测的科普文献。

许多系统的内容分析研究往往是从大量非内容分析研究中收集变量。基于大量对世界不同民族文化价值观的研究成果,Prominskin(2006)构建了一份包含

151 个维度的编码表,并将之运用于分析三种不同类型的女性杂志(俄罗斯本土女性杂志、在美国发行的美国女性杂志和在俄罗斯发行的美国女性杂志)所刊载的广告所呈现出来的文化价值观。对这些不同维度的测量方式,Prominskin 参考的过往研究并不是使用内容分析法的研究,而是思辨性的研究、文化研究以及对文化成员的调查研究。当然,这种做法也要求研究者具备"转化"大量材料并为内容分析所用的能力。

运用扎根方法或浮现过程确定变量

如果现有的理论或研究文献无法为研究人员了解和掌握讯息池提供完整的图景,他们可以考虑选择一种更"贴近实际"的方法。在这种情况下,研究人员需要将自己沉浸在讯息池世界中,选取少量具有代表性的内容,并对这些内容开展质化研究。通过这种方式,研究人员扎根于讯息内容本身,并从讯息池中归纳提炼出相关变量。简而言之,研究人员需要"成为受众"。比如,如果研究人员想要对肥皂剧中不同角色之间的关系发展进行内容分析,他就需要成为(或至少暂时性地成为)一位肥皂剧粉丝。如果研究人员想要分析单口相声演员的非语言行为风格,那么他就必须成为单口相声的鉴赏行家。

由于这种研究过程基于归纳总结,研究人员似乎暂时抛弃了我们在第 1 章中介绍的科学研究的假设演绎模型。

如果研究人员无法识别并找到被讯息接受者视为至关重要的关键变量或无法充分理解所要研究领域的主要变量,将会导致研究得出不重要或令人尴尬的结论。例如,本书作者曾经听了一个讲座,演讲人员提到,通过他们的研究样本,尚未发现有任何一家美国广播电视媒体播出有关烈酒的商业广告。事实上,在研究者所选取的研究时段,全美广播电视代码协会(National Association of Broadcasters Television Code)正好禁止播放烈酒广告。对美国广播电视行业稍微有所了解的人,都会知道当时的这份禁令。所以,内容分析者应该了解并熟悉媒介内容研究领域里的专业标准和指导方针(e. g., Gibson, 1991; Kindem, 1987)。

为了避免出现失误和更严重的问题,研究人员在最终确定编码表之前,可能需要邀请专家委员会对研究计划进行分析和评估。通常来说,这些专家很乐于接受咨询,在他们的帮助下,研究质量往往能够得到有效提升。同时在他们的参与下,研究的品质也会得到提高。此外,我们也不应该忘记寻求一线工作人员的帮助。比如,如果研究者希望在收容所开展面向处于危险状态的女性的访谈工作,相对于访谈管理人员,直接访谈一线工作人员会更为有效。

但是,通过沉浸式的扎根方法来识别和寻找变量的方法也存有隐患,即研究人员可能无法识别出讯息内容变化的所有方式。例如,就算你阅读日报中的每一篇新闻报道,你就可以保证能识别出这些报道变化的所有方式吗? 此外,研究人员可能很难整理和归纳出一些简单的变化。但是,根据 Garner(1978)的研究,少量的简单变量也能导致复杂多样的刺激因素。这种情况和所谓的"混沌理论"(chaos theory)(Gleick,1987)极为相似,该理论认为复杂的刺激因素可能产生于简单的规则。

下面我们用实例来说明从刺激因素中识别变量的难易程度(有时会容易,有时会复杂)。例如,图 4.1 所展示的 4 个图形可以通过两个变量进行区分,每个变量包含着两个不同值。

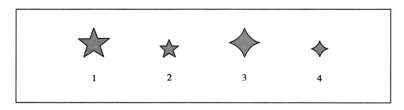

图 4.1　四个图形和两个变量

如果下列图框就是我们所要分析的讯息池,那么我们可以毫无困难地识别出用于区分不同图形的所有变量。这些变量分别是:(a)尺寸(大和小);(b)形状(菱形的和星形的)。

那么,图 4.2 里的图形又是如何的呢?

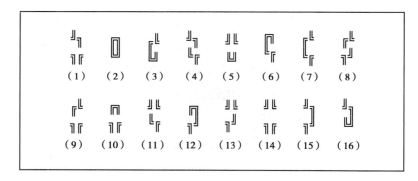

图 4.2　更多的图形和更多的变量

在这个图框中,用于区分不同图形的变量并非显而易见。尽管识别出这些潜在变量具有一定的挑战性,有时会让研究人员感到挫折,但有时也会激发他们的创造力。解决这个问题就像猜谜一样(你可以在本章的注释部分找到这个问题的解决方法[5])。值得注意的是,图 4.2 所展示的一组图形的差异其实就是由四个二分定类变量所产生的。

当然,即使研究人员发现了讯息变化的所有形式(这种情况不太可能会发生),这也不意味着需要将所有的变量都纳入研究中。研究者仍然需要开展批判性思考,判定哪些变量对检验研究假设或回答研究问题来说是必要的。

此外,在对问卷中开放式问题的回答和焦点小组的转录文本等质性材料进行编码的时候,研究者经常会利用上述的扎根方法来识别和确定内容分析所需的变量。Knobloch(2008)的研究就是非常典型的例子。在这个案例里,作者通过开放式题目的方法调查 85 位已婚成年人,询问他们在婚姻关系中有关不确定性的问题。Knobloch 在数据的基础上归纳出了 12 个主题(例如,生养孩子、经济水平、夫妻性生活、姻亲和大家庭等),随后设计了一套用来描述这些主题的编码表。两位编码者(没有被告知研究目标)接受了培训,并独立地对开放式问答的结果进行编码(两位编码员间的信度达到了可接受的水平)。

有些内容分析研究在选取变量时,试图在以下两类变量之间达成一定的平衡。这两类变量分别是:对开放式问答结果进行归纳得到的变量和依据实用目的选取的变量。例如,有研究者开展了一项访谈研究,访谈对象为不具有攻击性的看护者和经历过性虐待的青少年。后续在开展内容分析的时候,研究者不仅选取了基于访谈内容浮现出来的变量,而且选取了那些能够反映"儿童虐待调查领域的专家所关心的话题(比如,访谈环境、调研者之间的合作)"的相关变量(Jones et al. , 2010,p. 298)。

努力寻找与特定媒介相关的关键变量

许多内容分析研究考察的是在特定媒介里的讯息,讯息通过媒介这种中介装置或情境从传播者流向接受者。研究人员在寻找用于区分不同传播媒介的变量方面,已经付出了许多努力。这些学术努力包括:从早期 Bretz(1971)针对电影胶片和"电写通信"(telewriting;即书写内容和声音都可以通过电话线路得到传递;p. 117)这两种媒介所给出的精准描述,到确定用于区分早期互联网空间中各类网页和网址的描述变量(Bauer & Scharl, 2000;Ghose & Dou, 1998),再到更近时期试图定义"交互式媒体"的相关研究工作(McMillan & Hwang, 2002;也可以参考第 7 章)。但是,所有这些研究努力都没能给出用于区分不同媒介的完整变量清单以及有关变量的标准化定义。在今后,内容分析者可以参考在前面章节介绍过的整合过往的研究和扎根方法,寻找并确定与每种特定媒介相关的特定变量,并建立一份完整的变量列表。

当研究人员试图确定与特定媒介相关的变量(用于后续的内容分析研究)时,他们会面临两个重要的问题:(a)承载讯息的媒介的本质是什么? (b)对于特定媒介上的讯息研究而言,最相关的变量有哪些?

定义媒介

定义媒介看似简单,但事实并非如此。比如,关于"电视"的标准定义就不存在。你们可以尝试逐条列出"电视"之所以成为"电视"的所有特性,然后就会发现这是很难的,甚至每个人列出的清单都不一样。显而易见的是,随着引进更多可供选择的传输系统,定义"电视"的过程也变得越来越困难了。比如,我们现在可以通过广播网路、电缆、DVD/蓝光光碟设备或在线流媒体(比如计算机、平板、手机)来观看"电视"。

我们不妨思考一下媒介哲学家麦克卢汉(1989)关于媒介的泛定义。他认为媒介在本质上是对人类感官的延伸,并提出了"媒介即讯息"的著名论断。但是,他对媒介的这种定义是非常个人化的,也不符合一般的常理,比如"具有触觉感知功能的电视"之类的表达。由于麦克卢汉对"地球村"的预言成为现实,人们又重新开始关注他的作品和观点,但是麦克卢汉关于媒介的定义并没有因此成为标准化定义。

有些学者曾试图为目前已经存在的和未来可能出现的各类媒介技术编制目录。Bretz(1971)试图提供一份详细的媒介分类清单。他认为"既然传播媒介都是人类科学发明的产物,它们之间也就不存在可供发现的自然关系;我们必须选择一些人工分类方法"(p.61)。他所确定的媒介分类体系包括七大类别:(a)音频-动态图片-视频;(b)音频-静态图片-视频;(c)音频-半动态图片;(d)动态图片-视频;(e)静态图片-视频;(f)视频;(g)印刷物。他还给出了区分电讯媒介和录制媒介的另外一个维度。此外,他认为可以依据另外两个标准来区分不同类型的媒介:(a)是否使用不同的讯息形式组合(声音、图像、线条、图形、平面印刷和动态图片);(b)是否基于不同的硬件设备。

在此之后,Heeter(1986)定义了52种"(未来可能会出现的)假定媒介系统",依据功能、渠道和交互性特点这三个维度对它们进行经验描述。Neuendorf、Brentar 和 Porco(1990)运用多维度量分析方法,分析调查对象对15种媒介类型和10个感官概念的感知情况。研究提炼了三个基本维度:(a)中介的程度;(b)印刷VS 非印刷;(c)个人的/主观的 VS 非个人的/客观的。

对内容分析任务而言,重要的是,需要确定所要分析的媒介是否具备独特的、值得特别测量的特征。一般来说,某一特定媒介不会具备完全不同于其他媒介的特点。例如,跟平面设计相关的变量(比如,字体大小和颜色、图片的使用与否、图片的主题等)同样适用于杂志、报纸、电视、电影和互联网的内容。跟声音强度相关的变量(比如,是否使用音乐、音量、音乐节奏、演讲的非语言形式)可以用于研究演讲、光盘、广播、电视、电影和互联网的声音记录[6]。

不管如何,这些试图区分媒介类型的努力可以使我们好好地思考两个问题:我们感兴趣的媒介到底是什么样的? 为什么我们对这一特定媒介(而不是其他类型的媒介)感兴趣?

为特定媒介寻找合适的重要变量

对特定媒介的讯息研究来说,有些形式变量或内容变量可能与所属的媒介特征非常相关(Watt, 1979)。由于关于各种媒介特征的变量清单并不存在,所以我们建议研究人员需要重新评估自己所要研究的特定媒介的关键变量(即不存在"完美"的分类目录)。尽管如此,研究人员也可查阅以往的研究文献,这或许会给自己带来某些启迪。大体来说,以往研究人员在试图给出完整变量清单方面,更多地尝试聚焦于形式变量而非内容变量。

在对儿童观看电视行为的研究中,Huston 和 Wright(1983)确定了电视媒体"显著"的形式特征。这些形式特征包括人物的身体活动、快速的节奏、场景的变化、视觉特效、听觉特效、喧闹的音乐、独特的声音或其他非人类声音(p. 39)。针对这众多的形式特征,Huston 和 Wright 提出了特定的连续统一体——从"纯语法的"特征(即"对内容进行组织的结构特征")到"与内容理解存在内在关联的"特征(即"能够提供心理表征模式的特征",它们可以取代或引发认知运作,如同变焦设备帮助观众观看特写镜头一般)。另外,这项研究不仅仅只是提供了一份有关变量的清单。基于研究结果,作者还总结了电视媒体的形式特征是如何影响观众对电视内容的认知过程的。

Lombard 等人(1997)在 Huston 和 Wright 的基础上,加入自己提出的变量,进一步完善了对电视媒体形式特征的研究工作。他们以追求全面为目标,精心发展并制作了用于电视形式特征内容分析的编码方案(具体编码表请参见 *CAGO*)。这份编码方案包括过渡的片段、节奏、摄像技巧、物体移动、文本图像以及特效等形式特征变量。

Gagnard 和 Morris(1988)曾经开展了一项副标题为"基于 151 个变量的分析"的研究,这个副标题清晰地表明了作者所要研究的内容。这项研究的对象为获得克里奥国际广告奖的电视广告。可以说,这是一项全面考察形式特征变量和内容特征变量的研究尝试。

Blake 等人(2010)曾尝试编制一份用于帮助我们理解电子商务网站的变量目录。他们汇编了 55 个变量,其中包括用于分析形式和内容要素的相关变量。尽管这些变量主要针对的是在线购物场景,但是也可作为研究人员用于分析其他场景的参考依据。

随着媒介融合的现象日益凸显,为特定媒介寻找主要变量这项工作变得更加困难重重。所有人都认为媒介融合确实已经发生了,但大家对其内涵却有不同的理解。许多学者认为媒介融合是用于讯息内容产品、分发以及使用的硬件和软件的融合,即"以媒介为中介的所有形式的传播活动的融合,这些传播活动以电子或数字为呈现形式并由计算机和网络技术驱动"(Pavlik, 1998, p. 134;同时参见 Dupagne & Garrison, 2009)。在媒介融合的背景下,为特定媒介确定关键变量的工作主要表现在给正在融合的各类媒介贴标签并整理其重要特征。

另一方面,一些学者对媒介融合的理解更多地关注内容方面,而不是与形式相关的硬件方面。Jenkins(2006)对媒介融合的定义体现了这样的观点——内容从发送系统"流向"另一个发送系统,并经过"许多不同的媒介平台"(p. 2)。我们可能会注意到,Bretz 所划分的七种媒介类型在互联网随处可见。通过互联网,可以同时呈现所有类型的讯息,包括静态图片、动态图片、声频和视频资料。在媒介融合的时代,那些超越"媒介"的形式特征和内容特征的变量很有可能成为关键变量。

第 7 章将对互动媒体时代中的内容分析研究做进一步的讨论。

研究假设和研究问题

在学术性的内容分析研究中,自变量和因变量应该以研究问题或研究假设的形式关联起来。研究假设是指关于两个或多个变量之间关系的"陈述"(Babbie, 2013)。它以相关理论或先前研究发现为基础,是对经验现实的预设。检验研究假设是一个演绎过程。该过程首先基于理论推导研究假设,然后对研究假设进行实证检验,检验结果反映了原始理论的科学性(即对原始理论进行证实或证伪)。

如果在预测变量之间的关系方面缺乏强有力的理论基础,研究人员就只能提出研究问题。研究问题是对经验现实的"疑问",大多源自研究人员对理论或先前实际观察的思考,而这种观察可能不是系统、科学的。

如果要严格遵守科学研究规范,通常需要为每个研究假设设置一个对应的

"零假设"（也译为"虚无假设"）。零假设假设变量之间没有关系；从逻辑上讲，它是研究假设的对立面（Babbie，2013）。举个例子，研究假设可能表述为"与美国现实中的精神病患者相比，呈现在电视媒介中的精神病患者角色更加有可能成为暴力犯罪分子"（Diefenbach，1997，p. 292）。对应的零假设则表述为"与美国现实中的精神病患者相比，呈现在电视媒介中的精神病患者角色成为暴力犯罪分子的可能性并不会更大"。如果统计检验支持研究假设，就可以说"拒绝零假设"；反之，如果统计检验不支持研究假设，就可以说"不能拒绝零假设"。虽然论文或报告中通常不会明确提出零假设，但是零假设是我们检验研究假设的逻辑基础。

即使是在非学术性的内容分析研究中，研究人员也应该提出研究问题或研究假设。这可以使研究过程更有逻辑，包括从对概念的操作化到测量，再到研究结果的分析和呈现。

概念化定义

在撰写研究假设和研究问题的过程中，必须准确地定义每个变量（包括自变量和因变量）。**这种词典式定义（dictionary-type definition）被称为变量的概念化定义**。概念化定义是研究者对自己所要研究的内容的界定。形成概念化定义这一过程对研究来说至关重要。它可以促使研究人员认真地思考自己所要研究的内容的本质。每个概念化定义都是后续对该变量测量——操作化——的指南（关于操作化的内容请参见第 5 章）。对变量的概念化和操作化需要匹配，这种匹配也就是通常所谓的"内部效度"（Babbie，2013；Campbell & Stanley，1963）。

例如，Chu 和 McIntyre（1995）在研究香港地区儿童动画片（p. 206；from Durkin，1985）时，对性别角色采用了这样的概念化定义——"对一个给定的社会群体来说，更适合于某个性别的成员而非其他性别的成员的行为集合或活动集合"。Chu 和 McIntyre 对这个概念化变量的操作化则包含 39 项测量指标。每一项指标都与上述的概念化定义相匹配，因此测量也就具有了内部效度。具体来说，这些测量指标包括 1 项职业角色、17 项人格特征（如"粗鲁的""顺从的"等）、7 项外貌特征（如"头发长度""是否穿连衣裙"等）、11 项活动偏好及技能（如"运动项目"等）、3 项社会权和家庭权力角色（如"最终决策者"等）。需要注意的是，概念化定义中的细节对于研究者来说都是后续测量的"指南"。在这个例子中，"集合"意味着对性别角色的测量是多项指标的统合而非总体的感知测量；"行为或活动"要求测量的对象是外显特征而非内部状态；"社会认同"要求研究人员洞悉和了解本研究背景下的社会文化规范；"（更）适合于某一个性别的成员而非其他性别的成员"则表示本研究同时需要分析男性的性别角色和女性的性别角色。

下面再举几个在内容分析研究文献中出现的概念化定义的例子：

1. "反思"："对消极的影响、局势和归因做不谋求结论式思考的倾向"（该概念化定义出现在一项对丘吉尔、希特勒、罗斯福和斯大林的演讲、书信及日记文本的研究中；Satterfield, 1998, p.670）。

2. "氛围"："组织员工对组织通过一项或多项战略手段表现出来的工作惯例或奖赏机制的感知"（该概念化定义出现在一项对组织服务氛围的研究中；Schneider et al., 1992, p.705）。

3. "风险信息"："将环境污染与其对人体健康的影响进行关联的信息"（该概念化定义出现在一项对当地报纸中环境新闻报道的研究中，Griffin & Dunwoody；1997, p.368）。

4. "性暗示"："借鉴的是弗洛伊德精神分析法的经典阐释——'刺激他人唤起性想法的言语或动作等'"（该概念化定义出现在一项对杂志广告的研究中；Pokrywczynski, 1988, p.758）。

5. "电影母题"："任何来自于电影史或电影本身且不断被重复的元素，这些重复可以帮助人们注意到显性的语义陈述（该概念化定义选自多本研究当代电影的教科书；Janstova, 2006, p.34）。

6. "无礼行为"：特指彰显"缺乏礼貌和教养"或"对待他人不尊重或带有藐视倾向"的粗鲁行为（该概念化定义出现在一项对美国真人儿童电视剧中的无礼行为的研究中；Brown, 2011, p.10）。

这些概念化定义都直接决定研究者在后续研究中如何测量这些变量。实际上，概念化定义也经常出现在整本编码指南或部分章节中，从而为编码员的编码工作提供指南。

研究假设

预测变量关系的研究假设最好有理论的支撑。但事实上，许多内容分析研究文献中的研究假设都只是建立在以往的研究基础上。虽然研究假设的表述多种多样，但较为通用的表述主要是以下两种：(a)共变关系（例如，"更多的 X，更多的 Y"，或"更多的 X，更少的 Y"，其中 X 是自变量，Y 是因变量）；(b)组间差异关系（例如，和组 B 相比，组 A 在 Y 方面更高，其中分组变量是自变量）。

属于共变关系类型的研究假设的例子如下：

A1. "管理人员在交流过程中对下级的控制与下级对决策参与的认知呈负相关关系。"(Fairhurst et al., 1987, p.399)

A2. "拥有明显的婴儿面部特征[娃娃脸]的女性在社会经济景气时期更受欢迎,在经济不景气时期则不太受欢迎。"(Pettijohn & Tesser, 1999, p.232;这两位研究者考察了1932年到1995年美国著名电影女演员的照片。)

属于组间差异关系类型的研究假设的例子如下:

B1. "多米尼加共和国的商业广告与美国的商业广告在使用音乐的频率方面存在差异。"(Murray & Murray, 1996, p.55)

B2. "不同于西方以及其他东亚国家或地区的产品商业广告,中国的产品商业广告中包含着更多的集体主义倾向。"(Zhang, 2009, p.634)

B3. "迪士尼故事网站中的玩具配色反映了性别刻板印象。具体来说,配色柔和的玩具更可能是'只限于女孩(玩耍)'的玩具,而深色系的玩具更可能是'只限于男孩(玩耍)'的玩具。"(Auster & Mansbach, 2012, p.378)

B4. "和执政党相比,在野党会选择使用更为负面的言语,并为选民提供更多参加选举活动的机会(如"通过使用交互式网络技术")。"(Druckman, Kifer, & Parkin, 2009, p.344)

B5. "男性创作的街头涂鸦含有更多的侮辱性的(如种族主义倾向、大男子主义倾向和反同性恋倾向)、情色的和污秽的内容,而女性创作的街头涂鸦则内含更多的有关浪漫的内容。"(Schreer & Strichartz, 1997, p.1068)

请注意,上文提到的大多数研究假设都具体说明了变量间关系的方向。这些研究假设是"定向假设",它们预测变量之间的关系不是正相关就是负相关(并可通过单尾统计检验得以检证)。B1是所有例子中唯一的"非定向假设",这种研究假设预测变量之间存在差异但并不指明差异的具体方向。如果研究结果发现,多米尼加共和国的商业广告比美国的商业广告更频繁地使用音乐,B1这一研究假设可以得以证实。如果研究结果发现,美国的商业广告比多米尼加共和国的商业广告更频繁地使用音乐,B1同样也可以得以证实。

此外也请注意,上文提到的有些例子是双变量假设,有些则是多变量假设。前者涉及一个自变量和一个因变量(A1、A2、B1、B2和B3),后者包括多个自变量或多个因变量(B4和B5)。

如图4.3所示,有关多变量的研究假设可用图形化的模型来表示。该模型选自 Williamson 等人(2010)的一项研究,这项研究综合使用了内容分析法和调查法。概念 A 和 B 是对企业招聘网站开展内容分析编码的两个变量,另外两个概念是通过对学生求职者的问卷调查进行测量的,企业雇主的美誉度(概念 C)和企业对求职者的吸引力(概念 D)分别是在学生浏览企业网站的前后测量的。该模型假设招聘网站的生动度和信息数量可以预测求职者对该企业的兴趣,而企业雇主的美誉度在模型中发挥调节效应。在数据分析中,研究人员使用多元线性回归来检验该模型。

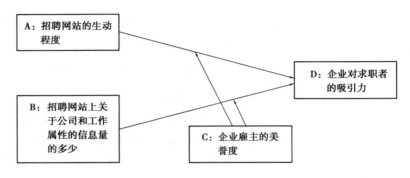

图 4.3　关于企业对求职者的吸引力的假设模型

资料来源:改编自 Williamson et al. , 2010

研究问题

如果没有明确的理论做支撑或者之前对相关内容的研究十分匮乏,此时研究者可以通过提出研究问题的方式开展自己的研究。就像研究假设一样,研究问题的表述也需要遵循一定的程式:(a)自变量和因变量之间的共变关系;(b)组间差异关系(其中自变量是分组变量);(c)完全描述性的问题(没有明确区分自变量和因变量)。

属于共变关系类型的研究问题的实例如下:

C1.“医患之间的前期接触和患者的横行霸道之间有关联吗?”(Cecil,1998,p.131)

C2.“三个自变量(品牌起源、产品类别、产品使用)中哪一个对中印两国的商业广告所表现出的主流文化价值观影响最大?”(Cheng & Patwardhan,2010,p.74)

C3.“流行音乐的歌词内容和社会潮流(青少年怀孕、通过性活动传播的疾病、参与性活动、第一次性交的年龄、性伙伴的数量,以及是否使用安全套)之间存在关联吗?”(Langdon,2012,p.23)

C4.“女性角色在(邦德)电影中的结局(是否存活)可以通过该角色的身体特征、角色重要性、性活动数量和攻击性行为倾向这些变量来预测吗?”(Neuendorf et al.，2010,p.750)

属于组间差异类型的研究问题的实例如下:

D1.“对于目标受众群为非裔美国人的(电视)广告而言,每则广告中非裔美国人的平均说话时长长于白种人的平均说话时长吗?”(Hollerbach，2009,p.604)

D2.“与广播网络节目相比,有线电视节目更多地含有口头明确表达的和通过非口语表达暗示的粗俗话吗?”(Kaye & Sapolsky，2009,p.26)

D3.“在给出的三种培训条件(“多维度支持”“做模范/指导”和“控制环境”)下,在线教育环境中的同辈辅导员所发挥的作用有差异吗?”(De Smet et al.，2010,p.1169)

D4.“在前半学期和后半学期,(教师)上传的学习资料在信息类型方面会存在差异吗?”(Mowrer，1996，p.219;该研究分析旨在分析师生通过数字化会议程序开展的沟通和交流活动。)

在此,我们可以发现大部分研究问题是“非定向”的,因此可以通过双尾统计进行检验。在上述的例子中,研究问题 C1、C4、D3 和 D4 是非定向的,而研究问题 D1 和 D2 是定向的。另外,研究问题 C1、C2、D1 和 D3 包含双变量,而研究问题 C3、C4、D2 和 D4 则包含多变量。

属于完全描述性研究问题的实例如下:

E1.“在疯狂三月(即 NCAA 锦标赛)期间,互联网体育媒体机构对女篮和男篮进行了多少报道?”(Kian，Mondello，& Vincent，2009,p.480)

E2.“美国纺织服装制造商和批发商如何描述自己的(在线)组织身份?”(Ha-Brookshire & Lu，2010,p.177)

E3.“女性时事刊物在乳腺癌方面报道了哪些议题?”(Andsager & Powers，1999,p.535)

显而易见的是,研究假设或研究问题中出现的每个变量都必须通过一个或多个指标来测量。这个操作化过程将在下一章进行讨论。

简要总结

　　一项内容分析研究的报告中,应包括研究中选择变量的流程,以及明确指出本研究中对前人研究的重复部分。同时,所有的研究假设和研究问题都需要表述清晰,并提供恰当的理论支撑。

本章注释

　　1. 权力也会带来一些责任。研究人员有权利充当最高决策者,但前提是所有的决策过程都需要完全公开并提供证明材料。

　　2. 阐释清楚"概念"(concept)和"构念"(construct)之间的差异或许是有益处的。"概念"是指人们可以进行概念化的事物(现实中任何事物都可以)。然而本质上,"构念"无法被直接观测,比如某种情绪或态度。测量不可观测的"构念"时遇到的特殊困难值得关注。

　　3. Smith(1992)提出了一组彼此相容的建议,他对心理学测量方法成型过程的主题性内容分析研究进行了讨论,这些讨论指出了选择研究变量的三种方法:(a)基于理论或实际的考量确认变量,(b)比对描述性分组和反馈,将最匹配的分组挑选出来作为变量,(c)有些实验操纵或自然发生的组间差异与理论相关,确认那些对差异产生影响的因素从而得到合适的变量(因实验操纵或组间变化而产生的变化即为我们要研究的)(p.5)。

　　4. Marks(1978)在得出结论的过程中使用了"通感"(synesthesia)的方式。他记录了大量关于感官融合的长期证据,由于"通感"效应的存在,个体运用一种感官对外界刺激进行感知时可能会激活另一种感官。"色听"显然是最常见的一种交叉知觉模式,即有些人(据 Marks 说,只有少数人)在听到不同的声音时实际上却是看到了不同的颜色。颜色变化的方式和声音类似。例如,"明亮的声音"可以唤起"明亮的颜色",比如喇叭的嘟嘟声可以唤起"猩红色"的视觉体验。这种相似共变的存在使得 Marks 和其他人相信人类对外界刺激的感知可以简化为几个少量的通用特征。有关通感的研究在 19 世纪后期十分流行,却在 20 世纪中期遭到了长时间的忽视,然而近几十年来它又迎来了"第二次复兴"(Cytowic & Eagleman,2009,p.16;Baron-Cohen & Harrison,1997;Cytowic,1999)。

5. 图 4.2 的 16 个图形源于四个变量,每个变量都仅包括两个值中的某一个。变量即四个角:左上、右上、左下、右下。两个值分别是"向内"和"向外"。图(2)由四个角都向内伸展而得。图中(14)由四个角都向外伸展而得来。16 个图形是四个角的所有可能组合,不是向内就是向外。下面的表提供了关键点:

OUT IN	IN IN	IN OUT	OUT IN	OUT OUT	IN IN	IN OUT	IN OUT
OUT OUT	IN IN	IN IN	IN OUP	IN IN	IN OUT	IB OUT	OUT IN
(1)	(2)	(3)	(4)	(5)	(6)	(7)	(8)
IN OUT	IN IN	OUT OUT	IN IN	OUT OUT	OUT OUT	OUT IN	OUT IN
OUT OUT	OUT OUT	IN OUT	OUT IN	OUT IN	OUT IN	OUT IN	IN IN
(9)	(10)	(11)	(12)	(13)	(14)	(15)	(16)

IN:内;OUT:外

来源:改编自 Garner,1978。

6. 在课堂活动中,我的研究生认为印刷媒介具有一组独特的特征,其他媒介至今都无法复制印刷媒介的重量、质感和气味。

测量与效度 **5**

本章主要概述测量的基本原理,介绍信度、效度、精确度这些重要的测量标准,探讨内容分析法中有关测量的实践操作,比较人工编码[1]与计算机编码[2](最常见的是计算机辅助文本分析)的差异。同时,本章将详细阐述如何编制编码指南(codebook)(即所有变量的操作化定义)和用于人工编码的编码表(即以简便格式记录的表格,与编码指南一一对应),介绍文本分析词库的建构过程以及没有词库基础的计算机驱动的文本分析过程。此外,本章将提供比较和选择特定文本分析的计算机程序或平台的指南(如:Diction, LIWC, Profiler Plus, Yoshikoder 等,见资源列表1),并给出对人工编码与计算机编码进行效度检验的过程。

测量的定义

S. S. Stenens(1951)认为:"测量是指按照一定的规则,利用数字去对客观事物或者事件进行赋值的过程。"这或许是目前对测量最为清晰、准确的定义。在内容分析法中,我们需要考虑的对象或事件只是讯息单元。本章对数字和规则的强调与本书在前面所提出的内容分析的目标相一致。本章还专门探讨有关赋值的规则。

测量理论(或经典测试理论)假设每个案例中的每个变量都有一个"真正的"值,而这个"真正的"值就是我们要努力去发现的。但在实际测量过程中,由于各种误差的存在,我们通常无法得到那个确切的真实值。以下公式可以表示这一思路:

$$m = t + e \quad (\text{测量值} = \text{真实值} + \text{误差})$$

　　换言之,测量值是真实值与误差值共同作用的结果。在建立测量方法的时候,我们的目标就是将误差值降至最低。

　　例如,就美剧《权力的游戏》(*Game of Thrones*)的某一集而言,如果编码指南已经对"攻击性行为"给出精确定义,那么肯定存在一个所谓的有关"攻击性行为"数量的真实值。研究者测量的数量可能十分接近这个真实值,但也有可能与真实值不完全一致。造成两者无法完全相同的原因很多,包括:编码员理解错误(比如编码员可能没有仔细阅读编码指南,因此没有认识到"推搡"动作也应该被计为攻击性行为)、编码员注意力不集中(比如一位同事带了午餐进来,编码员忘记了暂停视频,因此可能遗漏了一次攻击性行为的统计)、编码员疲劳(比如编码员太过疲累,只是不动脑地盯着屏幕看,没有真正理解屏幕上的内容)、编码员的记录错误(比如编码员想要输入 18 次时却误输入了 15 次)。

　　这些测量的误差可能是随机误差(random error),也可能是非随机误差(non-random error)。随机误差是非系统性的误差,它是由一些无法预料的因素引起的。因为随机误差的存在,测量值有时偏高,有时偏低,但通常认为随机误差总和为零。随机误差的存在会影响信度。前述的几个例子中所给出的误差比较接近随机误差,比如由于编码员的记录错误所导致的误差偏高和偏低的可能性差不多。非随机误差也被称为偏误(bias),这类误差将影响测量的准确性。它涉及测量过程的系统性偏误。例如,如果编码员对攻击性行为的理解不准确,并且没有及时纠正,那么该编码员就有可能系统性地低估了攻击性行为的数量。

效度、信度、准确度和精确度

　　这一部分将阐述评估测量质量的几个主要标准:效度、信度、准确度和精确度。

效　　度

　　效度是指对所要测量概念的代表程度。在考虑效度时,我们需要思考:"我们是不是在测量我们想要测量的概念?"

信　　度

　　信度是指一个测量程序在多次重复试验中得到相同结果的程度。信度具有多种类型,包括多个问项之间的内部一致性(如量表和指标)以及多种类型的编码员间的信度(详见第6章)。后者与内容分析法中的人工编码的关系尤其密切,因为如果只进行一次测量或者仅由一名特定人员进行测量,那么测量就没有价值。

准确度

准确度是指测量过程不受偏误(非随机误差)影响的程度。

精确度

精确度是指测量的类别或等级之间的差别程度。譬如说,在测量某人的年龄时,以"一年"为单位比以"十年"为单位,其测量要精确得多。追求测量的精确度通常是好事,但是过度地追求可能适得其反。套用刚才的例子,以"天"为单位测量年龄确实比以"年"为单位更精确,但是前者可能过于繁琐且容易出错,因此并不适用。(你能讲清楚自己的年龄是多少天吗?[3])。

测量标准的内在关系

在一般意义层面上,效度是衡量一个测量结果"好"与"不好"的标准。作为一个标准,效度可以被认为包含了信度、准确度和精确度等标准。换言之,如果测量信度不高、不准确、相对精度低,那么测量结果效度就不可能较高。从另一方面来说,即便测量的信度、准确度、精确度都达到了一定的标准,测量结果的效度仍有可能不高。

图5.1有助于我们思考信度、准确度、精确度对效度的影响。这一标靶图形是根据Babbie(2013)、Carmines和Zeller(1979)以及Fink(2009)提出的想法改编的[4]。每一个标靶可以被看作一个测量变量的模型,模型的目的是击中靶心(即尝试测量变量的真实值)。每一次"射击"相当于尝试一次测量变量。若一次射击打中的位置离靶心较远,那么意味着这是一次不准确的测量——与变量的真实值差距非常之大。子弹的口径大小表示测量的精确度,较小的孔表示更精确的测量。

标靶A是我们希望达到的最理想的测量结果。这是一个效度很高的测量结果,同时具备高信度(每一次射击都紧密地聚集在一起)、高准确度(每一次射击都非常靠近靶心)和高精确度(射击的孔径足够小,可以看出每个射击位置之间明

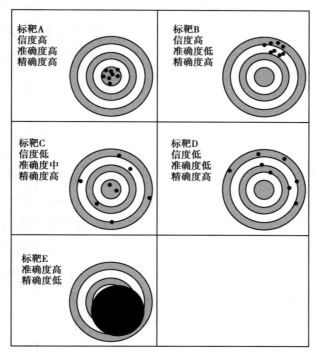

图 5.1 信度、准确度与精确度的关系

显的区别）。标靶 B 信度高,精确度也高,但准确度很低,因此效度值得怀疑。标靶 C 有不错的精确度,但是信度较低,准确度也不太理想,整体的效度同样受到影响。标靶 D 的信度和准确度都很低,其测量明显无效。最后,标靶 E 只是单枪的效果（因此无法评估信度）。这是一次毫无精确度可言的测量,因为这个口径极大的子弹确实击中了靶心,但却覆盖了标靶上大部分的位置。这种不可取的结果类似于,仅用 60 岁以上与 60 岁以下这两个类别来衡量年龄,尽管这样划分可能使得我们的测量准确度和信度都很高,但是由于太过粗略,其测量结果并无实质用处。我们无法使用这样不精确的测量结果,因此这是一个低效度的测量。（在这一过程中,我们测量到我们想要测量的概念了吗? 应该是没有）。

效度类型

除了检验测量信度（第 6 章将详细介绍这个问题）和选择尽可能精确的测量方式之外,还有几种方法可以用于检验测量的效度。其中一些不仅仅是准确度问题,也无法体现在图 5.1 的标靶图中。

　　我们可以用提问的方式来理解这些不同类型的效度:"我的射击方式在其他标靶上命中的地方也一样吗?"(可复制性);"我能将我的射击方式应用到其他标靶或其他情形吗?"(外在效度);"这个标靶是合适的吗?"(内在效度);以及"这个标靶包含了我想要击中的所有东西吗?"(内容效度)。

内在效度与外在效度

　　有些专门致力于方法论研究的学者对内在效度(internal validity)与外在效度(external validity)进行了区分。正如在第4章所解释的,内在效度可以用与概念化和操作化的定义的对应程度来解释。换言之,内在效度就是我们是不是在测量我们想要测量的。相反,外在效度指的是测量结果是否适用于其他场景、时间等。外在效度有时也被称为可推广性(generalizability)。为了评估外在效度,我们需要考虑样本的代表性(样本是不是从总体中随机抽取,有关概率抽样的内容详见第3章),同时需要思考内容分析的测量过程是否贴近人们实际生活的场景,即所谓的"生态效度"(ecological validity)[5]。(例如,在大屏幕上对故事片进行编码显然要比在计算机屏幕上对其编码更有生态效度)。并且,提供有关内容分析程序的完整报告(词库、编码指南、处理讯息的附加说明等)对于确保研究的可复制性非常重要,因为其他人可以针对不同的讯息内容进行再次研究。我们都希望达到研究的可复制性标准,如果能够成功地复制研究,则表明测量具有良好的外在效度[6]。然而,很少有内容分析方案被重复进行(De Wever et al.,2006)。但 Abernethy 和 Franke(1996)的一项元分析研究是一个值得注意的例外,曾有59项研究都使用了 Resnik 和 Stern(1977)研究中广告编码方案的信息。

表面效度

　　表面效度衡量的是测量结果在"表面上"与我们想要测量的概念的吻合程度。这听起来似乎很简单,但实际上检验表面效度能够为我们提供丰富的信息。可以说,当开展表面效度检验的时候,要求研究者后退一步,重新审视测量过程,做到尽可能地客观。在不告知对方研究目的的前提下,研究者征求他人对测量的意见,让对方猜测测量的是什么。这是一种类似于从操作化再回到概念化的逆向过程。

　　研究者可采用"所见即所得"的方法评估测量的表面效度。如果我们说我们正在测量"口头攻击",那么我们期望看到对"大喊大叫""侮辱""骚扰"这类行为的测量,而并不希望出现对撒谎的测量。虽然撒谎也是个消极行为,但它并不属于"口头攻击"概念的一部分(当然,这也与对"口头攻击"概念的精确定义有关)。又或者,我们想要测量"喜爱",但我们的测量仅仅涉及文本中少数的几个词语(如"喜爱""爱""溺爱"和"热爱"),那么我们将无法得到各种喜爱之间的细微差别(这是内容效度的问题了)。

<h2 style="text-align:center">效标效度</h2>

效标效度用以衡量测量结果与该测量之外的既定标准或重要行为的相关程度[7](Carmines & Zeller,1979;Elder,Pavalko,& Clipp,1993;White & Marsh,2006)。效标效度可区分为同步效度(用于比较的标准或行为在测量之时已存在)和预测效度(用于比较的标准或行为在测量之后才出现)。

Pershad 和 Verma(1995)对病人对罗夏墨迹测验(inkblots)的开放式回答进行了内容分析,并运用精神分裂症临床诊断标准测量该项内容分析的效度。这种检验就属于同步效度的典型例子。Gottschalk 及其同事的下述研究可谓预测效度检验的范例。他们的"hope"内容分析量表对语言内容的分析结果可以显著预测病人依照建议去寻求精神治疗的情况(Gottschalk,1995,p.121),利用该量表得到内容分析结果(测试得分)能够有效地预测癌症患者的存活时间。

Gottschalk 和他的同事总共使用了四种不同类型的测量标准,用于验证他们对个体心理结构的测量效度,后者是他们通过对个体口语内容进行内容分析而得到的结果。这四种测量标准包括:(a)心理学的、(b)生理学的、(c)药理学的、(d)生物化学的。举个例子:为了验证焦虑量表的效度,他们考察了个体在该量表上的得分与(a)临床心理学家对个体的诊断结果和(b)个体的血压和皮肤温度(在采集其口语样本的时候)的关系。研究人员还进行了实验,(c)通过给患者注射镇定剂,验证了治疗组的焦虑得分更低。他们还发现,可以通过(d)那些焦虑分数较高的人的无等离子体脂肪酸浓度较高(来自血液测试结果)的这一结果来验证其焦虑量表的效度。值得注意的是,Gottschalk 和 Gleser 报告了在验证过程中他们依据需要对用于内容分析的量表进行了修正。

Potter 和 Levine-Donnerstein(1999)对"专家"标准与"规范/主体间性"标准进行了区分[8]。利用专家标准检验效标效度可能有用,如 Laver、Benoit 和 Garry(2003)将"专家"的调查结果用做检验基于词库的计算机文本分析结果的效标效度(两者分析的对象均为英格兰和爱尔兰政党所发表的宣言)。但需要记住的是,根据本书所给出的定义和标准,这种完全依赖专家标准来判断研究结果的信度和效度与内容分析的目标并不一致(内容分析方案需要能被许多编码员使用,而不仅仅是少数专家)。第二种标准依靠的是规范标准或主体间一致性标准,这种检验标准与信度非常吻合,但是无法检验效度的其他方面。

Manganello 等人(2010)将青少年观众本身的反应作为标准,用于检验先前在研究中使用过的几种人工编码方案的效度,这是他们对电视色情内容开展研究的部分工作。他们要求年轻的受访者观看电视内容(这些内容与之前几项内容分析研究所编码的画面完全相同)。毫无意外的是,对于更为显性的测量变量,观众的反应与编码人员的编码结果更为一致[9]。

Bligh、Kohles 和 Meindl(2004)使用人工编码作为检验效度的方法,用于检验基于计算机辅助语言程序 Diction 对总统布什在"9·11"事件前后发表的言论及媒体对此的报道进行分析的结果。他们发现对于某些变量的测量(如对有关信仰、集体主义和爱国主义这类语言的使用),两者一致性程度较高;而对于其他变量的测量(如矛盾心理或矛盾情绪),两者一致性程度则相对较低。

内容效度

内容效度考察的是测量反映概念的完整程度(Carmines & Zeller, 1979)。例如,Smith(1999)试图挖掘有关电影中女性性别角色刻板印象的方方面面。她测量了在以往研究中被证实与女性刻板印象紧密相关的 27 个性格、特征和行为变量(例如,准备食物和饮料、购物、从事文秘和服务职业以及布置居室等),试图涵盖该构念的所有重要组成部分。

建构效度

建构效度考察的是该构念的测量与其他构念的测量之间的关系与源于理论的假设存在一致性的程度。[换言之,如果理论假设陈述的两个概念(X 与 Y)之间具有相关关系,那么对 X 的测量与对 Y 的测量也应当具有相关关系。]建构效度可以是"收敛的"(即聚合效度,理论预期能发现待检验的测量与那些已证明有效度的测量之间有关联),也可以是"发散的"(即区分效度,理论预期能发现待检验的测量与那些已证明有效度的测量之间没有关联)。

Gottschalk 和 Bechtel(2008)总是在思考对相关心理学概念的测量在理论层面是否与对其他概念的测量是相关的,并因此创立了心理测量学的内容分析测量(例如希望、抑郁、焦虑、敌意、认知损伤)。

　　Gottschalk 和 Bechtel(1993)对所有试图使用内容分析开展的测量构念都会一开始就"彻底地定义",然后"需要进行一系列的构建效度检验,以确定这个口头行为分析过程测量的到底是什么"。

　　尽管有许多学者认为在内容分析中非常有必要开展建构效度检验(e.g. , Folger et al, 1984;Grimmer & Stewart, 1983;McAdams & Zeldow, 1993;Short et al, 2010),但真正开展此类检验并且做得好的研究非常罕见。在内容分析中,建构效度相对应用广泛的分支是主题内容分析。Mckay(1992)对归属信任度测量的建构效度开展的详细描述就是一个典型的例子(研究者利用该测量分析主题统觉测验或新闻报道)。

　　在非内容分析方法的测量领域,效度检验的方法更为成熟,可以用作我们的示范。在社会心理学、政治学、传播学领域的几本图书中(Boyle, Saklofske, & Matthews, 2015; Robinson, Shaver, & Wrightsman, 1991, 1999; Rubin, Palmgreen, & Sypher, 1994; Rubin et al. , 2009),编撰者展示了许多标准的自我报告测量的优秀文本案例。(事实上,对于内容分析编码方案而言,并不存在具有可比性的来源。)例如,学者 Steven 和 Melanie Booth-Butterfield 创建了幽默倾向量表(Rubin et al. , 2009),用于描述人们在幽默对话中产生的个体差异。该量表包括 16 个问项,采用李克特五级量表测量方式。研究发现幽默倾向量表具有良好的内在一致性(克隆巴赫值介于 0.88 和 0.93 之间)。在效度方面,许多研究也表明幽默倾向量表与其他构念在预测方面紧密相关。例如,个体的幽默倾向与其幽默感、外向性、快乐感存在正相关关系(Wrench & McCroskey, 2001)。在卫生保健领域,个体的幽默倾向与应对效能和情感表达能力也呈现正相关关系(Wanzer, Booth-Butterfield, & Booth-Butterfield, 2005)。此外,也有研究发现个体的幽默倾向与自身的严肃程度和糟糕情绪存在负相关关系(Wrench & McCroskey, 2001)。Neuendorf 等人(2015)进一步发现儿子成年后的幽默倾向与其对父子关系的满意度呈现负相关。这些变量所存在的关系符合研究者对幽默倾向性测量的理论预期,因此可以认为该测量量表具有可靠的建构效度。

　　对建构效度的检验,需要开展一系列的研究。研究者通过检验该测量与其他测量之间的不同关系来检验其建构效度。在内容分析领域,几乎无人听说过这样的检验方法和步骤。早在 1949 年,Janis(1949)就曾抱怨很多内容分析研究都"特立独行",从不使用已有的测量。因此,他声称在每一次研究过程中,对效度的检验总是需要"从头开始"(pp.74-75)。这种情况在过去的 65 年里几乎未曾有任何改观。

内容分析的效度检验步骤

人工编码分析的效度

为检验人工交互编码方案的效度,研究者们已经开展了一些颇为有趣的尝试。早期的研究包括:Bales(1950)的交互过程分析系统(IPA),Stiles(1980)的口头响应模式分类法(VRM),以及 Fisher 的(1970)决策提案编码系统。Poole 和 Folger(1981)关于效度检验的假设如下,即编码方案应该与交互参与者本身所判断的话语含义密切相关,这其实是建构效度的一个变种(也被称为表征效度)。通过对编码方案和受访者空间关于多维空间的回归分析,Poole 和 Folger 找到了支持 IPA 维度和 Fisher(1970)方案维度与交互参与者本身所判断的话语密切相关的证据[10]。但是,Stiles(1980)在他的调查中并没有发现可以支持观察者对交互行为的评价维度与 IPA/VRM 编码维度相关的证据。

在对美国参议员早期的公职竞选新闻报道的内容分析中,Hill、Hanna 和 Shafqat(1997)就意识形态这一构念的测量开展了一系列的建构效度的检验工作,他们的研究发现对意识形态的测量与国家、地区和国家党派组织的意识形态和参议员的投票表决的预测有关。

计算机辅助文本分析(CATA)的效度

Short 等人(2010)提供了一个检验 CATA 研究结果效度的综合方案,其中包括具体的示范。他们确定了在效度分析中需要开展的具体步骤,包括检验内容效度、外部效度、维度构成和预测效度(以及信度)。Short 和他的同事建议研究者:(a)首先要借助理论或框架性概念构建 CATA 词库,并以演绎的方式生成能够表征某特定构念的系列术语;(b)然后采取归纳法从上述词库中产生词汇词频列表,并让多名编码员独立选择能够表征该构念的其他词汇(对其选择结果需要开展编码员间信度检验);(c)最后编码员将基于归纳法生成的词汇加入先前基于演绎法生成的词汇列表中,从而获得一份用于后续实际编码的完整词汇清单。通过上述三个步骤,确保 CATA 分析的内容效度。为了确保 CATA 分析的外部效度(内容的可推广性），Short 等人建议要在多个抽样框之下比较其分析结果。为了检验维度构成，他们建议保持各个词汇（这些词汇表征的是某特定多维构念）的独立性，并对结果进行检验，以考察各个子维度之间是仍然保持独立状态还是被打乱了。为了检验预测效度，他们则建议将结果和那些不是通过内容分析得到的变量进行关联分析。

为了说明这些步骤，Short 等人在文章中举例：如何对"企业家倾向"这一构念进行效度检验。这一构念是基于对企业合作股东信件的内容分析而得到的。在检验内容效度阶段，作者首先生成六个词库（自主性、创新性、主动性、竞争性、风险承担意识以及另外一个词汇）来代表这个构念。然后，他们又从标准普尔 500指数和罗素 2000 股票指数公司中的企业里进行抽样，作为评估外部效度的比较编码组。在维度构成检验方面，作者比较了六个词库和两个抽样框在关联矩阵中的结果。最后，他利用多元回归分析得到这些变量与企业绩效的关系，以建立（效标）预测效度。在讨论部分，Short 等人也探讨了其他类型效度的检验问题（如区分效度），以及利用 CATA 作为人工编码的辅助手段进一步提高构念效度这一可能方式。

在实践中，其他研究团队也将上述的效度检验方法用于检验 CATA 词库的建构效度以及程序本身的内部效度（尤其是用于对 PCAD 和 LIWC 这两款程序的检验，详细请参见主题框 5.4）。Lin、Hsieh 和 Chuang（2009）开发了一种自动文本编码程序用于识别在线讨论区的内容"类型"，其编码结果可与专家评估结果相媲美。Spangler 等人利用《财富》100 强 CEO 生成的讯息以及"自恋"概念的建构作为实例，展示了如何利用严谨的方法发展和检验 CATA 的测量效度。除了内容效度、区分效度和聚合效度的检验，他们还加上了一个"交叉效度检验"的步骤。交叉效度检验是一个非常有价值的补充，在这种检验中，编码方案被应用于从样本总体中抽取的其他独立样本，检验基于不同样本的结果的相似程度。

内容分析的伦理问题

不论采用何种研究方法，伦理都是研究过程中的重要组成部分。但是，内容分析研究并不会经常受到来自伦理方面的指责，这可能是因为很多内容分析研究者往往都是使用那些已经公开的讯息内容进行分析工作。因此，有关知情同意和是否经过机构审查委员会的审核等问题在内容分析中通常没有什么实际意义。

但显而易见的是,若分析的内容是由个人或机构组织为了研究而与人互动产生的(比如测量心理变量、对开放式调查回答的编码或在实验室中对人际互动开展研究),这种情况下,研究者确实需要考虑相关的伦理问题。

Signorielli(2009)提出了另一个有关内容分析中的伦理问题,即研究人员在数据分析和报告中需要遵循"诚信"原则。同时,她也指出了"编码员情况报告说明"(coder debriefing)在伦理上的重要性,因为某些内容可能对信息接受者产生负面影响(例如恐怖片)。这样的影响甚至可能影响编码员本身,尤其是在编码员并不了解研究目的的时候,他们多半并不知道自己会接触到些什么具体东西。

操作化

操作化是建立测量方法的步骤,是"实际、具体的测量方法的构建"(Babbie, 1995, p. 5)[11]。对于内容分析而言,操作化就是编码方案的构建,它可以是用于文本分析的一组"词库",也可以是用于非文本分析编码指南中的一系列变量的测量。为了达到更好的效度,在任何情况下,操作化过程都应当与概念化定义相匹配。

在问卷法和实验法研究中关于如何开展操作化的指南,同样直接适用于内容分析法中的测量。这个部分介绍的大多数具体应用对人工编码的测量构建都具有参考价值。

在为特定的测量变量设定类目或测量水平的时候,研究人员应当努力达到以下几点要求:类目或类别应当完备且互斥,并且测量的级别应当合理。

类目或类别应具备完备性特征

对于每个被编码的样本而言,一定要有一个恰当对应的代码,这意味着"其他"和"无法确定"这两个类别可能经常出现在选项中。下面这个例子所列出的类别就不是完备的。

杂志文章标题的背景

1. 白色
2. 图片

3. 素描或绘画

在这个测量中,就没有"纯色背景"这一选项。此外,还可能有其他我们没有想到的背景种类,因此增设"其他"这样一个可以包罗万象的类别非常重要。

类目或类别应具备互斥性特征

对于每个被编码的样本而言,应当只有一个合适对应的代码。如果存在可以对应多个代码的情况,那么这些代码应该进行重新区分。以下所举的关于互联网广告"主要促销策略"的编码方案,无疑将会导致信度和效度出现问题。

主要促销策略

0. 没有促销策略。

1. 主要诉诸事实性信息:在广告中包含更多有关产品或服务的事实性信息,而非诉诸情感的相关信息。

2. 主要诉诸情感性信息:在广告中包含更多的情感性信息,而不是事实性信息。

3. 产品展示型:在广告中出现展示产品或服务质量或效用的信息。

4. 问题解决型:在广告中呈现可以通过使用本产品或服务得到解决的某个特定问题。

5. 形象广告:广告的设计目标是提升产品或服务的声誉,并没有包含产品或服务的具体细节。

6. 产品比较:广告通过隐晦或明显的方法,对该品牌与其他同类竞争产品或服务(至少一种)进行比较。

这些类别并非相互排斥,一个广告有很大可能被同时编码为上述列表中的多个选项。比较合适的处理方法是将上述所有的特性区分为不同类型的指标来衡量(具体如下所示)。这种通过对编码变量列清单的方式在很多情况下都是可行且有用的[12]。

诉诸事实或情感信息的策略

1. 主要诉诸事实性信息:在广告中包含更多有关产品或服务的事实性信息,而非诉诸情感的相关信息。

2. 更多的情感性信息:在广告中包含更多的情感性信息,而不是事实性信息。

    3. 无法确定。

产品展示型策略

    1. 产品展示:在广告中出现展示产品或服务质量或效用的信息。

    2. 没有展示产品或服务。

问题解决型策略

    1. 解决问题:在广告中呈现可以通过使用本产品或服务解决某个特定问题。

    2. 并未使用解决问题型广告策略。

形象广告型策略

    1. 形象广告:广告的设计目标是提升产品或服务的声誉,并没有包含产品或服务的具体细节。

    2. 并未使用形象广告型策略。

产品对比型策略

    1. 产品对比:广告通过隐晦或明显的方法,对该品牌与其他同类竞争产品或服务(至少一种)进行比较。

    2. 未使用产品对比型策略。

合适的测量水平

    给定测量目标后,关于每一个变量的测量水平,都应当以可达到的最高层次进行测量。Stevens(1951)提出了目前最常用的四种测量标准。下面我们按其精确度从低到高进行介绍。

    1. 层次最低的测量被称为"定类的"(nominal)。所谓定类变量,是由一系列彼此不同的类目组成的。在定类变量中,数字仅仅起到标记的作用,使用单词或字母标记效果一样。对定类变量的类别排序是主观随意的,对类目重新排序对变量的意义没有任何影响。主题框 5.1 给出了一个例子,这个例子是对詹姆斯·邦德电影中女性角色进行人工编码的内容分析编码指南。这个编码指南中含有许多定类测量的例子,包括角色形象(正面还是反面)、种族、口音、发色、是否拥有或使用武器,以及在影片结局的状态。主题框 5.2 是与编码指南相对应的编码表。

本章的后面会有更详细的介绍。

2."定序的"（ordinary）测量是由一系列按某种顺序排序的类目组成的。定序变量中数字表示是以先后或大小排序的，但是并不意味着组间间隔相同。同时，数字也不能作为一般意义上的数字来使用，即不能进行算术运算。例如主题框5.1的编码指南样例中"身高"是在定序水平上测量的，这些角色若被编码为"3"（"高"），那么他们就被假设比那些被编码为"2"（"中等"）的人要高；而那些被编码为"2"的角色，就被假设比那些被编码为"1"（"矮"）的人要高。但是我们不能说"1"（"矮"）和"2"（"中等"）之间的身高差与"2"（"中等"）和"3"（"高"）之间的身高差是一样的。

我们也不能认为被编码在两个不同类目中的角色的身高有一个固定的差距——例如编码员认为两个角色的身高大约是5英尺4英寸和6英尺1英寸，它们分别被编码为数字2与数字3，这两个身高被估计为5英尺7英寸和5英尺8英寸的角色也有可能被编码为数字2和数字3。因此，这两个类目之间的间隔并不是真正的相等。最后，我们也不能使用定序的数字1~3来计算平均身高，因为定序变量不支持平均值的计算（如"角色的平均身高为2.2"这样的说法意味着什么呢？）。除身高之外，编码指南样例中还包含其他众多的定序测量，例如角色重要性、头发长度以及外貌的好看程度。

3."定距的"（interval）变量是由"定量的"或"数值的"数字所代表的类目或类别组成，这些数字表示类目之间的距离是可知的，并且一般而言是相等的。定距变量与通常使用的数字的区别仅在于定距测量中0是任意的（0不意味着被测量的概念是缺失的）。一个经典的例子是温度测量中的"华氏度"（Stevens，1951）。在以华氏度为计量单位的温度测量中，"0"也是任意一个值之一，它并非表示"缺乏热度"，并且实际上，测量值小于0也是完全可以的。但是50℉和55℉之间的差值与60℉和65℉之间的差值是相同的，并且也可以计算平均温度。然而，由于缺乏所谓的真实零点或有意义的零点，两个华氏温度不能被表示为一个比率，即不能进行"乘""除"的运算（比如，我们不能说70℉的温度是35℉的两倍）。主题框5.1编码指南中有一个测量可以被看作定距的（虽然其他研究者可能会有理有据地提出质疑，认为这是定序的），就是1~9分的体型测量量表。如果9张图之间的差距可以认为是完全相同的（在体型或重量上），那么该变量就是定距的。这个9分的尺度不存在有意义的0点（并且若测量值为0也无法解释）。因此，虽然我们可以计算出一个平均体型的评分，但是不能说一个评分为8的角色的体型为评分为4的角色的体型的两倍。

4.最高等级的测量被称为"定比的"(ratio)。定比变量的测量尺度是由用数字表示的类目或类别组成的,而这些数字不仅是"定量的"或"数值的"(代表的就是数字本身的含义),而且具有真正的、有意义的零点。这些数值之间的差距是已知的,并且通常相等。同时,测量尺度上的两个值可以进行比例运算。例如主题框5.1编码指南中的"年龄"就是在定比水平上构建测量。年龄存在真正意义上的零值(即代表"新生婴儿"),我们可以以"年"为单位计算平均年龄,也可计算年龄之间的比值(比如,一个70岁老人的年龄是一个35岁中年人的年龄的两倍)。在这份编码指南中,定比变量还有在电影中与邦德轻度性接触的次数与强烈性接触的次数。

主题框 5.1　编码指南样例

詹姆斯·邦德电影中的女性角色

数据收集单元说明:每部邦德电影中出现的每位女性角色,包括那些在电影中与其他角色有对话的、没有对话但是被其他角色介绍的、没有对话但是通过其他角色展示或提及的、在特写镜头中出现的(比如头部或胸口以上的镜头)或在任何可被编码的性行为镜头中出现的女性角色。当判断女性角色是否说话或被提及时,编码员必须能够听到女性角色在说话,并同时看到角色的嘴巴在动;当她被介绍或被提及时,编码员必须能够听到她的名字。此外,只有超过18岁的女性才会被编码(不涉及青少年或儿童)。

其他编码说明:不编码片头和片尾。对于所有的编码而言,只使用作为一个普通观众所能得到的信息(例如不使用只有成为电影粉丝或某演员粉丝才能获得的额外信息等)。对女性角色的武器使用进行编码时,只从该角色开始被编码的时间点开始——也就是说,如果在之前情节中出现了一群无法辨认的(并且是不需编码的)持枪女性,之后其中有一人亲吻了邦德,那么从此时起对她编码,不需要回到之前的情节对她早先的持枪行为进行编码。另外,若某女性角色的信息在影片中发生了变化(如她剪了头发),则以她在影片末期最终的形象信息来编码(这条规则不适用于第4项:"角色是否正面")。最后,请使用对白字幕、说明字幕或隐藏式字幕(英文)进行编码。

电影编号:在每张编码表上,记录电影编号列表上的电影编号。

电影片名:输入电影片名的缩写。

电影年份:请写明电影的发行年份,编码员可以参考电影编号表。

编码员编号:根据编码员编号列表,写明编码员是谁。

编码日期:填写完成编码表格的日期,格式如下:月/日/年(mm/dd/yy)。

1.女性角色的姓名或描述:如果电影中出现了角色的名字,那么就列出这个名字(如

Octopussy、Holly Goodhead、Tiffany Case 和 Pussy Galore 等）。如果电影中未出现角色的名字，那么就给出一个简明扼要的描述（如穿红裙子的金发前台女孩）。

2. **女性角色编号**：为每个女性角色赋予特定的数字编号，从 1 开始，且每部影片中的编号不可重复。这些数字应当与该角色在电影中首次出现的顺序相对应。例如《金手指》（*Goldfinger*）中出现的第一个女性角色被记为 1，第二个被记为 2，以此类推。同理，在《八爪女》（*Octopussy*）中出现的第一个女性角色被记为 1，第二个被记为 2，以此类推。

3. **角色地位**：指的是女性角色在电影中的戏份的多少（很少，中等，还是主要角色）。

1. 次要角色：如果在电影中该女性角色在动作戏中是外围的，最多只有 5 句台词（特指在对话中完整的句子或短语），那么该角色可被界定为次要角色。

2. 一般配角：如果在电影中该女性角色的台词超过 5 句，但又不是主要人物，那么这一角色可被界定为一般配角。

3. 主要角色：如果在电影中该女性角色占据了很大比例（包括但不限于"邦女郎"）那么该角色可被界定为主角。

4. **角色形象（正面或反面）**：评估角色的道德地位，同时表明该角色形象是否在电影中发生了转变。"正面角色"表示该人物角色在电影中支持的是主角（包括邦德），"反面角色"表示该人物角色支持的是反派，或者说与主角对立。

1. 开头是正面角色，后来变成反面角色。

2. 开头是反面角色，后来变成正面角色。

3. 整部电影中始终都是反面角色。

4. 整部电影中始终都是正面角色。

99. 无法定义到底是正面角色还是反面角色。

5. **年龄**：如实记录或估计角色在电影中的年龄（以"年"为单位）。要求记录的是一个具体的数字而不是大致的范围。如果无法确定，则编码为 99。

6. **种族**：记录角色外显的种族身份。

1. 高加索人

2. 非裔美国人、非洲人

3. 亚洲人

4. 美洲原住民（包括南美洲原住民、中美洲原住民、墨西哥土著和加拿大土著等）

5. 阿拉伯人、中东人

88. 其他

99. 无法确定种族

7. **是否为西班牙裔**：指明该女性角色是否有西班牙裔背景（比如，其家庭祖先来自墨西哥、中美洲或南美洲的西班牙语文化地区，或来自加勒比地区的有关国家，或来自西班牙）。

1. 属于西班牙裔

2. 不属于西班牙裔

99. 无法确定

8. **口音**:指的是该女性角色的口音。

1. 美国口音(所有源于美国的口音,包括标准口音、美国南部口音、波士顿口音和纽约口音)

2. 欧洲口音

3. 亚洲口音

4. 中东口音

5. 西班牙口音

88. 其他

99. 无法确定口音

9. **头发颜色**:指的是该女性角色的头发颜色。

1. 金色(从最浅的金色到最深的金色的所有色号)

2. 红色(从最浅的红色到最深的红色的所有色号)

3. 浅棕色(最常见的棕色,带有一些金色反光)

4. 中等棕色(棕色,没有金色的反光)

5. 深棕色(棕色,几乎看起来像黑色)

6. 黑色

7. 灰色(全部或主要是灰色)

8. 白色(即属于老年人的发色,不是白化导致的白色)

88. 其他

99. 无法确定头发的颜色

10. **头发长度**:指的是该女性角色头发的长度。根据以下类目分类:

1. 短(发梢位于耳朵上方或刚过耳朵)

2. 中等(发梢刚到肩膀或比肩膀稍高或稍低)

3. 长(发梢到背部中间位置)

4. 很长(发梢过了腰部)

99. 无法确定头发的长度

11. **是否戴眼镜**:指的是该女性角色在电影中是一直戴着眼镜,还是部分时间戴着眼镜,或是从不戴眼镜。"眼镜"不包括太阳镜,除非戴太阳镜是因为眼睛本身的问题。

1. 从不戴眼镜

2. 有时戴眼镜(偶尔戴眼镜,例如阅读时)

3. 一直戴眼镜

12. **身高**：指的是女性角色的大致身高（不包含鞋跟高度）："矮的"（5 英尺 3 英寸或更矮）、"中等"（5 英尺 4 英寸到 5 英尺 7 英寸）、"高的"（5 英尺 8 英寸或更高）。根据邦德的身高进行估计（假设邦德身高大约 6 英尺）。

1. 矮的

2. 中等的

3. 高的

99. 无法确定（比如角色一直是坐着的，从未站起来过）

13. **身材**：（参考 Thompson 和 Gray，1995）依据图 5.2 的女性图像判断，指的是女性角色体型与以下图片最匹配的数字。

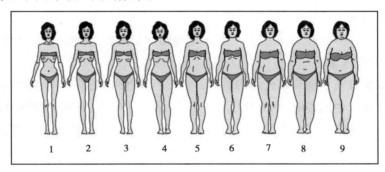

图 5.2

99. 无法确定身材（例如人物身材无法获知）

14. **外表**：指的是女性外表吸引力的程度，包括非常有吸引力（专业模特的水准）、有吸引力（看起来很不错，在中等以上）、普通（看起来不错，但是外表中等）、低于平均水平（看起来不好看，在平均值以下）、非常难看（看起来不好看，或者可以说丑陋）。

1. 非常有吸引力的

2. 有吸引力的

3. 普通

4. 低于平均水平

5. 非常难看

15. **是否通过言语向邦德示爱**：指的是该女性角色是否在电影中的某个部分言明了她对邦德的爱意，并且这个爱意的表达看起来是否真实。

1. 不，该女性角色没有提及自己对邦德的爱意。

2. 是，该女性角色提到了自己对邦德的爱意，并且没有撒谎。

3. 是，该女性角色提到了自己对邦德的爱意，但是在撒谎。

16. **&17. 与邦德的性接触次数**：计算并指出该角色与邦德的性接触的次数。"轻度性接触"的定义为：站着或坐着亲吻。"强烈性接触"定义为：隐含的性活动，该角色已有或准备与邦德有某种形式的直接性接触。记录每个角色与邦德发生的轻度性接触和强烈性接触的次数[比如,如果该女性角色亲吻了邦德两次,那么就编码为"与邦德的轻度性接触"=(2)(发生了2次);如果该女性角色与邦德没有强烈性接触,那么就编码为"与邦德的强烈性接触"=(0)]

18. **是否试图杀害邦德**:指的是该女性角色是否试图杀死邦德,以及尝试杀死邦德的行为是否发生在该角色与邦德的性接触行为相临的时间。

0. 没有试图杀害邦德

1. 试图在性行为前杀害邦德

2. 试图在性行为中杀害邦德

3. 试图在性行为后杀死邦德

4. 试图杀害邦德,但是在尝试杀害邦德的前后(及之中)没有性行为的发生

99. 无法确定

19. **该女性角色拥有或使用的武器**:指的是该女性角色在成为编码对象后在电影的任何场景中出现时,拥有什么样的武器,是否使用以及如何使用这些武器。必须注意使用武器威胁不能算作使用了武器。例如挥舞一把枪只能算作拥有一把枪,但是不能算作使用了枪(将其编码为1),但是如果开枪射击则构成了使用武器的行为(将其编码为2)。

19.1　枪械类武器

0. 该女性角色没有枪

1. 该女性角色有枪,但未使用

2. 该女性角色使用了枪

19.2　钝器类武器

0. 该女性角色没有钝器类武器

1. 该女性角色拥有钝器类武器,但未使用

2. 该女性角色使用了钝器类武器

19.3　利器类武器

0. 该女性角色没有利器类武器

1. 该女性角色拥有利器类武器,但未使用

2. 该女性角色使用了利器类武器

19.4　毒药

0. 该女性角色没有毒药

1. 该女性角色拥有毒药,但未使用

2. 该女性角色使用了毒药

19.5　爆炸物/爆炸

0. 该女性角色拥有爆炸物

1. 该女性角色拥有爆炸物,但未使用

2. 该女性角色使用了爆炸物

19.6　使用动物(或一群动物)作为武器

0. 该女性角色没有"动物武器"

1. 该女性角色拥有一只(或一群)动物作为武器,但未使用

2. 该女性角色使用了一只(或一群)动物作为武器

19.7　徒手作战(例如会武术、锁喉等技巧)

0. 该女性角色在影片中未展现出具备徒手作战的能力

1. 该女性角色展现出了具备徒手作战的能力,但是未与他人进行肉搏

2. 该女性角色使用了徒手作战的技巧

20. **电影结束时该女性角色的状态:** 对于每个被编码的女性角色,需要以下列方式指出她们在片尾的状态:

1. 活着,并且似乎将与邦德一起出现在下一部影片中

2. 可能还活着,但是不会再和邦德一起出现了

3. 可能已经死亡

4. 明确已死

88. 其他

备注:这是 Neuendorf 等人(2010)所使用的编码方案的缩略版本。

主题框 5.2　编码表样例

邦德电影中的女性角色

电影编号＿＿＿＿＿＿＿　　片名＿＿＿＿＿＿　　上映年份＿＿＿＿＿＿＿

编码员编号＿＿＿＿＿＿＿　　编码日期＿＿＿＿＿＿＿

1. 女性角色姓名/描述				
2. 女性角色编号				
3. 角色地位				
4. 角色形象				
5. 年龄				

6. 种族				
7. 是否为西班牙裔				
8. 口音				
9. 发色				
10. 头发长度				
11. 是否佩戴眼镜				
12. 身高				
13. 身材/体型				
14. 外表吸引力				
15. 是否通过言语向邦德求爱				
16. 与邦德轻度性接触的次数				
17. 与邦德强烈性接触的次数				
18. 是否试图杀害邦德				
19. 使用武器情况				
19.1　枪械类武器				
19.2　钝器类武器				
19.3　利器类武器				
19.4　毒药				
19.5　爆炸物				
19.6　动物类武器				
19.7　是否徒手作战				
20. 片尾状态				

在计算机辅助文本程序（CATA）中，对词库的应用一般都在定比层级进行测量。例如，在使用 Diction 程序时，一个文本会得到一个固定的得分，范围从 0（如果程序没有在文本中发现词库中固定的词汇）到一个较大的数（例如 55，如果程序发现了许多词库中已有的词汇）。

缺乏经验的研究者常常会错误地认为测量的层级是由变量本身决定的，而不是由对变量的特定测量方式决定的。实际上，某一特定的变量可能可以在多个层级上进行测量。我们可以注意到，在主题框 5.1 的编码指南样例中，角色的年龄是在定比层级上测量的（以"年"为单位估计角色的年龄），但是在另一些编码方案中角色的年龄可能会在定序层级上测量（例如，1 = 儿童，12 岁及以下；2 = 青少年，12～19 岁；3 = 青年人，20～39 岁；4 = 中年人，40～64 岁；5 = 老年人，65 岁及以上）。

　　也有学者提出了与 Stevens 的 4 个测量层级不同的分类形式。Cicchetti 等人（2006）对这四个测量层次提出了质疑（特别是在定距和定比变量是否确实存在这个问题上），并且建议将定序的测量层级分为两类：一类是"连续定序"（continuous-ordinal），基本上就是传统的定序变量；另一类是"二分定序"（dichotomous-ordinal）。这种测量之中包含一个特殊的类目，该类目表示"某种特定品质或特征的缺失"。他们认为当两个编码员在"存在"与"不存在"这样的问题上有争议时，就应当使用"二分定序"的测量（p. 558）。

　　Fink（2009）提出了另一个可以替代 Stevens 测量等级的方案，这种方案有助于研究者理清他们的研究目标。他所提出的"计数和总量"的处理方式可以让研究者明确对于每个变量，其测量目标是计算每一个类目下出现样本的次数，还是确定所要测量概念的"总数"。单一的测量方式可以为研究获取关于计数、总量的原始数据。例如在主题框 5.1 所给出的编码指南样例中，对"是否佩戴眼镜"的测量（0 =从不戴眼镜,1 =偶尔戴眼镜,3 =总是戴眼镜），研究者只能对每个类目进行计数（例如，从不戴眼镜的角色有 168 人，偶尔戴眼镜的角色有 12 人，总是戴眼镜的角色有 15 人）。但是，对于"年龄"的测量就可以同时获得计数信息和总量信息，虽然得到的计数信息并无实质用处（例如，有三个角色的年龄都恰好是 35 岁）。不过，这种测量可以获得一个总量（例如，在 18 ~ 72 岁的范围内，角色的平均年龄为 32 岁），而且可以与其他变量进行交叉分析（例如与角色戏份这一变量进行交叉分析，得出类似如下的结果：次要角色的平均年龄=37.2 岁，一般配角的平均年龄=33.4 岁，主角的平均年龄=26.7 岁）。

专业术语的拓展以及与传统方法的融合：大数据、文本挖掘、自然语言处理、计算语言学、情感分析/文本意见挖掘以及计算机辅助程序（CATA）

　　在对 CATA［计算机辅助文本分析,Computer-Aided(or-Assisted)Text Analysis］进行重点介绍之前,有必要先理清一些常常与 CATA 概念有交叉（或混淆）的专业术语。随着使用计算机算法分析讯息内容的方法不断增多,各类用于描述这些方法的术语也越来越多。值得注意的是,许多截然不同的研究传统和研究路径在 21 世纪融合在了一起,这在扩展研究方法种类的同时,也模糊了一些原本定义明确的边界。随着计算机科学家对"教导"计算机如何处理人类语言越来越感兴趣,借助计算机的力量获取和处理各种各样讯息(用于不同的目的)的机会也越来越多。

随着"大数据"(big data)的发展,我们也应不断改进收集和分析大量文本的能力。大数据适用于分析对于传统分析方法而言过于大量或复杂的数据集,例如商业交易数据(如过去五年来亚马逊平台上的所有购买行为数据)、政府文件(如肯塔基州颁发的所有婚姻许可信息)和科学数据(例如过去 100 年来北美所有的气象数据)。Lewis、Zamith 和 Hermida(2013,p. 34)特别关注人类创造的"数据痕迹"(data trails),他们将大数据描述为"由人类活动所生产的以及关于这些活动本身的海量数据,它是伴随着移动设备、跟踪工具、传感器和廉价的计算机储存空间的发展与普及而产生的"。大数据当然包括文本信息,所以所有来自 2015 年以来的推特或者维基百科在特定时间点的所有文本和图像也可以被视为大数据。数据挖掘(data mining)专指利用计算机程序在大量数据(一般是大数据)中发现一些隐藏的信息模式。

与传统统计分析"自上而下"的处理过程相对应,数据挖掘的处理过程是"自下而上"的。具体来说,数据挖掘应用的算法是"基于对所有被提交给程序的个案的分析,以此来构建和挖掘隐藏的模式"(Nisbet, Elder, & Miner, 2009, p. xxiii)。数据挖掘最著名或者说最受欢迎的例子之一就是在社交媒体指标测量(social media metrics)方面的应用。它从一个明确的商业视角分析人们的在线行为。社交媒体指标包括好友数量、粉丝数量、上传文件数量、点赞数量、发帖数量以及地理位置等诸多"营销"方面的标注信息。

当数据是文本形式时,研究者们倾向于用"文本挖掘"(text mining)这个术语来替代"数据挖掘"。Bholat 等人(2015)对文本挖掘做了一些解释,他们认为"文本挖掘与阅读类似,这两种活动都涉及从一串字符中提取特定的含义";但同时指出两者在以下两方面也存在差异:

> 首先,在相同的时间内,基于计算机辅助的文本挖掘方法可以处理的文本内容远远多于任何人类阅读的文本内容。其次,文本挖掘方法可以从文本中提取出一些被人类读者忽略的意义,后者有可能因为他们自己不认同文本预设的信念或不符合自己的期待而忽略某些特定的意义。(p. 1)

文本挖掘包含无监督机器学习和有监督机器学习。无监督机器学习指的是从非结构化文本中发现(有意义的)模式,而有监督机器学习在一开始就需要对一系列文本进行人工分类。研究人员利用人工分类对计算机算法进行"训练"(一般是迭代的),然后算法就可以发现研究人员的分类与这些分类文本中典型语句之间的关系。Leetaru(2012)详细介绍了文本挖掘的基本假设和过程,包括文本收集、对用于文本分析的内容的准备工作以及简单的"单词"分析。他还概述了计算机执行主题抽取程序的主要方法和最常使用的机器学习算法。

自然语言处理(natural language processing, NLP)是分析大文本数据最通用的一种方法。简而言之,NLP 就是利用计算机处理自然语言。NLP 的出现是因为计算机科学家想要训练算法"理解"人类的语言,这和人工智能的领域有所交叉(AI; McCarthy and Boonthum-Denecke, 2012)。实际上,NLP 的早期目标包括将言语识别能力整合到 NLP 中,以得到能够理解人类口语的系统(Bates and Weischedel, 1993)[13]。后来,NLP 的发展目标增加了许多实用性方面的内容,例如"从网站文本数据库中翻译和获得相关的信息,用来回答问题、开展人机对话,并进而得到诸如投资方面的建议"(Sattikar and Kulkarni, 2012, p.6)。因此,NLP 涵盖的领域远远超过单纯的文本分析。自 NLP 发展伊始,语言学家和计算机专家的关系就很紧张——前者为这个领域建构了基础,而后者促进了它的发展以及多样化(Dale, 2010)。在当前,对于那些对内容分析感兴趣的人而言,NLP 意味着让计算机"看懂"一系列文本信息,而事先并没有对算法强加既定的规则或指导方案。NLP 的应用程序现在已经非常多样化了,甚至包括一些看起来是文本挖掘的程序(分析大量文本以发现有意义的模式)。

在网上有很多免费的 NLP 工具包,这让新手用户也都能很好地了解和探索NLP 的发展潜力。这些工具包包括:斯坦福主题建模工具箱(Stanford Topic Modeling Toolbox)、机器学习语言工具包(Machine Learning for Language Toolkit, MALLET)和 RTextTools 等。本书认为这些 NLP 工具更像数据挖掘(或文本挖掘)的工具,而非传统的 CATA。当然,这些工具对 CATA 的发展也非常有用。比如,对大量文本数据利用 NLP 处理,可以得到一些"被发现的"词语,而这些词语或许会有助于之后对传统 CATA 分析词库的构建(Bholat et al., 2015)。

必须指出的是,一些内容分析程序(特别是某些 CATA 程序)都假定被分析的内容是自然语言(natural language)。这里所谓的"自然语言",是指在说话或写作中自然产生的语言,而非通过调查问卷、实验研究获取的内容或文化产品本身的内容(如歌词)。Shah、Cappella 和 Neuman(2015, p.7)认为在线大数据是自然产生的,并指出对于传统方法而言,当前的计算方法是值得欢迎的,也有可能为研究结果提供"互相验证"的作用。语料库语言学领域对已经被收集在语料库里的自然语言中的"真实生活"(real life)特别有兴趣(Pollach, 2012)。将所谓的"自然语言"应用于上述这些目的,其实跟 NLP 的目标并不完全一致。相对而言,NLP不太关注内容的自然性,而更关注计算机对交流内容的处理。

作为一个术语,计算语言学(computational linguistics)取自语言学领域,用于指代"使用计算机进行语言学分析"。这个术语常常被视作与 NLP 等同,然而有学者指出,并非所有的 NLP 都是关于语言学研究路径的。换言之,虽然 NLP 和文本挖掘一般会清晰地分析词汇,并且经常使用各种词类的"标签"(例如名词、动词、功能词等),但是一般没有涉及完整的语言学分析。许多 NLP/文本挖掘应用程序采用"词汇包"(bag-of-words)的方法,通过词汇出现的频率或与其他词汇共同出现的频率来整理文本文档,但会忽略语序和语法等相关因素。

作为 NLP 的一种特殊应用,情感分析(sentiment analysis)在近几年非常火爆。情感分析,有时也被称为"文本意见挖掘"(opinion mining),是指从(非结构化)的文本中提取有关态度的信息(正面或负面)(Pang & Lee,2008)。这是计算机文本分析在 2010 年之后的宠儿,已经成为公关和商务人士不可或缺的工具。消费者对亚马逊上最新款 iPhone 的评论、Metacritic 上关于最新詹姆斯·邦德电影的帖子,或者关于特朗普(Donald Trump)的 Twitter 内容都可以被挖掘并进行公众情感分析。在当前诸多研究文献(e. g. ,Liu,2010,2012)中所提到的"情感分析",其概念体系和方法论明显源于心理测量学的特定分支。该分支通过对自然的言语的分析推断个体的心理状态、情绪和动机(e. g. ,Lieberman,2008;Lieberman & Goldstein,2006;Smith,1992;另见第 2 章)。人们可以找到一大堆被称为"情感分析"的研究,各种各样,从基于程序员设定的判断程序(判定哪些词汇是积极的,哪些是消极的)进行的简单词汇计数,到 CATA 编码方案的应用词库。而像 Mike Thelwall 的 SentiStrength 程序(参见资源 1)则提供了一个很好的折中方案。在这个方案中,程序在一开始设定了判断正面和负面情绪的基本测量指标,但使用者在使用过程中可以对这些指标进行适当的修正。Thelwall 和 Buckley(2013)在对 2011 年英国暴恐和 2011 年英国公投推文的研究中,就在 SentiStrength 基本的词库中添加了一些该主题领域的特定词汇,以提高该程序在这项特定研究中的应用价值[14]。

最后我们简单提及一下计算机辅助文本分析(CATA)(具体介绍请参见下个部分)。顾名思义,任何利用计算机算法将文本信息数字化,以产生某些统计结果的应用都可以被称作 CATA(不管数据是从多个文本中得来的,还是从单个文本中得到的)。从这个角度来看,CATA 和 NLP、计算语言学或文本挖掘可能会同时存在。所有的情感分析在本质上都使用了某种类型的 CATA。此外,使用 NLP 的分析几乎与使用"浮现编码"(emergent coding)的 CATA 程序一样(请参阅下个部分)。尽管它们来源于不同的认识论,研究路线也不同,但这些类型的分析却以多种方式混合在一起。

典型的内容分析或 CATA 与 NLP 式分析的一大区别在于逻辑推理。Bholat

等人(2015,p.1)解释道:大多数基于词库的文本挖掘(大多数是CATA)是"演绎的",但NLP和相关文本挖掘方案的典型方法都是"溯因的"。溯因式方法试图根据一组数据得出对某一特定事件的最佳解释,而无需事先作出假设,也不试图将这一结论推广到其他情况。

CATA(计算机辅助文本分析)

如前所述,内容分析通常只关注讯息本身,但是有时也会关注讯息来源和关于接受者的一些心理测量指标。与此对应的是,许多CATA程序的设计目标就是分析讯息本身,而有些CATA程序(如PCAD)则旨在提供有关信源的信息。另外,有些CATA程序的目标显然是获取常规性的信息(如报刊文章的数据),而另外一些程序则设定了某一具体目标(例如,通过PCAD可以获得关于一个人精神状态的详细信息。但是我们也应该注意到,如果将来自众多单一案例的数据整合起来,就会更加接近内容分析的目标——对数据进行归纳和总结)。

内容分析研究者在考虑基于计算机的文本分析时有以下几种选择:(a)使用打包好了的CATA程序,基于其预设的内部词库获得标准输出结果;(b)使用允许创建自定义协议/词库的CATA程序;(c)在基于文本创建浮现式词库的过程中使用CATA程序;(d)使用能够根据文本内容自动创建浮现式编码结果的CATA程序;(e)邀请擅长编写代码的计算机专家加盟内容分析研究团队,自行开发个性化程序。

当研究者考虑最后一个选项的时候,可以选择利用诸如Python这样的编程语言开发完全自定义的分析程序,也可以选择使用诸如Profiler Plus这样的编码平台。Profiler Plus是一个"通用文本分析(自然语言处理)系统"。该系统能够对文本进行多通道的、基于规则的文本分析。它依赖的是研究者事先设置的规则,而非自动的机器学习方法。具体来说,研究人员事先要将文本分解为句子并为之进行明确的标记。同时,研究人员也可另行添加专门的代码。一般的CATA程序往往依赖于简单的词频统计,与此不同,使用Profiler Plus平台的程序不仅可以分析词汇或标点符号的出现频次,而且可以分析词汇或标点符号的上下文语境。换言之,利用这种程序,可以进一步分析词汇在文本中是如何被使用的。这种做法已经很接近于教计算机"阅读"文本的思路。该平台的开发人员与相关政府机构部门合作,为使用者提供了许多编码方案,包括用于分析"领导力特质分析"(leadership trait analysis)和"概念性或整合性的复杂性"(conceptual/integrative complexity)的编码方案。此外,该平台还允许使用者设计自定义编码方案。总的来说,Profiler Plus 非常灵活,而且稳定快捷;但对任何分析而言,使用者在使用该平台的时候都需要进行大量的输入。

自从 20 世纪 60 年代中期 Philip Stone 开发 General Inquirer 程序以来(Stone et al. , 1966;参见 *CAGO* 的"内容分析发展历史的里程碑"部分),研究人员一直在努力开发能够同时测量文本中显性和隐性变量的全自动计算机编码方案。在接下来的部分中,我们将会讨论这类 CATA 编码方案的几个关键问题。由于这些方法已经非常常见,所以现在很难找到一个不使用这些方法的文本内容分析研究。通常而言,计算机编码分析往往仅限于文本;相反,人工编码方案看起来都不在文本分析的范畴之内。事实上,人工编码员参与文本分析的时候,这个研究工作通常是对静态或动态图像开展的大型研究的部分内容(Michelson, 1996),或者是对口语内容转录文本的分析(Langdon, 2012),又或者是对 CATA 分析结果的补充(如利用人工编码分析一些更为隐性的变量)(Franke, 2000)。

翻阅文献,你可以看到已有大量的图书介绍了 CATA 的发展背景及其应用。例如,Roberts(1997b)的书籍在大量背景知识的基础上编辑完成,该书是了解 CATA 发展的最好入门读物;Weber(Weber, 1990)的书则很好地介绍了文本分析的基础知识,同时也追溯了文本分析的发展简史。West 在 2000 年撰写的两本书(2001a 和 2001b)全面地分析了 CATA 的理论、方法、实践,以及在传播学和公众舆论领域中的应用情况。Popping(2000)基于社会科学总论的视角,对 CATA 的发展及应用做了有价值的整理工作和文献综述。Gottschalk(1995)、Smith(1992)和 Markel(1998)的文献则聚焦于 CATA 在心理和精神病学上的应用与发展。Gottschalk 和 Bechtel 收集了 PCAD(这款由他们开发的 CATA 程序)测量心理和精神病学领域概念的研究文献,发现这款程序有许多有趣的应用场景,包括:基于美国联邦调查局(FBI)案件文件对恐吓性交流的研究、对多发性硬化症患者的心智功能评估研究,以及对慢性病患者所持人生价值观的调查研究。类似地,Hart 对自己所开发的 Diction 这款 CATA 程序的应用情况做了收集和整理工作,所形成的两本图书充分显示了该程序在公共领域和企业界都得到了广泛应用(Hart, 2014a, 2014b)。其应用的议题包括但不局限于:单口喜剧演员的话语、博客文体流派的发展、公司首席执行官的傲慢言论、企业年度报告的语言风格,以及政治传播领域的应用。另外,Mehl 和 Gill(2010)对使用 CATA 从事的在线内容研究做了相当不错的综述。

正如将在本书第 7 章中所要详细阐述的,利用自动的计算机编码对非文本讯息开展研究的技术尚未发展成熟。在非文本讯息领域，当前系统的功能主要是辅助人类进行访问、储存、检索、划分单元、操纵、注释视觉内容等工作。因此，未来发展的空间会很大（Evans，2000）。但不得不承认的是，到目前为止，真正意义上的自动系统在该领域的应用范围和效果方面都非常不如人意。一个很有发展空间的例子是 Zhu 等人（2013）对面部识别软件和自定义 CATA 的整合使用。他们将这两种软件结合起来，用于研究 2012 年总统选举期间奥巴马（Barack Obama）和罗姆尼（Mitt Romney）在社交媒体上所呈现的相关图像。

另外，一个利用计算机编码非文本内容的特殊例子是 Simonton（1980a，1980b，1984，1987，1994，2003b，2010）对音乐旋律所开展的系列研究工作。尽管只有在非常广义的层面上，音乐的旋律结构才被认为也是属于"传播"中的讯息内容，但是其他研究者可以从 Simonton 的研究中获益良多——基于多年的研究，Simonton 构建了系统的音乐词库（e. g.，Watzlawick et al.，1967），其中包括音乐旋律的变化、过渡、音调、乐器和主旨。我们从中也能学到，对音乐进行编码就好像使用一门新的编码语言，在构建有效的编码方案之前，研究者首先需要学会运用这门语言。此外，我们也应该从中学到，发展和检验一套效度良好且具有价值的词库集往往需要很长的时间，因此研究者必须具有足够的耐心和韧性。

用于文本分析的词库

词库（dictionary）是一系列单词、短语、各种词类或其他基于词汇的指标（例如，单词长度、音节数量）的集合，它是用于文本检索的基础。通常而言，在一项研究中会使用多个词库，每个词库被用来测量不同的概念。比如，由 Pennebaker、Booth 和 Francis 联合开发的 LIWC 程序（Linguistic Inquiry and Word Count，LIWC；2015）就内嵌了 70 多种词库，词库用来测量"确定性""成就""悲伤"和"过去时动词"这样的概念。

对于一个特定的 CATA 程序而言，不管词库是自定义类型的还是内部的，其建构都是一个漫长、重复和艰难的过程。计划自行构建词库的研究人员都应该做好相应的心理准备。Pennebaker（2011）就在报告中说，他原本预计在三周内完成 LIWC 的词库构建过程，结果却花了整整三年。虽然研究人员可以借助某些程序（如 WordStat）帮助自己完成组织和创建自定义词库的任务，但该过程仍然非常艰难。

自定义词库

由研究人员自行构建的词库被称为自定义词库（custom dictionaries）。根据

第 4 章的指导准则,研究人员可以从相关理论、过往研究、讯息池本身等选取变量。例如,对于某项单个的 CATA 分析,我使用的自定义词库的数量高达 157 个。通过使用大量定义范围较小的词库(例如,报纸及其同义词、电视及其同义词),研究者可以基于这些词库灵活地创建各种指标组合。例如整合"报纸"和"电视"这两个词库或许就可以测量"大众媒体"这个指标概念。

内部词库

所谓的"内部词库"通常是由计算机程序的作者开发的,可以是可读性强的简单指标词库,也可以是旨在测量隐性的、不可观察概念的复杂词库,如测量"从属动机""不确定倾向"这类概念的词库(Smith, 1992)。

易读性是衡量文本测量的第一个标准,这个指标诞生于计算机文本分析方法问世之前。截至目前,已有许多类型的易读性指标(Friedman & hoffman-Goetz, 2006),它们都旨在测量写作风格的复杂性,即读者在阅读文本时,应当具备的受教育水平(例如八年级水平)。即使是最基本的文字处理软件(e. g. , Microsoft Word),通常也提供分析易读性的功能。Danielson、Lasorsa 和 Im(1992)曾经使用计算机版的福莱希阅读难度评分指标(Flesch Reading Ease Score)比较了在过去 100 年间文学小说和新闻报道的易读性。作为典型的易读性测量工具,福莱希指标包括平均句子长度(一种语法测量指标)和平均词长(一种语义测量指标)。通过研究,Danielson 等人发现小说和印刷新闻在易读性方面具有明显不同的变化趋势——小说变得越来越容易阅读,新闻报道则由于使用了更长的单词导致其阅读难度越来越高。

也有一些内部词库试图测量更明确的概念。最早将内部词库运用于计算机文本分析词库的程序是 General Inquirer(参见资源列表 1)。正如在本书的其他地方所提到的,借助计算机分析,利用内部标准的词库和协议对个体的口语和书面样本进行内容分析,进而测量其心理特征和状态,这种做法有着深厚的传统(Gottschalk, 1995;Gottschalk & bechtel, 2008;Pennebaker, 2011;Pennebaker & Francis, 1999;Smith, 1992)。对于某些常用的 CATA 程序而言,其设计本身就包含测量口语和心理的语言学特征变量的目的,如同旨在测量讯息源本身的特征变量。主题框 5.3 和 5.4 详细说明了 Diction 和 LIWC 的发展和应用情况。这两款 CATA 软件当前颇为流行,而且都具有完善的内部词库。

主题框 5.3　词库集的演变：使用 Diction 程序进行政治演讲分析

Rod Hart 对自己开发的 Diction 计算机文本分析程序（Hart，1997；2000b；2014a；2014b）曾有过这么一段评论，这段评论对我们了解 CATA 用途具有很好的帮助：

　　（Diction）不是一位"听者"……仅仅是一个反应迅速的耳朵，它能够收集并编辑那些政治言论。但由于缺乏概念性的"装备"，它无法将重复的字词转化为真正的想法，也无法将听到的语句转换为真正理解的内容。从这个角度来讲，研究团队中增加了这么一个"耳朵"并不会比增加单个研究者表现更好。但是有了这个"耳朵"的帮助，研究团队可以"听到"更多原本听不到的政治言论（Hart，1985，pp. 97-98）。

从 1980 年前后开始，Hart 开始"教导"计算机"倾听"他自己所感兴趣的各种政治言论。Hart 认为，在从事政治言论分析的时候，需要考虑四个非常重要的语言特征：确定性、现实主义、活跃性和乐观主义。为此，他设计了分别测量这四个特征的词库列表。在构建这些词库的过程中，Hart 充分借鉴了批判学派和政治哲学的观点，并结合自身的专业知识，对先前的词汇列表做了很好的整合工作。

这四个特征词库均由许多子库组成（比如，乐观主义＝赞美＋满足＋灵感－逆境－否定）。这四个特征词库总共含有 27 个子库和 3 000 多个检索词。在过去的多年中，这些子库一直在发展完善。有的被删除了，有的被合并了，有的被扩展了，同时添加了一个主词库（代表"共同"这一主要特征）。截至目前，Diction 已有 5 个特征词库，内含 31 个子库和 10 000 个检索词。

Hart 的工作的一个重要特点就是建立所有主库和子库的所谓评分的"参考范围"。多年以来，这些取值范围都仅仅是以收集的大量政治文本为基础的。但是，Diction 7 版本同时提供了其他类型的文本资料（包括诗歌、广告和电视剧等），大大扩展了文本类型的范围。（值得注意的是，确定参考范围值所依赖的文本之间的资源、大小和规模并不相同，而且不是从已确定的总体中通过随机的方式选择的。因此，在利用所谓的参考范围值对实际值开展比较的时候，要格外谨慎）。

虽然 Hart 已经预设了一些词库，但研究者也可以根据自己的研究需要设置自定义词库。在对 1996 年总统辩论的研究中，Hart 与 Jarvis（1997）在 Diction 软件内部词库的基础上增补了六个自定义词库（分别是："爱国用语""政党意见""选民意见""政党领袖意见""宗教用语"和"非宗教用语"）。在对商业新闻媒体内部议程设置的分析中，Ragas（2014）增设了自定义词库用以测量与公司代理竞争有关的概念，包括"公司治理""收购"和"诉讼"等。

在 2013 年出版的《政治话语：领导人说话的方式与缘由》（Hart，Childers，& Lind）一书中,Hart 对这种方法的运用达到了极致。这是一本论述政治家的交流语气(在研究中将其操作化为言论中的"词汇选择")在影响其他人看法方面的重要作用。在该书中,作者将其主要分为:随和的语气、紧急的语气、有回旋余地的语气和睦邻友好的语气。Diction 7 已经被广泛应用于对众多政治演讲内容的研究,包括总统新闻发布会、总统选举期间的电视广告以及州长的国情咨文(Hart, 2014b)。

主题框 5.4　LIWC 的秘密(事实上也不是非常神秘)

社会心理学家 James Pennebaker 和程序员兼心理学家 Martha Francis 从 1991 年开始 LIWC(语言学查询与词汇统计,Linguistic Inquiry and Word Count)程序的开发工作(Pennebaker, 2011; Pennebaker and Francis, 1999)。他们之所以开展这项研究,一方面是受到早期的 CATA 程序(如 Philip Stone 开发的 General Inquirer)的启发,另一方面也是出于自身对自动检测方法的需要(他们需要利用这种方法检测和识别受到过创伤的人和普通人撰写的文章是否存在明显的不同)。几年来,他们根据对单词的词汇分类开发了数十种词库,研究人员可以利用这些词库识别创伤文本与一般文本的差异。LIWC2015 版的词库所覆盖的词汇总数将近 4 500 个。利用这些词汇,研究者可以统计表征下列特征的单词在文中的出现频次:语言学维度(如介词、冠词、人称代词)、相对维度(如时间、空间、运动)、心理学构念[包括情感过程(如愤怒)、认知过程(如压抑)、感知过程(如聆听)、社交过程(如家庭)]、个人隐私(如宗教和性生活)、辅助语言维度(如补充语言的其他内容和不流畅的言辞)和标点符号(如句号、问号)。研究者已经通过人工判断和人工编码的方式,验证了 LIWC 中的一些概念的效度(检验结果已通过 LIWC 网站公布)。此外,某些词库的标准分值或者说基于评分的数值也都已经明确,用户可通过网站获取这些数值,包括:情感抒发型写作、情感控制型写作、科技论文、博客、小说以及谈话。与 Diction 一样,使用者应当批判性地看待用于构建这些标准的样本。

Pennebaker 与 Cindy Chung(2009)曾多次利用 LIWC 研究自然语言,其研究路径有以下两种:一是通过研究用户对功能词(包括代词、冠词、连词、介词、辅助词)和情绪词的使用情况来考察个体的社交、情绪和心理状态;二是通过研究用户对名词、常规动词、形容词和副词的使用情况来考察他们所要传达的讯息内容(pp. 453-454)。

Pennebaker(2011)也承认,LIWC 和其他的单词计数程序都"非常愚蠢",比如它们无法识别语言中的反讽或讽刺含义(用作者本人的话,就是它们"极其缺乏幽默感",p. 8),而且无法捕捉语言的语境(这一点是非常关键的)。但在过去的这些年中,这个"愚蠢"的程序发现了人们使用语言的方式存在很多意想不到的特点(Pennebaker,2011):

在词汇使用方式上,不仅男女之间存在差异,而且不同年龄的群体之间也存在差异。

不仅如此,社会阶层、情感状态、诚信水平、人格类型、拘谨程度、领导能力、关系质量对人们的词汇使用都存在影响。人们对词汇的使用几乎与我所研究过的每一个社会心理学维度都有关系。更有趣的是,大部分的差异存在于英文中最常见和最容易被人忽略的单词中(p.16)。

出于执行任务的特殊需要,LIWC 不断被修正,这使其在许多应用领域中都大放异彩。例如,Pennebaker 和 Chung(2009)利用 LIWC 研究基地组织领导人 Osama bin Laden 和 Ayman al-Zawahiri 在 1988 年至 2006 年间撰写的文本,通过将他们的言论与其他极端主义团体的言论进行比较,研究者得出如下结论:在 9·11 事件之后,本·拉登的认知复杂性和情绪化现象有所增加,并且这两位基地组织领导人在 2003 年之后使用愤怒和敌意类词汇的频率要远远高于其他极端主义组织领导人。Stirman 和 Pennebaker(2001)发现,相比于其他诗人,最终选择自杀的诗人在其诗歌中以"I"开头的句子更多。这一发现为对自杀倾向的侦测及对自杀行为的干预打开了大门。另外,运用 LIWC 分析戏剧和电影剧本发现,剧作家和编剧家在给笔下的人物设计说话模式的时候,似乎都是以自身性别为依据的。比如,男性作家在描写他们笔下的所有人物时,不论男女都会像男性那样说话,而女性作家则容易将她们笔下的人物的说话方式写得较为女性化一些(Pennebaker,2011)。

Pennebaker 利用 LIWC 所做的研究工作取得了极高的成就,他在许多学术刊物上都发表了研究成果,还在 2011 年出版了广受读者欢迎的非虚构类图书——《代词的秘密:我们的语言体现了什么样的我们》(the Secret Life of Pronouns: What Our Words Say About Us)。

用户应当非常审慎地使用内部词库,因为内部词库仅仅存在于程序之中。只要简单地坐在电脑前,让程序利用内嵌于程序的词库就可以完成内容分析的工作,这对研究人员来说确实非常有吸引力。但是问题在于这些方便使用的内部词库可能和研究者们想要测量的变量没有多大关系。研究人员应该记住,如果他们能根据自己的需求,精准地构建出所需的自定义词库,程序会更好地帮助他们完成研究任务。

从数据中浮现的词库

这类词库是基于讯息样本中词汇出现的频率以及共同出现的频率列表而构造的。例如,Miller、Andsager 和 Riechert(1998)对 1996 年共和党总统初选期间的新闻发布和主流报纸的新闻报道进行了计算机文本分析。借助 VBPro 程序中输出的词汇列表,研究人员从中选择了出现频率较高的词汇用于后续分析[15]。在另一个例子中,Pudrovska 和 Ferree(2004)对 30 个跨国女性非政府组织的网站进行内容分析,并基于词频统计方法从中遴选了 8 个相互独立的自定义词库(如"生殖健康""政治/法律""全球姐妹情谊"等)。另一个很好的例子是 Kirilenko 和

Stepchenkova(2012)对《纽约时报》刊载的关于气候变化文章的研究。在这项研究中,研究人员首先通过因子分析识别并构建话语主题词,然后跟踪了这些主题词在不同年份的报纸上的出现情况。

其他基于单词但非词库类型的结果

有些程序尽管也是基于单词的频次以及共现的次数创建结果,但它们并非对词库的典型使用。例如:CATPAC 程序(请参阅资源列表 1)的设计目标是进行语义网络分析。传统的网络分析通常是一种借助调查测量连接类型,来最终确定节点(人或群体)的方法,而语义网络分析是基于共同出现的频次将那些高频词进行连接的方法。借鉴语义网络分析和神经网络分析(一种模仿人脑内神经连结的方法)的思想,CATPAC 对文本中最常出现的单词进行识别,在识别过程中,程序自动忽略标准的或自行定义的"禁用词",如简单的冠词(a、an 或 the)和连词(and 等)。基于高频词的共现矩阵,该程序开展聚类分析,并产生树状图(该树状图以图形方式显示不同高频词的共现程度)。另外,该程序还可以基于共现矩阵实现多维度尺度分析。如果你有 3D 眼镜的话,还可查看带有色彩的 3D 版本。

CATA VS 人工编码

很少有人对 CATA 和人工编码开展直接的比较。Conway(2006)在对 2002 年得州州长初选期间的报纸文章进行研究时,对人工编码与 CATA 做了直接的比较。这个比较证实了他过往研究的发现:CATA 更擅长简单的词频统计,而对于更为"精细"的编码(比如变量之间存在细微的差别),效果则没有那么好。

由于具备快速运算的功能和良好的内在信度,CATA 非常吸引人。但是,CATA 也存在不少的缺陷。其中,关于"黑箱"测量的问题值得引起研究者的注意。许多 CATA 程序并没有公开发布它们对概念的测量方式以及构建内部词库的方法。大部分 CATA 程序没有分辨歧义的能力(例如无法分辨单词"well"在作为副词、形容词、感叹词和名词时的不同含义),也无法识别有意义的"否定"形式(例如"他不是一个富有的人"可能会被编码成"富有",而不是这句话真正要表达的"缺乏富有")。使用 CATA,就好像研究人员将文本输入到一个"名副其实"的黑箱中,然后等待结果的自动浮现。造成这种类似暗箱操作的主要原因是商业软件的专利专有性质(Gottschalk & Bechtel, 1993;Hart, 1997)。在提供词库的单词列表方面,Diction 程序比大多数软件更为公开,但所提供的文档仍然没有公开将众多词库单词整合为指标分数的具体算法。因此本书认为,使用者应该充分了解词库的本质以及使用它们的正确方法。

总的来说,本书同意 Grimmer 和 Stewart 对 CATA 的评价:"自动化的方法……不能代替人工编码的仔细思考和认真阅读,并需要广泛且聚焦于具体问题的效度检验"(2013,p. 267)。

计算机文本内容分析程序的选择

在过去的 20 年中,可用作计算机文本内容分析的程序已经比以前多了很多。其中有几十种还会定期补充和更新。因此读者应当不时查看 *CAGO* 以获取最新的版本。

Yoshikoder 是我们写作本书时特地选择的 CATA 程序。它简单明了,适合开展多种类型的内容分析任务,对新手来说是一个不错的选择。同时,用户可以免费下载该程序。本书的资源列表 1 对 Yoshikoder 进行了简要的介绍,*CAGO* 提供了与这一多功能自助程序相关的链接和附加材料。

在评估某个程序是不是适用于某特定研究目的时候,有一个很好的方法——到相关网站或出版物上寻找几个运用该程序开展的项目案例和研究报告。本书的资源列表 1 和 *CAGO* 都提供了一些使用各款程序的文献,这些资源对于研究者选择何种程序开展研究有一定的帮助。

在本书资源列表 1 部分,我们提供了一个表格,比较了最常用且最有用的量化内容分析计算机程序。附表 1.1 列出了每个程序的平台名称和使用性质(是否免费或者是否提供免费的试用版本)。以下是对表格中的部分表头的相关介绍,这些信息也可用来比较不同程序的特征。

样本数量与分析单元

一些程序只允许一次处理一个文本样本,如要处理大样本量的项目,其过程非常烦琐。另外一些程序则允许对文本进行批量处理并逐个分析,并提供每次运行的数据结果。

词汇描述

这一列表示该程序是否提供某种类型的词汇描述信息。从程序中能得到最基本的量化输出结果就是词频数据,即汇报每个词汇在单个文本或者一组文本中所出现的次数。在大多数情况下,按照频率对词汇进行降序排列。程序通常也会提供比例数据,即特定词汇的数量除以文中所有单词的数量。有时,程序也会提供对所有单词按字母表排序的分析结果。

上下文关键字(KWIC)与词语索引

KWIC 指代"上下文关键字"(key word in context)。词汇索引在应用中与 KWIC 在本质上是一回事,它表示在文本和语境中对单词或词汇的搜索,并确认其所有的变异形式。KWIC 的输出结果展现了定位字符串的上下文语境。例如,在查尔斯·狄更斯的小说《大卫·科波菲尔》(*David Copperfield*)中对"泪水"(tears)一词的 KWIC 搜索结果就包括以下内容:

> 我从未见过阿格尼斯哭过。我看见她眼里含着泪水。
>
> 再一次,她强行压抑着快要流出的泪水。

与原始的单词计数相比,每个 KWIC 或词汇索引词库能帮助我们更好地理解该特定词汇的使用情况。值得注意的是,使用词库计数法不能准确地表达上述第二个例子中有关"泪水"这个词汇的实际运用情况——词库计数法会将其计入该词的出现频次,但这句话中的人物并没有真正哭过。相反,基于 KWIC 或词汇索引的输出结果更为"质化",而不像我们所期待的量化分析结果那样——针对个体或总体做出描述统计分析。

词　库

这列表示的是该程序是否提供内部词库("标准"或"内嵌"的词库),以及是否允许使用者自行定义或创建词库。

多语种

表示该程序是否可以处理除英语之外的其他语种讯息(至少一种)。

浮现式编码

一些程序允许提供并非基于词库的文本分析,允许用户创建基于手头文本所浮现出来的相关模式。大部分这样的浮现式编码协议都是基于单个词汇的出现频次或多个词汇的共现频次。

以图表为展示形式

如果该程序对 CATA 结果提供某种基于图表类型的展示方式,那么就会在这列中加以标注。

人工编码

用于人工内容分析的所有测量都需要在所谓的"编码指南"（codebook）中做出详细的编码说明。每个编码指南对应一个编码表（coding form），后者为记录所有测量变量的编码提供了记录空间。编码指南与编码表（也就是编码方案）各自独立，共同构成对讯息开展内容分析的规则。如前所述，主题框5.1和5.2就是对应的一组编码指南和编码表，研究者可利用它们测量视频媒体中关于人物的相关信息（包括人口学统计信息和其他描述性信息）。

编码指南与编码表

创建编码指南和编码表的目的是确保编码变量及其说明是完整且明确的，从而最大程度地消除编码员之间的个体分歧。原始编码指南的构建是一个相当复杂的过程，需要反复修改直到正式的编码工作开始。即使是最微小的细节也需要在编码指南中详细说明。所有说明都应该仔细、全面地写出来，包括可编码单元的含义（请参阅主题框5.1中的编码指南示例）和编码协议上的任何其他说明（例如："请再次观看广告，对广告内的人物进行编码"）。

一个常受关注的问题是，除了已有的变量说明外，需不需要再在编码指南中加上范例。虽然传统上认为加上例子会增加编码员之间的信度，但是也有证据表明这种做法也有问题——效度可能会因此降低。而且，当编码指南中包含样例时，编码员不太可能为特征属性编码。从这个角度来看，样例的出现似乎限制了编码员对变量的认知（从而在实质上改变了编码指南）。

对于如何在编码指南和编码表中分配测量细节，则有很多方式。一些研究者倾向于在编码表中列出详尽的说明和细节，配套的编码指南则只包含少量的额外信息。Naccarato和Neuendorf（1998）就选择了这种方式，他们的编码表足足有12页（看起来甚至有些烦琐）。读者可以从 CAGO 上获取他们的编码表。

大多数的研究者都会倾向于选择在编码指南中提供包含大量细节的信息。因此，编码表非常简洁，看起来就像一个空壳子或者电子表格（仅仅是存储数值信息的"容器"）。Lombard 等人（1996）选择了这种方式，读者也可从 CAGO 网站上获得相应的资料。此外，主题框5.1和5.2中展示的编码指南和编码表采用的也是这种方式。值得注意的是,编码表往往提供的是变量名称的缩写形式,所以如果没有编码指南的话,编码表就没有任何意义。

编码员的选择

编码员的角色应当被视为编码方案中不可或缺的部分。就其本身而言,编码员是可以互相替换的。也就是说,对于任何给定的内容分析单元,不论是分配哪一位编码员对此进行编码,所生成的数据都应该是没有差异的。从这个层面来说,编码员可以从任何一个成年人群体中招募——学生、朋友甚至亲戚。在选取编码员的时候,所提出的任何有关胜任资格的要求都可能会限制编码方案的效度(尤其是外在效度),同时也限制了研究结果的可复制性。

即使如此,在某些特定的内容分析研究中,编码员需要具备某种类型的专业知识。例如,针对暴力游戏开展的内容分析研究,需要编码员具有一定的游戏经验(e.g. , Haninger and Thompson,2004)。对于西班牙语电视内容的研究,往往选择熟练掌握西班牙语的编码员(e.g. , Mastro and Ortiz, 2008)。但就算是这样的情况下,编码工作仍然不能完全依赖于某些特定的个体。相反,编码员需要对应的是某一特定的人群(如"有经验的电子游戏玩家""讲西班牙语的人"或"具有行医资格的人")。研究者可以在这个群体中任意选择特定的编码员(只要在这个特定群体中,被选中的编码员是可以互相替换的)。但是,研究者需要认识到,对这种所谓的"专家型"编码员(expert coders)的使用应当是一种例外(游戏经验的积累最好放入编码员培训工作的一部分)。除此之外,研究者还应当在内容分析报告中详细写明编码员情况。

通常在研究实践中,研究的主要负责人也同时会担任编码员的角色。尽管这种做法不值得提倡,但这种情况的经常发生也是不争的事实(尤其发生在未获得资助的研究中)。由于主要研究者已经了解研究的目的,所以在进行编码的时候,往往会带有"先入为主"的偏见,而这种偏见可能对研究结果的信效度产生较为明显的影响。如果在研究中,主要研究人员确实担任了编码员的角色,则应在研究报告中给予说明。

编码员培训

练习、练习、练习——我们可用这三个词形容一位优秀的编码员所做的准备工作。就信度和编码员工作效率而言,花费在培训上的时间是很好的投资。

Dixon 等人(2008)打算对交警拦阻司机时,双方所开展的对话进行内容分析,为此,研究者花费了近 30 小时进行编码员训练(这个时间长度并不稀奇)。作为培训过程的一部分,研究人员可能需要重复修改编码指南,直到研究人员和编码人员都对编码方案感到满意为止。通过编码的反复练习,研究者可以了解编码方案的信度和总体效度。总之,在最终的编码工作开展之前,研究者可对编码方案进行反复修订。

编码员只能基于当前可获取的编码讯息做出相关的编码决定。例如在对电视肥皂剧中的角色行为进行编码时,编码员不能参考只有作为该角色多年的粉丝才能获取的相关信息(如该角色的婚姻状态或生育情况)。同时,为了从内容中提取尽可能多的信息,可以让编码员反复查看讯息内容,这在内容分析中是一个非常常见的做法。

最终编码将由不同的编码员各自独立完成,这不是一个建立共识的过程。只有在培训、试编码和修订阶段,彼此之间达成共识才有必要。研究者应该在编码指南中记录下在早期阶段产生的争论,并就这些争论给出确定的结论,以确保后续的编码工作具有一定的信度水平。最终编码不是民主的、基于少数服从多数规则的过程。相反,编码员训练的目的是使得编码员技术标准化。这样,当他们在独自编码的时候(彼此不讨论,也不协作),能够以同样的方式查看且对内容进行编码。

即便如此,在一些情形下,采用团队编码的形式可能更为合适。比如说,如果编码任务特别困难或需要观察多个变量特征的时候,那么就需要多双眼睛同时盯着看。当然,对于这种情形仍然应当检验信度——需要将团队与其他团队的编码结果进行比较。(我曾经亲自参与过一个项目,这个项目的负责人认为有必要采用由两人组成的团队进行编码工作,并且最终直接应用由该团队提供的编码结果,没有进行与其他团队的比较。这是我经历过的唯一一次这么操作的工作方式。这种做法实在是特例,不是常规做法。)

对于复杂冗长的编码方案来说,一种更为常见的做法是将编码方案分解为不同的部分,选择并培训不同的编码员对特定的变量进行编码。这样编码员专注于其中的一组变量。这种做法有助于提高编码结果的信度,但其代价就是需要征募更多的编码员。

所谓"盲编码"(blind coding),是指编码员并不知道研究的目的。采用这种编码显然有利于减少可能会影响效度的编码员偏误(Knobloch,2008)。编码员当然需要充分了解变量及其测量,但最好不要让他们提前获知研究问题或研究假设。这是为了避免产生编码员的"需求特征"(demand characteristic)(Orne,

1975),即参与研究的编码员有意识地给研究者提供其想要的东西。Banerjee 等人(1999)指出编码员如果知道了内容分析编码变量本身之外的一些信息(比如,知道了一个会议政治发言人所属的党派),这就会产生编码的偏误效应。针对这种可能的效应,他们也提供了统计方面的控制手段。

编码过程

培训编码员的过程与创建编码指南(至少是原始编码指南)的过程密不可分。

两个过程的交叉进行可能漫长而艰辛。下面列出了在创建原始编码方案过程中所有可能需要修订的情况,其中有些是非常罕见的。

→编写编码指南,其中选取变量需遵循第4章所提供的指导原则,对变量的测量则需遵循本章所提供的指导原则

→编码员的培训与讨论

→编码员一同练习编码,通过讨论建立共识

→(可能需要)修订编码指南

→在修订版本的基础上继续培训编码员

→编码员对多个能够代表总体的样本进行独立编码(包括根据需要进行的单元化)

→编码员讨论独立编码练习的结果

→(可能需要)修订编码指南

→在修订版本的基础上继续培训编码员

→编码员对子样本试编码,检验其编码信度(编码员间信度、编码员本身内部信度、单元信度,详见第6章。)

→研究者检查编码的各类信度

→(可能需要)修订编码指南

→在修订版本的基础上继续培训编码员

→开始最终编码

→在整个最终编码的进程中,编码员独立进行编码,确保最为理想的信度(包括最终编码员间的信度检验、编码员本身的内部信度检验、单元信度检验)

→编码员"任务报告",包括研究者向编码员完全公开研究目的,同时邀请编码员分析他们的编码经验。

长期以来,编码员的"任务汇报"已经被证明是一个有助于完善编码方案的有力工具。换言之,借助编码员的一线经历,研究者可以对编码方案进行调整,包括补充新的内容和删除不适用的内容(e. g., Capwell, 1997; Neuendorf et al., 2010)。如前所述,编码员也会汇报研究过程中的一些伦理问题。

需要指出的是,在编码员练习编码时,基于这个"扎根"过程可能会浮现一些重要的变量,编码员要及时将这些概念记录下来,由研究者根据需要决定是否要将这些概念添加到最终的测量中。

媒介形式与编码

存储或传输讯息的媒介系统本身也会影响人工编码的过程。

一般而言,最好是对同一媒介系统上的讯息内容(包括信源创建讯息或信宿接收讯息的媒介系统)进行编码(这可以最大程度地提高编码的生态效度)。比如说,若要对流行音乐进行编码,可以选择使用音频播放器(很有可能是通过电脑上的音频播放器)。为了编码自然情境下发生的人际交流的情形,相对于单一的音频而言,选择使用高质量的视频录制更合理,因为这更接近面对面的人际交流情形。若编码1953年或之后发行的剧情片,则应该使用宽屏或加框式的版本,因为所对应的裁剪版本确实会改变编辑速度,并且有些人物也会被裁剪掉[16]。

最重要的是,研究人员需要清楚地知道自己所要研究的媒介讯息系统的特征及其局限性。甚至在收集讯息样本之前,研究人员就应该对此有所了解。在后续的研究中,研究人员可能会碰到一些令人措手不及的问题,如:

• 无法获得历史影像的原始形式。例如,一些广告图片摘自杂志或期刊,但图书馆现在已经把这些杂志或期刊重新捆绑装订了(Michelson,1996)。另外,一些更为古老的期刊只能通过缩微胶卷或单篇缩微胶片阅读,这通常使得图片只呈现黑白两色。

• 计算机不同大小的屏幕和不同的显示器也会影响对图片大小和形状的准确测量。

• 口述型音频讯息往往被转录为文本(e. g., Labarge, Von Dras & Wingber-muehle,1998)。但是,转录会丢失诸如副语言[17]、非口语语言、音乐和其他各类伴随的声音,而这些声音可能会影响到受众对讯息的接受情况。

内容分析中的指标构建

如果研究者利用算数的形式将两个或两个以上的变量整合为一个单一指标,该指标就被称为"量表"(scale)或"指标"(index)[18]。通常,衡量一个概念不止用到一个变量(特别是在该概念很宽泛的情况下),而需要采取多种测量以达到符合要求的内容效度。与问卷法或实验法一样,内容分析中的隐性内容通常是通过多个显性特征指标来衡量的。这些指标组合成一个量表,从而代表隐性内容的特征。例如,为了测量网站的"互动性"这个概念,Ghose 和 Dou(1998)收集了 23 个显性指标,然后用这些指标的总分代表"互动性"的测量值。

与采用问卷法和实验法的研究者一样,内容分析研究者也可以发展并创建标准的指标或量表(DeVellis, 2012)。但是,迄今为止这种做法很少。当然,为了创建标准的指标或量表,研究者需要多次开展数据收集工作,在长期的数据收集中提炼有用的指标。

其实,文本内容分析经常会使用指标,因为大多数内部词库和自定义词库在本质上就是指标。例如,Miller 等人使用的有关"税"(tax)的自定义词库(1998)就包括了对以下词汇的测量:住房、贷款、房屋贷款、赋税过重的、税、可征税的、税务、抽税、纳税人、税金、征税、纳税人、纳税人群(flat, mortgage, mortgages, over-taxed, tax, taxable, taxation, taxed, taxer, taxes, taxing, taxpayer and taxpayers)。在研究中,研究者将其总指标界定为上述所有单个词汇在文本中所出现频次的总和。基于受访者对 1 034 个单词(这些单词摘自 Bradley & Lang 的文献,1999)的评分,Dodds 和 Danforth(2010)构建了一个"快乐"的加权指标,该指标是一个"透明的、非反应性的、基于总体水平的测量工具"(p. 442)。

对于量表的构建,内容分析研究者有时会在用于问卷法或实验法的标准量表的基础上,结合人工编码分析测量进行改编。在这种情况下,需要检验构成这个量表的整组测量的内部一致性,就像研究者会在问卷法或实验法中检验量表的内部信度一样。这涉及使用诸如克隆巴赫系数这样的统计量来评估单个测量之间的内部相关程度(Carmines & Zeller, 1979)。例如,Smith(1999)改编了 Eysenck(1990)对人格三个维度的测量(外向-内向、神经质和精神病),用在她对美国电影女性形象的研究中。考虑到编码的可行性,Smith 将 Eysenck 的原始量表缩减为 15 个测量项,并在此基础上创建了三个子量表分别用来测量人格的三大维度。她也使用了克隆巴赫系数来检验各个维度测量的内在相关性。

在一项针对中国电视广告的研究中,Zhang(2009)从之前众多的信息来源(包括研究文献)中提取测量变量,并创建了一个用于测量集体主义倾向的量表(由 9 个变量组成)和一个用于测量个人主义倾向的量表(由 6 个变量组成)。同时,Zhang 利用克隆巴赫系数统计量检验了两个量表的内在一致性。

在为内容分析的人工编码创建指标的过程中,最大的问题可能是是否只对符合一定标准编码员间信度的测量进行指标创建。在第 6 章中,我们将会讲到编码员间信度检验对人工编码来说是非常重要的,那些没有达到一定标准的编码员间信度的变量通常会在随后的分析中被摈弃。当我们整合多个测量构成一个指标的时候,只要整个指标符合编码员间的信度即可,还是每个测量都需要达到一定的标准? 显然,那些希望内容分析研究结果达到很高严谨程度的研究者会选择后者。然而,截至目前,尚未有方法论方面的文献对这个问题进行过详细阐述。

结果报告

　　与内容分析法的其他方面一样,研究者在报告中也要全面汇报有关测量与效度的问题。研究者需要在正式出版物或其他地方(比如读者可以获取的网站)提供如下内容:所有的测量信息(比如有关编码方案或 CATA 词库的完整信息),构建相关测量指标或编码指南的重要信息(Eschenfelder, Howard & Desai, 2005; Grayman, 2009),以及关于效度评估的信息(当然,在以后的内容分析研究中,需要更多地开展效度检验工作;Valcke & Martens, 2006)。对于人工编码而言,研究者还需要公开编码过程(比如,编码员是否事先了解研究目的)和培训编码员的相关信息。[顺便提及一下,McMillan(2000)在回顾2000 年之前针对网页内容开展的内容分析研究时发现,在 19 项研究中,就有12 项没有报告任何有关编码员培训的信息]。除此之外,如果研究中使用了由多个测量变量构成的指标或量表,也应对此给予说明。

本章注释

　　1. 比起"人工编码"(human coding),有一些研究者们更喜欢使用"手动编码"(manual coding)这个术语。

　　2. 这些年来,利用计算机定量分析文本的方法有许多不同的名称:如电脑化文本分析(computerized text analysis)、自动分本分析(automated text analysis)、计算文本分析(computational text analysis)、计算机辅助内容分析(computer-assisted content analysis)、算法编码(algorithmic coding)和算法文本分析(algorithmic text analysis)(Mehl & Gill, 2010)。出于简洁明了的考虑,本书使用缩写为 CATA(计算

机辅助文本分析)的这一术语。

3. 也许直接询问出生日期能够更好地实现这个目标。

4. 这是我从密歇根州立大学传播系的 Edward L. Fink 教授 1977 年的课堂讲稿上得到的。

5. 有人可能会认为,当内容分析的动机是关注受众效果时,应该要求编码像"首次"接触到内容那样,以保证生态效度。例如所有对电视节目的编码都应当实时完成,不允许重复观看内容,因为重复观看内容会发现那些在第一次观看时无法发现的细节。但是这个观点有几个问题。第一,在现如今的传播环境中,大部分受者可以控制查看讯息的速度,也可以重复查看讯息(比如 DVR、在线视频、网络上的互动,甚至过时的媒介[随机接触到的报纸]都可以做到);第二,内容分析的工作已经假设了分析对象应当是受者所有可能接触到的信息。我曾经在我的班上做过一些练习——虽然看起来与这个问题无关——这些练习揭示了相比于后来再观看电影,人们在意识到自己是第一次观看电影内容时,其对信息接受的情况不同,会呈现出非常多样的情况。当然那些人们没有注意到的讯息可能对他们还是有影响。因此为了能分析受者可能注意到的所有信息,内容分析的每个编码员还是应当不断重复、持续努力的。

6. 令人惊讶的是,很少有人工内容分析的报告能够提供全套完整的编码材料。不过有一些还是提供了,如 Lange,Baker 和 Ball(1969),Gottschalk(1995),以及全国电视暴力内容研究(the National Television Violence Study)(1997)。

7. Janis(1949)这样表达了他的观点:"通常通过比较使用该工具得到的测量结果与使用其他工具得到的测量结果来研究测量工具的效度,其中'其他工具'对于该特征的测量已被证明有一定的效度了。"

8. Potter 和 Levine-Donnerstein(1999)介绍了显性与隐性内容在二分法上的扩展,将隐性内容分为"模式"和"投射"两个部分。模式型隐性内容(pattern-latent content)侧重于内容本身的形式。Potter 和 Levine-Donnerstein 举了一个例子(Johnston & White,1994),该例是对女性政治候选人的着装模式的测量——正式的套装、柔软的女性化服装、连衣裙、休闲装或者某种组合。这项测量是模式型内容的代表,因为需要编码员考虑各种显性内容(即服装类型,如夹克、围巾、裤子)的组合并评估组合的正式化或女性化程度(Potter & Levine Donnerstein,1999,259-260)。投射型隐性内容(projective latent content)侧重于编码员对内容含义的解释。举个例子(Signorielli,McLeod & Healy,1994):一项对 MTV 上人物角色吸引力的 5 点量表测量,从非常吸引人的到令人厌恶的或丑陋的。这个测量就是针对的投射型隐性内容,因为它依赖于编码员的个人心理模式。

9. Ahuvia(2001)提出了对传统内容分析的两个补充:"解释性内容分析"(interpretive content analysis),专门用于评估更为隐性的内容的内涵意义,这一分析方式在没有预定的编码方案的情况下,由多人协同评估讯息的情景;"基于受者的内容分析",这一分析方式将以研究内容的典型受众总体(例如在对流行音乐的内容分析研究中,认为青少年为受众总体)中的代表样本作为调查对象,要求他们评估讯息内容,同样也不制订编码方案、不进行编码员培训。[后面这一方式我一直称为"回应式研究"(response study),而不是调查或内容分析]。本文的观点是,虽然这两个补充对效度的检验很有用,但它们本身并不包含量化内容分析方法的步骤。

10. Rogers和Millar(1982)对这样一种假设提出了质疑,该假设认为应该通过信源对讯息的感知来检验编码方案的效度。他们指出在传播学"务实"的研究方法中,研究者更关心"行为如何传递意义"而不是"行为的发生者表达了什么意思"(p.250)。

11. 新手研究人员经常对测量(measurement)、操作化(operationalization)和操作定义(operational definition)(Babbie,1995,p.116;对操作定义的描述:"精确说明如何测量某个概念的一种定义"。)之间的区别感到困惑。对于大多数的研究目标而言,测量和操作定义是指同一个意思。而操作化就是建立这些测量的过程。本书将测量作为主要的术语使用。

12. Brayack(1998)在 *CAGO* 上的资料是使用这种编码方案的一个很好的例子。

13. 当然这已经成为现实,正如大多数智能手机已经表现出来的……但计算机的理解能力与人类相比还是相差很远。例如从我个人所知的角度上看,我最惊讶的是计算机工作者总是努力让计算机"学会"识别幽默——但直至目前并不成功(e.g.,Taylor and Mazlack,2007)。

14. 一些学科分支(例如语言学)的学者喜欢使用"词典"(lexicon)这个术语来指称文本分析搜索建基其中的词汇/术语集。在本书中则都用"词库"(dictionary)一词来指称。

15. 这个"进一步分析"包含一个相当复杂的过程:首先使用 VBMap 程序将最常出现的词汇放在基于共现的多维空间中,然后将这些词汇的各维坐标输入SPSS 进行聚类分析,最后使用新的基于聚类的概念集进行第二次 VBMap 分析。最后的分析结果是以三维绘制的各维坐标,用视觉方法呈现了新闻发布会和报道的主要概念的聚类。

16. 宽屏银幕电影的拍摄始于 1953 年的美国, 20 世纪福克斯公司发行的宽银幕立体声电影（CinemaScope）史诗片《圣袍千秋》（*The Robe*）是第一部。目前有多种宽屏格式，它们的宽高比都大于美国长久以来的电视标准比例——4∶3，许多甚至比当前宽屏家庭电视标准 16∶9 还要大。（例如，宽银幕立体声电影的宽高比为 2.35∶1）。在屏幕宽度无法容纳图像的情况下，要显示宽屏幕电影有两种选择：一种是"加框"的方法：加框式（Letterboxed）宽屏幕电影显示整个原始图像，在电视屏幕的顶部和底部用黑色来填充任何未使用的空间。另一种是改变光影比或变成"全屏"（full-screen）：这种方法通过切掉宽屏图像的边缘以适应屏幕，并且一般会通过在平移后图像与原始图像之间来回切换以捕捉动作，因此完全改变了电影的剪辑及镜头构图。例如，斯坦利·克莱默（Stanley Kramer）的《猜猜谁来赴晚宴》（*Guess Who's Coming to Dinner*）（1967）中的一个片段显示了 Katharine Hepburn 和 Spencer Tracy 在他们的车里开车。在原始版本中，长镜头可以让观众在整段对话中同时看到两个角色。而光影比改变的版本中，镜头在两个角色间切换，只能捕捉到说话者，而听者的反应则不可见。

17. 辅助语言或副语言（paralanguage）包含所有加在语句上的口语元素（即不属于语言的口头行为）；包括诸如语速、音调、语调和流畅度之类的非语言元素（例如："呃……"）。

18. 根据 Babbie（2013）术语学的研究结论，本书一般使用术语"指标"（index）而不是"量表"（scale）来表示一个简单的复合测量。在他的定义中，一个多项测量量表是指强度不同的一系列测量，例如 Bogardu 的社会距离量表（"你是否愿意允许瑞典人住在你们国家？""你是否愿意瑞典人住在你家附近？""你是否允许你的孩子与瑞典人结婚？"）。这个量表的目标是确定受访者在一系列构成量表的测量问项（item）中的定位。"指标"则是一个表示多重测量的更为广泛的概念（一般是相加得到）。另外一个使用"指标"而非"量表"的原因是，当"反应尺度"（response scale）或"测量量表"（measurement scale）这两个概念（前者指一系列的反应，后者是指编码类目的集合）与量表一起出现时容易产生混淆。

信 6 度

信度(reliability)是指一种测量方法在多次重复试验过程中得到相同结果的可能性(Carmines & Zeller, 1979)。当使用人工编码进行内容分析时,典型的信度类型是"编码员间信度"(intercoder reliability)。所谓"编码员间信度"就是指两位及两位以上编码员或评分员就测量变量所达成的一致性程度。除此之外,还有两种很少被研究也不太常用的编码员信度类型:"编码员内部信度"(intracoder relia-bility)和"(编码员间的)单元确定信度"[(intercoder)unitizing reliability]。前者指的是某个特定编码员在一段时间内对特定变量测量的稳定性,后者则用于衡量不同编码员对数据收集单元的描述所达成一致性的程度(当数据单元的描述为编码协议的一部分时)。

有的时候,信度也被理解为"可重复性"(replicability)。Rourke 等人(2011, p.7)就此提供了一种独特的视角:"编码方案的信度可被视为一种连续统,开始是编码员本身的稳定性(即编码员内部信度)……然后是编码员间信度……最后是可重复性(即多个不同的研究团队都能利用该编码方案得出一致的结果)。"类似地,Popping(2010)也认为信度评估的目的在于确保同样的一个编码方案可被重复应用于其他研究中。此外,虽然这种信度属于内部一致信度,但 LeBel 和 Paunonen(2011, p.570)引用 Nunnally(1982)的经典论述,并提出了自己的观点:"由于测量工具本身和科学家对这些工具的使用都存在信度问题,所以科学研究(在可重复性方面)不可避免地存在局限性。"而且,De Wever 等人(2006)认为在内容分析研究中缺乏标准的编码方案(即缺乏可复制性),这对编码的效度与信度都存在不利影响。

由于内容分析的目的是相对客观地(或至少符合主体间性地)识别和记录讯息的特征,因此信度是至关重要的。如果不能达到一定的信度要求,内容分析的测量就毫无用处。要始终牢记在心,如果没有信度,内容分析的测量效度也无从谈起(但是有信度不能保证一定有效度,信度是效度的必要不充分条件)。

本章重点讨论人工编码技术,以及如何实现良好的编码员间信度。本章还将介绍各类编码员间信度系数(包括重要的计算公式);阐述多位编码员的应用方法(尽管同时使用多位编码员开展内容分析是比较普遍的做法,但在方法论文献中经常被忽视);梳理能够帮助研究人员计算编码员间信度系数的相关计算机软件和应用程序;讨论对没有达到信度标准的变量的处理方案。本章也会提到,有时在研究中需要剔除编码员(这种情况非常罕见,但确实存在)。此外,本章也将介绍一些相关议题,比如编码员内部信度、单元确定信度、信度系数的置信区间,借此拓展研究者对内容分析信度问题的传统看法。

编码员间信度:标准和实践

达到一定的编码员间信度水平很重要,主要原因有二:

1. **是编码方案可行性的最基本要求**。不同的研究者使用该编码方案作为测量工具,必须能够得到类似的研究结果。换言之,编码方案必须保证能够同时被多人所使用(如果某个编码方案只适合于某个研究者使用,这就更像是专家分析,而不是真正的内容分析;Carletta,1996)。正如 Tinsley 和 Weiss(1975)所说,非常有必要证明"所得到的评估结果并非带有强烈个人色彩的主观评判"(p. 359)。这意味着即使是调研负责人做了所有的编码工作,仍然需要对比其他编码员的结果从而进行信度检查(Evans,1996)。

2. **可以利用多重编码员的实践优势**。只要保证各个编码员的编码结果能够互相对照,就可以将编码任务进行分解,从而可以处理更多讯息。

就第一个原因来说,至少需要两位编码员参与内容分析人工编码的任务。就第二个原因来说,我们可以招募三四十位编码员参与编码任务(Potter & Levine-Donnerstein,1999)。

当前,研究者已经取得共识,认为在内容分析研究中非常有必要明确编码员间信度。尤其是应用人工编码时,这是用于评判内容分析效度和研究价值的必要标准。然而,在这之前,许多研究人员并未认真对待内容分析的信度评估问题(Feng,2015)。正如 Perreault 和 Leigh(1989)所言,那个时期的学术研究界并不存在"用以评估或报告编码数据信度水平的普适标准"(p. 137)。在消费者行为研究中,Kolbe 和 Burnett(1991)发现,31% 的内容分析研究文章没有报告信度系数,此外19%的研究没有交代计算信度的方法。高达36%的研究只是报告了一个涵盖所有变量的所谓"总体"信度(这种做法显然是不恰当的)。Pasadeos 等人(1995)发现,1988—1993 年,发表在传播学四大核心期刊上的内容分析文章只有49%提到了信度评估。Riffe 和 Freitag(1997)研究了 1971—1995 年发表在《新闻与大众传播季刊》(*Journalism & Mass Communication Quarterly*)上的 486 篇内容分析文章,发现其中只有56%的研究报告了编码员间信度系数值,并且大部分文章都没有汇报每个单独变量的编码员间信度系数。Lombard、Snyder-Duch 和 Bracken(2002)研究了 200 篇传播学领域的内容分析文章,发现有69%提到了编码员间的信度,而其中只有41%的文章正确汇报了每个单独变量的编码员间信度系数。Neuendorf(2009)研究了 1977—2005 年聚焦于对健康类媒介内容进行内容分析的出版物,发现62%的文章报告了编码员间的信度水平,但只有20%的文章汇报了每个变量的编码员间的信度系数。Manganello 和 Blake(2010)研究了1985—2005 年针对美国大众媒体上的健康讯息进行内容分析的 441 篇文章,发现70%的文章进行了信度评估分析,其中59%的文章汇报了每个变量的编码员间信度系数。还有一项研究回顾了 80 篇 1998 年后发表在期刊《新闻与大众传播季刊》(*Journalism & Mass Communication Quarterly*)上的内容分析文章,研究发现26%的文章没有进行信度评估,只有16%的文章完整地展示了所有变量的编码员信度系数(Riffe,Lacy,& Fico,2014)。

对不同的变量的编码员间信度系数取平均值的做法是不可取的。这明显会"包庇"那些不合格的信度系数。例如,在一项关于电视角色的研究中,诸如"具有移情作用"之类的变量测量只有20%的编码员间信度一致性(这种信度水平显然不能被接受)。但当研究者将这些变量与某些相对清晰的变量(比如性别、种族、年龄段和婚姻状况等)混在一起计算编码员间信度系数的平均值时,其值无疑会高于20%,从这样一个较高的平均信度系数(如高达90%)轻易地掩盖了那些只有20%信度水平的变量编码结果。因此,研究者应该对每个测量变量的信度系数单独报告,或至少应当报告研究中所有变量中的最低信度系数。

那么,对于每个变量而言,什么样的编码员间信度水平是可以接受的呢?可以说,目前并不存在一个统一的标准(Krippendorff,2013;Neuendorf,2009;Perreault & Leigh,1989;Popping,1988;Riffe,Lacy,& Fico,2014)。没有标准阐明研究者应该使用哪些统计量,也没有标准明确某一特定统计量的临界值。甚至在一般情况下,社会科学研究方法入门教科书都不会介绍评估编码员间信度的方法和步骤,更不用说提供明确的统计方法和临界值了。不过,近几年以来,有些文献就此问题提出了多种经验法则:

- Landis 和 Koch(1977)提出了判断"科恩 *kappa* 系数"的相关标准:"非常一致"(0.81~1.00)、"较为一致"(0.61~0.80)、"中度一致"(0.41~0.60)以及"尚可接受水平"(0.21~0.40)。

- Banerjee 等人(1999)提出了判断"科恩 *kappa* 系数"的下列标准:(a)大于0.75:很好的剔除偶然因素的一致性水平;(b)0.40~0.75:中等的剔除偶然因素的一致性水平;(c)小于0.40:较低的剔除偶然因素的一致性水平。

- Popping(1998)提议将 0.80 作为区别"科恩 *kappa* 系数"优劣的临界标准。

- Krippendorff(2013,p. 325)提出了 α 统计量,并将其评判标准设置为0.80。"只可使用编码员间信度 α 统计量超过 0.80 的变量。若只是为了得出初步的探索性结论,也可考虑 α 在 0.667 至 0.800 之间的变量。"

从对有关信度的研究工作的综述中,我们可以清楚地发现:在不剔除偶然因素的条件下,一致性信度系数(比如科恩 *kappa* 系数)大于或等于 0.80 在所有情况下都是可以接受的,系数大于或等于 0.60 在大多数情况下也是可接受的,但是低于 0.60 则存在分歧意见。检验统计显著性的方法有时也被应用于检验信度系数(比如用 *z*-统计量检验 *kappa* 值与零值的差异是否统计上显著;Bartko & Carpenter, 1976)[1]。但是,使用统计显著用于信度检验的分析,在研究者中存有争议。具体而言,推断统计显著性和实质的显著性之间存在区别,比如当皮尔森相关系数 *r* 等于 0.12 时,两组评分的 R^2 也只有大约 1%,但这个数值在统计上仍然是显著的。这表明,即使两者的关系是非常微弱的,统计上也可将其结论推广到总体(具有统计显著性)。这个问题在 Bartko 和 Carpenter(p. 311)计算信度的时候就得到了很好的体现,他们得到的 *kappa* 值是 0.4(这个值按照大多数的标准来说都是非常低的),但具有较高的统计显著性。对此,我们的结论是,利用这种方法,研究者很有可能将几乎不能接受的信度推广到整个讯息总体。在当前缺乏统一标准和恰当的显著性统计方法的情况(Popping, 1988)下,我们可以想到的最好做法就是:在人工编码的内容分析研究中,完整且清晰地报告每个测量变量的信度系数。Dixon 和 Linz(2000)的报告就是非常好的范例,他们给出了每个变量(共 14个)的信度系数。

Lombard 等人(2002)分析了 200 篇传播学内容分析研究文献之后,提出了许多建议和标准,包括:至少需要两名编码员、恰当地计算每个测量变量的编码员间信度系数以及清楚地汇报样本容量及其与总体的关系(包括抽样方法和依据)。

信度检验中存在的问题

在讨论各种计算编码员间信度的方法之前,我们将先介绍在选择合适的信度检验方法时需要考虑的一些主要问题。

一致性与共变

我们主要考虑三种类型的信度评估方法:一致性、控制偶然因素后的一致性(剔除随机因素的一致性)以及共变系数。一致性(agreement)考察的是编码员在一组样本中赋予变量的精确值所达成的一致性程度,即比较编码员为变量赋予的值是否一致。控制偶然因素后的一致性(chance-corrected agreement)的内含前提假设是:编码员达成一致性中有一部分是出于偶然的因素。共变系数(covariation)则是在衡量编码员为变量的赋值(适用于测量定序、定距或定比变量)是否同涨同落,但是没必要考虑每个赋值是不是都相同。虽然简单一致性可以与其他检验结果一同作为试验性研究结果的指标,但一般来说,这种只计算简单一致性而不修正偶然因素的做法是不可取的。本章随后几部分会详细解释这三种类型的信度评估方法并介绍相应的系数。

作为子样本与编码员函数的信度

虽然我们总是认为信度分析反映的是编码方案的成功程度,但信度实际上也是其他两个要素的函数——被评分的特定样本和给出评分的特定评分人员。正因为如此,Tinsley 和 Weiss(1975)指出,直接汇报从其他研究提炼出来的总体信度是欠妥当的。研究者也需重点考虑讯息单元(或讯息样本)以及编码员的代表性。在后面,我们将介绍子样本选择信度和编码员分配程序信度。

如果我们将信度检验看作对所有可能的信度检验的样本代表,那么利用统计推论得出真正的总体信度就说得通了。一些学者曾提出将标准误差和置信区间的概念应用到信度检验中(Kraemer, 1980;Lacy & Riffe, 1996)。换言之,每个信度系数值都有一个对应的置信区间。比如我们可以说:编码员对变量"言辞不流畅次数"的编码信度为 0.92,该信度在 95% 置信水平上的置信区间为 0.92 ±

0.04^2。目前,商业和社会科学领域的研究文献中很少有报告置信区间的,但是越来越多的研究人员已经开始注意这个问题了。主题框 6.2 和 6.3 中介绍的计算结果的尾注里给出了这样的例子。

信度的影响因素

在实践中,一些影响信度的主要因素需要引起我们的注意:

1. **编码方案质量很差**:这可能意味着编码指南中的用词不当,或研究人员在小规模试编码之后没有对编码方案作相应的修改,或两者兼而有之。

2. **编码员培训不充分**:正如在第 5 章中所讲到的,编码员的培训通常涉及几个部分的内容,并且编码员还需不断练习,从而为试编码建立良好的初始信度。

3. **编码员疲劳和编码员偏移**:过长的编码指南、高强度的编码任务都可能会让编码员过度疲劳,从而影响编码员的编码质量(Potter et al., 1998)。"编码员偏移"或"评分者偏移"是一个范围更广的术语,指编码员在编码过程中会随着时间的推移改变他们的编码习惯,这是一种普遍的现象,也是一种动态偏误。造成这种偏移的原因可能是因为编码人员长期处于疲惫状态,也可能是因为编码员的"学习"(编码员获得的经验越多,他的编码技巧就越娴熟)。此外,当编码员偏离初始的培训内容(Haden & Hoffman, 2013),转而依赖自身的"常识"进行判断的时候,这种偏移也会发生。所有这些现象(包括看起来是件好事情的编码员"学习")对信度的稳健性和编码员间信度都是不利的(Lee et al., 2014)。

4. **存在不合格的编码员**:虽然这种情况很少,但总有些编码员在接受培训之后无论如何都达不到令人满意的信度水平(Capwell, 1997; Wagner & Hansen, 2002)。对于这样的编码员,研究者可以考虑将其从研究团队中剔除出去。但只有在反复多次培训,而且该编码员在多个变量上都与其他编码员的编码结果存在不一致的情况下,研究者才可以真正将其排除在团队之外(National Television Violence Study, 1997)。

显性内容信度与隐性内容信度

Potter 和 Levine-Donnerstein(1999, p. 265)认为,"对显性内容而言,编码工作就是一种誊抄工作"。虽然这样说看起来简单得过分,但它确实阐明了编码显性内容和隐性内容之间的差异。比起清晰明了的显性变量,对偏隐性的变量进行编码更难达到客观性的标准。也正是出于这个原因,可以想象测量隐性内容的变量信度通常较低。显然,这表明对隐性内容进行编码时需要花费更多的时间培训编码员,甚至对他们开展专门化的培训(Ahuvia,2001)。但是,也存在一些特定的概念,它们本身就存在编码的难度。主题框 6.1 例举并讨论了测量"幽默"这个概念时所存在的问题。

主题框 6.1 "幽默":一个复杂的概念

"幽默"可谓在各类讯息中随处可见(Martin,2007),但针对它的概念化和操作化工作是非常困难的。对于要开展内容分析的学生来说,他们经常会碰到这个概念。他们对此秉承"我看到就明白"(I-know-it-when-I-see-it)的态度,这种态度常常导致编码信度非常不好(Naccarato,1990;Wongthongsri,1993)。许多编码员都试图分离出讯息中所出现的"幽默"情景,然后依据互斥和完备的类目设置原则对这些情景进行编码,但是总是无法得到可靠的结果。

在尝试构建"幽默"概念时,常常存在一些问题:"幽默"是极其主观的,一些学者甚至认为这个概念实际上是缘于讯息的接受者而非讯息本身(Neuendorf & Skalski,2000;Ziv,1984)。显然,"幽默"含义的多样化(对"幽默"的含义存在多种解读方式)为达到良好的内容分析编码信度提出了巨大挑战(Boxman-Shabtai & Shifman,2014)。此外,"幽默"是多维度的,同时还存在与之相关但又可独立的概念——"幽默感"(Crawford & Gressley,1991;Neuendorf & Skalski,2000;Neuendorf et al.,2014;Shifman & Blondheim,2010)。本质上,"幽默"属于隐性内容而非显性内容,对其进行编码的时候,需要面临编码隐性内容所存在的所有问题。

为了达到令人满意的信度,研究人员通常会使用两种不同的策略用于测量讯息中的"幽默"概念。先介绍第一种策略:一些研究人员直接聚焦于有关"幽默"非常具体的面向,并对这些特定面向进行测量。他们明确定义了和"幽默"概念相关的显性特征,实现了在每个"幽默"的特定组成部分上高信度的测量。这些具体的面向包括:贬抑性幽默(Scharrer,Bergstron et al.,2006;Stocking,Sapolsky,& Zillmann,1977)、荒唐类幽默(Bryant,Hezel,& Zillmann,1979)、不协调性幽默(Alden,Hoyer,& Lee,1993;Scharrer,Kim et al.,2006)、性侵犯类幽默(McCullough,1993)、侮辱肥胖者类幽默(Hussin,Frazier,& Thompson,2011)、幽默中的暴力程度(Zillmann,Bryant,& Cantor,1974),以及诸如双关、潜台词和讽刺/反语之类的幽默手法(Sternthal & Craig,1973;Yee,2011)。还有其他研究人员(Morris,2009;Shifman,2007)直接抽取被公认是幽默的内容(例如幽默博客;《每日秀》上的笑话)(从而无须自己甄别所要分析的讯息中是否存在"幽默"元素),然后测量这些幽默讯息的相关特征[包括网站主题、上传内容的类型(笑话、搞笑图片、卡通图片)、笑话的目标对象]。

不同于第一种策略,第二种策略采用了一种宏观的方法来简单地检验讯息中是否存在幽默倾向,但并不涉及识别幽默的本相、幽默的程度或被受众所感知的方式(Kousha, Thelwall, & Abdoli, 2012;Papacharissi, 2007;Potter & Warren, 1998;Scharrer, Bergstrom et al., 2006;Weinberger et al., 1995)。这种策略看起来有利于提升编码的信度水平,但可能无法触及不同幽默类型的细微差别,从而导致其预测效度并不理想。同时,利用这种策略得到的编码结果在内容效度方面也是比较欠缺的。例如,现有的检验广告幽默效果(Laroche et al., 2011;Markiewicz, 1974;Weinberger et al., 1995)的各种研究(包括问卷法和实验法),其研究结果是非常混乱的。造成这种现象的主要原因就是这些研究对"幽默"的操作化定义非常不统一,对受众了解这些广告的解读方式也迥然相异(Paek, Hove, & Jeon, 2013)。正如维恩伯格等人(Weinberger et al.,1995)所指出的,"由于幽默本身就是复杂多样的,所以对其效果进行概括谈何容易"(p.54)。

作为概念,"幽默"实在很吸引人。相信从业人员和学者都会认为它是影响受众接受讯息的一个重要中介变量(Alden, Hoyer, & Lee, 1993)。但是,"幽默"对太多人来说有太多意味(正如"一千个读者,就有一千个哈姆雷特")。因此,研究人员必须注意对"幽默"这个概念进行仔细的区分,并提出可靠的测量方法。

试检验信度与最终信度

在内容分析中,至少需要在两个时间节点上(试编码阶段与最终正式编码阶段)检验信度。在编码员培训后正式编码之前,需要进行试编码阶段的信度检验。检验的对象是全部讯息样本中的一个子样本,或是来自同一调查总体的一个独立样本。

如果试检验阶段发现一些严重的问题,通常需要修订编码方案。在这种情况下,这些用来做试检验的样本数据就**不能**包含在最终的数据分析中。若有必要,试检验的子样本讯息单元也需要依据修订后的编码方案重新编码。最终信度评估要在收集全部数据期间再次随机抽取子样本来进行,这样才能合理地反映整个研究过程中编码员操作的信度。最终信度检验工作最好是在整个数据收集过程中定期进行。研究者需要将这些最终信度检验结果连同研究结果一起报告。

在试编码阶段所开展的信度评估工作,对制订一套有效的、可靠的、有用的编码方案是非常有必要的。它通过以下三种诊断方式解决了前述四种对信度的不利影响因素:

1. **找出有问题的变量**:当试检验发现某个变量的编码员间信度很低的时候,可以采取以下四种补救措施:(a)加强编码员培训工作,并重新检测该变量的信度;(b)重新修订编码指南,向编码员更加清晰地说明该变量的测量方法;(c)调整该变量的类目(如缩减或合并类目);(d)将该变量拆分成两个或多个更简单的或更具体(更显性)的变量。

2. **发现一个变量内部有问题的类目或赋值**:通过查阅编码员 A 和编码员 B 的赋值矩阵,我们可能会发现一些关键的分类混淆点,以至于变量的某些类目在编码方案中不能被很清晰地区分开来。相对于简单地观察总体的信度数字,该"混淆矩阵"(confusion matrix)能使我们找到更深层次的原因。例如,编码员 A 将某种口头表达方式编码为"攻击性的",而编码员 B 倾向于系统性地将同样的表达方式编码为"反对的"。为了消除这种系统性的测量误差,研究人员需要进一步培训编码员,或重新修订编码指南,或者上述两个工作都做。

3. **识别有问题的编码员**:对于多位编码员,通过配对检查编码员间信度,我们也许会发现个别的编码员总是与其他编码员的编码结果不一致。但是,在做出剔除这位不合格的编码员的决定之前,需要对其进行额外的培训(也许经过培训后,这位编码员就没什么问题了)。

编码员间信度系数:类型及比较

有多种系数可用以报告编码员间的一致性水平或评估的相同程度。在商业、社会科学以及行为科学中,比较流行的评估系数包括:用于定类变量的"简单百分比一致性"、斯科特 *pi*、科恩 *kappa* 和克里本多夫 *alpha*,以及用于定序/定距/定比变量的斯皮尔曼 *rho*、皮尔森 *r* 和林 *CCC*(Lin's concordance correlation)。包括上述系数在内的许多系数都会对编码员和编码过程假定某些特定的前提(例如,是否已经将偶然因素所导致的一致性考虑在内,假定的编码分布类型是什么),然而这些假设并没有得到普遍认可(Zhao,Liu,& Deng,2013)。此外,有一些系数只适用于编码员超过两位的情况(后面我们会专门介绍这个问题)。接下来,我们将介

内容分析方法导论(原书第 2 版)

绍最重要的编码员间信度系数,包括与它们的基本假定相关的主要问题。

本质上所有的编码员间信度系数和内部一致性信度的检验不同,后者通常使用克隆巴赫 *alpha* 或斯皮尔曼-布朗公式这类的系数来判定一组变量的适配度(Carmines & Zeller,1979;Traub,1994)。研究者往往利用这些内部一致性统计量检验问项彼此之间的相关性,以此来了解这些问项是否能够有机地整合在一起,从而构成高质量的量表或指标(Babbie,2013)。作为两种类型的信度系数,编码员间一致性和内部一致性都建立在有关信度的核心概念(如可靠性、再现性或一致性)的基础上(Traub,1994),但两者的应用情况确实是非常不同的[3]。

编码员间信度系数的目标不是用来检验多个变量的内在一致性。相反,它们考虑的是对于下列标准(一种或多种)的评估问题:简单一致性、控制偶然因素之后的一致性、共变系数。在接下来的讨论中,我们假定只针对同时存在两位编码员的情况(有关同时存在三位及以上编码员的情况,我们随后再讨论)。此外,我们提供理论公式但不涉及具体的信度计算公式(如对具体的计算公式感兴趣,可参阅主题框 6.2 和 6.3 中的部分内容)。

简单一致性

"简单一致性"衡量的是对于一个给定的变量,不同编码员对类目赋值的一致性程度。简单一致性尤其适合检验定类变量的测量。有两种计算简单一致性的方法:

1. **百分比一致性**:这是一种直接用编码员间达成一致的总数除以样本总数的简单比率。百分比一致性的理论公式可用下式表示:

$$PA_o = A/n$$

PA_o 表示"观测到的一致比例",A 表示两位编码员编码相同的总数,n 表示两位编码员为检验信度所编码的所有样本的总数(也是两位编码员所能实现的最大的一致数,即 A 的最大值)。该统计量的范围为 0.00(完全不一致)至 1.00(完全一致)。

2. **霍尔斯蒂方法**(*Holsti*,1969):当两位编码员对同一样本进行编码时(这是一种建议使用的方法),该方法与百分比一致性相同。公式也与百分比一致性差异不大:

$$PA_o = 2A/(n_A + n_B)$$

PA_o 表示"观测到的一致比例",A 表示两位编码员之间就共同编码对象所达成一致的总量,n_A 和 n_B 分别是编码员 A 和编码员 B 所编码的样本数量。该统计量值的范围也为 0.00(完全不一致)至 1.00(完全一致)。值得注意的是霍尔斯蒂方法包含了两位编码员编码的样本之间重叠量的信息。

在过去,简单一致性是研究报告中最常使用的系数之一。例如,Hughes 和 Garrett(1990)发现,在有关市场营销的研究文章中,65%的文章在报告信度系数时使用了简单百分比一致性。Manganello 和 Blake(2010)发现,在他们所综述的有关大众媒介健康讯息的研究文献中,45%的研究所给出的也是简单一致性。此外,Feng(2015)对两份传播学期刊 1980 年至 2011 年所发表的内容分析文章进行了梳理,发现文章中最经常使用的信度系数分别是百分比一致性(23%)、斯科特 *pi*(19%)、霍尔斯蒂系数(15%)和科恩 *kappa*(12%)。但是,"简单一致性"也存在致命的缺点,它无法排除因偶然因素所引起的编码一致问题,以及对编码员分值精确匹配过于严格。因此,百分比一致性和霍尔斯蒂方法经常被视为不太完美的检验方法(Lombard et al.,2002)。本书的建议是:简单一致性可以使用,但是必须与控制偶然因素后的一致性系数一同报告。

在将简单一致性检验应用于定序、定距、定比变量的时候,一些研究人员会将精确的一致性的概念扩大到所谓的"范围一致性"(range agreement)。只要两个编码员的编码结果是在一定的数值范围内,就可被计算为"一致性"。Tinsley 和 Weiss(1975)报告信度的方法就利用了 Lawlis 和 Lu 所提出的±1 分或±2 分决策方法。在一项使用了相似方法的研究中,Dominick(1999)将"一致性"界定为编码员基于十级量表所给出的左右各临近一级的结果。但值得注意的是,他在关于个人网站的研究中,测量就涉及了相当主观的概念——编码员是否觉得他们"了解"来自这些个人网站中的人物。

对于定距和定比变量,有研究人员提出在使用简单一致性系数检验之前,需要对每个编码员的赋值进行"标准化"处理(Tinsley & Weiss,1975),从而可以在统计学上对编码员的编码结果进行校准。但是,与加强编码员的培训工作相比,这种强行校准的做法是否更为有效,不同的研究人员对此存有不同的看法。

控制偶然因素后的一致性

编码员间的简单一致性系数中的部分一致性可能是由偶然因素导致的。例如,如果两位编码员正在编码音频是男声还是女声,就算他们没有真正地通过听音来判断,借助掷硬币的方法也可以有 50%的概率达成一致性[4]。过去研究人员一直在努力解释这种预设的偶然成分。但是,这种做法的前提——偶然性能够在编码过程中产生巨大影响——也遭到一些统计学家的质疑(Aickin, 1990；Gwet, 2010；Uebersax, 1987)。的确,编码员并非真的会通过掷硬币来决定编码结果,最后的一致性中由于真正的偶然因素所导致的部分应该是非常少的。尽管如此,在利用简单一致性对编码信度进行评估的时候,我们还是应该了解即使是在编码完全不可靠的情况下,编码员间信度到底能达到什么样的水平。每个控制偶然因素后的一致性统计量都提出了计算由完全偶然因素所导致的一致性的专门方法,将超过完全偶然的一致性的部分和相对于最高可达一致性的部分以数量形式表达,以综合偶然因素和非偶然因素的信息。这些统计量并不是试图纠正确实是由偶然因素所导致的不一致性,而只是通过一种在各研究中可比较的方式把观测到的一致性进行归纳综合。从这个角度理解,我们也可认为控制偶然因素后的一致性统计量是给定了编码情境的简单一致性。

以下是一些较常用的控制偶然因素后的一致性统计量指标:

1. **斯科特 $pi(\pi)$**：[5] 在纠正因偶然因素所导致的一致性时,该统计量使用了两位编码员之间的"联合分布"。这种做法不仅考虑到了类目的数量,而且考虑到了编码员使用这些类目的方法。该统计量的范围一般在 0.00(完全因偶然因素所导致的一致性)到 1.00(完全一致)之间,低于 0.00 的值则表示一致性低于因偶然因素导致的一致性。该统计量假定数据都是定类尺度的,忽略了两位编码员对特定变量不同类目所给出的评估差异(Scott, 1955)。

2. **科恩 $kappa(\kappa)$**：该统计量的出现原本是用来改进 pi 的,它通过使用乘法项而不是加法项将编码员判断分布的差异纳入考量中(Cohen, 1960)。自它问世以来,有学者先后提出许多改进版(Banerjee et al. , 1999；Falotico & Quatto, 2015；Hsu & Field, 2003；Kraemer, 1980)[6]。与 pi 一样,$kappa$ 同样假设数据是定类尺度的,区间范围也是 0.00(完全因偶然因素所导致的一致性)至 1.00(完全一致)。若 $kappa$ 小于 0.00,则意味着一致性低于因偶然因素导致的一致性。

考虑到不同测量变量的不一致性所发挥的作用是不同的,Cohen(1968)对 $kappa$ 进行了改进,并提出了"加权 kappa 系数"。在应用该系数时,研究者为不同的测量变量不一致性赋予不同的权重。Bartko 和 Carpenter(1976)在自己的文章中提供了一个编码员对精神病诊断进行编码的案例:

如果两位编码员分别将一位病人判断为躁狂抑郁病患者和反应性抑郁病患者……这种不一致的权重可能为 2,然而若分别将患者判断为躁狂抑郁病患者和精神分裂症患者,不一致的权重可能为 4。不一致性程度越大,该不一致的权重值

就越大。(p.311)

斯科特 pi 和科恩 kappa 都是以同一个理论公式为基础的:

$$pi \ 或 \ kappa = (PA_o - PA_E)/(1 - PA_E)$$

该公式中,PA_o 表示观察一致性百分比,PA_E 表示期望一致性百分比(即在一个假定完全随机的模型中所能得到的简单一致性百分比)。

有许多报告称,kappa 是应用最为广泛的信度系数(仅次于简单一致性)(Hsu & Field, 2003; Manganello & Blake, 2010; Perreault & Leigh, 1989; Zwick, 1988)。尽管如此,对 kappa 的批判也不绝于耳。有些学者认为该系数存在两个自相矛盾或与生俱来的缺陷,我们随后会对这个问题做进一步的解释。

3. **克里本多夫 alpha(α)**:该统计量不仅考虑了由偶然因素所造成的一致性问题,而且也将编码员间的不一致性问题纳入考量。经过相应的调整,它同时适用于定类、定序、定距或定比变量(Krippendorff, 2013)。其理论公式如下:

$$alpha = 1 - (D_o/D_E)$$

在这个公式中,D_o 表示观察不一致性,D_E 表示期望不一致性。(值得注意的是:该公式与用于计算 pi 和 kappa 的理论公式非常类似,只不过在公式表达中将"不一致性"替换成"一致性"。)

以上 3 个统计量(pi、kappa 和 alpha)都已经考虑了因偶然因素所导致的一致性问题。但是,对于分布极端不均的样本(Perreault & Leigh, 1989; Potter & Levine-Donnerstein, 1999)或者罕见变量类别(Janstova, 2006)的情况,这些统计量极有可能失效。例如,如果两位编码员同时编码某一特定变量的两个类目(一个占比90%,而另一个占比10%),不考虑偶然因素的一致性将高达0.82。换言之,在这个例子中,即使简单一致性系数达到了90%,但是在控制偶然因素之后的一致性 pi 值只有0.44。在许多内容分析研究学者看来,这种影响是控制偶然因素后的一致性统计量所存在的重大缺陷(遇到"高简单一致性,低 kappa 值"的情况该怎么办? 这无疑也是本书读者最关心的问题之一)。在过去的几十年里,许多文献都对这类控制偶然因素后的一致性系数开展了大量的讨论(Cicchetti, 2007; Cicchetti et al., 2006; Di Eugenio & Glass, 2004; Falotico & Quatto, 2015; Feinstein & Cicchetti, 1990; Gwet, 2002b)。

具体而言,Feinstein 和 Cicchetti(1990)认为这类统计量存在两个重要"悖论":(1)"高简单一致性,低 kappa 值"悖论(正如前文所描述的),诸如 kappa 之类的系数很容易受到偏态分布的影响;(2)相对于给出不同边际值的编码员,kappa 对给出相似边际值的编码员的影响更大(Warrens, 2010)。正如格瓦特所提到的,

"作为两种控制偶然因素后的一致性指标,*pi* 和 *kappa* 都很容易受到样本的分布特征和编码员的边际值差异的影响……因此,*pi* 和 *kappa* 统计量往往不太稳定,而且总是很难解释"(Gwet,2002a,p. 2)。

为了提高科恩 *kappa* 或其他类似统计量的可信度,尤其是在样本分布不均的情况下,研究者可以同时汇报变量的每个类目的信度系数(Cicchetti & Feinstein,1990;他们的方法兼顾了检验的灵敏性和特异度[7])。另一可替代的方法就是使用能够有效避免上述悖论的统计量,比如格瓦特信度系数。

4. **格瓦特 AC_1**:虽然问世不久,格瓦特所提出的 AC_1 信度系数(Gwet 2008a,2008b;Jimenez,2014;Wongpakaran et al.,2013)已备受学者推崇(Heyman et al.,2014)。格瓦特在提出该系数时,就明确其目标是消除上述两个所谓的"*kappa* 悖论"对信度测量结果的影响(Feinstein & Cicchetti,1990)。换言之,AC_1 统计量就是为替代传统的统计量而设计的,Gwet(2002a)和 Heyman 等人(2014)的统计实验结果也进一步证明了 AC_1 作为信度检验统计量的"稳健性"特征。与 *pi*、*kappa* 和 *alpha* 不同的是,AC_1 的值并不太受编码分布特征的影响。也就是说,偏态分布情况下的 AC_1 的值相对正态分布情况下的对应值并不会显得过低。格瓦特的修正方法就是借助随机模型来避免因类目分布不均所导致的不稳定性(比如,有些类目占比很高,有些类目占比很低)。该随机模型假设只有一个随机分配的未知编码子集[8]。

AC_1 统计量的范围在 0.00(意味着在控制偶然因素后不存在一致性)到 1.00(意味着完全一致性)之间。格瓦特所提出的 AC_2 是一种加权形式,用于对定序、定距、定比变量测量的信度评估。

格瓦特 AC_1 的理论公式和 *pi*、*kappa*、*alpha* 的公式一样:

$$AC_1 = (PA_o - PA_E) / (1 - PA_E)$$

对于评估某项特定内容分析研究的编码员间信度,到底哪个一致性系数是合适的呢? 这个问题尚未有明确的答案。大家争论的焦点通常集中在所谓的"偶然因素"其本质到底是什么,以及对每个统计量的期望一致性到底是什么。

共 变

对定序或定距及以上的变量来说,研究人员真正感兴趣的是编码员评分的共变水平(特别是在不太可能取得完全精确一致的时候)。例如,如果两位编码员对电视中人物的年龄进行评估(以"年"为单位),他们不太可能给出完全一致的编码结果。但是,这两位编码员评分的共变情况却能体现出对该变量的编码信度水平。他们对年龄的评估是否"共同变化"——当一位编码员所给出的年龄数值大的时候,另一位编码员所给出的数值也大;反之,当一位编码员所给出的年龄数值小的时候,另一位编码员所给出的数值也小。比如,下列两位编码员对电视中八位人物的年龄估计值存在明显的共变。

编码员 A   25 55 68 35 34 58 72 18
编码员 B   27 58 70 33 30 57 75 17

值得注意的是,如果以上述几种一致性来看,这两位编码员间的一致性显然为 0%。但是我们仍然认为这两位编码员的编码至少达到了一定水平的信度,因此我们可能倾向于使用能体现数据共变性的信度统计量。截至目前,共有 4 种统计量考虑了数据的这种共变性特征,它们频繁地用于检验两个变量之间的关系而非两个编码员之间的关系。

1. **斯皮尔曼 rho(ρ)**:该统计量的适用对象为定序数据。因此,对于未按定序尺度收集的数据,在进行计算之前首先要将其转换为定序数据。该系数的范围为$[-1.00, 1.00]$。其中,-1.00 表示完全负向相关或完全不一致,0.00 表示两位编码员的编码结果没有相关性,1.00 表示完全正相关或完全一致。

2. **组内相关系数(ICC)**:ICC 是方差分析(ANOVA)体系内的一组统计量,用于表示研究者感兴趣的方差(比如编码员之间的"共同变化")与所有方差(研究者感兴趣的方差再加上误差)之间的比率(Shrout & Fleiss, 1979)。这类统计值适用于定距和定比变量。就检验编码员间信度而言,双向随机效应和 ICC 的完全一致形式是最匹配的(Heyman et al., 2014)。但是,和其他许多适用于定类数据的信度系数类似,当数据呈偏态分布的时候,ICC 的精确度就会受到影响。ICC 统计量的范围为$[0.00, 1.00]$。其中,0.00 表示编码员间没有共同变化,1.00 表示编码员间的编码结果完全一致。

3. **皮尔森相关系数(r)**:该统计量用以检验两组定距或定比数据之间的线性关系。数据点在一条线周围聚集越密,r 的绝对值就越大。值得注意的是一些研究人员更喜欢报告 r^2(判定系数),因为它代表着两个编码员编码结果的共同变化的比例,因此在形式上与百分比一致性和斯科特 pi 之类的信度系数更为接近。在上述的年龄评估编码案例中,皮尔森 r 为 0.995,r^2 为 0.99,即编码员 A 对年龄评估结果与编码员 B 对年龄评估结果的共同变化量达到 99%。r 统计量的范围为$[-1.00, 1.00]$。其中,-1.00 表示两者存在完全相反的线性相关,0.00 表示两者不存在线性相关,1.00 表示两者存在完全正向的线性相关。

有人批评 r 这类的系数高估了信度。因为皮尔森 r 会自动地将编码员编码评分进行标准化处理,在测量共变的同时却完全忽略了一致性水平。设想一个这样的情境:编码员 A 估计的角色年龄总是刚好比编码员 B 估计的大 10 岁(如40/30 岁、70/60 岁、25/15 岁等)。这些数值的皮尔森 r 是 1.0(r^2 为 1.0,100%),呈现完全线性相关关系。但即使在合理范围内,两组数值也完全不一致,这就不得不使我们怀疑这类测量的效度问题。可取的做法之一就是要调整编码员的偏误。

关于这个问题有一个真实案例,Gottschalk 和 Bechtel(1993)通过比较利用人工和计算机程序对口语文本中的焦虑程度开展编码评分,发现计算机的编码信度要显著低于人工的编码信度。他们同时报告了两组编码评分之间的相关系数 $r=0.85$,这看起来似乎合理可靠。但是,尽管具有强烈的共变特征,若不借助某种类型的统计学修正指标,数据之间将仍存在显著差异(对于计算机编码数据,Gottschalk 和 Bechtel 确实进行了某种程度的修正)。

4. **Lin 的一致性相关系数(CCC)**:研究者可利用这种方法替代皮尔森 r,用来测量定距或定比数据的共变水平。此外,这种方法还充分考虑到了系统性的编码误差(Lin,1989)。该系数可被用来评估两组定距或定比变量的线性关系(其限制条件是相关线经过原始数据,并且斜率为 1,即假定相关线展现了完全一致的结果)(Chinchilli et al.,1996)。因此,如果一个编码员对电视中人物的年龄评估值总是高于另一个编码员,CCC 值就会把这种编码员偏误考虑进来,其值自然会低于皮尔森 r。CCC 统计量的范围为 $[-1.00,1.00]$。其中,-1.00 表示完全负向线性相关,0.00 表示不存在任何相关关系,1.00 表示完全正向的线性相关。

Lin 提出的 CCC 统计量的成功表明,在改进其他统计量的共变问题方面前景不错。截至目前,该统计量在科学界和医学界的应用已经呈现指数级增长的发展态势,因此它在相关的统计文献中被称为当前最受欢迎的信度检测指标(Barnhart,Haber,& Lin,2007)。然而,在其他领域,CCC 统计量还没有找到一席用武之地[9]。另外,尽管 CCC 指标最初是设计用于检验两个编码员间的信度系数的,但现在已经成功地扩展至三位及以上的编码员的情况了(Lin,Hedayat,& Wu,2007)。

编码员间信度系数的计算

主题框 6.2 列出了一些最常用的一致性系数的计算公式,并给出了计算样例。在有些例子中,我们标明了 95% 置信水平的置信区间[10]。主题框 6.3 列举了几个不同的共变系数,并给出了 1 个基于定序尺度的统计量计算过程以及 5 个基于定距或定比尺度的统计量的计算结果。

主题框 6.2　定类数据的一致性系数的计算范例

计算适用于定类数据的百分比一致性、斯科特 *pi*、科恩 *kappa*、克里本多夫 *alpha* 以及格瓦特 AC_1。

下列范例中,两位编码员对一个定类变量进行编码(共 10 条样本)。请注意,这里的示例选择 10 条样本是出于简化计算的考虑,实际研究中没有研究者会用 10 条样本的数据计算信度系数。两位编码员评估了广告的类型,包含以下 3 种类别:1 = 产品广告,2 = 企业广告,3 = 其他。编码员 A 和编码员 B 对这 10 则相同的广告进行了编码。编码结果如下表所示:

案例单位	编码员 A	编码员 B	是否一致
广告 1	1	1	A
广告 2	2	2	A
广告 3	2	3	D
广告 4	1	3	D
广告 5	3	3	A
广告 6	1	1	A
广告 7	2	2	A
广告 8	3	3	A
广告 9	2	1	D
广告 10	2	2	A

注:A(一致)的总数 = 7;D(不一致)的总数 = 3;所有总样本数 = 10。

首先,我们可以计算简单百分比一致性:

$PA_o =$ A 的总数$/n = 7/10 = 0.70$(即百分比一致性为 70%)

另外我们可以通过生成列联表的方式查看一致性和不一致性的数量分布。加粗的数字表示两位编码员达成一致的情况数量(10 次里面共计有 7 次)。

我们可以使用每位编码员在表格边际的值(即行或列的边际总数),通过加法和乘法运算来获得计算斯科特 pi 和科恩 $kappa$ 所需的信息。

类别	边际数		乘积项	加总项	联合边际比例
	编码员 A	编码员 B	A×B	A+B	p_i
			pm_i		
1(产品广告)	3	3	9	6	6/20 = 0.30
2(企业广告)	5	3	15	8	8/20 = 0.40
3(其他)	2	4	8	6	6/20 = 0.30
总计	10	10	32	20	1.00

斯科特 $pi = (PA_o - PA_E)/(1 - PA_E)$

其中:

$PA_E = \sum p_i^2$

p_i = 变量下属的每个类别的联合边际比例

因此:

$PA_E = \sum p_i^2 = (0.30)^2 + (0.40)^2 + (0.30)^2 = 0.09 + 0.16 + 0.09 = 0.34$

斯科特 $pi = (PA_o - PA_E)/(1 - PA_E) = (0.70 - 0.34)/(1 - 0.34) = 0.36/0.66 = 0.545$

科恩 $kappa = (PA_o - PA_E)/(1 - PA_E)$

其中:

$PA_E = (1/n^2)(\sum pm_i)$

n = 多位编码员共同编码的案例总数

pm_i = 变量下属的每个类别的联合边际总数,因此:

$PA_E = (1/n^2)(\sum pm_i) = (1/10^2)(9 + 15 + 8) = (1/100)(32) = 0.32$

科恩 $kappa = (PA_o - PA_E)/(1 - PA_E) = (0.70 - 0.32)/(1 - 0.32) = 0.38/0.68 = 0.56$

对于克里本多夫 $alpha$(只适用于定类数据)来说,必须重新分配数据,如下表:

案例单位	编码员 A	编码员 B	两位编码员的编码频数		
			类别1	类别2	类别3
广告 1	1	1	2	0	0
广告 2	2	2	0	2	0
广告 3	2	3	0	1	1
广告 4	1	3	1	0	1
广告 5	3	3	0	0	2
广告 6	1	1	2	0	0
广告 7	2	2	0	2	0
广告 8	3	3	0	0	2
广告 9	2	1	1	1	0
广告 10	2	2	0	2	0
			$\sum = 6$	8	6

克里本多夫 $alpha$(定类的)的计算公式可表示如下:

$$克里本多夫\ alpha(定类的) = 1 - \frac{nm-1}{m-1}\left(\frac{\sum pfu}{\sum pmt}\right)$$

其中: pfu = 一个不一致的案例单元的频数乘积

pmt = 边际总数的所有配对乘积

n = 多个编码员共同编码的案例总数

m = 编码员总数

因此:

$pfu = (1 \times 1) + (1 \times 1) + (1 \times 1) = 3$

$pmt = (6 \times 8) + (6 \times 6) + (8 \times 6) = 48 + 36 + 48 = 132$

$$alpha = 1 - \frac{nm-1}{m-1}\left(\frac{\sum pfu}{\sum pmt}\right) = 1 - \frac{10 \times 2 - 1}{2-1}\left(\frac{3}{132}\right) = 1 - 19 \times 0.023 = 0.57$$

继续以上述针对 10 则广告的编码为例,下文将给出格瓦特 AC_1 统计量的计算过程。

格瓦特 AC_1 使用的理论公式和 pi、$kappa$ 相同:

格瓦特 $AC_1 = (PA_o - PA_E)/(1 - PA_E)$

此外,与 *pi* 和 *kappa* 一样,该统计量有自己的一套计算 PA_E 的方法。

$$PA_E = \frac{1}{q-1} \sum_{k=1}^{q} \hat{\pi}_k(1-\hat{\pi}_k)$$

其中:

q = 编码类目的数量(k)

$\hat{\pi}_k = (p_A + p_B)/2$

$p_A = n_A/n =$ 每个类目下编码员 A 的编码数量/总数 n

$p_B = n_B/n =$ 每个类目下编码员 B 的编码数量/总数 n

因此:

$$\hat{\pi}_{k=1} = \left(\frac{3}{10} + \frac{3}{10}\right)/2 = \overline{0.33}$$

$$\hat{\pi}_{k=2} = \left(\frac{5}{10} + \frac{3}{10}\right)/2 = 0.40$$

$$\hat{\pi}_{k=3} = \left(\frac{2}{10} + \frac{4}{10}\right)/2 = \overline{0.33}$$

以及:

$$\hat{\pi}_{k=1}(1-\hat{\pi}_{k=1}) = \overline{0.33} \times \overline{0.66} = 0.22$$

$$\hat{\pi}_{k=2}(1-\hat{\pi}_{k=2}) = 0.40 \times 0.60 = 0.24$$

$$\hat{\pi}_{k=3}(1-\hat{\pi}_{k=3}) = \overline{0.33} \times \overline{0.66} = 0.22$$

$$\overline{\sum = 0.68}$$

如果:

$$PA_E = \frac{1}{q-1} \sum_{k=1}^{q} \hat{\pi}_k(1-\hat{\pi}_k)$$

然后:

$$PA_E = 1/(3-1) \times 0.68 = 0.34$$

因此:

$$AC_1 = (PA_o - PA_E)/(1 - PA_E) = (0.70 - 0.34)/(1 - 0.34) = 0.545$$

主题框 6.3　计算定序和定比数据的共变系数的范例

下文将展示斯皮尔曼 *rho*、组内相关系数(*ICC*)、克里本多夫 *alpha*、皮尔森相关系数(*r*)和林的一致性相关系数(*CCC*)的计算过程。

在定序数据的范例中,两位编码员以定序变量的方式对 10 个网站广告条进行了编码,比如广告色彩的活力度。

案例单位	编码员 A	编码员 B	排序之差(d)
广告 1	2	3	−1
广告 2	6	8	−2
广告 3	9	10	−1
广告 4	1	1	0
广告 5	8	6	2
广告 6	3	2	1
广告 7	10	9	1
广告 8	4	4	0
广告 9	5	5	0
广告 10	7	7	0

斯皮尔曼 $rho = 1 - \dfrac{6 \times \sum d^2}{n^3 - n}$

其中:

n = 每个编码员编码的相同案例数

d = 每一案例中两位编码员排序之差(编码员 A 的排序减去编码员 B 的排序)

因此:

斯皮尔曼 $rho = 1 - (6 \times \sum d^2)/(n^3 - n) = 1 - 6 \times [(-1)^2 + (-2)^2 + (-1)^2 + 0^2 + 2^2 + 1^2 + 1^2 + 0^2 + 0^2 + 0^2]/(10^3 - 10)$

$= 1 - (6 \times 12)/(1\,000 - 10) = 1 - 72/990 = 1 - 0.073 = 0.927$

在接下来的范例中,两位编码员以定比变量的方式对 10 则广告上可识别的人物数量进行编码,结果如下表。为了方便计算皮尔森 r,利用表格的形式列出两位编码员的编码结果。

案例	编码员 A	编码员 B	A^2	B^2	$A \times B$
广告 1	3	3	9	9	9
广告 2	2	1	4	1	2
广告 3	7	8	49	64	56
广告 4	0	0	0	0	0
广告 5	0	1	0	1	0
广告 6	5	5	25	25	25
广告 7	3	3	9	9	9

续表

案例	编码员 A	编码员 B	A^2	B^2	$A \times B$
广告 8	12	10	144	100	120
广告 9	1	1	1	1	1
广告 10	2	2	4	4	4
$\sum$ =	35	34	245	214	226

计算皮尔森 r 的公式有许多种,其中较好的理论公式如下:[11]

$$r_{ab} = \frac{\sum ab}{\sqrt{(\sum a^2)(\sum b^2)}}$$

其中:

a = 编码员 A 的每个离差值(编码员 A 的每个分值减去其均值)

b = 编码员 B 的每个离差值(编码员 B 的每个分值减去其均值)

因此,皮尔森 r 表示的是 A 和 B 的离差值的共变值与各自变异值的比率。

以定比数据为例,可以计算出下列各种编码员间信度的统计量:

ICC(双向随机,绝对值)= 0.97

皮尔森 r = 0.98

克里本多夫 $alpha$(定距)= 0.97

克里本多夫 $alpha$(定比)= 0.74

CCC = 0.97

现在,假设编码员 B 有编码偏误,这位编码员对每个类目的编码情况都加大了 2 个值(例如,3 变成了 5,1 变成了 3)。因此,统计数值会发生如下变化:

ICC(双向随机,绝对值)= 0.85

皮尔森 r = 0.98

克里本多夫 $alpha$(定距)= 0.83

克里本多夫 $alpha$(定比)= 0.21

CCC = 0.83

子样本信度

不管是用于试编码信度评估还是最终的信度评估,研究人员在挑选和使用子样本信度时需要注意几个关键问题,即子样本的大小、抽样类型以及为编码员分派的案例样本等。

子样本的大小

每次的信度评估需要使用多少案例? 应当占总样本的某种特定比例或取一个绝对数吗? 很遗憾,并没有一个既定标准。一般的社会科学方法教科书会给出一个大概的指导意见,比如所需案例数需占总样本的 10% ~ 20%。在一项对内容分析研究的回顾文献中,Potter 和 Levine Donnerstein(1999)发现:用于信度检验的子样本的规模大小从占总样本的 10% 到占 100%,各种大小规模都有。Lombard 等人(2002)梳理了 1994 至 1998 年发表在传播学期刊上的 200 篇内容分析研究文章,并发现:43% 的文章汇报了子样本信度检验的规模,从 1 到 1 300 之间(中位数 $n = 79$)。Riffe 等人(2004)基于 3 项判断标准提出了确定所需子样本大小的指导方法:总样本大小、希望达到的最小百分比一致性系数以及相应的置信水平。

如果某位学者对截至当前的所有文献做个综述,应该大致可以得出以下几个结论:子样本信度检验的规模应该至少占总样本的 10%,应当不小于 50,一般也不需要大于 300。但是,如果总体规模较大或者预想的总体信度水平较低(Lacy & Riffe,1996),所需要的信度检验子样本的规模应偏近在这个范围的较高一端。

抽样类型

对于子样本信度检验的抽样方法来说,有两派不同的观点。第一派观点认为要采用概率抽样,即从所有讯息样本中随机挑选案例。这也是目前最常用的抽样方法,这种类型的抽样应该遵循从所有讯息单元中随机抽取样本的原则和方法。第 3 章已经提到,这种概率抽样要么使用简单随机抽样,要么使用系统抽样。因此,抽样框就是样本总体中的所有案例的完整清单。

第二派的观点认为,需要将内容分析的编码方案试用于更多的案例,从而可以使编码方案的各个部分都有机会得到"试运行"。这种通过目的性的非概率抽样所获取的子样本,即所谓的"范围丰富"的子样本(Neuendorf,2009)。它可以用来有效地检验编码方案的实际功效。例如,泰国广告中很少使用性吸引元素(Wongthongsri,1993),因此如果随机挑选子样本的话,所选中的子样本中很有可能一则使用性吸引元素的广告都没有。由于样本中根本没有这类广告,所以对于这个变量的测量(包含 vs 不包含),编码员间信度系数无疑会是100%的一致性,但这个结果显然是颇具误导性的。只有确定子样本中包含一些性吸引信息的广告,研究人员才能判断编码员是否就"广告中是否含有性吸引元素"这个变量的编码结果达成了一致。除此之外,利用"范围丰富"的子样本还有一个优势:利用这种类型的子样本,在计算信度系数时可以避免上述两个"*kappa*悖论"中的第一个悖论。

在使用范围丰富的子样本时,我们可以利用分层抽样确保子样本对总体具有一定程度的代表性。通过分层,就可以确保研究者感兴趣的变量都能在子样本中得到体现,然后就可以在每个层中利用随机抽样方法抽取最后的样本。

在当前,由于对上述的第二种抽样方法(抽取范围丰富的子样本)的运用还没有形成共识,所以研究者可采用一种折中的方案——在编码训练时使用"范围丰富"的子样本,而在试检验和最终信度检验时使用随机抽样的子样本。Hubbell 和 Dearing(2003)在关于对健康改善项目的新闻报道的研究中就采用了这种方法。

为编码员分派编码案例样本

为了检验编码员间的信度,最典型的方法就是所有编码员都编码相同的样本。如果无法为所有编码员分派相同的编码案例,所分派的案例也应该是随机的。(如第 3 章所述,这个原则同样适用于基于总样本为编码员分配编码案例的情况。)

对未达到可接受信度水平的变量的处理方法

假设信度检验已经完成,对编码方案做了相应的修正,编码员也接受了严格的培训,但在最后的信度检验中仍存在少数变量未能达到可接受水平的信度。此时,有几种处理方案可供选择。

1. 将该变量从所有的分析中剔除(Naccarato & Neuendorf, 1998)。
2. 使用更少的但定义更佳的类目重新配置变量(Fink & Gantz, 1996)。当然,这应该在试验性编码期间、先于最后的数据收集之前就完成。

3. 仅将变量当作多维测量指标(该指标本身已被证明是可靠的)的一个组成部分(Schulman, Castellon, & Seligman, 1989；Smith, 1999)。但是,这种做法也有一定的问题,因为它会掩盖该指标单个维度测量信度较差的事实。另一方面,务实的做法应当要服务于研究者原本的研究意图。如果研究者的目的是测量变量的外倾性,那么真正起作用的信度系数应当就是测量其外倾性,而非测量构成该变量的几个单独的组成部分[12]。(参见第 5 章有关内容分析研究中指标构建部分的讨论。)

4. 对于特定的变量来说,可以使用非内容分析类的数据(如调查数据),并将其整合到内容分析的变量中。例如,Kalis 和 Neuendorf(1989)在编码音乐视频中的线索呈现变量时,就使用了来自调查问卷中对"感知侵略性水平"变量的测量数据。此外,Sweeney 和 Whissel(1984)通过向被试展现一个个单词的方式(被试被要求在"愉悦"和"活力"两个维度对每个单词给予评分),创建了一个关于语言情感的词库。研究者获取了4 300 位成年被试对每个单词的评分,这些评分被用于后续的内容分析研究中(包括人工编码和计算机辅助编码)(Whissell, 1994a, 1994b；Whissell et al. , 1986)。另外,基于使用了大容量词汇样本(n = 15 761)的调查工作,Whissell(2000)成功识别出音素(即语言中的基本声音单位)的情感特征。这又进一步使她可以依据参与者对不同类型音素和情感语调的使用偏好来创建文本描述。请注意,对于这样的研究来说,被试的感知评分可能会更接近研究人员对变量的概念化定义,因此这种测量方式会优于传统的内容分析测量方法。

使用多位编码员开展信度测试

　　许多内容分析研究都会使用两位以上的编码员。但文献中有关这种情况下该如何检验信度却没有足够的研究。这可能是因为:

1. 既有的信度统计量包括 Fleiss 对科恩 *kappa* 的改良版(Fleiss, 1971)、克里本多夫 *alpha*、格瓦特 AC_1 和 AC_2、*ICC* 以及 *CCC*。上述统计量为每个变量提供一个同时计算所有编码员的信度系数,这对于报告最终信度也是非常有用的。然而,这种做法对试验性信度分析来说是有问题的,因为这种信度系数会掩盖编码员间的两两差异,使得研究者无法挑选出还需要接受额外培训的或根本不靠谱的编码员。

2. 以配对方式使用两位编码员间的信度统计量,为每个变量建立信度矩阵。利用这种方法诊断试验性信度非常有效,但会使报告最终信度变得很难处理。

3. 对所有编码员进行两两组配,并计算两两编码员间信度系数的平均值。这种方法通常用于简单百分比一致性系数,但未被广泛用于其他统计量(信度报告常常有所缺失或不完整,因此这种做法有可能比我们想象的还要普遍)。但是,内容分析研究者也可借鉴在自然科学领域中常用的汇报方式来汇报皮尔森 r 或 CCC 系数。这种汇报方式同时报告所有编码员间的平均信度系数和最小的成对两两编码员间的信度系数,因此不会掩盖其中可能存在的任何问题。然而,研究者并不提倡使用克隆巴赫 *alpha* 系数和罗森塔尔 R 系数(1987)[13]。

4. 还有另外一种可能的处理方法是,为每个变量的编码员间的信度系数建立分布表,观察其形状和异常值,找出可能需要剔除的编码员。

编码员内部信度——评估编码员本身的稳定性

"稳定性信度"(Weber,1990)评估的是同一编码员在一段时期内不同时间点编码结果的稳定性,这种类型的信度在近些年来也引起不少学者的关注(Neuendorf,2009)。与检验多个变量的内部一致性信度所采用的重测方法类似(Carmines & Zeller,1979),该过程要求编码员在不同的时间点对特定的一组对象进行重复编码,研究者对前后编码不一致的结果予以统计分析。虽然 Krippendorff(2013)认为这是"最无法令人信服的信度类型"(p. 271),但是有研究人员多年来一直都在使用和汇报编码员内部信度,特别是在临床诊断评估中(Fryday-Field et al.,1994)。现在,越来越多的内容分析学者开始在他们的研究中也汇报编码员内部信度,用于补充编码员间信度(Neuendorf,2009;e. g.,Shephard & Cairney,2005;Sieben,2014)。

通过考察编码员内部信度,研究人员可以精确地确定同一编码员在编码执行过程中是否出现一些研究人员不希望出现的前后变化。这种变化就是所谓的"编码员偏移",它不仅会影响编码员间的信度,而且对测量效度也会造成影响。在编码过程中,研究人员对编码员进行反复的培训,不断地校准编码员对编码指南的使用情况。

单元确定信度

如第 3 章所述,编码员对讯息池中的可编码单元达成一致的意见是至关重要的。如果编码员无法顺利地识别可编码单元,研究的信度显然会受到威胁。截至目前,很少有研究者会在文献中报告这类信度(Neuendorf et al. , 2010;Rodriguez et al. , 2010;Smith et al. , 2010;Strijbos et al. , 2006),但是这个问题必然在将来会受到重视(Rudy, Popova, & Linz, 2010)。

遗憾的是,学界仍没有建立用于检验单元确定信度(unitizing reliability)的统计标准。Guetzkow 提出的一致性统计量 U(Guetzkow, 1950)只能评估不同编码员所识别出来的编码单元的数量,而不能评估由他们所识别的具体的编码单元的一致程度。研究人员可以将本章所介绍的测量定类变量的一致性系数,用于评估编码员在确定编码单元时对数据表述的一致性或不一致性。但是,当所分析的内容是必须要切割的连续流时(比如转录的文本或视频演讲),编码员就很难就变量的某个类别进行清晰明确的赋值。Krippendorff(2013)拓展了自己提出的用于检验编码员间信度的 alpha 系数,将其用于衡量编码员对连续内容的单元化一致性程度。但到目前为止,开展这种评估一点都不容易。

计算信度系数:软件和计算器

在本章的前面,我们介绍了一些手动计算信度系数的例子,相信这些运算有助于帮助读者更好地理解这些信度检验统计量。而在实际应用中,由于存在许多计算机软件和计算器,研究人员完全没有必要自己手工计算。在本文撰写之时,至少已有九种不同的工具可供使用。不同的工具在产品特点、产品费用和应用灵活性方面都各有千秋,但尚未有一款工具能够提供所有信度统计量的计算功能。从这个角度来看,这些工具可以相辅相成、相互补充。表 6. 1 罗列了目前可用的软件和计算器。

表 6.1 信度系数计算软件和计算器

	AgreeStat	Com Kappa3	PRAM	R	ReCal	SAS	SimStat	SPSS	STATA
系数									
百分比一致性	否	是	是	是(irr)	是	否(但可使用频数分布)	是	否(但可使用列联表)	是
霍尔斯蒂方法	否	否	是	否	否	否	否	否	是
斯科特 pi	是	否	是	否	是	否	是	否	是
科恩 kappa	是	是	是	是(irr)	是	是	是	是	是
加权 kappa	是	是	否	是(irr)	否	是	否	否	否
弗莱斯改进版 kappa	是	否	是	是(irr)	是	是(宏)	否	否	是
克里本多夫 alpha	仅用于定类变量	否	是	是(irr)	是	是(宏)	否	是(宏)	是
格瓦尔特 AC_1	是	否	否	是	否	是(宏)	否	是(宏)	否
斯皮尔曼 rho	否	否	是	是	否	是	是	是	是
皮尔森 r	否	否	是	是	否	是	是	是	是
林的 CCC	否	否	是	是(epiR)	否	是(宏)	否	否	是
ICC	是	否	否	是(irr,ICC)	否	是	否	是	是
特征									
平台	独立型;Excel	独立型	独立型	计算机编程语言	基于网络	SAS 软件	SimStat 软件	SPSS 软件	Stata 软件
同时运作多个变量	否(每个变量需要独立工作表)	否	是	否,但可以使用脚本	只适用于两位编码者编码的定类变量	否,但可使用脚本	否	否	否,但可使用脚本

	Xls 文档,列联表或编码单元表或编码矩阵	必须以交叉表的形式编入到程序中	以编码案例为条目的 xls 文档	以编码员矩阵以数排序的编码案例	Csv,不带标签的编码员单元矩阵	编码员 SAS 数据文件库	SimSt 数据文件(.ppj)或 xBase (.dbf)	SPSS 数据文件	编码员 STATA 数据文件库
输入格式									
重复性编码员案例	是	否	否	否	否	否	否	否	否
价格	不到 50 美元	免费	免费	免费	免费	SAS 官方授权	SimSt at 官方授权	SPSS 官方授权	STATA 官方授权
最近更新	2013	2012	2005	变化	2013	定期	2011	定期	2015
运营商	Advanced Analytics; Kilem Gwet	Bakeman Programs	Orphaned	NA	Deen Freelon	SAS 研究院	Provalis Research	IBM 公司	STATA 公司

有关 AgreeStat 的注释：可同时用于其他统计量（包括格瓦特 AC_1、Brenann-Prediger，以及适用于多维编码员的康德 kappa）；基准：标准误和置信区间；只适用于定类变量的系数计算。

有关 ComKappa3 的注释：其他统计量，适用于单个编码值的 kappa；kappa 的标准误，参见 Robinson & Bakeman（1998）。

有关 PRAM 的注释：需要 Windows 7.0 及以上版本。

有关 R 的注释：R 是一种用于统计分析的编程语言，可配合开源的集成开发环境（如 RStudio）使用。

有关 ReCal 的注释：ReCal 实为一组模块，包括适用于定序、定距和定比数据的 ReCal OIR，参见 Freelon（2010,2013）。

有关 SimStat 的注释：其他统计量，自由边际值计算方法（适用于定类和定序数据），克里本多夫 R-bar 和 r（定序数据）。

有关 SPSS 的注释：其他统计量，肯德尔 W，用于计算克里本多夫 alpha 的 "Kalpha" 宏运算。

选择信度系数时需特别考虑的问题

其他可供选择的系数

除了前面介绍的信度系数,还有许多其他可供研究者选择的信度系数(Popping, 1988; Shoukri, 2011; Zhao et al., 2013)。在内容分析研究中,这些信度系数一般被应用于专门的特殊领域或尚未发展成熟的领域。这些系数包括可用来替代 kappa 的 C 和 S 系数(Janson & Vegelius, 1979)、芬恩 r、(White-hurst, 1984)、Lawlis-Lu 卡方(Tinsley & Weiss, 1975),以及维纳可靠性指标(Hughes & Garrett, 1990)。Heyman 等人(2014)在对诸多信度检验统计量(适用于定类变量)进行比较的时候,把 Holley 和 Guilford 提出的 G 统计量(1964)也包括了进去,并发现统计量的检验效果并不亚于格瓦特 AC_1。

Traub(1994)在传统科恩 kappa 的方法基础上提出了 $kappa/kappa_{max}$。这是对传统 kappa 应用的有趣补充。其中,$kappa_{max}$ 表示 kappa 所能达到的最大值,而联合分布的边际值总是具有一定的稳定性。

标准误和置信区间

基于信度估计值构建置信区间,具有一定的优势。如前所述,内容分析研究者对此越来越感兴趣(Gwet, 2008a)。Perreault 和 Leigh 在设计 I 系数(1989)时,就将其设计为对真实总体水平的一致性估计值,因此对其加上置信区间的计算是自然而然的。值得期待的是,未来将会有些简易工具,研究者可以利用它们轻松地计算各类统计值所对应的置信区间(请参见本章注释第10条)。

共变的控制

研究者可通过比较在控制变量不同类目下所计算的信度系数,诊断信度分析的有效性。尽管这种方法很少使用,有时也会在文献中看到。比如,Kacmar

和 Hochwarter(1996)曾利用单因素方差分析比较了编码员在三种媒介组合条件下("转录文本和音频""音频和视频"和"转录文本和视频")的编码分值。研究人员发现,编码员在这三种媒介组合条件下的编码分值并没有显著差异,这表明这种潜在的共变并不会显著影响信度检验结果。

利用顺序交叠编码法检验信度

目前,已有研究人员考虑利用顺序交叠的编码方法检验编码信度。举个例子,编码员 A 对 1 到 20 号案例进行编码,编码员 B 对 11 到 30 号案例进行编码,编码员 C 对 21 到 40 号案例进行编码,以此类推。尽管每个案例只有两位编码员对此进行共同编码,但在这项检验中显然使用了多位编码员。利用这种顺序交叠的编码方式,能够最大程度地扩充用于编码信度的子样本规模,并且更好地实现编码员间信度检测的第二个目标——利用尽可能多的编码员和编码案例。目前这种方法还不够标准化,需要开展更多的研究来证明其实际用处。Potter 和 Levine-Donnerstein(1999)的研究不支持对这种方法的应用,但也没有给出反对使用这种方法的统计学论证。由不同的编码员对不同的案例进行编码,这种做法的确有过一些先例。比如,Fleiss(1971)和 Kraemer(1980)就曾提出了 *kappa* 的扩展版。在这种方法中,同样也是利用不同的评判员对不同的案例进行编码和评分。

信度检验的秩序建立：能够解释变异来源的模型

内容分析的信度检验缺乏统一的标准,这一现象带来了许多争论。不同的研究者喜欢使用特定的统计量,包括倾向于使用自己创造的统计量。对现有统计量进行综述的文章非常稀少,而且结论也不尽相同(e. g. , Heyman et al. , 2014; Kottner et al. , 2011; Zhao et al. , 2013)。截至当前,尚未有第三方评估机构对此做过完整系统的分析工作。因此,确实需要有相关研究者或机构对现有的方法和有助于弥补当前方法缺陷的最新研究进行系统的梳理和回顾。

从基本层面上来看,这项工作可以由那些自创了计算模型的研究人员牵头。研究人员利用这些模型明确并解释在人工编码过程中所产生的变异来源,这也使得研究人员为定制符合自身需求的信度评估方法提供了可能。换言之,由于对编码员变异来源所做的假定有所不同,因此每项研究对信度评估的需求是不同的,甚至同一项研究中的不同变量对信度评估的需求也存在差异。正如 Shrout 和 Fleiss(1979)所指出的,最终选择的模型应该:

> 从不同的作用因素的角度明确地界定和详细地解释每个特定评分(第 i 个评估员对第 j 个目标对象的评估值)的具体构成。在这些所有可能的各种作用因素中,要界定和解释第 i 个评估员、第 j 个对象、评估员与被评估对象的互动、评估的稳定水平以及构成中的随机误差。(p.421)

Banerjee 等人(1999)提倡使用统计模型来表示一致性的结构,而不只是提供一个简单的数字。Bayerl 和 Paul(2011)提供了一个有趣的例子,在这个例子中,他们试图寻找能够影响计算语言学人工注释的信度系数的相关因素。通过元分析,他们发现了 7 个主要的影响因素,其中包括所注释的具体领域和注释者接受培训的强度。

在医学和自然科学领域的临床实践应用中,这种利用模型来测量信度的方法已经得到了广泛关注(Agresti,1992;Banerjee et al.,1999;Nelson & Edwards,2015;Shoukri,2011;Uebersax,1992)。然而,内容分析领域的学者却普遍忽视了这种方法。为一项特定的调查研究构建明确的模型,将会帮助研究人员对有关编码员的假设条件做出选择。例如,正如临床评估领域的研究者一样,研究人员决定了是否假设编码员为该领域的专家,决定了对哪些案例编码结果的差异值进行评估、分析和总结(Goodwin,2001)。上述做法为研究人员确定是否可以使用源自多个编码员的最终数据提供了判定基础,从而可以提高变量的解释力和预测力。建立模型也能帮助研究人员对有关测量的假设条件做出选择。例如,研究人员可以据此判断基于非可靠性的变量之间关系系数的降低是否能够支持对信号衰减的修正决定。正如利用该方法判断多维变量指标的内部非一致性那样(Carmines & Zeller,1979)。此外,建立模型也有助于帮助研究人员判断对不同编码讯息的测量是否会存在先后次序效应。

从更具体的层面来看,明确模型可以帮助研究者将试验性信度检验作为诊断编码问题的依据,从而进一步完善编码方案和培训方案。例如,研究者可以利用"混淆矩阵"对变量的不同类目进行非常细致的考察,以便发现编码员为不同类目错误赋值的概率(将原本属于 A 类目的案例编码为 B 类目)。

另外,建立模型也能帮助研究人员对最终信度检验做出分析和解释。例如,编码员的部分表现可被视为编码员变异模型中的部分内容,即所谓的"编码员偏移"。编码员偏移包括编码员疲劳和编码员"学习",在整个编码活动中,这两者随着时间的推移很有可能会发生不同程度的变化。对于特定的研究来说，将随时间推移而发生变动的偏移纳入模型中，这意味着研究者需要将编码的日期/时间也视为一个变量，并评估该变量与编码员间信度的关系。

最后，也是最根本的是，为编码员的编码变异建立模型，这为在研究设计和数据分析中解释这种额外的变异来源提供了可能。

结果汇报

如研究方法的其他部分一样，研究者需要完整地汇报信度检验的结果。具体而言，研究者需要汇报编码员间信度检验和最终信度检验的细节，包括样本大小和抽样类型等（Kaye & Sapolsky，2009）。如果研究者开展了编码员内部信度和单元确定信度的检验，也需要汇报这两个环节的细节信息。研究者需要给出每个变量的信度系数（Conrad，Dixon，& Zhang，2009；Danowski & Park，2009；Magi，2010）。为了让读者对研究结果有更清楚的认识，最好同时报告多种不同类型的系数（比如百分比一致性或诸如科恩 $kappa$ 和格瓦特 AC_1 这类的控制偶然因素后的一致性信度系数）（Kottner et al.，2011）。研究者也应尽可能地在研究报告中给出信度统计量的置信区间（Kottner et al.，2011）。如果能够提供更深层次的信度诊断信息，无疑会起到"锦上添花"的作用，包括分析混淆矩阵以发现存在问题的类目和逐个分析编码员以识别有问题的编码员。

对于那些无法达到可接受信度水平的变量，研究者应将其排除在后续的分析中。至于如何分析保留下来的变量以及如何汇报分析结果，请参阅本书第 8 章的内容。

本章注释

1. 请注意：有关 $kappa$ 的标准差计算存在若干变形，Bartko 和 Carpenter（1976，p. 310）提出了以下这对公式，该公式使用了 z-统计量检测 $kappa$ 系数的大小：

$$\sigma_k = PA_o(1 - PA_o)/n(1 - PA_E)^2$$

$$z = kappa/\sigma_k$$

其中,σ_k 是 kappa 的标准差的估计值,PA_o 是可观察到的简单一致性,PA_E 是完全随机情况下的期望简单一致性,n 即编码员评估过的所有对象的数量。z 值可通过正态分布曲线概率表进行评估。在统计学上显著的 z 值表明:kappa 系数显著不为 0。然而,有一种更有效的可替代 Bartko 和 Carpenter 的方法:在一个更高的、预先确定的阈值上检验 kappa,比如最小建议水平。

2. 换言之,我们可以说:"我们有95%的把握认为该变量(口头表达不流畅之处的数量)的真实总体信度在 0.88 到 0.96 之间。"

3. 有时,当一项指标建构完成后,内容分析研究会使用内部一致性信度系数。例如,Peterson、Bettes 和 Seligman(1985)结合了 4 位评判员的评分并恰如其分地报告了 3 个不同的关于被调查文章中"恶性事件"属性的综合评分指标组合的克隆巴赫 alpha 系数(Cronbach's alpha)。此外 Lunk(2008)认为,当克隆巴赫 alpha 系数不达标时,不应当构建指标来测量社交媒体帖子中的个人主义和集体主义。

4. 在考虑因偶然因素导致的一致性的时候,已隐含有关编码员评分分布的假设。在这里的假设是编码员在不同类目之间的选择是一致的,并与案例无关。

5. 本文尽量减少使用希腊字母的频率,以免"晃花"读者的眼睛。

6. 最复杂也最特别的信度系数出现在医学文献中,因为该领域编码员的任何决定都关乎生死。美国国家癌症研究所(the National Cancer Institute)就部分地资助了 Banerjee 等人(1999)对一致性系数的综述研究。

7. 检验的灵敏度即真正相似的比例,检验的特异度即真正相反的比例。例如,对于某种疾病,检验结果与患病人群的比例即灵敏度,检验结果与健康人群的比例即为特异度。Cicchetti 和 Feinstein(1990)认为既然灵敏度和特异度对测量都很重要,那么应该分开计算它们的信度系数。

8. 值得注意的是:格瓦特对 PA_E 的重新定义与斯科特、科恩和其他学者对它的理解有些许差异。如果评估员的评估过程是随机的,格瓦特就不再比较观察到的一致性和随机情况下的期望一致性。用他的话说就是,"与 kappa 和 pi 统计量不同,该一致性系数使用了一个随机一致概率,该随机一致概率已经校准,使之与观察到的评分所隐含的随机编码倾向相同"(Gwet, 2008a, p. 38)。如果某个类目的分布率很低,格瓦特的 PA_E 趋近于 0,该统计量就会基本趋近于观察到的一致性。

9. 一个科学文献索引网站公布了 2 000 多例对 Lin(1989)的引用,几乎所有的引用都在科学文献索引(Science Citation Index,SCI)范围内,而且大多数例子都将该统计量视为变量间一致性的通用指标,而不是编码员间/评分员间信度检验方法。

10. 为了说明置信区间在信度系数报告上的应用,下面将给出主题框 6.2 中百分比一致性以及斯科特 *pi* 和科恩 *kappa* 的置信区间(confidence intervals,CIs)的详细计算过程。

百分比一致性:

$$95\% \text{CI} = \text{百分比一致性} \pm 1.96 SE$$

其中:

$$SE = \sqrt{\frac{(PA_o)(1 - PA_o)}{n}}$$

$$= \sqrt{(0.7)(0.3)/10}$$

$$= 0.145$$

$$95\% \text{CI} = 0.70 \pm (1.96)(0.145)$$

$$= 0.70 \pm 0.284$$

$$= 0.416 \sim 0.984$$

斯科特 *pi*:

$$95\% \text{CI} = pi \pm (1.96)\sigma_\pi$$

其中:

$$\sigma_\pi^2 = \frac{PA_o(1 - PA_o)}{n(1 - PA_E)^2}$$

$$= \frac{0.70(1 - 0.70)}{10(1 - 0.34)^2}$$

$$= \frac{0.70(0.30)}{10(0.44)}$$

$$= 0.048$$

因此,

$$\sigma\pi = 0.22$$

$$95\% \text{CI} = 0.545 \pm (1.96)(0.22)$$

$$= 0.545 \pm 0.43$$

$$= 0.115 \sim 0.975$$

科恩 *kappa*:

$$95\% \text{CI} = kappa \pm (1.96)\sigma_k$$

其中:

$$\sigma_k^2 = \frac{PA_o(1 - PA_o)}{n(1 - PA_E)^2}$$

$$= \frac{70(1 - 0.70)}{10(1 - 0.32)^2}$$

$$= \frac{0.70(0.30)}{10(0.46)}$$

$$= 0.046$$

因此, $\sigma_k = 0.21$

$$95\% \, CI = 0.56 \pm (1.96)(0.21)$$

$$= 0.56 \pm 0.41$$

$$= 0.15 \sim 0.97$$

注意对 *pi* 和 *kappa* 来说 CIs 的值到底有多大——我们有 95% 的把握认为:总体的广告的斯科特 *pi* 信度在 0.115 和 0.975 之间;此外我们有 95% 的把握认为:总体的"广告条类型"的科恩 *kappa* 信度在 0.15 和 0.97 之间。这些大到难以置信的区间长度是本文在这里为了方便计算而随意选择过小的信度子样本而造成的($n = 10$)。若信度子样本 $n = 100$,CIs 值分别为 0.408 到 0.682 和 0.42 到 0.70。

11. 更适合用来手动计算皮尔森 *r* 的公式如下:

$$r = \frac{n \sum AB - (\sum A)(\sum B)}{\sqrt{[n \sum A^2 - (\sum A)^2][n \sum B^2 - (\sum B)^2]}}$$

$$= \frac{10 \times 226 - 35 \times 34}{\sqrt{[10 \times 245 - 35^2][10 \times 214 - 34^2]}}$$

$$= \frac{2\,260 - 1\,190}{\sqrt{[2\,450 - 1\,225][2\,140 - 1\,156]}}$$

$$= \frac{1\,070}{\sqrt{1\,225 \times 984}}$$

$$= 0.97$$

此外,林的一致性相关系数(*CCC*)的计算公式如下:

$$CCC \text{ 的估计值} = \frac{2\left(\dfrac{\sum ab}{n}\right)}{\dfrac{\sum a^2}{n} + \dfrac{\sum b^2}{n} + (\text{Mean}_A - \text{Mean}_B)^2}$$

其中:

$a =$ 编码员 A 的每个离差值(编码员 A 的每个分值减去其均值)

b = 编码员 B 的每个离差值（编码员 B 的每个分值减去其均值）

n = 编码员共同编码的案例数

12. 另一方面,我们也许可以认为只保留可靠的单个指标的方法是利用了偶然性。换言之,如果研究中使用了 50 个测量"男性气质"的项,其中只有 5 项达到了可接受的 0.90 的信度水平,那么可以认为整组的信度都没有超过完全随机情况下的水平。与 Bonferroni 所进行的对多统计量检验的调整中相似的控制方法可能会在未来的研究工作中得以运用。

13. 克隆巴赫 *alpha* 系数是最典型的用来测量一个指标内多项内部一致性的信度统计量。它的本质是根据指标中项数或规模大小做出调整后的平均 r 值(Carmines & Zeller, 1979)。克隆巴赫 *alpha* 系数有时也被用来测量编码员间的信度(比如,Robertson & Murachver, 2006; Schulman et al. , 1989)。罗森塔尔 R 系数(Rosenthal's R)(1987)是专门用来测量定距/定比类数据的编码员间信度的统计量,它的计算公式和克隆巴赫 *alpha* 系数完全一致。罗森塔尔 R 系数是根据编码员数量调整后的编码员间的平均相关系数计算得到的。在那些应用克隆巴赫 *alpha* 系数或罗森塔尔 R 系数计算编码员间信度的研究实例中,隐含的假设是研究人员想要将一组编码员推广到潜在的编码员总体,而不是目前公认的编码员间信度的最核心部分(虽然格瓦特的推论过程[2010]也将此考虑了进去)。只增加编码人员而没有提高平均编码员间信度的做法会导致表面上信度系数大幅增加。这种增加编码员人数的方法看似有许多优势,但在具体应用时需要认真地审视。例如,一项研究中有 6 位编码员,他们的平均相关系数只有 0.40,克隆巴赫 *alpha* 系数/罗森塔尔 R 系数调整后可达到 0.80。但对于一组相关系数只有 0.40 的 10 位编码员而言,克隆巴赫 *alpha* 系数/罗森塔尔 R 系数可达 0.87。必须注意到对于一个给定的两两编码员间的平均一致性信度水平,增加编码员的数量必然导致有效信度系数 R 值无差别地提升。

下列公式显示了编码员数量的调整所造成的影响:

克隆巴赫 *alpha* 系数/罗森塔尔 R 系数 = $m(\text{Mean}_r)/[1+(\text{Mean}_r)(m-1)]$

其中:

Mean_r = 对给定变量,所有编码员间相关系数的均值

m = 编码员的数量。

互动媒体时代的内容分析法

本章作者 Paul D. Skalski, Kimberly A. Neuendorf, and Julie A. Cajigas

本章旨在为互动媒体时代下的内容分析提供一些研究启示。自本书初版以来,互动媒体技术与应用已成为生活中的常态。互动媒体横跨人际传播、组织传播与大众传播等不同层次,它的使用与普及得益于当前许多广受欢迎的产品表现形式,比如苹果公司的触屏移动设备,任天堂和微软等公司开发的动作感应类电子游戏,以及 Twitter、Facebook、Instagram、Snapchat 等社交媒体平台。

互动媒体正快速取代报纸、杂志、旧式电视甚至电话等传统媒体和传播形式。举例来说,目前一款处在设想阶段的未来个性化阅读应用"我的日报"(Daily Me)(由麻省理工学院媒体实验室创始人 Nicholas Negroponte 于 1990 年代提出)可以实现在线自动聚合和接收资讯的功能,其推送在线新闻流和推送用户感兴趣的讯息这两个系统功能已经基本成型。研究者在未来进行内容分析的重点将不会是日报上的具体报道,而是从整体上把握每个用户在个人日报上阅读的内容。

自 2006 年对大众开放以来,Facebook 知名度急剧提高,目前已经发展为市场领先的互动媒体内容生产商。截至 2011 年第三季度,Facebook 已成为美国网民使用最多的网站,每月总体的使用时间达到了惊人的 535 亿分钟(Nielsen, 2011)。2013 年,美国网民在线时间中有 10% 以上花在了 Facebook 上(Weigley, 2013);2014 年,71% 的美国网民都登录了 Facebook,该应用的用户使用量位列所有应用的首位(Duggan et al., 2015)。虽然不同社交媒体平台的人气有所起落,但总的来看,互动社交媒体将会经久不衰。而且,这些媒体目前已经在世界范围内对人们的生活造成了巨大的影响。举个例子,2011 年日本地震过后,全球的社交媒体都在关注和记录这场灾难,人们借助"谷歌寻人"等在线应用来协助开展震后恢复工作。正如有线电视网微软国家广播公司(MSNBC)所言:"幸存者永远不会忘记灾难当天的恐怖,多亏了社交媒体的不断壮大;社交媒体上每次发文有 140 字的限制,这种形式也将成为我们延续下去的集体记录的一种方式。"

为了对互动媒体上的内容进行内容分析,研究者应该明白一个重要的现实:用户已经不再只是早期媒体时代下单纯的内容接收者或消费者。互动媒体时代下,用户对内容的改写、转换甚至主动生产都更加积极。互动媒体革命始于 20 世纪 70 年代的电子游戏,随着 80 年代家用电脑和 90 年代互联网的普及而持续发酵,最终于 21 世纪初期演化成所谓的 Web2.0 革命。

Web2.0 一词由技术专家 Tim O'Reilly(2005)首次使用,以指代 2001 年网络泡沫破裂后互联网所发生的改变。在此期间,维基百科、谷歌和个人博客均横空出世,互联网的内容生产方式发生了巨大的变革。Web2.0 平台通过设置操作简易的界面,大幅度提高了普通用户生产线上内容的能力。这一结果对专业写作者、编辑和其他把关人——这些往日媒体内容的特定生产者——带来了很大的影响,他们的地位急剧下降,取而代之的是大批非专业者。这些人可以利用更加精巧的媒体对讯息进行生产和发布。Potter(2011)曾对被人们普遍认可的 Web2.0 的核心特征进行了总结:

> Web2.0 是一种看待互联网的全新视角,它创造了一种社交动力(social dynamic),让人们在各种公开网站上自由分享自己的作品。用户可以自由访问那些网站并借鉴其中的内容,创造属于自己的内容讯息,并向其他用户开放这些内容。集体资源的易得性促进了开放式参与,这极大地激发了创意活动的增长(p. 213)。

随着 Potter 所描述的创意活动的大幅增长,所谓的"中介内容(mediated content)"也在急剧增加。随着 Web2.0 数字技术的进步和高速无线网络连接的普及同步,如今的媒体用户不仅可以快速地获取内容,也获得了对内容史无前例的超高控制权。重要的是,对于在第 1 章中所列出的服务于个人、人际、团体、组织和大众的不同讯息,现在用户都可以在网上轻松获取。曾经只能在实验室或通过参与式田野调查进行研究的私密人际沟通,如今这些内容已可以被存档并通过社交媒体来获取。一些公开的组织讯息(如企业责任声明)曾经只对某些特定员工和股东开放,如今几乎所有企业都会在其官网上主动公开这些讯息。而像电视节目和广告等大众讯息,研究者曾经只能通过实时录像的方式才能记录,现在这些讯息被大量上传并存储在网络上。有需求的用户可以在线观看这些内容,通过智能手机和平板等移动终端就能即时观看甚至提前观看这些内容。

内容从未如此触手可得。互联网已经壮大到可以容纳海量讯息的每一个字符,其中不仅包括印刷内容,而且包括影音内容。2015 年,YouTube 称平均每分钟就有约 300 小时时长的视频在其平台上传,目前该平台已拥有 10 亿用户,遍及 75 个国家和地区。影音流媒体服务现在几乎占北美互联网尖峰时期流量的三分之二,而 Netflix 独占其中的三分之一(Reisinger, 2012)。纸媒也在互动媒体时代获得了持续繁荣。根据 2014 年皮尤研究所民调(Pew Research Poll)显示,42% 的美国成人拥有平板设备,32% 的人拥有专门的电子阅读器(如 Kindle Fire)。其中 42% 的人在过去一年读过一本电子书或听过一本有声书(Zickuhr & Rainie, 2014)。谷歌的图书扫描项目已经完成了 2 000 多万本图书的数字化处理工作(Howard, 2012),他们期望能在十年内将世界上所有纸书都数字化(Jackson, 2010)。

除了书籍和视频等传统媒体内容,互联网上还有互动型内容。这些新型内容因其表现形式而难以被分析和获取。传统媒体的内容形式则相对固定,比如报纸的版面、电视的剧集和电影的画面。互动媒体内容具有动态和流动的本质,从用户怎么玩游戏到选择在 Facebook 上发什么内容,这些行为让互动媒体的内容形式变得令人难以捉摸。网页内容和其他互动内容也可由内容生产者实时更新。Snapchat 和 Periscope 是用户用来实现实时和即时交流的平台。Snaps 是 Snapchat 上每条讯息的叫法,它仅会保存数秒,然后便自动失效。如果一名用户尝试在手机软件上通过截图保存讯息,那么讯息的发送者会收到提醒。Periscope 是一款直播应用,鼓励用户直播全球大小事,它对上传内容也只保存 24 小时。用户可以将视频保存到本地,但如果内容已经公开上传,被别人下载时上传者也会收到提醒。另外,Web2.0 平台和模板本身也在时常更新,速度快得有时甚至连用户都跟不上。Sally McMillan 曾于 21 世纪之初就撰文言及互联网会给内容分析研究带来挑战,她提出用"显微镜式"("microscope")的内容分析法去分析互联网上的动态内容将会困难重重(McMillan, 2000)。

随着在线内容的普及,研究者目前面对的是用户行为带来的海量数据集。正如第 5 章所提到的,大数据这个术语是研究者用来描述那些相对于传统方法而言,数量太过庞大和复杂的分析数据集。在内容分析领域,大数据常以讯息的形式呈现。这些讯息是由人们在使用社交媒体、网站、移动应用时所产生的,并同时被这些使用对象背后的程序所收集和记录(Lewis, Zamith, & Hermida, 2013)。我们现在已经可以在一堆各式各样的互动平台中对大型的数据集进行检索、聚合和交叉验证。这也让研究者克服了传统内容分析中抽样和编码的困难(boyd & Crawford, 2012)。另一方面,大数据的定义已经预示着研究者将会面临数据庞大和处理复杂等问题,解决这些问题的难度甚至已经超出人类的想象范畴,因此我们必须借助机器的力量来核对、清洗和分析数据。我们可以看到,大数据是超越人类经验之外的新事物,因此我们需要对数据分析结果做出提示,否则研究的结果很难被人理解。也就是说,直接从大数据上得到的发现或结果带给我们的启示往往会比较抽象,并非总是能够直接被应用到实际日常生活中。

在分析有关个人行为和通信数据时,研究者可能需要注意一些伦理问题,以及在获取和选择数据时会面临的一些挑战。由于利用大数据进行内容分析可能会忽视样本代表性或科学研究所强调的演绎推导过程等原则,因此各界有不少学者对这种方式表示了担忧(大数据通常采用的是对事物进行数据驱动型的归纳法)。Lewis 等人(2013)提出了一种混合式的方法,即综合计算机辅助文本分析(CATA)和人工操作,"在保留传统内容分析法所具有的系统严密性和上下文的可识别性等优势的同时,还能最大程度地发挥大数据在数量上的优势,利用机器计算的高效率"(p.47)。这种见解与第 5 章中提到的主张是不谋而合的,即 CATA 与人工编码可以也应该作为内容分析的两种互相补充的方法,这一做法尤其适合于处理大数据。当研究者在对社交媒体或其他以订阅为基础的媒体(比如 Twitter)进行内容分析时,研究者应将上述对大数据的批判性意见牢记在心,因为这些研究确实都会用到"很大的数据"。

即使如此,互动式媒体性质的改变并没有导致研究者无法对它们进行内容分析研究。传统媒体和互动媒体在内容方面存在许多相似之处,同时也可利用很多方法来处理这些内容形态的差异(研究者甚至可以利用这些方法来处理最具挑战性的讯息)。自本书初版以来,研究者已经对互动媒体做过多种类型的内容分析,本文从众多议题中挑选了一些有趣的研究供读者参阅(参见主题框7.1)。此外,新一代的互动媒体在对内容的创建、获取、存档和编码的阶段,都赋予了内容分析者多种多样的、全新的且令人振奋的操作方式。本章梳理了对上述提到的内容分析多个阶段的一些思考,并为有需要对互动媒体和其他新型媒体形式进行内容分析的研究者提供了相应的意见,同时还对研究者就如何使用互动媒体来协助进行不同类型的内容分析研究给出了建议。

主题框7.1 互动媒体与内容分析

下文所列的互动媒体话题都是研究者在 21 世纪初对互动媒体所开展的内容分析案例,这些案例也充分展现出,该方法已被广泛应用于互动媒体的研究。

网站

- 1994至2001年事件导向型新闻(比如视频手机拍摄的故事)的崛起(Livingston & Bennett, 2003)
- 2002年大选期间竞选网站的立场选择与议题讨论(Xenos & Foot, 2005)
- 网站上发布的DVD解码软件背后的准则(Eschenfelder, Howard, & Desai, 2005)
- 公共精英人物(在世的和过世的都包括)在传统媒体与互联网上的媒介形象(Danowski & Park, 2009)
- 关于大学生篮球季的"疯狂三月"的互联网报道(Kian, Mondello, & Vincent, 2009)
- 美韩两国网站上的健康推广诉求(Baek & Yu, 2009)
- 健康网站上的隐私政策声明(Rains & Bosch, 2009)
- 候选人网站上由自己直接发布和传播的竞选讯息(Druckman et al., 2010; Druckman, Kifer, & Parkin, 2010)
- 电视与报纸网站上的新型论坛评论(Hoffman, 2015)
- (企业)网站的本土化策略(Wu et al., 2015)

电子商务

- eBay上的在线电子游戏拍卖(Wu & Neuendorf, 2011)
- 迪士尼网上商店中玩具的性别差异化营销(Auster & Mansbach, 2012)
- 作为酒店信息来源的在线旅行社(Peterkin, 2014)

社交网络媒体

- 在线新闻小组Usenet上的社交互动(Turner et al., 2005)
- MySpace评论区中依年龄和性别而异的情绪(Thelwall, Wilkinson, & Uppal, 2010)
- 用户在MySpace中的非语言式自我呈现(Kane et al., 2009)
- 青少年在MySpace上发布个人信息的程度(Patchin & Hinduja, 2010)
- 2008年总统大选期间Facebook上的政治团体(Woolley, Limperos, & Oliver, 2010)
- 财富500强企业的Facebook官方页面(McCorkindale, 2010)
- 美国大学体育总会组织(NCAA)与12大联盟(Big 12 Conference)的运动分类页面(Wallace, Wilson, & Miloch, 2011)
- 中美企业在SNS上建立并维系与公众的关系(Men & Tsai, 2012)

- Facebook 上关于使用在线社交网络进行风险讨论的研究（Ledford ＆Anderson，2013）
- 献给母亲的 Facebook 页面（Kaufmann ＆ Buckner，2014）

非社交网络媒体

- 博客作为一种舆论的回顾来源以及公众对新闻的反应（Thelwall，2007；Thelwall，Byrne，＆ Goody，2007）
- 图书馆与图书馆员的博客使用行为（Aharony，2009；Bar-Ilan，2007b）
- 健康与医疗类博客的内容发布（Buis ＆ Carpenter，2009）
- YouTube 上"圣战和乔治"（*Jihadi and Cholo*）的视频主旨（Weisburd，2009）
- 2009 年 H1N1 瘟疫肆虐期间 Twitter 上的讨论情况（Chew ＆ Eysenbach，2010）
- Twitter 上用户对于大型事件的情绪（Thelwall，Buckley，＆ Paltoglou，2011）
- Twitter 与微博的跨文化内容分析（Ma，2013）
- Twitter 上的儿童肥胖情况（Harris et al.，2014）
- YouTube 上面向消费者的医药广告（Muncy，Iyer，＆ Eastman，2014）
- 2014 年世界杯与美国体育粉丝的推文（Yu ＆ Wang，2015）
- Pinterest 作为获取有关慢性阻塞性肺疾病（COPD）健康讯息的来源（Paige et al.，2015）

异步沟通

- Usenet 社交网站中对用户沟通行为的描述（Turner et al.，2005）
- 电子邮件沟通中对化名使用的反馈（开放式问题编码；Heisler ＆ Crabill，2006）
- 公共图书馆读者使用的在线咨询服务（Kwon，2007）
- 虚拟工作团队中的动态性信任（Kuo ＆ Yu，2009）
- 异步在线讨论群组中的同侪指导行为（De Smet et al.，2010）

其他在线行为

- 网站链接分析（比如网站的超链接模式与链接意义；Harries et al.，2004；Thelwall，2006）
- 谷歌爆炸事件的历时性影响（Bar-Ilan，2007a）
- "媒介关注"——新闻报道者向公关专员寻求信息的邮件和推文分析（Waters，Tindall，＆ Morton，2010）

游戏与模拟

- 流行于电子游戏中的暴力现象(Smith, Lachlan, & Tamborini, 2003)
- 机器模拟的微观世界中的决策行为(Elliott et al., 2007)
- 电子游戏角色的纵欲现象(Downs & Smith, 2010)
- 流行于电子游戏中的广告研究(Lindmark, 2011)
- 电子游戏杂志和报道中的种族刻板印象(Burgess et al., 2011)

互动媒体漫谈

当前学界对互动性的定义不一而足。在互联网发展逐渐成为大众媒介的过程中,学术界众多学者如 Sheizaf Rafaeli(Rafaeli & Sudweeks, 1997)和 Sally McMillan(McMillan & Hwang, 2002)等人开始致力于明确互动性这个概念的内涵。有学者认为互动性是一个感知性变量(Bucy & Tao, 2007),其他学者则将焦点放在互动性呈现的用户和系统之间的相互作用上(Sundar & Kim, 2005)。McMillan(2002)曾将互动性划分成三种类型:人与系统互动(如玩电子游戏或使用搜索引擎);人与内容互动(如使用超文本导航);人与人互动(如使用社交网站)。这三种互动类型都对内容分析在实际中的应用有所启示(Ramasubramanian & Martin, 2009)。

在本章中,笔者倾向于从功能视角来理解互动性。功能视角是指从媒介界面所能提供的具体功能来界定互动性,包括产品特征、属性、过程和结果(Sundar, Kalyanaraman, & Brown, 2003)。基于此定义,研究者从功能、特点等方面的角度对互动性进行了操作化定义,比如该媒介是否提供邮件链接、聊天室、音频或视频下载等功能(Massey & Levy, 1999)。本文采用功能视角下的操作化定义,将研究旨趣聚焦于媒介形态和内容领域而非以用户为中心。因为对用户的感知互动性的考察更适合采用问卷、实验或参与观察的研究方法。本文中提到的互动媒体(而非仅有互动性)加强了我们对传播过程中媒介/讯息这一概念的理解。当然,我们并不否认通过互动媒体来了解用户也是有必要的,毕竟用户在内容生产中具有重要地位。

互动媒体时代的内容生产

内容分析者历来都没有切实关注过讯息产生的过程,但在互动时代,中介讯息(mediated message)已经成为被密切关注的议题。虽然本文已在第 2 章中讨论过整合模型,并建议以实证眼光看待讯息生产者或传播者。就技术而言,这一做法已经超越了内容分析方法本身,因为这种方法的核心只是考察讯息内容本身。无论传统型媒体产品的制造者是谁(不论是一本书的作者还是完成一部好莱坞大片的上千人团队),我们都认为,其最终媒介产品(比如书或电影)的存在形式是固定、客观和可被记录的。此外,讯息源从来都是稳定的。无论是系列日记的作者、医患交流双方、建设企业文化的员工团队,还是地方电视台新闻报道中的记者,这些讯息的传播者都是清晰明确的。

但在互动媒体时代,传播者不再那么清晰了,信息也不是被简单束缚于单一的媒体平台了。相反,受众可以塑造自己的媒介环境(Ramasubramanian & Martin, 2009, p. 114),因而传统媒体环境下的那些假设(即认为讯息和信源是非常明确的,非常容易识别的)便不再成立。如今,很多内容生产是用户和媒介互动的结果,或是用户通过媒体进行互动而产生的内容。比如,电子游戏的内容就取决于每个玩家自身的玩法。在暴力游戏中,有些玩家可能会一开始就扔炸弹并持续对敌人发起进攻,也有些玩家会有更具策略性的玩法。与传统媒体相比,由于存在不同玩家的不同玩法,研究者在对电子游戏的"暴力行为"这个概念进行内容编码时,会面临更加复杂的情况。

我们需要注意互动媒体的发展趋势与从事内容分析研究所要面临的关键问题之间的平衡关系。正如第 3 章所描述的,我们可根据以下任一原则定义研究内容总体并从中抽取具有代表性的样本:(1)基于所有可获得的总体;(2)基于曝光或用户接触的方法(比如当前正被关注或使用的东西)。当采用第一种原则来研究电子游戏内容时,研究者需要先对所有这些游戏内容进行盘点,然后再对其中所有可行的游戏环节/结果进行抽样,这或许注定是一项浩大的工程。而采用第二种原则时,研究者则是从玩家的实际游戏环节中进行抽样,这种方法目前已经被广泛使用(Pieper, Chan, & Smith, 2009)。同样地,研究者在采用第一种原则研究色情网站内容时,也需要先找出所有该类网站。但如果是应用第二种原则的研究方法,就可以直接参照 Salazar 等人(2009)对 530 位美国青少年进行研究时的做法:研究者用专有软件收集并存储了所有被调查者30 天内的页面访问流量,然后识别出其中包含色情内容的网页,最后对这些网页进行内容分析。

互动媒体的其他形式也为研究者提出了类似的挑战。不同用户对网页上信息的体验取决于他们选择导航时的页面位置、点击频率、其他互动选择以及用户过往的线上行为(比如用户的浏览记录会影响定制网页广告的植入情况)。Web2.0 赋予了用户创建和删除内容的自主权,从而产生了海量的可供内容分析的媒介单元和媒介产品。这一现象的兴起也给研究者提出了相应的挑战。在本文写作之时,仅 Facebook 一家就拥有 15 亿活跃用户,每位用户都拥有自己的个人页面。这种个人页面类似于用于数据收集的传统媒体单元,如报纸文章和电视节目。在个人页面中,还有许多更小的数据收集单元可供分析,包括发帖、相册、照片说明、从其他网络转载的内容、个人资料等信息。

研究者面临的另一个极具挑战性的困难是,如何区分哪些内容是由用户使用内容生产工具原创,哪些内容是转发自其他网站。随着多媒体内容生产工具和应用的普及,研究者越来越难识别出照片、视频以及其他多媒体内容是否是用户的原创。不少照片、视频和其他多媒体编辑程序都是专门为普通用户而设计的,便于他们制作出高质量内容。目前,这些多媒体编辑程序已经被用户广泛使用,然而判断用户是否真的有能力做出他们发布的内容却并非易事。用户经常会转发他人制作的图片、表情包等内容,而不是转发这些内容的链接。受欢迎的内容很容易通过社交网络形成病毒式传播,这使研究者更难识别出发布内容的来源。最后,当每个人都可以创造属于自己的内容、鼓励分享成为一种风气的时候,内容分析者在研究时则将面临海量抉择。

而挑战并不止于此。网页内容有可能会随着用户的搜索词而有所不同。同时,由于目前的技术已经能够检测到用户搜索时所在的地点,所以网页内容甚至会因用户的地理位置而改变。这种技术主要应用在对内容的推广上。精准广告会被推送给正在浏览网页的访客或正在玩游戏的玩家等用户。在 2008年美国总统大选活动期间,动态游戏广告大放异彩,奥巴马的形象被植入到了赛车游戏"火爆狂飙:天堂"(*Burnout:Paradise*)中(Simons,2008)。依玩家位置、属性、时区而异的精准广告已经成为了某些游戏的常态,广告会依据玩家每次的联网状态而定期更新(Kaufman,2006)。Facebook 拥有一个非常强大的广告投放平台,利用这个平台,营销人员可以根据用户的位置、年龄、性别、兴趣关键词和在线状态来定制广告。以计算机为基础的新媒体不再有固定形态的内容,这一内容形式特征消除了以往只存在几种特定类型内容而给研究者带来的确定性。

<h2 style="text-align:center">互动媒体时代中内容的特性</h2>

为了厘清现存大量的内容生产类型,内容分析者应该区分用户生产内容(user-generated content)、用户挑选内容(user-selected content)[包括用户精选内容(user-curated content]和互动媒体产出(interactive media output)内容。在互动媒体时代,这些基于不同类型创建的内容都可供研究者进行内容分析,但同时对传播者和讯息的传统概念都提出了挑战。下文将对这三大类互动媒体内容给予详解和举例。

1.用户生产内容(UGC):用户生产内容常被视为与 Web2.0 同期出现,并被当作专业媒体提供内容时代的一个转折(Lanchester,2006)。用户生产内容指的是用户通过简易工具(往往为公司所掌握)生产和提供媒体内容(Potter,2011)。大量的在线 UGC 内容已经被媒体所注意(比如《时代》杂志就在 2007 年将"你"——在线用户——选为年度人物)。随着 UGC 的蓬勃发展,国际经合组织(OECD)等机构已经开始重视该现象普及所带来的法律与政策影响(Geist,2007)。

UGC 的例子包括 Facebook 的用户资料页、Vine 上的视频、Instagram 上的照片和视频、Snapchat 上的故事、网页日志(博客)、电子邮件,以及通过 Twitter、维基百科页面和 YouTube 等服务所产生的各种内容。在本章中,我们将区分用户生产内容和用户挑选内容。我们再次强调,研究者应该谨记互动媒体上可以包含的所有传播功能。大部分的 UGC 本质上是与人际传播有关的(如邮件和 Facebook 的讯息),有些 UGC 是个人的但可见度比较高(如社交网站上的活动交流和博客内容),还有部分 UGC 内容则直接是面向大众的(比如维基和大部分的 YouTube 视频)[1]。UGC 有时也被称为用户创建内容(user created content,UCC)。

2.用户挑选内容(USC):用户挑选内容也被称为用户收集内容(user-collected content),指的是对已有媒体产品内容进行在线发布和分享,比如某个用户上传到 YouTube 的一个电视片段,或者在 BT 上分享的一首歌曲。根据我们的概念化定义,USC 与 UGC 的不同之处在于,对于前者而言,名义上的媒体来源仅仅在内容和某个互动媒介之间扮演了中介或代理的作用,而不是内容创建者的角色。用户还可以通过 Web2.0 上各种各样的应用进行内容选择、收集和分享。网络上会出现各种病毒式内容(如病毒式传播的视频),主要是用户大量通过 Web2.0 网站分享和转发如视频、图片、博客等媒体内容后所带来的直接后果。比如,用户在 YouTube 上看视频的时候,通过将该视频转发到他们的 Facebook、Twitter 页面,或者在 YouTube 上标记喜欢,就可以快速便捷地把视频分享至他们的社交网络。另外,用户在 Web2.0 网站上发布的许多博客和微博客内容都可以通过内容聚合器(如 RSS 订阅)进行收集和分享。

USC 的独特之处在于它反映了某个用户个体对内容的选择,而不是创建内容本身。从研究进展的角度来看,学者们才刚刚开始考虑将针对 USC 的内容分析结果作为洞察用户是如何探寻和理解海量的在线内容的切入点。

USC 的一种特殊类型就是用户精选内容。用户精选内容的选择标准并不是基于用户个人的乐趣,也不同于把内容不假思索地向他人转发,而是以满足用户明确需求为目的来筛选和聚合内容。如 Flickr、Tumblr 和 Pinterest 都可以让用户来精选和展示经过其挑选的内容,以创造一个有用的、美观的或是具有吸引力的内容合集。Lin 等人(2009)分析了 Flickr 上面的用户精选内容,发现群组照片流是根据相同主题而被收集在一起的。Etsy.com 是一个点对点的电子商务网站,其特色就是有"宝贝"(Treasury)这样一个待售工艺品的合集,这些合集都是由上千位 Etsy.com 的用户创建的。一个"宝贝"列表通常都是围绕一个相似的主题(如颜色或其他主题)而建,它展现的是创建者个人所喜爱的一些产品,类似于时尚杂志中的精选模块。Etsy.com 会根据用户创建合集的"热度值"进行分类。

3. 互动媒体产生内容(IMO):互动媒体产生内容指的是媒体消费者在探索或使用互动媒体时所创建的内容。用户进行网络冲浪的方式和玩家玩游戏的互动模式就是 IMO 的典型例子。相对于前两类内容而言,如果研究者要对 IMO 进行内容分析,无疑需要更先进的内容捕获方法。

内容分析者必须明确一个根本假设,即讯息的来源到底是媒介用户(如游戏玩家),还是界面创建者(如游戏设计者)。如果我们对 IMO 的概念化是可行的,那么对这个假设的不同理解将会影响我们如何定义被调查的总体。为了更好地了解用户与分享内容之间的关系,内容分析者还应该考虑用户的分享动机。

实操建议

如何解决在对动态互动媒体内容进行分析时所面临的挑战？本文提供了一些操作建议。

1. 当研究目标是分析 UGC 时，要注意 Web2.0 页面上的标准化内容。撇开用户对网页的创造性有控制权这一假象不谈，用户其实只对 Web2.0 网站上的部分内容有自主权。比如，在 YouTube 上，用户可以自行发布视频并自己决定可挑选的讯息（如标签），但相关链接等其他内容都是由网站运营者自行添加的。对 Facebook 而言，也是同样的道理。Facebook 用户对出现在他们主页或资料页上的广告并没有控制权，虽然这些内容与用户本身的使用行为有关。内容分析者应该区分内容是用户本人发布在自己页面的还是由他人发布在自己页面的（如在 Facebook 的时间线里或是在 YouTube 的评论里）。

2. 在对某个相关的注解进行内容分析时，页面上的标签和其他"元"内容也是内容分析时的有用工具。这些内容可能来自于用户，也可能来自网站本身，它们可以帮助研究者找出一些相似的内容以供编码。比如，许多数码相机都会将众多元数据内嵌到照片中，包括相机型号、相机设定、拍摄位置等讯息。再如博客用户会对其博文创建标签，以将他们发布的内容进行主题分类，从而方便读者或内容分析者查阅他们的博文。

3. 研究者应注意区分用户生产内容（UGC）、用户挑选内容（USC）和互动媒体产生内容（IMO）这三种内容类型。区分这三者很重要，因为当有人将社交媒体网站上的讯息发布者直接视为这条讯息的来源时，有可能这是一条 UGC 或 IMO，而不太可能是 USC。

4. 最后，研究者还应注意，网站上的内容模板有可能会因时而变，因此有必要准备一个灵活的编码表来适应互动媒体内容变化的需求。在对 YouTube 上的喜剧内容进行持续性分析时，由于社交网络系统的布局和选项的改变，研究者必须要在一段时间内反复修正编码指南（Neuendorf et al., 2016）。

互动媒体时代的内容获取

内容获取从未如此简单。互联网的普及催生了内容获取黄金时代的到来。本书的第一版中列出的归档内容通常都是存在于现实世界中的具有物理形态的媒介(如录像带)。但在那以后,大量内容被数字化处理后发布到互联网上,用户除了可以查看文字内容之外,还可以轻松地上传、下载和观看视听内容。在早期,文字内容是最主要的媒介呈现形式。这些在线的数字化内容十分丰富,从权威的法律数据库律商联讯(该数据库系统详尽地收集了法律文件、报纸和杂志等纸媒上的相关法律内容)到汇集了互联网上海量视听内容的 YouTube 网站,再到存储着可追溯到 1996 年的"经典"网页内容的互联网档案时光机(Internet Archive Wayback Machine)。

除了这些网络信源外,目前还出现了一些可以用来获取内容的互动技术,包括订阅流媒体服务商 Netflix 和 Hulu,以及数字视频刻录机(DVRs)。另一个数字视听内容的主要来源是苹果公司打造的 iTunes,它是用来完善音乐和视频播放设备 iPod 的一个平台,目前已经发展为许多其他平台的数字媒体内容的提供商。用户从 iTunes 商店购买的内容并不是直播类的,这些内容是事先录制并以数字化形式存储在用户的电脑硬盘中。相较于直播媒体,这种存储方式更具优势。互联网上存档的内容除了传统媒体内容,还有大量的 Web2.0 原生内容,包括网络日志、微博客和社交媒体内容。这些内容都是基于数字环境创建的,因而更容易被检索和获取。由于技术的进步,获取数字化内容正越来越容易。事实上,现有的数字获取技术正在快速取代实体的内容存储媒介(如录像带、CD、DVD 以及手写日记等)。除此之外,内容分析者还在脑海中畅想正在发展或将来可能会出现的其他内容存储技术。

SnapStream 就是其中一个典型的例子。SnapStream 是一个可快速获取电视内容的基于服务器端的系统。该系统可对多个频道进行网络化的硬盘录像存储,还拥有电视搜索技术。该系统在销售时就明确表示可对其进行内容分析。SnapStream 可以刻录上千小时的视频内容,并可以对其进行云共享。用户只要通过样片上的字幕就能根据关键字进行视频内容搜索,而不用播放每部视频。学者 Simon(2011)用 SnapStream 记录了 2010 年俄亥俄州普选活动开始前一个月当地所有的电视新闻广播,并用这个工具搜索了每条需要重点研究的新闻报

道(主要是涉及美国的州选举和区选举的报道)。Simon 还把相关部分的隐藏
字幕下载下来,并用 CATA 对它们进行分析。另外,Simon 利用开源的 CATA 程
序 Yoshikoder 制作词频列表(见资源列表 1),据此设计了一套自己的检索词。

　　另一种数字获取技术是印象笔记(Evernote),这是一款协助用户收集各类
讯息的软件,典型的应用场景就是在智能手机等移动设备上。主题框 7.2 详细
介绍了这款应用。印象笔记可以被看作为内容分析者量身定制的工具,但它不
是唯一一款可以用来对讯息进行查找、筛选和编码等操作的内容分析应用。当
前市场上还有很多可以听歌识曲的移动应用(如 Soundhound、Midomi 以及
Shazam)。另外,像苹果的 iPhoto 照片管理器、谷歌的 Picasa 图片管理器和
Facebook 本身都提供面部识别应用。

　　大量的内容给研究者在内容获取阶段就带来了挑战,尤其是在抽样阶段。
内容分析者应该如何从海量的讯息池中对内容进行抽样? 例如,研究者应该如
何引导用户设置他们的隐私权限,以成功获取研究所需的内容? 如果一款游
戏并没有确定的时长(不像半个小时的情景剧或是两个小时的电影一样具有确
定的时长),那么抽样的游戏内容该以多长为宜? 我们接下来将提供一些建议,
以便研究者应对在互动媒体时代进行内容抽样时会碰到的常见问题。

主题框 7.2　存档技术:印象笔记

　　快速变化的媒体内容给研究者带来了巨大挑战,归档技术的进步则在某种程度上
应对了这种挑战。创立于 2008 年的流行软件印象笔记就是一款讯息归档软件,目前它
有 PC 端和移动端两个服务版本。利用印象笔记,用户可以采用各种方式收集内容,包
括创建文字笔记、拍照记录手写笔迹或纸质资料、保存网页内容快照,以及存档录音片
段等。保存的内容经过软件处理后会形成文件索引,方便用户日后检索之用。如果内
容是手写内容或纸质文本的图片格式,印象笔记会对图片中的内容进行文本识别处理,
方便用户日后搜索。印象笔记在内容分析方面有很大的使用潜力。举例来说,印象笔
记具有截取部分网页内容的功能,这一功能可以让研究者保存某条推文或 Facebook 更
新的快照,也可以保存整个网页。在采集完内容后,印象笔记会为保存的内容附上日
期、时间和标题,并以此形成目录。用户可以对采集来的内容加上关键词,以此作为标
签来进行内容管理,后续便可以便捷地处理这些片段内容,将其归档和组织在一个数据
集中。

　　这款软件的另一用处还体现在下面的例子中:

如果有研究者想要分析其所在城市公告牌的内容,他就可以用印象笔记将公告牌上的每条内容拍照保存。印象笔记不仅可以对这些照片进行简单的分类并建立索引,还可以根据照片内嵌的拍摄位置信息为研究者形成一张带有位置信息标记的拍摄地图,并能为研究者计算出不同拍摄地点之间的物理距离。此外,印象笔记还支持 PC 端与移动端设备之间内容的自动同步访问功能。

获取电子游戏内容

电子游戏在多个层面上都给研究者的抽样工作带来了巨大的挑战(Pieper et al.,2009)。正如 Schmierbach(2009)指出的,要对电子游戏进行内容分析,在抽样时不仅要像分析电视剧和电影一样确定将哪款游戏作为分析对象,而且还要选择游戏的某个部分作为分析单元。电子游戏没有固定的时间范围,或者说这个时间范围远远超出研究者来自传统媒体的经验。游戏开发商 Rockstar Games 曾估计,他们公司的大热游戏《侠盗猎车手 4》(*Grand Theft Auto* 4)需要 100 小时才能玩通关(Yin-Poole,2008)。在这 100 小时里,毫无疑问将会产生无数种的游戏内容,而且每位玩家的游戏时长也不一样。一个游戏新手在玩经典街机游戏《大金刚》(*Donky Kong*)时可能几分钟后就会败下阵来,但世界纪录保持者 Billy Mitchell 和 Steve Wiebe 就可以一次玩好几个小时(Cunningham & Gordon,2007)。

如何选择游戏的分析单元也大有文章。Haninger 和 Thompson(2004)对游戏时长和可观察到的内容(比如暴力、说脏话、吸毒等)类型之间的关系建立模型后发现,一个 10 分钟的游戏片段样本就有可能丢失掉该时间段内一种或多种内容类型的 40%,而一个一小时的游戏样本就可以将这一缺失值降到 10%。虽然这一研究结果意味着游戏片段样本时间越长,样本的有效代表性就越强,但 Schmierbach(2009)认为如果这么做,问题会变得更加复杂。他认为,如果从游戏的第一个小时的内容里抽样,结果有可能遗漏某些类型内容的出现频率。比如,随着游戏角色的装备变得更强,或游戏进展到后期,敌人会变得更多,因而游戏中出现的暴力行为也会更多。另外,如果研究者只研究默认的游戏模式,有些重要的游戏模式就会被忽略,如多名玩家匹配就是许多系列游戏,就像《光环》(*Halo*)和《使命召唤》(*Call of Duty*)里很受玩家欢迎的玩法。另外,不同玩家的游戏水平不一样,所产生的互动产出内容也因而不同。加上不同游戏供玩家进行挑选的角色也各不相同,这些差异都会使得对游戏内容进行抽样这项工作变得更加棘手。举例来说,一个以矛为武器的格斗游戏角色,比如《真人快打》(*Mortal Kombat*)里面的 Scorpion，就会比赤手空拳进行对战的角色制造更多血腥和暴力的游戏内容(Smith，2006)。

正如尼尔森收视率之于电视剧，票房成绩之于电影，游戏也有一些相应的销售数据可供研究者在抽样选择时作为参考指标。正如某些内容分析者的做法(Smith，Lachlan，& Tamborini，2003)，如果研究者的目标是最大限度地覆盖尽可能多的玩家(如用基于用户接触或曝光的方法定义样本总体和抽样)，以此来确定游戏的抽样内容。研究者可以参考游戏的畅销榜排名，并从中挑选出前20 或 30 款横跨各大游戏平台的热门游戏作为研究对象。北美市场研究机构NPD 集团就可提供游戏销售方面的数据。如果研究者的目的在于大致了解所有游戏的总体概况(即基于所有可获得内容的方法)，则研究者应该去寻找一份完整的游戏榜，再根据榜单进行随机抽样。研究者可以根据游戏平台的不同(比如从 Wii、PS3、XBOX 上各选 20 款)进行分层抽样，或是根据研究问题涉及的变量进行抽样。

在抽样时，另一个更重要的决策是关于游戏内容样本的分析单元。如果内容分析的目的在于了解整个游戏的情况，那么仅从游戏的前十分钟或是前期的游戏片段中抽样就很难充分地代表实际的总体情况。一个效度更高的方法是，分别在游戏的前期、中期和后期对游戏时间片段(比如十分钟或二十分钟)进行分层随机抽样。或者，如果一款游戏有固定的级别(比如格斗版的《大金刚》依据游戏过程可分为四个不同的阶段)，从每个阶段中抽取相应时长的内容就更加合适，这样可以更好地了解一款游戏升级所需内容的真实情况。在决定游戏片段的重要程度时，研究者可能需要对内容具有更加完整和透彻的了解(即要研究游戏，研究者本人就要玩很多款不同的游戏)。

电视游戏和电脑游戏有很多的不同，这一点对内容分析而言很重要，因为电视游戏机在后续分析中扮演的角色与电脑平台不一样。随着电视游戏机非常快速的更新换代(比如在本文写作之际，包括 PS4、XBOX one 和 Wii-U 在内的新的游戏主机都已经更新升级至第八代)，其更新趋势似乎是开发者把多功能的电视游戏主机升级转换成便于操作的电脑。当研究者开始设计关于电子游戏的研究计划时，必须考虑游戏主机的升级因素，因为游戏主机的升级会对后续的内容抽样产生重要影响(比如说研究对象是某一代的游戏机，还是多代游戏机以进行跨迭代的比较研究)。

在对电子游戏进行内容分析时，游戏角色的选择、被试玩家的游戏水平都是需要重点考虑的因素。

1. 不同游戏角色的技能和力量值各有差异，这些差异会影响玩家的互动媒体输出内容。面对这种情况,有几种方法可供选择。一种做法是选择最受欢迎的角色,因为这类角色的玩家体验可能会最高。研究者可以在网络上寻找关于游戏流行指数的数据,或是通过调研的方式获得。另一种做法是从现有的游戏角色里进行随机抽样,确保选出20%的代表样本。如果是关于游戏角色特质的研究(比如性别、种族、体型等),作者建议研究的样本量要更大些。

2. 至于玩家的游戏技能问题,资深玩家极有可能可以操控游戏内容在总体玩家中的呈现方式。如果被试是一个菜鸟玩家,那么研究者应该在研究开始之前对他们进行一段时间的训练,否则他们将很难呈现出更多有价值的内容。但就这个问题,也有一种完全相反的看法,即认为在研究总体中确定参加游戏过程的样本时应当完全基于随机原则。Newman(2004)建议持续追踪一名新手玩家的游戏进阶之路。Smith(2006)则建议让10位资深玩家和10位新手玩家玩同一款游戏,然后研究组内和组间的游戏内容差异。Schmierbach(2009)建议招募大量玩家来获取游戏内容样本,并对新手玩家进行悉心教导。

3. 如果游戏有多重游戏模式(如单人游戏和多人对抗),我们建议研究者从最受欢迎的游戏模式中进行内容抽样。同样地,关于受欢迎程度的数据或指标可以参考已有的网络数据或自行前期调查。正如Schmierbach(2009)所指出的,在抽样时,如果只对《光环3》的单人游戏模式进行抽样,研究者就会错过玩家很多其他的游戏体验,因为这款游戏最出名的地方就在于它的玩家对抗模式。

4. 关于在线电脑游戏,研究者可以把游戏数据和玩家日常的游戏交流讯息记录下来。研究者可以通过购买游戏服务器空间的方式或从游戏主机开发商处获取游戏数据。和其他在线活动一样,加入服务器或网络服务前可能会有一些同意条款,为了让这些游戏数据和讯息可以用于研究,研究者必须要确保事先取得玩家的同意。玩家间的互动有望成为未来内容分析的一个潜力巨大的来源,尤其是这些互动还结合了相应的游戏数据。Lehdonvirta等人(2012)关于UWO玩家的研究就采用了上述做法。UWO是日本一款大型网络游戏,研究者收集了这款游戏的玩家交流和操作的数据。他们的研究发现,当玩家使用男性角色时,相比于女性角色,他们主动向他人索取的帮助会减少,但收到的间接帮助会增多。由于这些差异与玩家的实际性别不相关,研究者总结道,男性"在玩女性游戏角色时,作为男性身份的心理阻碍消失了,更易于向他人求助"(p.29)。

最后,我们认同 Sherry(2007)、Smith(2006)和其他学者的看法,即研究者在决策时应该以研究调查时的理论过程为导向。鉴于其中所要考虑的因素和可能性很多,电子游戏的内容抽样可能会比其他任何一种互动内容类型都要困难。但是,只要研究者以扎实的理论准则和专家意见为基础,进行慎重的思考,总会做出明智的决定。

获取 Web2.0 内容

正如前面所提到的,Web2.0 革命带来了海量的原生内容。虽然这一发展现象在某些方面非常值得祝贺,但从抽样的角度而言,导致的结果就是数量太过庞大。举个例子,有项关于 Facebook 个人资料页的研究,就需要从数以亿计的总体中进行抽样。

Web2.0 内容的获取和抽样真的有这么复杂吗? 在从 Web2.0 网站进行内容获取和抽样时,首先考虑的一点是平台的多样性以及各平台的功能差异。随着 Web2.0 的快速演变,未来的内容分析者不可能会有一本适用于各类平台和程序的内容分析的全面型指南。但不管是什么平台或什么程序,在获取内容、抽样、样本单元化之前,研究者应该要对以下问题了然于心。首先,这个平台有什么功能? 它在传播讯息时是不需要考虑受众的差异进行广而告之,还是只是为了促进用户将这些个人化讯息分享给范围较小的关系圈层(比如朋友、家人等)? 第二个问题是,这个 Web2.0 平台要如何实现它的目标? 它可以仅依靠公开数据就能完成,还是需要借助这个平台上关于人际关系和其他私密的数据? 第三个问题是,这个平台是让用户创建内容还是分享内容,还是二者都可? 第四个问题也是最后一个问题是,类似的平台是否已经有人研究过? 如果有,当时是怎么研究的? 这些问题的答案在研究者进行内容获取时具有非常宝贵的指导价值,尤其是当研究对象是新媒体或是正在发展的媒体时。

当谈及 Web2.0 的内容获取时,意识到 Web2.0 是可以被划分成很多更小的类别的,这一点非常有必要。比如说,Mazur(2010)就把社交媒体网站和博客进行了区分,并分别指出了对这两类网站进行内容分析时所需要解决的问题。我们认为,社交网站和 Web2.0 内容相比是一种不同的类型,但博客只是众多社交媒体中的一种。为了使该分类尽可能地全面,我们将 Web2.0 分为两种类型:社交网络网站(SNS)和非社交网络网站(non-SNS)。虽然这种分类并不互斥,但却有助于研究者讨论有关内容获取的话题:

1. 社交网络网站(SNS):SNS 被 Boyd 和 Ellison(2008)定义为一种"以网络为基础的服务,该服务可以(1)让个体在一个允许的范围内自行创建一种公开或半公开式的个人页面;(2)让用户与其他众多相关的用户建立联结;(3)让用户看到自己的关系网络,并与这个关系网络或系统里的其他人建立新的联结"。(p. 210)

与其他 Web2.0 网站类似的是,SNS 可以让用户公开自己的 UGC 内容和 USC 内容。而与其他 Web2.0 网站不同的是,SNS 的目的不是让用户去广泛无差别地接触新的对象,它具有高度精细化的隐私设定工具,可以让用户对自己发布的内容拥有高度的自主权。换言之,用户可以根据自己与其他用户的联结关系来决定哪些人可以看到自己发布的内容。当前的研究焦点都聚焦于站在中立的角度去看待这些自然产生的沟通内容。关于 Facebook、MySpace 和 LinkedIn 等社交网站的研究越来越多(Compton, 2008;Grasmuck, Martin, & Zhao, 2009;Jones et al., 2008;Kaufmann & Buckner, 2014;Kim, Klautke, & Serota, 2009;Kobayashi, Spitzberg, & Anderson, 2008;Ledford & Anderson, 2013;Neuendorf & Skalski, 2010;Waters et al., 2009)。

2. 非社交型网站(non-SNS):这些网站可以发布 UGC 内容和 USC 内容,但不同于社交网站,它们并不为用户提供(或不强调)基于用户互动的关系网络。很多这类的 Web2.0 网站都很难进行隐私和权限设置,因为无法看到这些内容被分享给了哪些用户,因而也就没有必要添加类似于 SNS 的隐私设置功能。一般来说,如果非 SNS 网站的用户想将他们的广播内容设为私密,它们可以设置其他访客的订阅权限,或是用密码保护的方法。非 SNS 型的 Web2.0 网站包括个人博客、播客、Twitter 等微博客服务、维基百科,以及 YouTube 等媒体分享网站。目前学者已经对上述这些 Web2.0 内容开展了广泛的内容分析研究(e.g., Abbasi et al., 2008;Birch & Weitkamp, 2010;Habel et al., 2011;Lieberman & Goldstein, 2006;Ma, 2013;Neviarouskaya, Prendinger, & Ishizuka, 2009;Oh, Agrawal, & Rao, 2011;Waters & Jamal, 2011;Weisburd, 2009;Yu & Wang, 2015)。

从 SNS 上获取内容。研究者从 SNS 上获取内容所面临的一个主要挑战是 SNS 用户大都设置了隐私保护工具以精准地将其他访客排除在外。许多 Web2.0 网站(如博客和维基)的目标都是尽可能地将内容传播给尽可能多的用户,但 SNS 的目的则是使用户的内容只对网络中的"朋友"或是相互认证过的"好友"开放。由于 SNS 上的内容只对"好友"（Facebook 就是这样）或是其他获得许可的团体可见,因而研究者很难在通常的"总体"中进行抽样。为了克服隐私这个难关,最近一些需要从 SNS 上获取内容的项目就做了很多令人敬佩的工作。举个例子,Carr、Schrock 和 Dauterman（2009）在研究 Facebook 时,就先从一个班级里招募了几名学生,在事前获得他们的同意后,参与者同意了研究者为研究而设的账号的好友邀请。这样研究者就可以看到被试的登录状态信息,并对其进行编码。这种方法既有趣又很创新,在很大程度上减轻了部分对这种做法会违背隐私原则的担忧。假设所有数据都是保密的,如果被试赋予了研究者获取其信息的能力,或者他们的信息本来就是公开的,那么我们就认为从 Facebook 等社交网站上进行内容抽样不会导致什么重大的研究伦理问题。

我们应该注意到:有些 SNS 用户的隐私设置具有易变性,只把一小部分内容选择对部分好友可见,但在执行搜索操作后,搜索结果却会显示这些实际不可见的内容。如果出现这种情况,在后续的分析中可能就有必要去掉这些内容。我们建议研究者要仔细地查看每个 SNS 网站的隐私设置条款,以帮助其在决定使用被试同意后的 Facebook 页面进行研究时,确认这种做法是否仍然存有伦理问题。

如果 SNS 上的总体信息没有或只有很少限制,这时我们建议研究者寻找站内提供的工具以协助抽样。举个例子,Lunk（2008）和 Kane（2008；Kane et al.,2009）都用的是当时网站上现成的"高级浏览"工具对 MySpace 的个人主页进行抽样。这个工具可以根据设置的搜索条件随机呈现符合要求的用户主页样本。虽然有上百万个潜在样本,他们只一次性抽取了 3 000 个用户页面,设置为每次显示 300 个页面。虽然有一小部分页面不可被获取,但"高级浏览"功能还是可以让研究者取得可靠的代表性样本。这个网站上也有一些设置可以帮助研究者将他们的搜索目标限定为某些特定类型的用户,比如根据性别、年龄、关系状态或其他筛选条件。其他网站也有类似的功能可供内容分析者使用。除了在实验室和某些特殊的场景以外,虽然 Facebook 上的存档私密讯息（类似于个人邮件）并不对研究者开放,但 MySpace、Twitter 上的存档讯息却赋予了研究者史无前例的绝佳机会以进行人际传播研究。研究者需要从沟通双方中的一方获取隐私内容,然后再考虑为了对这段对话进行内容分析是否需要获得沟通双方的许可的问题。总体而言,研究者应该承认,那些用来获取难以进行抽样的内容（如 SNS 的个人主页或是私密讯息）的方法是存在很多限制的。

从非 SNS 型 Web2.0 网站获取内容。相对于 SNS 让用户在一个有限大小的社交网络里进行讯息分享,非 SNS 网站通常用来向尽可能多的观众群体广播讯息,这实际上属于大众传播模式。由于非 SNS 型网站上的内容访问权并不需要获得原作者与访客之间的相互同意,因而在获取这些网站上的内容时,研究者所面临的挑战与 SNS 型网站大不相同。由于非 SNS 的这一特点,研究者几乎找不到非公开的博客、微博源或维基内容。少数特例是,个人博客或 Twitter 往往是记载个人想法的平台,只对用户的亲朋好友开放(Nardi, Schiano, & Gumbrecht, 2004)。这类网站可以通过设置订阅许可或是密码保护的方式进行隐私设置,访客如果要查看网站内容,必须要得到网站所有者的同意。由于大部分的非 SNS 网站都是完全公开的,因而内容获取的真正挑战在于抽样,尤其是针对博客和微博源的抽样。关于这个问题会在下文中详述。

虽然目前有很多种方法可以查找互联网上的网络日志,如何对这些内容进行抽样却存在着不小的挑战。Li 和 Walejko(2008)在研究博客时,列出了几种抽样时可能会碰到的陷阱,包括垃圾博客、废弃博客、有访问权限的博客,以及非传统型博客。问题最大的是垃圾博客,这种博客也被称为链接工厂(link farms),其创建是为了提高网站在搜索引擎上的网页排名。其次是废弃博客,这种博客的数量占了总体的三分之二。之前没有详细讨论的类型是关于访问受限的博客,目前针对于此的研究仍然不多,因为它确实很难通过定向查找的方式找到。研究者在进行研究设计和制订解决方案时,必须将这点纳入考虑范围。最后一种类型是非传统型博客(包括带有 UGC 内容功能的网站)。这种类型的博客在传统意义上并不被认为是博客。正如 Li 和 Walejko(2008)指出的,很受欢迎的 SNS 网站有时可以让用户在网站内写博客,比如 MySpace 里就有一个整合型的博客平台。研究者应该谨记,这些非传统型博客可能不会出现在博客搜索的结果里。

为了获得充足的博客样本,内容分析者必须成功避开上述陷阱,并创建合适的抽样框进行筛选、查找和归档样本。Li 和 Walejko(2008)梳理了 24 项关于博客的研究,揭示出了关于互联网博客和博主的四大抽样策略:(1)自选样本或方便抽样;(2)通过博客平台抽样;(3)博客聚合器/索引网站辅助抽样;(4)待发布博客列表抽样。就像一般研究会招募参与者一样(如有些研究的条件是"现正招募已经有恋爱对象的学生"),自选样本的来源也是以同样的方式招募博客主,这种抽样方式与传统的便利抽样如出一辙,因而也有着相同的优缺点。研究者也可以通过博客平台(如 blogger.com)来创建抽样框。这些博客平台通常都提供可自由访问的博客列表或"随机博客查找"功能,可以帮助研究者完成抽样工作。这种抽样方式的缺点在于它的来源排除了自行搭建类的博客,因而也降低了对其他博客主机和平台的普适性。

博客聚合器可以收集、管理和创建博客并发布博文。有些博客聚合器可以让用户创建属于自己的博客合集，还有些可以根据算法对这些合集进行排序。举个例子，Technorati 就利用排名算法根据受欢迎程度对博客列表进行了排序。Li 和 Walejko(2008)解释了用博客聚合器创建抽样框会产生的两大局限：首先，没有一款聚合器可以包含所有的博客；其次，聚合器在不断地改变更新，很可能难以在之后的研究中重复这次的抽样结果。研究者可以通过博客列表或博客圈(或是相同博客主题的博主)来创建抽样框。Li 和 Walejko(2008)建议以博客圈为出发点来获得更多样本。在选择抽样和内容获取方法时，有一点需谨记：研究结果的可推广度取决于总体和样本的选择。如果随机从 Technorati 选取了 500 份博客样本，这个研究的总体并不是"所有博客"，而是"Technorati 上的所有博客"。研究者谨记这一点将有助于在研究论文或报告中对这类研究的结果做出合理的解读。

从微博客服务中获取内容这一做法也面临独特的挑战。在本书写作之时，Twitter 是当时最受欢迎、使用人数最多的微博。自 2006 年上线以来，Twitter 已经拥有超过 3.2 亿的活跃用户("Twitter Usage"，2015；同时参见 Fiegerman，2012)，产生了超过 5 亿条的"推文"("Twitter Usage Statistics"，2013；同时参见 Terdiman，2012)。从 Twitter 这样的大型服务商处获取内容面临的一个挑战在于，我们要如何对这个媒介进行概念化定义。研究者可以借用广泛应用于大量讯息管理的元数据标签(#)，来协助检视和抽取推文样本。但 Twitter 也有人际间的功能以及"关注"功能，这使得它和 SNS 网站十分接近。除了可以发布能广泛传播的推文外，用户也可以在 Twitter 上以直接(转推)或间接(手动再发布)的方式转发其他用户的内容。Twitter 也有可供任何用户使用的人际交往功能(用@符号可以管理与他人的对话内容)，无论双方是否互相关注。除了@回复，Twitter 还可以让用户与那些已经互相关注的人发私信对话，这一功能效仿的是 SNS 上双方都同意的人际网络服务，但是两者并不完全一样。基于上述对 Twitter 的进一步检视，我们不仅可以看到不同的微博客平台在很多方面都有差异，还发现这个丰富的媒介上面有大量不同类型的内容可以用来分析。

已发表的关于 Twitter 的研究中，研究者采用了各种工具和方法进行抽样。Honeycutt 与 Herring(2009)研究的是 Twitter 上的用户协作和交流行为。为了获得代表性样本，他们从 Twitter.com(所有用户都可见的事实型推文)的公开时间线上收集推文。该研究的抽样策略是以每小时刷新一次为间隔，收集了 4 个小时内的推文样本。研究者后来意识到，公开时间线的刷新速度太快以至于难以捕捉到发布的所有推文。于是最后用了一款"爬虫"程序来采集讯息，每 3 秒钟采集20条讯息(Honeycutt & Herring, 2009)。Thelwall、Buckley 和 Paltoglou (2011)也应用了"爬虫"程序来采集公开时间线上的推文。

公开时间线并不是获取微博客网站内容的唯一方法。Chew 和 Eysenbach (2010)用 Twitter 自带的 API 创建了一个"infoveillance"程序,用来抓取包含特定关键词的公开推文。这些研究者收集了超过200万条有关猪流感的推文,以考察这场全球流感的舆论趋势。Scanfeld、Scanfeld 和 Larson(2010)用 Twitter 的搜索功能获取了所有提到抗生素的推文。研究者解释道:"每次搜索的结果都是从不同的时间框架(大约一周)产生,这主要是考虑到 Twitter 数据库的存储特点(p.183)。"在连续的几个月内,他们每周都会进行两次搜索,共产生了一份包含52 153条状态更新或至少提及一次搜索关键词的推文列表。

研究者还可以使用外部的检索工具来获取微博客网站上的内容。Binder (2012)在研究2011年日本福岛第一核电站危机后美国网民对核风险的评论时,用谷歌高级搜索识别出了 Twitter 上的相关讯息。研究者根据搜索条件共获得了2 359条推文作为样本框,然后用系统随机抽样方法提取了124条讯息进行人工编码。

Sieben(2014)在采集关于"阿拉伯之春"运动期间的内容时面临的挑战,比 Binder(2012)在研究2011年埃及和叙利亚暴动的关键时期时所碰到的挑战还大。Sieben(2014)试图分析此前一年多以来包含阿拉伯之春运动关键词的推文。由于销售数据集已经成为 Twitter 商业模式的一部分,因此 Twitter 的 API 限制了用户从过去的推文讯息中获取大型数据集的权限。如果研究者没有在事件发生期间就开始采集讯息,到后期就很难查到这些资料。最终,Sieben 向在阿拉伯事件发生期间就已收集讯息的其他研究者借用了两个数据集,再加上自己用一种开源命令行工具 cURL 进入了 Twitter 的 API 后才最终完成了这项研究的样本获取工作。这种工具进入 Twitter 的 API 后,采集了所有带有给定的"#"标签内容中1%的推文(cURL 只可以获取 Twitter API 中1%的内容)。 Sieben 遭遇的第二个挑战在于总体的规模。他所借的数据集加上自己的采集结果,共有超过40万条推文。Sieben(2014)因而可以用随机抽样的方法去掉某些样本。那些希望研究 Twitter 上的全球事件(尤其是已经发生的事件)的学者,也要考虑如何解决上述的困难[2]。

从 Twitter 上抽取和获取样本的另一个方法是,选择一个包含特定群体的 Twitter 页面作为研究总体进行分析。Rybalko 和 Seltzer(2010)在研究财富500强企业的 Twitter 使用时,挑选了170个由财富500强企业运营的活跃 Twitter 页面,以此作为研究总体,将列表作为抽样框并开展随机抽样。他们在研究中设定了两个抽样单位:Twitter 页面和个人推文。在 Oh、Agrawal 和 Rao(2011)对 2011 年孟买遭遇恐怖袭击的 Twitter 报道进行研究时,他们只考察了一个 Twitter 页面。他们将每个用户的推文作为内容分析的分析单元。

　　不幸的是,许多存档的 Web2.0 内容要么不公开,要么归某些用户专有 (Karpf, 2012)。2014 年,微博客平台推出了推特数据授权(Twitter Data Grants) 的测试项目。这是一个面向研究者的比赛项目,赢家可以获得 Twitter 数据集的 获取权限以及 Twitter 工程师和研究人员的协助。这个项目与其他一些由在线 数据供应商与学者间合作的项目,也是内容分析者可以获取私有的大量数据讯 息集合的方法之一。

获取在线新闻

　　Hester 和 Dougall(2007)对不同抽样方法和样本大小进行了比较研究,他们 的研究结果为研究者获取在线新闻内容提供了一些很有帮助的指导意见。具 体来说,他们采集了雅虎新闻上 183 天内的 7 438 条新闻,并根据每天出现的内 容类型对其进行编码,以识别出总体参数。接着,他们分别用不同的方法各抽 取了 50 个新闻样本,以检验每种方法的代表性。研究结果显示,按周创建的样 本在代表性上大幅领先于通过简单随机抽样或连续天抽样所得到的样本。按 周创建样本的做法是先识别出每一个周一、周二等各天的新闻内容,再随机挑 选某一个周一或周二的内容重新组合成一个七日周期的内容。另外,研究还发 现,至少需要两个组合周的内容样本才能发现识别出变量的特质,某些变量(如 那些具有快速变化特质的变量)可能需要五个组合周的样本。Hester 和 Dougall (2007)的研究给研究者提供了关于抽样方法的建议。不仅如此,在关于如何利 用实证证据以协助研究者选出最能回答某些特定内容分析问题的内容获取方 面,这项研究也是一个极佳的示例。

利用互动媒体获取内容

　　除了获取互动内容的方法外,还可以利用互动媒体获取内容。除了 Google、Ask Jeeves 和 Bing 这些最常见的互动媒体内容获取工具之外,研究者还 有其他工具可以使用。借助可以系统地浏览整个网页的网络爬虫程序也可以 帮助研究者查找并获取想要的内容。举个例子,Wolfram Alpha 是一个“计算型 知识搜索引擎”,它利用海量的专业知识库来回答用户的各种问题。虽然这项技术主要被用于数据挖掘,它也可以通过重新编程以检索研究者想要的讯息(比如文本挖掘)。目前还有很多其他不同类型的内容聚合器,包括可以形成多类内容合集的 Flipboard,聚合电影评论的 Rotten Tomatoes 和 Metacritic,各种订阅阅读器(如 RSS 阅读器 NewsBlur 和 Feedly、新闻聚合器 Apple News 和 Google News),以及其他各式各样可以用来搜索和追踪社交媒体上当前最火话题的应用程序等。这些技术利用了互动媒体的力量来自动检索和采集内容,很有可能会成为新一代内容获取的有力工具。

互动媒体时代的内容归档

将内容归档以备后期分析,这项工作也是互动媒体的一大挑战,因为这些内容并不是预处理好可以直接着手分析的形式。保存电子游戏内容、网页内容和其他形式的互动产出需要额外的步骤。但幸运的是,这些步骤并不是一定要按部就班,而是可以对其灵活选择。由于这类内容的变化程度很大,更新速度很快,因此研究者有必要提前对这些内容进行截图保存。下文将会回顾内容归档的方法,然后讨论研究者如何借助互动媒体对传统媒体和新媒体的内容进行归档。

归档电子游戏

与传统媒体不同的是,为了捕捉电子游戏画面并存档以供后期分析,研究者一定要让玩家在实时游戏的同时进行游戏录制。电子游戏内容归档的一个典型的步骤是,研究助理要去玩游戏样本中的游戏,然后还要用视频录制工具把玩游戏的过程记录下来(Lindmark, 2011; Smith, Lachlan, & Tamborini, 2003)。数字化内容的一大优势就在于它很容易被复制并分享给其他编码者以进行信度检验。它也可以被存档供日后分析,或分享给其他研究者。

归档 Web2.0 网站和其他网站

相较于早期只使用简单的 HTML 语言的互联网,现在的网页归档难度要比当时大得多。现在的网站上有各不相关的元素,浏览器的"保存网页"按钮很难直接保存所有的元素。尽管如此，还是有不少可以把网页的全部内容保存归档的方法，具体的程度则取决于网站的页面和内容的类型。比如说，Shelton 和 Skalski（2014）就用 Adobe 阅读器归档了 Facebook 的个人资料页和照片页里的内容，并把它们转换成 PDF 格式文件。这种做法相当于为这些网站创建了虚拟的截图。采用上述方法，在大多数情况下，研究者就可以用学术化和非学术化的方法对其进行编码操作。他们碰到的唯一的问题是，某些归档的页面中的照片像素太低以至于很难看清图片里面的某些编码变量。碰到这种情况，研究者会让编码者回到原始页面去查看原始图片。

印象笔记这款软件也可用于归档社交媒体讯息，它有助于研究者收集各式各样的讯息（见主题框 7.2），除了文本和基本内容外，还有其他更多的讯息。研究者可以用它对讯息进行截屏或制成照片，然后保存到印象笔记的云服务器或研究者的电脑中。这些讯息可以设置为私密，也可以共享给其他研究者访问，还可以通过印象笔记的光学字符识别（OCR）功能将照片化的讯息文本转换成可供检索的文本内容，使研究者可以在从 SNS 上收集到的样本讯息库中检索到某个特定的单词和短语。

Kane（2008）在研究社交网络中用户的自我呈现时，使用了另一种方法归档 MySpace 的用户资料页，她用 MHTML 把页面内的各种文件保存到了样本中。MHTML 技术可以把所有的 HTML、文本和照片保存在一个独立的文件内，因而就能保持这些页面原始布局的完整性。但是这种方法并不能保存所有内容（如音频或视频），现在有很多新开发的软件就是专门用来保存完整网页的（如 TeleportPro）。Simon（2011）在研究 2010 年俄亥俄州的政治大选活动时，对当时的新闻、网络讨论和舆论做了全面的分析，她当时是用 HTTrack Website Copier 把所有的政治网站内容都进行了归档保存。

有关互联网的筛选机制、互联网安全和计算机保护等话题，有些服务（如 IBM 的互联网安全系统）可以用算法识别出人脸和物体，可对那些令人不适的特质（比如裸体、不法活动等）进行分析。这些辅助性工具在重新改良后，也可以被用于满足内容分析的需求，包括检索和保存相关的研究内容。

用互动技术归档传统媒体

虽然某些形式的互动媒体在内容保存方面还有难度，但新媒体同时提供了几种可用于归档传统媒体内容的方法。内容分析者不再需要从灰尘满布的实体图书馆中寻找某本杂志、某卷录音带或是其他要用来编码的内容。就算他们真的还有必要这么做，他们也可以把那些过期报纸上的广告通过拍照的方式进行保存，然后再把照片上传到互联网上，共享给整个研究小组（Dixit，2016）。现在都可以借助互动技术以数字化的形式保存内容。这种方法不仅节省了存储空间，也提高了可直接用于内容分析的速度。归档视听内容的程序工具有 Annotape 和 askSam 等。前面也提到，SnapStream 也是一种可以用数字化的形式保存和维护动态图片内容的工具。

由于个人硬盘（现在的容量多以 TB 起步）和云存储服务的容量越来越大，尤其是后者现正处于蓬勃发展的状态，研究者的数字内容存储空间都非常充足。云存储将存储空间放在一个大型的远程计算机服务器上，用户可以通过互联网访问（Walton & Fendell Satinsky，2013）。Dropbox、Google Drive、Microsoft Skydrive 和 Apple iCloud 都是云存储服务的典范。大部分的云存储服务都会给用户提供一定的免费空间，然后对额外空间进行收费。根据我们的经验，几个云存储平台的免费容量加起来就足够存放大部分类型的内容分析数据。编码员之间还可以在云盘上方便地共享编码内容和资料。编码者可以拥有一家云服务器的完整获取权限，里面有他们想要的任何关于研究的东西。他们甚至可以在"云端"编码（相对于把电子编码表下载到电脑桌面上而言），还可以即时保存编码结果，供其他内容分析者监督其工作进度。我们现在才开始逐渐意识到，原来云计算为内容分析带来的机会是如此巨大。

互动媒体时代的内容编码

对互动内容进行编码的时候，通常会涉及前文所讨论过的内容分析常见步骤，但在选取分析单元、完善编码指南和创建编码表等各阶段中，研究者还面临着一些新的挑战和难题。

互动内容的分析单元

互动媒体的数据收集单元往往与传统的内容分析单元有相近之处。哪些分析单元适合回答哪些研究假设和研究问题，这些选择都取决于研究者本人。举个例子，Lunk（2008）对美国和匈牙利的用户在社交媒体网站上的沟通模式十分感兴趣，于是从这两国用户的 MySpace 页面下的评论中抽取了 300 条进行内容分析,每条评论都是一个分析单元。这个选取分析单元的过程,与传统的对句子、表达或是现实世界中沟通中会产生的话轮转换(turns)的分析是一样的(Bales et al., 1951)。与此类似,Martins、Williams 和 Harrison(2008)在研究流行电子游戏中的女性身体意象时,把 368 个成年女性游戏角色作为分析单元,这一做法与纸媒和电视中对身体形象的传统研究相近(Byrd-Bredbenner, 2003; Greenberg et al., 2003)。

研究者在分析在线讨论内容时可以参考有关面对面互动的相关研究。比如说,是否应该将用户在聊天室和社交媒体上发布的内容、谈话过程甚至是用户的社交网络作为数据收集的单元。这对研究者来说一直都是需要考虑的问题(De Wever et al., 2007; Strijbos & Stahl, 2007)。这些选择就像学者在研究面对面互动时所要面临的难题一样:是否要将话轮、语言沟通、讨论内容、沟通双方或沟通群体等因素纳入分析范围。此外,Strijbos 和 Stahl(2007)通过研究发现,"分析单元碎片化"的情况经常会发生。这种情况描述的是某个用户在同时与多人在线聊天时会出现的碎片化表达。这些碎片似的话语只有被拼在一起成为一个单句时才有意义,因此有时候研究者有必要对用户的互动交流内容进行重组。

在另外一些例子中,研究者在互动媒体分析中面临的选取分析单元的问题,在传统的内容分析中并没有与之呼应的做法。在研究互动媒体产出型内容时,无论研究的内容是什么类型,分析单元的选取已经成为学者们的共识和惯例。举一个典型的例子,Elliott 等人(2007)在研究模拟电脑游戏《消防队长》(*Networked Fire Chief*)时,选取了 20 个游戏参与者每人 5 分钟的游戏片段。研究电子游戏的学者都要面临如前所述的这类决策问题。

编码指南和编码表

内容分析者在制作编码指南方面甚至也充分利用了科技的进步。电子版的编码指南里包含了图片、图表,以及可以转至某些启发材料的超链接(如某些特定的范例,研究者可以将其以超链接的形式引入)。研究者创建编码指南的能力已经越来越强,这些编码指南里还包含了形象化的元素。图 7.1 呈现的就是一份编码指南里的一张典型样页,告诉编码员如何在目标内容中(eBay 的拍卖页面)找到需要编码的变量(关于变量的具体编码在编码指南的其他部分会给予文字说明)(Wu & Neuendorf, 2011)。

大部分的内容分析者现在已经放弃了传统的纸质编码表,转而使用如

Excel 文件等形式的电子编码表。编码者可以在屏幕上显示编码文件,手上拿着需要编码的媒体内容(或是在一个屏幕里把窗口并排显示)。这样编码的时候会比传统方式更快更方便。直接电子编码可以更方便地进行编码员间的信度检验以及后续的内容分析,因为这一数据形态是可以直接处理的。学者 Lindmark(2011)和 Brown(2011)都用 Excel 表格编码,但具体的操作方式有些差别。Lindmark 在研究流行电子游戏里的广告时,在编码时使用了两个标签页,这样他就可以在游戏级别和广告两个变量之间来回切换。Brown 在研究儿童电视节目里的不礼貌行为时,给每个样本节目都设置了一个标签,然后在每个标签下对该节目中的变量进行了编码。编码数据能够以电子的形式进行备份是电子化编码的一个显著优势。

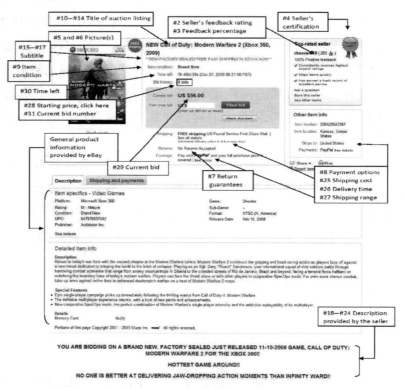

图 7.1　示例编码本中的样页(Wu & Neuendorf, 2011)

为互动内容编码

研究者在对互动内容编码时应该参照前文所列的诸条建议,包括训练编码员、进行试编码和正式编码期间的编码员间信度检验。由于某些新媒体内容太过复杂,有时可能需要专门的编码程序。举个例子,Shelto 和 Skalski(2014)在研究 Facebook 资料页时,就碰到了某些变量的编码员间信度过低的问题。他们因而决定让某些受过悉心培训的编码员去处理更复杂的内容,让其他编码员处理相对简单的样本。诚然,这并不是一种理想的解决方案,但在某些时候,这可能是将编码员间信度调整到可接受程度的唯一办法。

对用于媒介、讯息管理和讯息准备的相关技术的使用

对于内容分析者而言,了解目标信源所在的媒介本质以及讯息传播的平台运营特质是一项持续而且重要的工作。在过去,这部分的工作内容包括:内容分析者需要知道如何在报纸资料室里找到某篇特定的新闻稿,需要学习如何录制和回访录音带或录影带,或是要懂得怎么使用转录设备等。但随着电子化和数字化媒体的普及和多样化,研究者需要考虑新的问题,以便更好地为编码讯息做好准备工作,以及做好编码过程中的讯息处理工作。

自动讯息处理方面的技术进步很大部分是来源于计算机科学和机器学习领域,通常都不是专门为了满足研究社交或行为的学者的需要,也不是为了满足那些对这些技术的研究应用感兴趣的学者的需要(Divakaran, 2008)。以下所列的是一些数字技术在讯息准备、处理甚至编码时会经历的关键流程的示例。

1. 图像识别:在一项关于食物随时间推移而产生变化的创新研究中,Wansink 和 Wansink(2010)用 CAD-CAM 系统简易处理了 20 世纪一系列的《最后的晚餐》绘画作品里的食物和人物头部之间的比例关系。Pettijohn 和 Tesser(1999)在研究容貌吸引力的演变时,用 PhotoMagic 软件识别了电影女主角们的面部特征。

2. 语音识别/自动转录:现在有很多支持把语音讯息转换成电子文本格式的工具(如自动言语识别)。现在只要手里有一台电脑或一部智能手机,就都可以做到。比如 Nuance 公司开发的 Dragon Naturally Speaking 软件就提供了六种语言识别的选项。语音识别技术在很长一段时间内被用于演讲内容的文字记录(Gottschalk & Bechtel, 2005)和广播新闻的自动字幕(Gauvain, Lamel & Adda, 2000)[3]。在后面这个例子中,新技术的应用明显优于传统的即时动态字幕。Oger、Rouvier 和 Linares(2010)曾用语音识别技术自动转录了一系列动态图片的内

容。仅仅依靠这些语言内容,它就成功识别出了七种不同的类别:卡通、电影、新闻、广告、纪录片、体育片和音乐片。

3. 多媒体内容分析:这个术语用于指代信息科技专家寻找如何对多媒体内容(包括视频、音频和数字图片等)进行筛选、检索和编制索引的方法。正如 Dimitrova(1997,p. 87)指出的:"数据压缩、高带宽网络和存储扩容这三大技术导致了海量多媒体内容的产生……对于内容生产者、广告商和消费者来说,数据管理的需求和挑战会越来越大。"目前市场上已经有大量多媒体内容的检索工具,比如 Streamsage 公司旗下的产品。该产品包括用于查找和检索"有时效性媒体内容"的工具,这些所谓的"有时效性媒体内容"包括流式音频、流式视频、实时的 HTML 网页以及矢量图、幻灯片等内容(Streamsage,2012,p. 1)。

2012 年出版了两卷图书,它们分别展示了这种所谓的"有时效性视频"(Kompatsiaris,Merialdo,& Lian,2012)和"有时效性音频"(Lerch,2012)的发展现状。这些内容里呈现出的技术包括对视频的注解、检索、组织管理以及质量控制技术,还包括从语音信号中提取元数据和其他讯息的相关技术。所有这些技术的关键在于可以完成自动搜索,并对归档的视听内容自动生成索引。尽管他们所做的工作并不是本书中定义的"内容分析",但是这些算法可能会对整体的内容分析有用。

下文所列的是更适用于内容分析的具体功能。

1. 视频截取:通过电脑编程以识别细分内容的标记,这类编程识别出的片段都出自相互独立的新闻报道(Boykin & Merlino,2000;Kubala et al.,2000)或视频广告。国际场景细分和分类(SSC)过程给视频中的个人照片提供了建立实时索引和内容检索的功能。另外,大多数视频编辑软件都有内置的镜头检测/截取功能。但 Cutting、DeLong 和 Nothelfer(2010)在对这类算法进行详细研究时,注意到了这些软件对日期记载的准确性问题。

2. 图像、脸部、物体和行为识别:现在已经有很多系统被开发出来辅助电脑识别静态或动态图片,以内容为基础的图像检索(CBIR)指的是这样一种过程,即基于图片的构成元素(比如颜色、纹理、形状、光度以及边缘等),从海量的图片库存中找到想要的图片的这一检索过程(Rorissa,2007)。CBIR 弥补了基于元数据的系统的不足,原系统需要人工介入以对图片库进行图片描述。CBIR 将图片内容本身作为数据,用来与其他图片进行比对。免费的在线工具 TinEye 就是一款这样的应用,它可以在互联网上搜到某张图片的出处或是该图片的其他版本。

供普通用户使用的脸部识别软件已经越来越多,比如惠普的 Automated Publishing 可以识别出网站上的人脸。苹果的 iPhoto 和 iMovie 也都有脸部识别功能,用户可以在 iPhoto 里储存 1 500 张关于政治集会的照片,然后标记某位特定的与会者。如果用户对软件识别出的人脸打上标签,iPhoto 还可以学着把这些人的名字和照片相关联,并且可以在一系列的照片中搜索出这些人。虽然这显然是一个商业化的应用,但对内容分析者还是有些用处的。

随着重大隐私和公民自由问题讨论的升温,这些科技本身虽并不被用于学术研究,但却展示出了用于研究的巨大潜力。美国佛罗里达坦帕湾警方就采用了监察系统 FaceTrac 来识别 2001 年超级碗现场的粉丝,做法是将现场粉丝的面部特征与臭名昭著的罪犯的照片相比对(Grossman,2001)。在如今被戏称为“窥探碗”(Snooper Bowl)的那届超级碗盛会当天,却并没有完成一起拘捕行动(Singel,2010)。在花了 800 万美元对该系统完成重金升级后,警方才成功用这套系统对街上的行人完成了有效的脸部识别。坦帕湾警方用数字监控给在交通站点等候的公民拍照,再将照片与 750 万嫌犯的照片数据库进行比对,最终实施了 500 起抓捕行动(Singel,2010)。

对人类互动的识别已经成为某些研究的目标,但至今只有少数成功案例。比如说 Patron-Perez 等人(2010)研究出了一种可以识别出视频内容里四种不同的行为(握手、击掌、拥抱和接吻)的算法,但最终只取得了 64% 的准确识别率,远低于通过人工识别和编码所达到的水平。

3. 流媒体内容:流媒体可以让互联网用户享受到“随时随地”播放视频的服务,“因此也就打破了传统媒体形态所具有的时空局限”(Dupagne,2000,p. 11)。研究者在十年前所面临的在线视频播放技术的缺陷,现在在某种程度上已经被克服了,尽管 Netflix 和其他一些流媒体服务商还是会收到用户关于播放不流畅和出现短时卡顿的抱怨(Campbell,2012)。另外,一项旨在比较观看流媒体内容和 DVD 电影体验的内容分析研究显示,流媒体电影和 DVD 电影在内容质量上存在明显的差别,包括屏幕的纵横比、颜色、音质以及图片的清晰度(Campbell,2012)。尽管如此,如今内容分析者在对影视内容和人类的互动行为进行编码时,都习惯于直接从互联网直接检索并获取样本。这种编码方式有几大明显优势:首先,它省去了大额的材料成本,比如刻录媒体(录像带和 DVDs)和回放设备;其次,它提高了多名编码员之间的工作效率，让编码员可以共享讯息池的即时获取权限。

4. 元数据：元数据的应用可能是内容分析自动化领域内最被寄予厚望的技术创新。元数据的意思是"关于数据的数据"，其内容可以是关于任何事物的一个数据集（如关于一则讯息的总结性信息）。迄今为止，对元数据的实际应用程度远低于预期，尤其是动态图片的元数据方面。

大家最熟悉的元数据应用就是电脑文件的注解信息，文件里会内嵌创建日期、创建者身份、文件类型、文件大小和其他描述信息。静态的数码照片中一般也会附有重要的元数据，包括拍摄相机的品牌、型号、快门速度、光圈值、焦距和 ISO 等信息。

近年来，视频领域有不少争辩和变化。旧式的视频系统（如美国标准 NTSC）可以记录少量的元数据，比如隐藏字幕和 DVS（描述性视频服务，一种对受损的视频内容进行内容描述的行为）。DVS 就是在视频帧之间的垂直空白处出现的那一行信息。现在的数字系统让元数据的应用大有可为，在数字环境里，它可以以标示的形式被放置在整段内容的任何地方。电视工程师指出，随着数字内容的普及，在他们提供关于元数据处理的建议之前，"各种元数据的数量"可能会大到"没有上限"（EBU/SMPTE Task Force for Harmonized Standards for the Exchange of Program Material as Bitstreams，1998）。这些建议包括将版权信息、作者身份、创建日期和时间作为元数据，也包括将一些技术指标（如颜色校正参数、时间码以及视频制作和编辑的动作轨迹列表）列为元数据内容。

但迄今为止，数字视频还未出现被广泛认可的元数据标准。动态图片运动专家组（MPEG）在 2001 年发布的 MPEG-7 是一种多媒体内容描述标准，它为照片、音乐和视频内容上携带的元数据生成提供了一系列丰富的工具。经过多年发展，MPEG-7 注解软件（如 IBM 的 Annotation Tool）展示出了将各种各样的信息嵌入文件作为元数据的潜力。这些信息不仅包括技术参数，还有关于内容本身的信息（如"外景""水""动物-鹿"）。但这款软件并不受市场欢迎，另一款应用的出现则让这个市场变得不那么明朗。2004 年发布的 MPEG-21 是一种提供更多元数据功能的标准，但它的出现主要是作为一种"权限表达语言"（REL），用来管理数据内容的使用权限。MPEG-21 标准设立的目的是将元数据植入数字内容的所有权和授权信息中。内容分析者可能会对目前还未被使用的元数据有兴趣。因此，元数据目前的应用领域主要是行业内部，比如版权保护或是专业人员获取新媒体方面的许可证的标志（Robair，2015）。进一步来看的话，元数据可能主要被认为是仅聚焦于"生产"或"分发"环节，因而从内容创建到观众接收这个过程,并不会始终运用元数据。

　　未来,元数据可能可以直接用于存储有关讯息的主要内容和各项相关的讯息,比如电影里某一帧出现的人物角色、对话内容(比如剧本)、镜头类型以及每个时间点里的过渡。这类元数据为实现动态图片的全自动化分析创造了条件。

关于动态图片的自动化技术和测量

　　前面所介绍的所有系统和软件都有助于内容分析,但它们的功能也止步于自动完成编码过程。正如第 5 章和资源列表 1 里介绍的,计算机辅助文本分析(CATA)确实可以对文本实行完全自动化的编码工作,包括同时用预编码方案(priori schemes)(内置词库或者用户自行设计的词库)和"浮现编码"方法完成这项工作。但计算机编码仍然只局限于用 CATA 工具,用计算机对动态图片内容(比如"教电脑看电视";Evans, 2000)进行自动化编码仍未实现。但是,有几个研究计划已经显示,某些特定类型的以电脑为主导的测量方法可能会有用。

　　首先,数据挖掘的所有功能都应该被予以考虑。数据挖掘最初的意涵是指用统计技术对大型数据集进行聚合、策略化以及间接性的应用,以找出一种有意义的模式。这个概念现在已经发展到可以应用于其他的讯息类型。正如前面所提到的,文本挖掘就是对浮现式编码技术 CATA 的一种简单应用(Thelwall, Wilkinson, & Uppal, 2010),视频挖掘已经被证实可用于大规模识别动态图片的格式和内容的一套工具(Rosenfeld, Doermann, & DeMenthon, 2003)[4]。

　　到目前为止,已经有研究者成功掌握了用电脑自动对某些特定动态图片资料进行内容分析的能力。比如,Kearns 和 O'Connor(2004)用 Autonomy Virage 视频搜索软件协助自己拓展了动态图片的信息熵(entropy)这个概念。这个概念最早由 Watt(1979)提出,后来 Watt 和 Welch(1983)将其作为信息量概念的一个特殊应用。从内涵的角度来看,熵是一个包括文字、数字或(电视)节目制作等元素在内的元素集的随机性或不可预测性的程度(Watt, 1979, p. 59)。Watt(1979)提供了六种测量视频和音频的熵的不同方式。熵越高,"其他内容单元出现的可预测性越低,讯息越复杂"(p. 59)。"令人惊喜的元素越多,信息量越大,熵越高",就越能吸引观众的注意力(Kearns & O'Connor, 2004, p. 146)。因此,研究者关注一段视频呈现的多个节点中熵的测量时,可借用 Autonomy Virage 工具提取关键帧。换句话说,也就是 Autonomy Virage 这个软件在数据流中检测到变化的节点时,会捕获该视频帧(p. 153),这些节点就是要被识别出来用于对熵进行系统化编码的分析单元。

在一项将技术和电影批评/文化分析相结合的研究中,Anderson 和 O'Connor (2009)分析了希区柯克的电影《鸟》(The Birds)中的一个片段,旨在将由电子化推导出的"结构化"特征与电影学者 Raymond Bellour 提出的符号学分析做仔细的比较研究。研究者采用 AVI 文件版本序列,提取了 12 803 张 JPG 格式的图片文件,每张图片会生成一张 RGB 的直方图,他们对每帧图片都进行了基尼系数计算。每个基尼系数代表视频帧的颜色分布情况,这些数据会用图表以不同的方式呈现(包括帧与帧之间的变化分析)。这些分析表明颜色分布的"硬数据",和 Bellour 根据电影播放顺序而做的镜头与镜头之间的关键分析,二者可以直接进行比较。正如 Anderson 和 O'Connor 指出的,他们的技术"展现了这个以数值和图表来呈现电影结构的方法的有效性"(2009,p. 39)。他们建议研究者未来可以分析电影的音轨和其他一些动态图片元素。

但 Cutting 等人以证据表明,即使是把动态图片内容分割成独立的镜头这么一项简单的任务,也还未能完全通过自动化的方法实现。他们指出:

> 我们对完全数字化的方法并不感兴趣。当一个镜头里拼接了多个镜头所拍摄的不同的空间场景时,镜头查找(cut-finding)算法经常会扰乱这个镜头里帧与帧之间的顺序。这个算法在视频的淡化、溶解和擦除等功能方面的表现也很差……在操作的时候会产生约 95% 的误检率以及 5% 的误报率。(p. 2)

Cutting 等人(2010)对 1935—2005 年发行的 150 部好莱坞电影的剪辑节奏很感兴趣,并对此进行了内容分析。他们以 MATLAB 技术为基础,对转场/过渡镜头进行了演员识别,还结合了每位演员在转场前后 12 帧内容的人工编码作为补充。这些内容数据是用来证实电脑识别的画面转场,也能用于检查遗漏的转场镜头。现在的电影越来越注意使人物转场更符合 1/f 规律,学者们在研究中还发现了 70 年来逐渐形成的一种电影拍摄趋势:连续镜头之间的长度具有高度相关。他们总结道,当代的电影已经可以更自如地"掌握观众对电影叙事的注意力"(p. 1)。

研究者在以数字/电子方式测量音乐这一特殊类型的内容的讯息特征时,取得了许多显著的成绩。Yang 和 Lee(2004)通过结合对歌词的文本分析(研究中采用的是 General Inquirer CATA 程序)和对音乐曲调特征的自动化电脑分析(用 WEKA 安装包进行机器学习),试图用心理学模型(Tellegen,Watson,&

Clark，1999）研究摇滚乐的负面情绪。作者利用 General Inquirer 程序测量了歌词中能被明显区分出来的诸多情绪，包括敌意、悲伤、内疚、爱、兴奋、骄傲、关心的、反思的和平静的。研究者还用相关分析分析了以下变量与被试对音乐情感强度评价的关系，包括曲调特征（如每分钟的音乐节拍数）、音质特征［如谱质心（spectral centroid）和谱峭（spectral kurtosis）］。

有学者还在探索如何将机器学习应用于音乐讯息检索，这一跨学科领域关注的是如何从音乐中提取讯息。这类研究的目标范围很广，从音乐自动打分到设备的音质、和弦、和声、节奏等特质的测量，再到音乐类型的自动归类。还有学者用相似的模型研究了音乐情绪自动检测算法的持续改进，最终构建了一个"音乐情绪自动识别系统"（Yang & Chen，2011；Lerch，2012）。

近似内容分析

互动媒体的普通消费者现在已经可以广泛地接触到很多十分接近于内容分析的程序，从简单的文本与画面之间的转换/编译（e. g.，Wordle and Leximancer），到互动型大数据的文本挖掘编译，再到 Radian6 一类的总结。有些应用能够提供个性化的讯息分析，举个例子，ThinkUp 可以为社交媒体的个体用户提供一些特别的讯息，比如该用户转发的来源中男性是否多于女性，或是用户的推文中有多少条是关于用户本身的，诸如此类。还有些应用可以对任何主题的网络进行讯息的概括。举个例子，James I. Bowie 基于一项关于商标对组织战略重要性的学术研究，在 Emblemetric 网站上报告了商标设计趋势的成果，研究数据来自美国专利和商标局网站上的量化数据。在分析了 1884 年以来的 120 万个企业商标后，Emblemetric 总结出了一个跨越年代和行业的商标通用模式，包括新风格的问世、旧风格的过时、商标用色特点以及地理特征。

虽然这些研究没有满足内容分析作为一项科学的讯息研究方法所具备的全部要求，但这些讯息分析服务为我们提供了新的讯息总结方式。这些方式的讯息来源往往是大数据。同时，这些讯息分析服务为内容分析者未来的研究提供了方法基础（我们还发现这些方法会让学生对内容分析方法更感兴趣！）。主题框 7.3 列举了一些当前很受欢迎的非典型性的内容分析工具。

主题框 7.3　非典型性内容分析

随着在线内容和讯息的激增,对内容的分析——或者说在很多情况下与内容分析相近的一个概念,文本挖掘——已经成为了一项"大生意"。你可能熟悉强大的社交媒体分析软件,比如 Radian6 或 Sprout Social,它们可以从 Twitter、Facebook、YouTube、博客和在线社区等平台提取内容数据集。虽然这些程序面向的是企业客户而不是社会科学研究者,但它们有助于为研究人员和专业人士在讯息获取和分析方面提供方法帮助。除了上述这些往往比较昂贵的以企业为目标客户的工具外,那些声称可以进行内容分析的免费工具也越来越容易获得。开发者和用户对社交媒体平台 API(应用程序编程接口)的开放访问使免费或几乎免费的应用程序激增。这些应用程序可以分析的内容从网络发帖中的情绪和用户影响层级到"你的个性",无所不包。

然而,对于所有的这些新的在线应用而言,"这是内容分析吗?"这个问题仍然值得追问。在很多情况下,这些程序都是专门的应用程序,它们可以用来挖掘文本或是使用动态编码和浮现编码方案来分析内容。但这些新的应用程序中有些已经开始使用更加成熟的编码方案,不管是否为学术意义上的"内容分析"或是其他内容分析。这些因为数据的易获得性而更新和处理速度更快的程序,都是展现对海量消息进行快速分析的强大计算能力的主要案例。

那么什么是 API? 在讨论对新媒体内容的分析时,你可能听说过 API 这个术语。API 是一种应用程序编程接口,也是开发人员和用户与社交媒体平台进行交互的一种方式。大多数开发人员与平台的 API 进行交互是为了对其创建一个应用程序。例如,Periscope 和 Meerkat 是两个直播型的视频流应用程序,它们与 Twitter 的 API 进行交互,以使用户在进行广播的同时还可以发推文。API 还可以允许第三方访问由平台收集的数据(Wang, Callan, & Zheng, 2015)。为了从 Twitter 的 API 处获取数据,研究人员需要使用专为此而建的一个应用程序,或使用诸如 Python 之类的编程语言自建一个应用程序。幸运的是,许多应用程序都给予了用户一定程度的社交媒体数据访问权限。事实上,Twitter 已经为用户提供了自己的分析软件包,虽然在本文写作之际这些软件尚未完成任何真正意义上的内容分析任务。

从 Twitter 的热门话题到 Google Analytics 所具有的功能,已经有很多地方的内容正在被量化并被重新赋予新的意义,并为终端用户所用。由于我们无法列出所有可用的类似应用程序,因此在下文中作者将会深入剖析一些利用当前较流行的方式进行内容分析的案例。

1. Google Trends 是一款可以在线查询用户每月执行的数十亿次 Google 搜索数据的分析工具。这些趋势可通过用户的搜索时段、主题和所处地理位置进行考察。Google Trends 不仅能让用户搜索个别主题,还可以检索多个主题以创建有效的对比分析。在图 7.2

中,2016 年大选期间三位总统候选人的名字分别被与"总统"一词一起检索。经过简要回顾,我们可以明显看到希拉里·克林顿的名字与总统竞选相关联的时间比其他两位候选人的时间要长;并且在 2008 年的大选期间,她的名字也与总统一词的搜索趋势相一致,当时希拉里并没有竞选总统。在 2012 年,当总统巴拉克·奥巴马竞选连任时,我们看到唐纳德·特朗普的名字和总统一词一起出现,当时他正考虑成为共和党候选人。我们可以清楚地看到 Google Trends 是如何对搜索的词汇内容提供了有用的分析。但需要注意的是,图表中显示的数字并不是绝对的搜索量,而只是 Google 基于算法自动分配的具有代表性的数字。Google Trends 可以免费使用,同时也提供额外的高级功能和其他选项。

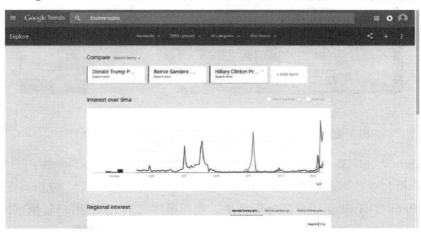

图 7.2

图片来源:Google Trends 截图(抓取于 2015 年 8 月 20 日)。

2. 作为 Salesforce 营销云(marketing cloud)的一部分,Radian6 主要是一款社交媒体监控工具,可以收集和分析来自多个社交媒体平台 API 的数据,包括 Facebook、Twitter、博客、在线社区/论坛,以及主流新闻网站等信源。Radian6 隶属于一组大型的以云和软件为基础的应用程序,其中还包括 Sprout Social、Lithium 与其他程序。该应用程序提供关键词分析、词频分析和使用自然语言处理的情感分析。与 Google Trends 不同的是,Radian6 分析的数据来自社交媒体中的交谈而不是用户搜索的词汇。用户可以为每次分析选择不同的社交平台,以及分析所需的时间框架。

图 7.3 显示的是与阿克伦大学(University of Akron)有关的几个不同的分析。在 2015 年,艾克伦大学经历了一场严峻的公关挑战,这些分析将有助于全面看待这次事件。情感分析显示,虽然有些负面的发帖,因为可以在"news river"这个可提供实时发文提及提醒的插件中看到,但与该大学有关的发帖中仍有 77% 被视为是正面情绪。针对橄榄球罐(olive jar)和勒布朗·詹姆斯(LeBron James)这两个词的比较分析表明,当学生在校长改造后的家中定期贴上一个昂贵的橄榄球罐时,数据显示会提及更多次职业篮球明星勒布朗·詹姆斯

将与大学合作的声明,且有可能会与正面的情绪有关。Radian6 可为用户提供大量的社交媒体和新闻媒体内容以供分析,还包括可以被研究人员和专业人员下载和导出的讯息。该平台的一个不足之处在于成本。Radian6 不提供免费版本,且其定价颇为昂贵。

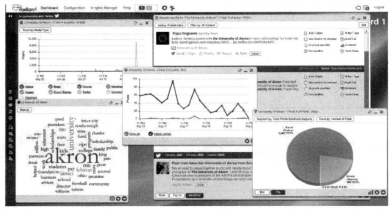

图 7.3

图片来源:Radian6 指示板截图(抓取于 2015 年 8 月 20 日)。

3. Analyze Words 是一款全新的程序,用户可以输入任何人的 Twitter 用户名,软件可据此生成一份包含信源的情感风格、社交风格和思维风格的"个性"分析。图 7.4 显示的是 Katy Perry 的 Twitter 用户名分析结果。我们可以看到,她的用户名情感风格在"压

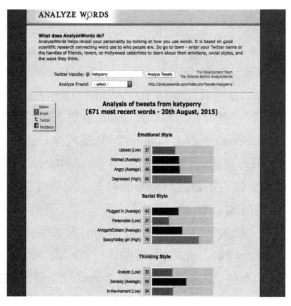

图 7.4

图片来源:Analyze Words 截图(抓取于 2015 年 8 月 20 日)。

抑"(Depressed)这一指标获得高分,在社交风格中的 Spacey/Valley Girl 也取得了高分。尽管这类性质的应用乍看之下肯定不科学,但是 James W. Pennebaker 和 Roger J. Booth 作为 Analyze Words 的开发团队成员(他们也是 LIWC 程序的开发者),已经将 LIWC 作为其创建分析时的计算引擎。Booth 和 Pennebaker 也在网站上指出,他们正在保存分析过的 Twitter 用户名数据,以便为将来的分析研究创建一个更大的数据集。

4. Twitter Trends 分为两种类型:位置趋势和定制化趋势。前者由用户所选定的地理位置来决定,后者由算法来决定。该算法据称可以根据每个用户的位置、关注者和一些其他因素识别出当前的热门话题("FAQs About Trends on Twitter",2015;Wang,Callan,& Zheng,2015)。随着时间的推移,这些趋势的呈现已经越来越多地融入到 Twitter 平台中。Facebook 也已开始效仿这一做法,为用户提供融合基本用户体验的平台趋势。Twitter 趋势出现在用户主要界面底端的左下角。用户可以轻松地在位置趋势和定制化趋势之间切换,并可以选择他们想要监测的任何位置。Twitter Trends 的另一个补充是"推广趋势",这类内容是由品牌主赞助的。

图 7.5

图片来源:美国地理位置趋势截图(抓取于 2015 年 8 月 21 日下午 1 时)。

5. 有志于进一步分析流行热词的用户可以利用 Topsy 等第三方网站比较热词的发展趋势,并观察它们在某特定时间段内的走势表现。在这类网站中,有些只提供有限次数的免费分析功能,但大多数网站(如 Topsy 的高级或专业版本)为用户提供更详细的数据和更详尽的分析。图 7.7 分析比较了每日推文中与唐纳德·特朗普、希拉里·克林顿和伯尼·桑德斯(Bernie Sanders)有关的关键词。Topsy. com 展示的是尖峰时段最热的推文,比如互联网新闻博客 Mashable 的推文就导致伯尼·桑德斯成为了热搜,这主要是与"Black Lives Matter"抵抗运动扰乱了他的竞选活动有关。唐纳德·特朗普在网络上的一个关注高峰出现在其第一次共和党辩论期间。

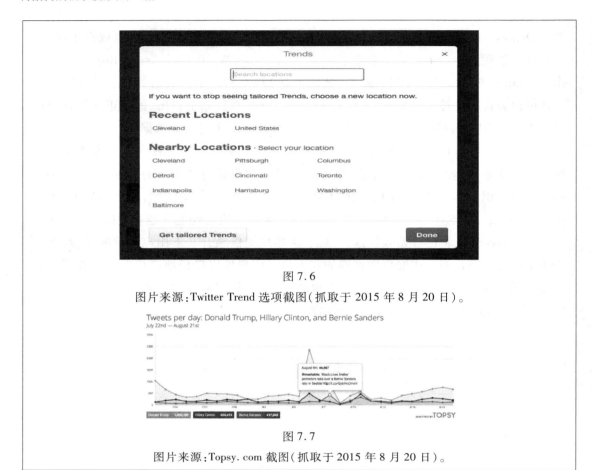

图 7.6

图片来源：Twitter Trend 选项截图（抓取于 2015 年 8 月 20 日）。

图 7.7

图片来源：Topsy. com 截图（抓取于 2015 年 8 月 20 日）。

本章结论

我们可以清楚地看到，在互动媒体时代，对于内容分析方法来说，机遇与挑战并存，而这一发展态势将会长期持续下去。要想获得更多内容分析方面的最新进展，请访问 *CAGO*。

本章注释

1.不可预期的交叉功能的出现值得研究者注意,未来可能还会成为值得研究的现象。举个例子,本章作者之一的家人曾在 YouTube 上发布了家庭视频,目的是分享给远方的亲戚观看。然而,其中一个视频却获得了超过 500 次的访问量。很明显,除了这个家庭的成员以外,还有其他用户也觉得这个视频值得一看。虽然视频发布的初衷是为了家庭成员间的关系交流,但最后却拥有了"大众"(大量、无差别)化的观众粉丝。

2.诸如 Crimson Hexagon 这样的商业公司已经着手从 Web2.0 来源处(如Twitter 和 Facebook)的归档内容中为客户有偿提供样本。

3.虽然隐藏字幕【也可译为"闭路字幕",是一种根据观众的要求在屏幕上现实文本的技术。开放字幕总是显示在屏幕上,与此不同,隐藏字幕是指字幕必须由观众打开或解锁】似乎可直接被用作为讯息的来源,但实践尚未证实它是一个有可靠的信息来源,因为其准确率并不高。即使是经典电影,也常会出现粗略地缩短或简化隐藏字幕的情况,并不能完全准确地展示人物的对话。实时字幕更是充斥了各类错误(Dellinger, 2000)。比如,当 Meryl Streep 因《苏菲的选择》(Sophie's Choice)而荣获奥斯卡金像奖时,大屏幕上将"Holocaust"(大屠杀)错误地显示成了"holly cost"。2013 年 4 月 19 日,福克斯新闻广播的实时隐藏字幕错误地宣布波士顿马拉松爆炸案的嫌疑人是"19 岁的 ZoeyDeschanel"。再举个特别糟糕的隐藏字幕例子,这个字幕吸引了众多搞笑幽默视频收藏爱好者的兴趣。这是 2009 年俄亥俄州克利夫兰当地的一则天气预测报道,"My cats got weeded down again, other and said they don't get what it down. Licking here again at a fairly isolated pattern . . . the Duracell could pop up camel's clouds begin to build it in Akron can area. Kinsman have a little benders night"("Fox 8 News", 2009)【由于字幕显示不准确,词不达意,所以这里未译成中文】。

4.视频挖掘的非研究应用包括对购物者进行非刻意但自动化的监控,以便发现他们在商店里都有哪些行为类型。

研究结果与汇报 8

本章将介绍报告内容分析结果的一些方法。对于特定的内容分析,最好在报告中列出时间线,用于表明研究结果在特定时间内的动态变化趋势。研究者可以检验变量间的关系,如果从已知的讯息总体中获取的样本具有代表性,那么还可以进行推论统计。如第 2 章所述,研究者还可以通过整合数据之间的关联,探究内容分析变量与非内容分析变量之间的关系。但是必须提前声明的是,本书并不涵盖统计学教程的全部知识。本章旨在向读者介绍适用于内容分析法的数据分析方法和汇报方式,同时鼓励研究者不要像以往的内容分析文献那样只做简单的描述统计分析,而应该考虑使用更多的分析方法。

数据处理和转换

显而易见的是,在进行分析之前如何处理收集到的数据会影响后续应该使用什么统计量,进而影响最后能得到什么样的结论。举个例子,若合并类目,导致测量的层次从定距或定比水平降至定序水平,就会限制可用统计量的范围(如将具体的年龄按照年龄段划分)。此外,许多统计程序都对所分析的变量分布情况内含某些假设(如正态分布)。Hair 等人(2010)就如何处理数据与内含假设不符的问题给出了很好的建议,Fink(2009)也提供了一份帮助读者转换数据、校正与内含假设不符问题的实用指南。读者应该准备好处理非线性变换,比如通过取对数或自然对数的转换方法校正偏态分布情况。但必须牢记的是,转换后的变量是原始形式经过变换得到的,已与原来变量不同,这些变量与其他测量变量间的任何线性关系本质上都表示原来变量与其他测量变量的关系是非线性的。

假设检验

假设与研究问题——简要回顾

在第 4 章中,我们探讨了如何提出研究假设和研究问题。研究假设是关于两个或多个变量之间关系的预测性陈述。如果希望做出可靠的预测,就得需要有相关理论或已有的研究证据证明彼此之间的关系。如果无法做出明确的预测,则可以提出研究问题。在收集数据后,必须以直接回应研究假设或研究问题的方式呈现数据分析结果。尽管我们可能也会汇报一些其他的研究发现,但分析和报告的首要任务还是检验研究假设和回答研究问题。

我们再回顾一下定向假设(假设中指明了变量间关系的方向)与非定向假设的区别。若用以检验假设的统计量有单边检验和双边检验两种形式时,单尾检验适用于定向假设,而双尾检验则适用于非定向假设。

一般而言,为验证研究假设,在统计上检验显著性很有必要。若检验结果统计上显著,那么我们就可判定统计结果支持研究假设;若统计上不显著,那么我们就可判定统计结果不能支持研究假设。然而对于研究问题而言,情况并非如此明确。许多研究问题需要统计检验,比如回答诸如"精神分裂症患者撰写的文章的悲观程度是否与非精神分裂症患者存在差异?"这样的研究问题,最好使用比较两组人群的悲观水平的统计检验。这可以通过 t-检验来实现,t-检验考察两组数据的均值和分布(在这个例子中是指"悲观程度")是否有足够大的差异,从而可以确定两个群体的总体之间确实存在差异,而不是偶然因素所致。但是,对于回答"在已婚人群中最常见的冲突性话题是什么?"这一类的研究问题,合适的方式应该是统计不同话题出现的频率,并不需要在统计上检验显著性。

描述统计、推论统计、参数统计和非参数统计

描述统计,顾名思义,是指描述或总结样本中变量的分布或变量之间的关系。描述统计不需要基于概率论的显著性统计检验,不需要尝试用样本推断总

体,也不需要对总体做出假设。描述统计包括反映数据集中趋势的测量指标(如众数、中位数、平均数),反映数据离散趋势的测量指标(如标准差和全距),也包括对诸如因子分析和多维尺度分析这样的特定多元分析方法结果的描述。

推论统计能让我们确定有多大把握将从具有代表性的样本中得到的研究结果推广到总体。值得注意的是,如果是普查研究,则不需要推论统计。需要注意的是,推论统计会假设样本由概率抽样产生。推论统计还假设样本在对总体代表性方面以外的其他特征,如特定的测量水平(定序测量、定距测量或定比测量)和有足够大的样本量(Corder & Foreman,2009)。此外,许多推论统计量都是参数检验,它们假定总体参数分布的一些明显特征,如正态分布和不同群组的方差齐性。尽管存在这些假设约束条件,但具备推论性和参数化特点的统计量仍然被广泛使用。本章介绍的大多数统计检验都具备这些特点。

当应用推论统计看到统计上显著的结果时,我们常常就声称证明了两个或多个变量间存在强关联。事实上,推论统计所能告诉我们的信息并不是如此。推论统计实际上是说明基于变量之间的关联强度与自由度(通常取决于样本量大小),样本结果是否可以推广或推断到总体。统计推断得到的结果可能事实上只构成了十分微弱的关联。如前所述,统计结果的显著性与变量的真实关系强度存在着差异。举个例子:学生们往往惊讶于他们得到的相关系数在统计上显著——"相关系数 $r=0.12$,共同变化程度(即决定系数 R^2)仅有 1.4%,怎么就统计上显著了呢?"(关于皮尔森相关系数的更多信息详见主题框 6.3)。当样本量大于或等于 300 时,这么小的相关系数在 0.05 水平上显著[1]。这个推论统计的显著性检验表明的是,这么小的相关系数(只有 1.4% 的 R^2)也能以某种置信水平推广到总体。确切来说,我们有 95% 的把握认为总体中存在这种微弱的线性关系。

非参数统计不需要像参数统计那样对总体参数的分布做出假设。在不同的统计学文献中,对于"在哪些地方应该使用'非参数'这个术语"这个问题的看法上存在分歧(Corder & Foreman,2009)。当使用"非参数"术语的时候,至少有两种类型:一类是不需要应用概率分布的推断,一类是不需要推断总体参数的假设检验(Gibbons & Chakraborti,2010)。非参数统计可以将结果与某个特定标准进行比较,而非总体参数。比如卡方统计比较的就是样本分布与期望分布的差异。其他常见的例子包括斯皮尔曼的等级相关系数以及其他有关变量分布的检验,例如 K-S 正态分布性检验。

选择合适的统计检验方法

我们也可以根据所需要分析变量的数目对统计分析方法进行归类。当只有一个变量时,所用的统计方法被称为"单变量的(一元的)"。当有两个变量时(通常是一个自变量和一个因变量),所用的统计方法被称为是"双变量的(二元的)"。当假设模型中存在两个以上的变量时,则称为"多变量的(多元的)"。此外,每一个统计检验的目的都是使得假设是根据所测变量的测量程度做出的。

本书并不打算向读者教授所有的统计方法,包括它们的计算方法及其应用。不过,现在高质量的统计学著作并不少,读者都可借阅参考[2]。主题框 8.1 是关于应当如何选择合适统计量的参考指南[3]。统计方法依据一元、二元、多元这三种变量类型划分。统计量的类型取决于两个因素:该统计量包含自变量和因变量的数量,以及变量的测量水平。同时,这些统计量也暗示了它们提供的是描述、推论还是非参数检验。在主题框中,作者为每个统计方法的过程都提供了对应的模型,用于显示变量之间的预测关系结构。比如对于双变量统计而言,预测模型要么是 $X \rightarrow Y$(即利用自变量 X 预测因变量 Y),要么是 $X \leftrightarrow Y$(即两个变量存在非定向的关系)。对于多变量统计而言,模型则各不相同[4]。然而,不少多变量检验的目的都是为单一因变量提供预测或解释。

研究人员需要将研究假设或研究问题与样本模型和统计方法的其他信息相匹配。举个例子,如果研究人员试图回答"平面广告的哪些形式特征与哪些内容特征存在强相关关系?",常规的相关分析应当是基于定序水平的,只是所有的变量都应当在定距或定比水平测量[5]。典型的相关性分析将揭示一组多个自变量(这里是指"形式特征")和一组多个因变量(这里是指"内容特征")之间的线性关系模式。

内容分析方法导论（原书第 2 版）

主题框 8.1　选择适当的统计检验方法

	U/B/M[a]	IVs[b]	DVs[c]	D/I/N[d]	模型
众数	U	1:N		D	X
中位数	U	1:O		D	X
平均数	U	1:I/R		D	X
全距及四分位距	U	1:O		D	X
标准差与方差	U	1:I/R		D	X
标准误差与置信区间	U	1:I/R		I	X
卡方检验	B	1:N	1:N	N	$X \leftrightarrow Y$
单因素方差分析（ANOVA）:t-检验	B	1:N（两组）	1:1/R	I	$X \rightarrow Y$
单因素方差分析（ANOVA）:F-检验	B	1:N（三组或更多组）	1:1/R	I	$X \rightarrow Y$
斯皮尔曼等级相关分析	B	1:O	1:O	N	$X \leftrightarrow Y$
皮尔森相关分析	B	1:I/R	1:I/R	I	$X \leftrightarrow Y$
二元回归分析	B	1:I/R	1:I/R	I	$X \rightarrow Y$
多因素方差分析	M	2 个或更多:N	1:1/R	I	$\begin{array}{c} X_1 \\ X_2 \\ X_3 \\ X_4 \end{array} \searrow Y$
多元方差分析	M	2 个或更多:N	2 个或更多:1/R	I	$\begin{array}{c} X_1 \\ X_2 \\ X_3 \\ X_4 \end{array} \to \begin{array}{c} Y_1 \\ Y_2 \\ Y_3 \end{array}$
因子分析	M	2 个或更多:I/R	无（出现因子）	D/I	$\begin{array}{c} X_1 \\ X_2 \\ X_3 \\ X_4 \end{array} \to \begin{array}{c} F_1 \\ F_2 \end{array}$
多元回归分析	M	2 个或更多:I/R	1:I/R	I	$\begin{array}{c} X_1 \\ X_2 \\ X_3 \\ X_4 \end{array} \to Y$
Logistic 分析	M	2 个或更多:I/R	1:N（2 组）	I	$\begin{array}{c} X_1 \\ X_2 \\ X_3 \\ X_4 \end{array} \to Y$

续表

	U/B/M[a]	IVs[b]	DVs[c]	D/I/N[d]	模型
判别分析	M	2 个或更多: I/R	1:N	I	X_1 X_2 X_3 X_4 → Y
典型相关分析	M	2 个或更多 I/R	2 个或更多:I/R	I	X_1 X_2 X_3 X_4 → Y_1 Y_2 Y_3
聚类分析	M	2 个或更多: I/R	无(出现类别)	D/I	X_1 X_2 → C_1 X_3 → C_2 X_4
多维尺度分析法	M	2 个或更多: I/R	无(萃取维度)	D/I	X_1 X_2 X_3 X_4 → D_1, etc.
结构方程模型	M	1 个或更多: I/R	1 个或更多:I/R	I	X_1 X_2 Y_1 Y_2 Y_3 Y_4

注释:

[a]U=单变量,B=双变量,M=多变量

[b]IV(s)=自变量,假定测量水平(N=定类变量,O=定序变量,I/R=定距/定比变量)

[c]DV(s)=因变量

[d]D=描述统计,I=推论统计,N=非参数统计

设想有这么一个研究假设:"电视人物角色的外在吸引力、年龄和社会地位与他人服从该人物命令的频率具有相关关系。"倘若这四个变量都以定比水平测量,那么应该使用多元回归分析(三个自变量——"外在吸引力""年龄""社会地位"——对于因变量——"命令被服从的频率"的影响)。如果研究假设为"对于未婚人士而言,担心失败、害怕拒绝、逃避不确定性的可能比已婚人士更大"。由于这里需要利用一个名义变量(婚姻状况)预测三个因变量,而且这三个因变量都是在定距或定比水平测量的(对失败的恐惧、对拒绝的恐惧和避免不确定性的测量,都属于心理学内容分析的范畴),所以可能就得开展多元方差分析。

主题框 8.1 有关 X 与 Y 的括号表明了需要引入"变量组合"的概念。正如 Hair 等人(2010)所言,变量组合是"将使用多变量统计方法推导出的实证权重应用到一个变量集合中产生的变量的线性组合"(p.3)。变量组合是一个方程式,可以算是一种变量的分配方案。对于不同的变量,变量集合将使用不同的权重。权重的推导取决于检验的内含假设与研究目的,比如在判别分析中,其目的就是产生一个或多个变量组合。变量组合的具体称谓根据统计检验方法的不同而不同,比如在判别分析中通常被称为判别函数,在因子分析中被称为因子,而在典型相关中被称为标准根与标准变量。

需要注意的是,主题框 8.1 提供的信息是非常简化的。每一个统计分析方法实际上都有更多的假设和特征。举例来说,对于多元方差分析而言,因变量被假定为彼此相关(否则根本不需要开展多元方差分析,因为可以就每一个因变量进行单独检验,既简单又清楚)。我们提供主题框 8.1 的目的是为读者提供基本入门,如果读者想要知道有关统计检验的更多知识,可以在此基础上查阅更多的资源。

以下部分旨在让读者了解用于内容分析的各种统计方法以及如何分析其结果图表。在每个例子中,本书都试图将发现结果与研究假设或研究问题联系起来[6]。

频　率

对于基本的单变量频率描述,有几种主要的图表可供使用,如数值频率分布、条形图(直方图)和饼图。我们在后面的双变量关系部分将给出运用数值频率分布和直方图的例子。

图 8.1 展示的是有关单变量频率分布的饼图的例子。在一项关于澳大利亚珀斯儿童早间电视节目中出现的食品商业广告的研究中,Roberts 和 Pettigrew(2007)根据食物类别统计不同食材在不同场景中出现的频率。他们根据澳大利亚健康与医学研究委员会编写的五种食材类别(谷类、蔬菜、水果、牛奶/酸奶/奶酪,瘦肉/鱼/家禽/坚果/豆类)对广告中出现的食物进行编码。此外,他们的编码对象还包括不在健康与医学研究委员会推荐之列的"额外食材",比如油脂和糖。如图 8.1 所示,大部分广告都在推销第六类食物(72%),即不在推荐之列的"额外食材"。图中的数据可以用来回答诸如"向儿童推广不同食物

的电视广告的出现相对频率是多少?"之类的研究问题。这种对研究结果的描述统计不需要进行统计显著性检验,也不能证实或推翻既定的研究假设。

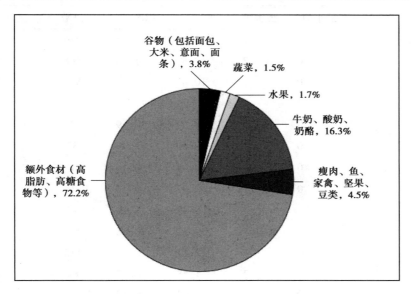

图 8.1　单变量频率分布(饼图)

资料来源:根据 Roberts, Michele, & Pettigrew, Simone. 2007. A thematic content analysis of children's food advertising. *International Journal of Advertising*, 26, 357-367. 重制。

表 8.1 展示了如何以表格的形式呈现单变量统计数据。在对 53 个非洲国家的 582 个电子政务网站进行分析时,Rorissa 和 Demissie(2010)总结了 18 种不同网站特征出现的频率。18 个变量对应每一种特征,他们报告了这 18 个变量在所有网站中出现频次的最大值、最小值、均值、标准差以及总数。最后一列显示的是每种特征所出现的频次占总数的百分比。这些研究结果完全是对样本的描述统计,并没有对应任何的研究假设或研究问题。但是,如果这样的结果是基于对从总体中抽取的样本的描述统计,并需要提供基本的推论分析的话,那么就同时需要报告样本均值的标准误差和置信区间(Thelwall, 2006)。

表 8.1　单变量统计:网站上显示的功能类型

特征的种类	网站数量					
	最小值	最大值	平均数	标准差	总数	占比(%)
出版物	0	58	8.06	9.13	427	13.08
数据库	0	5	0.64	1.13	34	1.04
音频文件	0	9	0.57	1.39	30	0.92
视频文件	0	8	0.68	1.59	36	1.10

内容分析方法导论(原书第 2 版)

续表

特征的种类	网站数量					
	最小值	最大值	平均数	标准差	总数	占比(%)
外国语言的访问接口	0	29	4.64	5.85	246	7.54
无广告	0	73	10.68	11.18	566	17.34
无额外费用	0	75	10.87	11.45	576	17.65
使用者无须缴费	0	75	10.79	11.43	572	17.52
残疾人访问接口	0	1	0.04	0.19	2	0.06
存在隐私政策	0	17	0.60	2.40	32	0.98
存在安全政策	0	1	0.02	0.14	1	0.03
交易时允许数字签名	0	1	0.02	0.14	1	0.03
可使用信用卡付款	0	6	0.83	1.10	44	1.35
有电子邮箱的联系方式	1	71	9.32	10.88	494	15.13
有以往评论的版块	0	36	2.17	5.24	115	3.52
有更新邮箱的选项	0	23	1.58	3.47	84	2.57
有个性化的选项	0	1	0.04	0.19	2	0.06
有个人数字助理的接口	0	1	0.04	0.19	2	0.06
总数					3 264a	100.00

资料来源:根据 Rorissa, Abebe, & Demissie, Dawit. 2010. An analysis of African e-government service websites. *Government Information Quarterly*, 27(2), 161-169. doi: 10.1016/j.giq.2009.12.00 重制。

注释:a,总数超过了 582,是因为有些网站不止一个特征。

共现与上下文关键词

在报告关于国际新闻报道中相关概念的共现数据的时候,Chang(1998)运用了一种具有视觉冲击力的汇报方式,正如图 8.2 所示。具体来说,Chang 着眼于有关 1996 年第一次世界贸易组织(WTO)会议的新闻报道,利用内容分析法分析了路透社对与会各国的报道。他用图解的方式展现了报道中各个国家的共现关系。据此他认为,在 28 个国家中,美国、欧盟、日本和加拿大这四个核心国家和地区占据了路透社新闻报道的主导地位。这也回答了作者提出的研究问题——"世贸会议的新闻报道是否围绕着少数的几个核心国家?"

"上下文关键词"(Key word in context, KWIC)的研究结果是相当微观和具体的,并不能真正体现内容分析法以总结为本质的精神。然而,它们却常见于

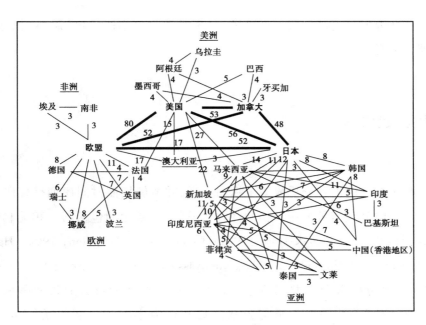

图 8.2　基于图形的共现结果呈现

资料来源：Chang，Tsan-Kuo.（1998）. All countries not created equal to be news：World system and international communication. *Communication Research*，25，528-563，copyright © 1998 by Sage。由 Sage 授权允许重制。

注释：WTO，世界贸易组织。图中连线上所列数字表示在第一天至第四天（即 1996 年 12 月 9 日至 12 日），至少在英国路透社的三篇不同报道中提及的同一地区的世贸组织成员国共同出现的频数。基于多重编码，一个相同的报道中出现的每对国家（地区）只计算了一次。美国与其他国家（地区）被共同报道的频数如下：印度，1；印度尼西亚，16；韩国，11；挪威，10；英国，8；德国，8；中国（香港地区），7；巴基斯坦，5；瑞士，5；泰国，5；文莱，3。其余的跨地区的联系没有标出。

内容分析文献，也是许多计算机辅助文本分析的主要汇报内容。表 8.2 这个例子展示了如何呈现 KWIC 分析的结果，即呈现用"恐惧（fear）"作为关键词在柯勒律治的《古水手之歌》（*The Ancient Mariner*）中检索的结果。

表 8.2　柯勒律治的《古水手之歌》中"恐惧"KWIC 分析

第 233 行	我	恐惧	你,古水手
第 234 行	我	恐惧	你骨瘦如柴的手
第 237 行		恐惧	不,不害怕,你的婚礼来宾
第 237 行	不害怕	恐惧	不,你的婚礼来宾
第 305 行	走在	恐惧	还有担心
第 348 行	我回首	恐惧	还有担心

这些研究发现有助于我们回答诸如"柯勒律治是如何使用'恐惧'概念"这样的研究问题。

时间线(趋势线)

一些更有趣的内容分析收集了纵向数据,并能够按照时间序列呈现研究结果。这些与时间线有关的统计检验往往比较复杂,常用的包括滞后相关和时间序列分析(e. g. , Collins & Horn, 1991; Cryer, 1986; Hamilton, 1994; Hogen-raad, Mckenzie, & Martindale, 1997; Kirchgässner & Wolters, 2008; Poole et al. , 2000)。这类分析有助于发现信息内容对于社会习惯和行为的长期影响。比如,大量研究都关注新闻报道与公众意见和行为之间的长期关联(Brosius & Kepplinger, 1992; Gonzenbach, 1992; Hertog & Fan, 1995; Hester & Gibson, 2003; Huddy, Lebo, & Johnston, 2009; Jasperson et al. , 1998; Jenkins, 1999; Simon & Jerit, 2007; Watt, Mazza, & Snyder, 1993; Willnat & Zhu, 1996; Yano-vitzky & Blitz, 2000)[7]。

在各类引入时间变量的分析应用中,Pileggi 等人(2000)研究了在 1933—1993 年有关创业主题的高票房好莱坞电影的情节结构,提出一个用于测量有关支持美国梦的信息流行程度的多维"神话指数"。他们的研究发现,国民经济福利指数(基于失业率和联邦赤字数据)与他们的神话指数之间存在最多两年的滞后相关。换言之,经济指数与两年后的神话指数可以相互对应。他们认为这些发现揭示了"好莱坞电影倾向于复制现有的经济状况而不是促进经济状况的变化"(p. 221)。

图 8.3 和图 8.4 展示了两种不同类型的时间线。图 8.3 展示了 Hayes 和 Guardino(2010)就 2003 年美国在伊拉克遭遇军事威胁的相关电视新闻报道开展内容分析的主要发现。他们对 1 434 篇新闻报道的主题进行编码,将其中频率最高的三个主题用折线图展示了有关它们的相关报道在特定月份所占的比例。研究人员发现最初的主要焦点是关于美国入侵伊拉克的潜在可能性的辩论,从 11 月到 1 月关注焦点转向对大规模杀伤性武器(WMD)的调查,而在入侵前一个月则转向对美国军事计划的关注。对于这些观察到的趋势,并没有应用诸如时间序列分析在内的任何统计检验方法。图 8.3 展现的信息可以回答如"在 2003 伊拉克战争前夕,美国对即将发动的伊拉克战争的新闻报道的焦点

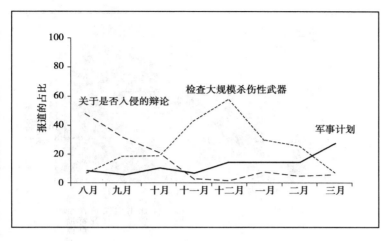

图 8.3 时间线样本

资料来源：Hayes, Danny, & Guardino, Matt. 2010. Whose views
made the news? Media coverage and the march to war in Iraq. *Political
Communication*, 27, 59-87. Doi: 10.1080/105846009035026.

　　注释：变化趋势的关注点在战前的网络新闻报道上。图中显示
了从 2002 年 8 月 1 日到 2003 年 3 月 19 日 ABC、CBS、NBC 每个月夜
间新闻节目的每个话题的主要关注点的报道百分比。

在战前的几个月内是如何随时间的推移而变化的？"这样的研究问题。

　　图 8.4 呈现了 Harrison、Waite 和 Hunter（2006）对养老金网站进行研究的
结果。这种方式为呈现研究结果在时间线上的变化趋势提供了独特的方法。
时间由后向前展示（如使用 Z 轴），水平方向呈现 20 个不同变量（"信息线
索"），变量的出现频率则利用条形图或直方图进行垂直显示。Harrison 等人对
Resnik 和 Stern（1977）的信息内容范式（该范式提出了用于决策的关键线索）进
行改编，将之用于对 20 家提供养老金计划的英国保险公司网站的历史信息进
行内容分析。图 8.4 展示了这些网站在 1998—2004 年的变化情况。研究人员
发现，"行业比较"这个信息线索所出现的频率在这个期间出现了明显下降（其
占比从 16% 降到 6%）。研究人员还指出了有关创新和推荐其他来源链接这两
个信息线索所占的比例在此期间也呈现了类似的下降趋势。值得注意的是，这
项研究同样也没有对观察到的趋势进行统计检验。图 8.4 展示了这个颇为复
杂的研究结果，仅在一张图中就显示 20 个不同的单变量随时间的变化情况。
根据这张图，我们可以回答许许多多的研究问题，比如"与养老金相关的保险网
站上的推荐其他来源的链接随时间的推移是如何变化的"。

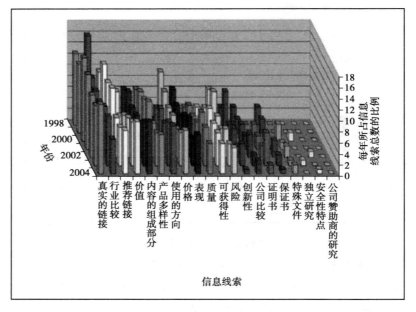

图 8.4　直方图式时间线

资料来源：Harrison, Tina, Waite, Kathryn, & Hunter, Gary L. 2006. The Internet, information and empowerment. *European Journal of Marketing*, 40, 972-993.

二元变量关系

　　对两个变量(自变量、因变量)之间关系的检验可以使用双变量统计。依惯例,本书会在一张表或图中列举一系列的二元检验,如后续实例所示。第一个例子展现的是两个定类变量做单一二元检验时应当如何制表。

　　表 8.3 显示了 Hollerbach(2009)开展的一项内容分析的基本数据频率统计结果。该项研究对 358 个美国电视广告片中演员的种族构成情况开展了内容分析,研究结果分别显示针对非洲裔美国人和一般观众两类人群的排名前十的电视节目中嵌入广告的种族构成情况[8]。表中罗列了作为名义变量的"演员类型"每个类别(如"仅有黑人演员"和"仅有白人演员"等)的数量和占比,并且使用卡方统计量(一种检验两组定类变量之间关联的统计量)检验该变量的不同类别在另一个变量——电视节目类型——上的数量分布的情况。统计结果具有显著差异($\chi^2 = 15.068$, $p = 0.02$)。这表明两种类型电视节目中商业广告的演员在种族构成方面存在差异,并且这种差异不可归因为偶然因素。这个结

果验证了 Hollerbach 的研究假设——"相对于面向一般观众的电视节目,面向非洲裔美国人的电视节目中商业广告会启用更多的非洲裔美国人演员"。虽然卡方检验仅能检验存在差别,而非差别的方向(它不能区分某个变量比另一个变量"多"或"少"),但结果确实为该假设提供了某种支持。

表 8.3　列联表(使用卡方):根据演员种族构成和节目类型对广告分布进行统计

	非洲裔美国人指数		一般观众指数	
	总数(N)	占比(%)	总数(N)	占比(%)
只有黑人演员	11	8.5	11	4.8
只有白人演员	60	46.2	118	51.8
黑人和白人演员都有	20	15.4	50	21.9
有黑人、白人、亚洲裔演员	11	8.5	15	6.6
有黑人、白人、西班牙裔演员	14	10.8	11	4.8
有黑人、白人、亚洲裔、西班牙裔演员	0	0	8	3.5
其他	14	10.8	15	6.6
总数	130	100	228	100

资料来源:Hollerbach, Karie L. 2009. The impact of market segmentation on African American frequency, centrality, and status in television advertising. *Journal of Broadcasting & Electronic Media*, 53, 599-614.

　　注释:$\chi^2(6, N = 358) = 15.068, p = 0.020$;"其他"包含以下几种演员组合:黑人、西班牙裔;黑人、白人、亚洲裔、印度裔;白人、西班牙裔;只有亚洲裔演员;只有西班牙裔演员;只有印度裔演员。

　　图 8.5 使用了带颜色的直方图,这是列联表的另外一种类型。交叉列出的两个变量分别是出版物(例如《印度时报》)和气候变化的归因(例如:"平等与全球化")。研究者(Billett, 2010)并未使用统计检验(卡方检验仍然适合本研究)。这项研究旨在对印度的四家主流英文报纸中有关气候变化报道的"风险责任"框架开展内容分析。调查结果显示所有四份报纸都将引起气候变化的主要责任归因于"North"(即欧洲和北美)。尽管这项研究并没有提出研究假设或研究问题,但调查结果与诸如"印度主流英文报纸对气候变化的责任归因是否存在差异?"这样的研究问题息息相关。

　　表 8.4 展示了一系列的二元方差分析(本案例使用的是单因素方差分析)。在这项分析中,自变量是企业类型(家族企业或者非家族企业),5 个因变量是依据研究人员设计的 CATA 词库开展内容分析所得到的结果[9]。这些发现来自 Short 等人(2009)的一项关于标准普尔 500 企业股东的信件的内容分析研究。

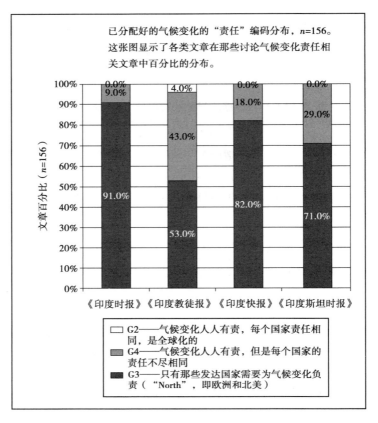

图 8.5　直方图、双变量

资料来源：Billett, Simon. 2010. Dividing climate change：Global warming in the Indian mass media. *Climatic Change*, 99(1-2), 1-16. Doi：10. 1007/s10584-009-9605-3.

根据研究人员创建的自定义词库来测量创业导向(EO)的五个维度,并应用 CATA 程序 Diction 5.0,发现来自家族企业的股东信函与来自非家族企业的股东信函相比,表现出较少的自主性、主动性和承担风险的意愿。研究者开展五次单因素方差分析用于检验五个不同的研究假设,其中的三项研究假设得到了支持。H1："与非家族企业相比,家族企业会表现出较低的自主性";H4："与非家族企业相比,家族企业的积极性水平较低";H5："与非家族企业相比,家族企业的风险承担水平较低"(Short et al., 2009, pp. 12-14)。

　　另一个常用的二元统计是皮尔森相关系数(r)。Pettijohn 和 Tesser 在 1999 年发表的一篇文章可谓是呈现相关性结果与图表的一个极好案例。他们对女性电影明星的照片进行内容分析,然后将该研究结果与"困难年代"指数(General Hard Times)进行整合分析。"困难年代"指数来自其他渠道,并将年份作为基本的分析单元。首先,基于一年一度的 Quigley 出版物民意调查结果,研究人员确定了 1932—1995 年美国的顶级女演员。在 85 名女演员中,可以获取照片的共有 57 人。研究者对这些照片进行编码分析,采用了多种面部标准评估[来自 Cunningham(1986)的面部特征测量模型]。他们把"困难年代"指数构建为测量七个社会和经济指标并加以综合,如消费者物价指数和结婚率。在一系列的相关关系检验中(如表8.5),他们得出如下结论:在长达 63 年的时间里,女演员的特定面部特征与七个测量"困难年代"指数的变量存在显著的线性相关性。研究发现处于艰难的经济和社会时期时,有着消瘦的面颊、宽下巴和大下巴的女演员更受青睐,而大眼睛、眼睛位置较高的和高颧骨的女演员则不受欢迎。研究人员将这些发现解释为一种普遍的社会选择偏好——在经济良好时期,人们通常喜欢具有婴儿化特征(幼童化面貌的)的人物形象,而在困难时期则刚好相反。

表8.4　均值比较 (使用 F 检验)

表5　家族企业与非家族企业在创业导向各维度上的比较

维度	家族企业 ($n=146$)	非家族企业 ($n=280$)	F 值
主动性	0.83	1.12	6.47*
竞争的野心	2.52	2.87	2.63
创新性	9.55	9.46	0.03
先动性	1.99	2.50	4.64*
风险承担意愿	0.70	1.07	8.26**

资源来源:Short, Jeremy C. , Payne, G. Tyge, Brigham, Keith H. , Lumpkin, G. T. , & Broberg, J. Christian. 2009. Family firms and entrepreneurial orientation in publicly traded firms. *Family Business Review*, 22, 9-24.

注释:* $p < 0.05$. * * $p < 0.01$.

表8.5　双变量相关性:困难时期演员的面部特征

面部特征	困难年代指数
眼高	-0.39*
眼宽	-0.51**
眼睛大小	-0.52**
颧骨高度	-0.58**
脸颊偏瘦程度	0.50**
下巴宽度	0.41*
下巴大小	0.46**

资料来源:Pettijohn, Terry F. , Ⅱ , & Tesser, Abraham. 1999. Popularity in environmental context:Facial feature assessment of American movie actresses. *Media Psychology*, 1, 229-247.

注释:$N=57$。所有的检验都是双尾的。 * $p < 0.01$. * * $p < 0.001$.

图 8.6 形象化地呈现了这种显著相关性，女演员的眼睛尺寸（特别是眼区）和"困难年代"指数之间呈现负相关关系（$r=-0.52$）。

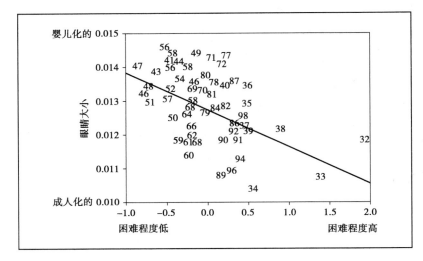

图 8.6　双变量相关散点图

资料来源：Pettijohn, Terry F., Ⅱ, & Tesser, Abraham. 1999. Popularity in environmental context：Facial feature assessment of American movie actresses. *Media Psychology*, 1, 229-247.

多元变量关系

如前所述，对于复杂的分析而言，内容分析法的数据在丰富度和适用性方面可与调查或实验数据媲美。内容分析研究者们越来清楚地认识到这一点。在这个部分，我们将提供在内容分析法的基础上开展多元变量关系分析的诸多实例。

表 8.6 是一系列均值的比较。这些研究结果取自 Bligh、Kohles 和 Meindl（2004）的一项研究，该研究考察了布什总统在"9·11"事件前后演讲风格的差异。

表 8.6　协变量比较分析

变量	危机前		危机后		单变量 *F* 值	η^2	检验效能
	均值	标准差	均值	标准差			
研究 1							
乐观	54.40	0.67	53.96	0.71	3.27	0.01	0.07

续表

变量	危机前		危机后		单变量 F 值	η^2	检验效能
	均值	标准差	均值	标准差			
研究 1							
集体感	8.55	0.87	11.33	0.92	4.68*	0.06	0.57
忠诚度	1.30	0.55	3.92	0.58	10.17**	0.13	0.88
爱国主义倾向	4.84	0.79	7.32	0.83	4.48*	0.06	0.55
犹豫程度	10.19	0.68	6.72	0.71	11.99**	0.15	0.93
攻击倾向	4.38	1.07	9.58	1.13	10.69**	0.13	0.90
研究 2							
乐观	50.66	0.19	49.37	0.15	29.71**	0.06	1.00
集体感	3.53	0.24	5.11	0.19	27.29**	0.06	1.00
忠诚度	0.84	0.15	1.26	0.12	4.94*	0.01	0.60
爱国主义倾向	0.95	0.19	2.79	0.15	59.79**	0.12	1.00
犹豫程度	14.76	0.47	13.36	0.38	5.25*	0.01	0.63
攻击倾向	3.86	0.28	8.01	0.22	136.00**	0.24	1.00

资料来源：Bligh, Michelle C., Kohles, Jeffrey C., & Meindl, James R. 2004. Charting the language of leadership: A methodological investigation of President Bush and the crisis of 9/11. *Journal of Applied Psychology*, 89, 562-574.

注释：研究 1 中，危机前 $n = 39$，危机后 $n = 35$，F 的自由度为 1,74。研究 2 中，危机前 $n = 173$，危机后 $n = 269$，F 的自由度为 1 422。在报告中均值已经做了协变量调整。$*p < 0.05$，$**p < 0.01$。

借助 CATA 程序 Diction 5.0，Bligh 及其同事把这一程序的内部词库应用于布什在 2001 年 1 月至 2002 年 3 月发表的 74 场演说（研究 1）和主流报纸与电视媒体对于这些演说的报道（研究 2）。在这项研究中，作者们分别对所传达的讯息在"危机前"和"危机后"所表现出来的六个不同特征进行了内容分析。换言之，他们需要对 12 对双变量关系进行检验和报告。当然，由于在均值比较之前需要对两个协变量（演讲的篇幅长度以及演讲中特殊词的数量）加以控制，使得后续可以开展协变量比较分析（ANCOVAs）。从这个意义上来看，这些不同研究结果在本质上都是多变量分析。此外，由于 6 个相关指标之间存在相关性，首先需要执行综合多因素方差分析（MANCOVA）以验证开展后续这一系列分析的可行性。虽然没有提出正式的假设，但研究人员得出的结论总体上"符合预期的方向"，除了"乐观"（Optimism）变量之外。研究人员还指出"两项研究结果的相似性"这一事实也提高了他们对研究结果可靠性的信心。他们的研究表明"9·11事件后总统在演讲言辞上的差异足够显著,这种差异在媒体报道中也有所反映"(p.568)。

当谈到多元变量分析方法的时候,因子分析是相当独特的一种,因为这种分析方法没有对自变量和因变量展开描述。因子分析经常被视为对数据进行降维的技巧,其核心思想是基于度量变量(定距变量或定比变量)的相关关系萃取具有共同特征的潜在维度或公共因子。在表8.7中,我们可以看到一个开展因子分析的研究实例。该研究对荷兰电视媒体与报纸媒体关于1997年阿姆斯特丹欧洲国家元首会议的新闻报道进行内容分析并提炼出用于描述新闻框架的类目(Semetko & Valkenberg, 2000)。采用类似于问卷调查的方式,研究者在编码方案中列出向编码员提出的问题,比如"这个报道是否为这个问题提供了人性化的例子?"基于前人关于新闻报道框架的文献综述,研究者设计了五组题目,这五个因子在后续的因子分析(采用最大方差正交旋转法)中得以再次确认。虽然表格中没有报告共同度和特征值,但因子分析结果清晰地确认了这些因素的性质,证实了研究人员预测的五个新闻框架:责任归属、人情味、冲突、道德和经济影响。在进一步的分析中,研究发现所谓"冷静且严肃"的报纸和电视新闻更经常使用责任框架和冲突框架,而所谓"娱乐煽情"的新闻媒体更经常使用人情味框架。

表8.7　因子分析:20个新闻框架问项的因子分析结果

新闻框架类目	因子				
	1	2	3	4	5
	责任归属	人情味	冲突	道德	经济影响
责任归属					
这个新闻是否提及政府在某种程度上有能力缓和这个问题?	**0.80**	−0.11	0.10	−0.04	0.10
这个新闻是否提及政府在某种程度上需要为这个问题负责?	**0.74**	−0.22	0.12	0.01	0.10
这个新闻是否提及了解决该问题的方案?	**0.69**	0.04	−0.02	0.00	0.09
这个新闻是否提及了个人(或者社会上的一群人)要为该事件/问题负责?[a]	**0.67**	−0.22	−0.07	0.04	0.04
这个新闻是否提及了这个事件/问题需要即刻行动?	**0.43**	0.14	−0.26	0.01	0.02

续表

新闻框架类目	因子				
	1	2	3	4	5
	责任归属	人情味	冲突	道德	经济影响
人情框架					
这个新闻是否提供了一个有关该事件的人类范例或者提及"人性"？	-0.01	**0.76**	0.06	0.04	-0.04
这个新闻是否运用了能引发愤怒、移情、同情或怜悯等情绪的形容词，或者个人化的插叙片段？	-0.08	**0.69**	0.04	0.11	-0.03
这个新闻是否强调了个人或者群体如何受到该事件/问题的影响？	-0.08	**0.64**	0.06	-0.02	-0.00
这个新闻是否走进了人物的私生活或个人生活中？	-0.17	**0.61**	-0.02	-0.00	-0.00
这个新闻是否包含了有可能引发愤怒、移情、同情或怜悯等情绪的视觉信息？	0.04	**0.60**	-0.06	0.07	-0.11
冲突框架					
这个新闻是否反映了党派/个人/群体/国家之间的不和谐？	0.10	0.02	**0.88**	-0.02	0.01
在新闻中是否存在一个党派/个人/群体/国家对另一个党派/个人/群体/国家的责难？	0.01	0.10	**0.81**	0.03	0.02
在新闻中是否提到了有关该事件/问题两个或两个以上的方面？	0.19	-0.04	**0.77**	-0.04	0.06
这个新闻是否提到了"赢家"或"输家"？	-0.02	0.01	**0.29**	0.06	-0.02
道德框架					
这个新闻是否包含任何有关道德的讯息？	-0.01	-0.02	0.02	**0.91**	-0.01
这个新闻是否提到了"道德""上帝"或其他宗教信条？	-0.02	0.09	0.05	**0.86**	-0.03
这个新闻是否提到了特定的社会行为准则？	0.01	0.07	0.04	**0.68**	-0.03
经济框架					
新闻中是否提到了现在或未来的金融行情下跌或上涨？	-0.01	-0.01	0.03	-0.02	**0.81**
新闻中是否提到了成本或有关的费用高低？	-0.11	-0.03	-0.03	-0.01	**0.73**
新闻中是否提到了行动过程中的经济影响？	0.23	-0.11	0.03	-0.03	**0.74**

资料来源：Semetko, Holli A., & Valkenburg, Patti M. 2000. Framing European politics: A content analysis of press and television news. *Journal of Communication*, 50(2), 93-109.

注释：a，该问题是反向的。

多元回归分析是预测两个或者多个自变量对于单个因变量的影响,其中自变量和因变量均为定距或定比变量。多元回归模型类型较为多样,包括强制同时添加全部自变量、强制按照一定的规则添加自变量集合(分层回归,一组一组地加入变量),以及逐步添加各个自变量[10]。

表 8.8 介绍了一个在内容分析法中开展多元回归分析的案例(Williamson et al.,2010)。这是一个分层分析,依照一定的次序分别将五组变量纳入回归模型。这项研究的一个特色就是将来自自我汇报式调查问卷的数据和通过内容分析所获取的数据进行整合,这是典型的数据关联式的整合路径。其中,因变量为企业对潜在求职者(学生)的吸引力,其测量由 10 个问项组成,由填答者自我汇报对这 10 个问项持反对或赞同的程度。自变量既有来自问卷的变量,也有来自对公司招聘网页开展内容分析的测量指标。阶层 1(表 8.8 模型 1 中的所有变量)包含自我报告式问卷中的五个变量(结果预期、性别、年龄、熟悉度和企业雇主声誉)。阶层 2(表 8.8 里模型 2 中与模型 1 不同的变量)中的变量是来自内容分析的两个测量指标(网站生动性和特征信息数量)。阶层 3 由两个交互项组成,这两项目综合了来自问卷的变量(企业雇主声誉)和内容分析测量指标(网站生动性和特征信息数量)。在检验阶层 3、阶层 4 和阶层 5 的时候,依次单独输入每个交互项(模块 4:特征信息数量×网站生动性;模块 5:企业雇主声誉×特征信息数量×网站生动性的三项交互)。

表 8.8　多元回归:分析预测企业对申请人的吸引力

预测变量	模型 1[a]	模型 2[a]	模型 3[a]	模型 4[a]	模型 5[a]	模型 6[a]
结果预期	0.14[*]	0.14[*]	0.14[*]	0.14[*]	0.14[*]	0.14[*]
性别	−0.01	−0.01	−0.01	−0.01	−0.01	−0.01
年龄	−0.03	−0.03	−0.03	−0.03	−0.03	−0.03
熟练度	0.12	0.10	0.10	0.10	0.10	0.10
企业雇主声誉	0.36[*]	0.35[*]	0.35[*]	0.35[*]	0.35[*]	0.37[*]
网站生动性		−0.02	−0.02	−0.01	−0.02	−0.04
特征信息数量		0.19[*]	0.16[*]	0.16[*]	0.16[*]	0.17[*]
企业雇主声誉×网站生动性			−0.03		−0.04	−0.03
企业雇主声誉×特征信息数量				−0.05	0.05	−0.06
特征信息数量×网站生动性					0.03	0.06
企业雇主声誉×特征信息数量×网站生动性						0.11[*]

预测变量	模型 1[a]	模型 2[a]	模型 3[a]	模型 4[a]	模型 5[a]	模型 6[a]
R^2	0.21*	0.24*	0.24*	0.24*	0.24*	0.25*
ΔR^2		0.03*	0.00	0.00	0.00	0.01*

资料来源:Williamson, Ian O., King, James E., Jr., Lepak, David, & Sarma, Archana. 2010. Firm reputation, recruitment web sites, and attracting applicants. *Human Resource Management*, 49, 669-687. Doi: 10. 1002/hrm. 20379

注释:$N = 345$, $*p < .05$;

a 表示图中所示为标准化系数 β。

这一阶层回归模型检验了由 Williamson 等人提出的五个假设。例如,"招聘网站的生动性与企业对潜在申请者的吸引力正相关"这一研究假设被证实并不成立,六个模型回归系数都不显著的结果证实了这一点。

Logistic 回归是使用两个或更多的定距/定比自变量预测因变量(二分定类变量)的分析方法。与多元回归一样,Logistic 回归允许操作者对自变量采用多种纳入方法——强制回归、阶层分层和逐步回归等。表 8.9 是在内容分析中使用 Logistic 回归的一个例子。

Neuendorf 等人(2010)对在詹姆斯·邦德电影中出现的所有女性角色进行了调查和研究。具体而言,他们确定了 195 个角色,使用 Logistic 回归预测某特定女性角色在邦德电影世界中能够存活多久。纳入到四个阶层的所有自变量均来自内容分析:纳入阶层 1 的变量为该电影的上映年份(特指该女性角色出现在其中的电影);纳入阶层 2 的变量包括了反映该女性角色的一系列外貌特征;纳入阶层 3 的是一个虚拟变量——该角色在电影中是否是主角;纳入阶层 4 的是一个综合指标——该角色在电影中发生的性行为次数;纳入阶层 5 的变量则包括三个与攻击性行为有关的指标(该女性角色在电影结尾是正面形象还是反面形象,该女性是否试图杀死邦德,以及该女性在电影中使用武器的情况)。这项研究分析很好地回答了作者提出的一个研究问题:"该女性在电影结尾的存活是否可以用她的外表特征、角色重要性、性行为数量以及攻击性倾向程度来预测?"根据研究结果,只有阶层 4 和阶层 5 中的变量是显著的,这表明在控制了电影的发行年份、角色的身体特征和角色的角色地位之后,角色在电影中展现更多的性行为、在电影结尾时更多表现为"坏人"的形象(相对于表现为"好人"的形象),以及杀死邦德的企图心更强,会导致该角色在电影结局中更大的死亡概率。

表 8.9　Logistic 回归:对邦德电影中女性人物结局(存活)的预测

	r	Exp(B) 开始值	Exp(B) 最终值	阶层 卡方值	−2LL	Cox& Snell R^2	Nagel kerke R^2	Hosmer & Lemeshow 卡方检验
阶层 1				0.08	167.53	0.00	0.00	11.99
年份	0.04	1.01	0.98					
阶层 2				7.42	160.11	0.04	0.07	16.27*
年龄	0.01	1.04	1.07					
身材	−0.09	0.65	0.50					
是否为美国口音	−0.04	1.05	0.99					
是否为白肤、金发、碧眼	−0.05	0.64	1.06					
是否戴眼镜	0.07	3.13	3.96					
是否是长发	0.03	1.34	0.72					
是否是短发	0.05	0.82	0.69					
是否是直发	0.04	1.55	1.32					
是否属于非白人	−0.02	0.94	1.41					
是否非常漂亮	0.07	1.31	0.80					
是否非常丑陋	−0.03	0.73	0.34					
阶层 3				1.41	158.70	0.05	0.08	13.95
是否是主角	0.10	1.89	0.29					
阶层 4				4.98*	153.72	0.07	0.12	5.25
是否有性行为	0.18*	1.35*	1.61*					
阶层 5				30.62**	123.10**	0.21	0.36	3.78
在电影结尾是否是正面人物	−0.30**	0.15**	1.5**					
是否企图杀死邦德	0.28**	11.84*	11.84*					
是否使用武器	0.24**	1.13	1.13					

资料来源:Neuendorf, Kimberly A. , Gore, Thomas D. , Dalessandro, Amy, Janstova, Patricie, & Snyder-Suhy, Sharon. 2010. Shaken and stirred: A content analysis of women's portrayals in James Bond films. *Sex Roles*, 62, 747-761.

注释:每一个−2LL 都使用卡方检验;**$p < 0.05$;**$p < 0.01$。

　　典型相关分析允许研究人员探索两组变量之间复杂的线性关系,同时并不区分自变量和因变量。这一检验方法假定两组中的所有变量都是定距变量/定比变量。其原理是首先分别在两组变量中提取综合变量(为各组中各变量的线性组合),然后利用这两个综合变量之间的相关系数来反映两组指标之间的整体相关性。表 8.10 展示了典型相关分析的一个例子(Ha-brookshire & Lee,2010)。在该案例中,基于两组变量("企业概况"和"竞争力优势")寻出七个典型相关系数。其中三个典型相关性是显著的,随后作者通过对第一对典型协变量的标准化相关系数列表呈现的方式对第一个典型相关系数(0.807)进行了详细解释。

表 8.10　典型相关:典型相关的估计及其统计意义

对	典型相关估计及其统计显著性					
	典型相关系数	特征值	比例	累积值	F 值(自由度)	p 值
1	**0.807**	1.862	0.642	0.642	5.40(77.1098)	<0.0001
2	0.623	0.635	0.219	0.860	2.92(60.964)	<0.0001
3	0.393	0.183	0.063	0.923	1.64(45.826)	0.006
4	0.313	0.109	0.016	0.961	1.28(32.684)	0.140
5	0.252	0.068	0.024	0.984	1.01(21.535)	0.453
6	0.168	0.029	0.010	0.994	0.72(12.374)	0.735
7	0.129	0.017	0.006	1.000	0.64(5.188)	0.671

标准化典型相关系数

业务活动	第 1 对	竞争优势	第 1 对
国内零售	-0.618	品牌	-0.771
出口	0.204	质量	0.085
设计	-0.056	顾客服务	0.141
国内制造	0.235	专业化	0.121
国外制造	0.205	拥有政府奖项	0.115
产品升级	0.322	合伙企业	0.029
批发	-0.084	经验	-0.021
		技术	0.277
		完整性	0.121
		价格	-0.023
		快速反应	0.005

资料来源:Ha-Brookshire, Jung E., & Lee, Yuri. 2010. Korean apparel manufacturing industry: Exploration from the industry life cycle perspective. *Clothing & Textiles Research Journal*, 28(4), 279-294. Doi: 10.1177/0887302x10372958.

该研究是 Ha-Brookshire 和 Lee(2010)基于韩国 200 家服装制造公司的网站展开的内容分析。他们设计了一套内容分析编码方案,测量内容包括公司的业务活动概况(该公司在做什么)和他们所披露的竞争力优势(他们凭借什么在市场上竞争)。研究者的研究任务就是"检验两组变量之间的关系"。如表 8.10 所示,他们的研究表明,若一家公司越倾向于投入产品研发(0.322)而不愿意从事国内零售(典型相关系数 = -0.618),则该公司越不太可能进行品牌推广(如"拥有自己的服装品牌, -0.771")。

聚类分析的目的是根据多个自变量的相似性将数据案例置于不同的类别。表 8.11 展示的是聚类分析的例子(Cregan, 2005)。研究者询问了 197 位澳大利亚工会成员对工会的态度,并将受访者对这些开放式问题的回答进行内容分析。聚类分析将受访者归类为三个类别。大多数用来做聚类分析的变量(主题)在三个类别之间具有显著差异,这就是聚类分析的核心目标。研究者随后根据负荷在该类别上的变量情况分别为这三个类别进行命名,它们分别是:"意识形态性承诺归属""工具性承诺归属"和"不情愿归属"。换言之,研究者根据受访者对有关问题的回答即可将工会成员确定为三种不同的类型。进一步讲,研究者巧妙地利用这一聚类分析方法,回答了诸如"激进主义和其他因素在工会招募中的作用"这样的研究问题。

表 8.11　聚类分析:成员聚类(3 个聚类)方法

类别	意识形态性承诺归属($n=68$)[a]	工具性承诺归属($n=87$)	不情愿归属($n=42$)	总数	显著性比较
工会的价值	68**(86)	8**-(10)	3**-(04)	79	(1>2,3)**
集体的力量	39 (32)	65**(54)	17**-(14)	121	(2>1)*(2>3)**
工会私密性	0**-	25**(89)	3 (11)	28	(2>1,3)**
					(3>1)**
工作必须	0**-	23**(77)	7 (23)	30	(2>1)**(3>1)**
成本-利益	0**-	0**-	16**(100)	16	(3>1,2)**
反工会	0	0	1	1	—
工会不起作用	0**-	8	7*	15	(2>1)**(3>1)**
不抱幻想	0*-	4	7**	11	(3>1,2)*
自己协商	0	2	1	3	—

类别	意识形态性承诺归属（$n=68$）[a]	工具性承诺归属（$n=87$）	不情愿归属（$n=42$）	总数	显著性比较
想离开工会	0	0	1	1	—
	0[**]–	2[**]–(06)	33[**](94)	35	(3>1,2)[**]
总受访者数				340	

资料来源：Cregan, Christina. 2005. Can organizing work? An inductive analysis of individual attitudes toward union membership. *Industrial & Labor Relations Review*, 58(2), 282-304.

注释：每一个括号内的数字是在特定聚类中受访者类别的占比。例如第一行，在聚类1中86%的受访者与工会价值相关。Cramer's V卡方用以检测在特定聚类中受访类别的值与它在其他聚类的均值比较的显著性。统计上显著的负相关关系用"–"表示，其他关系都是正相关的。同样，变量在与聚类的每一个组合的值的比较也是统计上显著的。例如，聚类1包含受访类别的值比其他两个聚类多，不论是联合起来还是分别计算。

注释：a,n为受访者数量，也就是聚类的案例数；b,对成员而言，这个变量包含这样一个回复："我的工作同伴中大部分都加入了工会。"

* 在0.05水平上统计显著，** 在0.01水平上统计显著。

　　多维尺度分析（MDS）使用共现数据或对应的其他类型的数据根据一组概念之间的临近度或距离构建图形模型。图8.7展示的例子就是基于MDS的分析结果，在这个研究中，研究者随机抽取芬兰警方记载的发生在1990—2001年的纵火案卷宗对罪犯的特征进行内容分析。（Häkkänen, Puolakka & Santtila, 2004）。MDS分析表明存在四种类型的罪犯：自我毁灭型、连环犯罪型、刑事犯罪型和未成年犯罪型。除此之外，研究人员进一步基于这四种类型的差异确定罪犯类型与犯罪现场行为之间的关系。这些分析能够帮助研究人员澄清各种研究假设，包括像"表达性行为最有可能与未成年罪犯相关"这样的研究假设。

　　路径分析和结构方程模型提供了迄今为止有关多变量统计分析最前沿的手段，这两种分析方法都可以明确和检验多步因果关系[11]。如图8.8所示，Watt和Welch（1983）提供了一个运用路径分析来考察内容分析变量和有关讯息接受者变量之间关系的实例，这也是整合数据关联的极好例子。在这项研究中，研究人员进行了一项实验，让儿童观看《芝麻街》或《罗杰斯先生的街坊四邻》，并测量他们对不同节目片段的反应。在观看期间，观察者对被试者的注意力水平进行编码。在观看后，研究者测量受试者在没有辅助的条件下对内容的回忆率和识别的水平。在该研究的内容分析部分，不同的节目片段依据四种复杂类

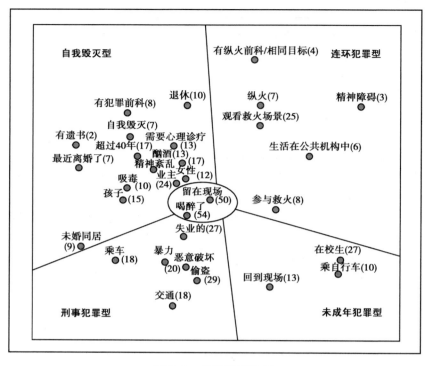

图8.7　多维尺度分析

资料来源:Häkkänen, Helinä, Puolakka, Pia, & Santtila, Pekka. 2004. Crime scene actions and offender characteristics in arsons. *Legal and Criminological Psychology*, 9, 197-214.

型——静态音频、动态音频、静态视频和动态视频(参见表4.2)——进行编码。研究结果如图8.8所示,该结果清晰地展示了变量之间的路径是否是显著的。借助这一丰富的模型,研究者可做出许多解释性的陈述。举个例子,研究表明动态视频复杂度与回忆率显著负相关,那么我们可以说,在控制其他类型的复杂度时,视频变化越复杂(比如"快速剪辑""场景中存在大量动作"),孩子可以记住的内容就越少。换言之,这些研究发现也就可以支持"在控制其他类型的复杂度之后,动态视频太过复杂会使得儿童能回忆起的节目片段较少"这一假设。

　　本章提供的数据分析方法及其例子并非全面,还有许多其他的数据分析方法可供我们使用。需要指出的是,有些展示研究结果的方式跟特定的研究息息相关,因此无法提前说明其具体的展示方式。比如 Whissell(1996)建构的所谓"情绪时钟"是一种对情绪测量方法的描述性应用。研究者首先根据50种不同文本信息源确定基本规则,然后计算新讯息在两个内容分析指标(愉悦性和灵活性)上的评级分数,最后将该数据放置在"时钟"表面。研究者根据围绕在时钟参数周边的情感词汇来帮助自己解读该新的讯息在这个时钟上的位置。

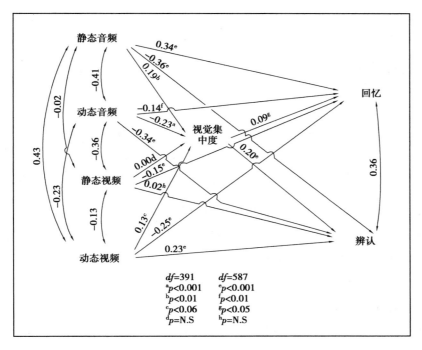

图 8.8　路径分析

资料来源:由 Watt, James H., Jr., &Welch, Alicia J. 1983. Effects of static and dynamic complexity on children's attention and recall of televised instruction. In Jennings Bryant & Daniel R. Anderson(Eds.), Children's understanding of television: Research on attention and comprehension(pp. 69-102). New York: Academic Press. 授权重制。

　　可以明确的是,与呈现任何其他实证分析结果的方法一样,用以呈现内容分析结果的方法同样多种多样。内容分析人员需要精通数据统计方法和数据呈现方式,就像从事调查、实验或其他定量研究的研究人员一样。

　　基于本章的内容,我们总结出以下三条实用性原则:

　　1. 数据分析结果需要直接检验研究假设或回答研究问题。

　　2. 需要根据测量水平、抽样方法和检验模型选择适合的数据统计方法。

　　3. 相对于纯文字的数值呈现,对数据分析结果进行可视化呈现会更为清晰和更易于理解。

本章注释

1. $p=0.05$ 的水平表示第 I 类错误的允许误差为 5%;换言之,即认为总体中存在的关系有 5% 的可能性事实上并不存在。

2. 每个定量研究人员都有自己的首选推荐统计学教材。根据我自己从事研究方法和统计学的教学经验,我推荐的书籍如下。

关于单变量和双变量统计——Kachigan, 1986; Voelker, Orton, & Adams, 2001; Williams & Monge, 2000

关于多变量统计的一般性内容——Hair et al. , 2010; Harris, 2001; Kachigan, 1986; Tabachnick & Fidell, 2012

关于多元回归分析——Cohen et al. , 2003

关于判别分析分析——Klecka, 1991

关于方差分析(包括单因素方差分析和多因素方差分析)——Bray & Maxwell, 1985; Keppel & Wickens,2004; Winer, 1971

关于典型相关分析——Thompson, 1984

关于聚类分析——Aldenderfer & Blashfeld, 1984

关于 Logistic 回归——Hosmer, Lemeshow, & Sturdivant, 2013

关于多维尺度分析——Kruskal & Wish, 1978

关于结构方程模型——Maruyama, 1998

3. Andrews 等人(1981)为选择适当的统计分析方法提供了一个有用的、全面的操作指南。

4. 对于主题框 8.1 中提供的所有多变量统计分析的示例模型,自变量的数量可以是任意的(两个或多个);同样,对于多变量方差分析和典型相关分析而言,因变量的数量也可以是任意的(同样是两个或多个)。

5. 需要指出的是,多变量统计分析往往假设变量是定距或定比变量,这些统计分析方法同样适用于"虚拟编码"。所谓"虚拟编码",是指将定类变量处理成用 0 和 1 表示的变量,在这种情况下,虚拟变量即可作为定距或定比变量处理。例如,可用如下方法对"性别"变量进行编码:0 = 男性,1 = 女性。这样编码之后,性别变量也可以纳入到诸如多元回归分析这样的数据分析中。如果该变量是三分定类变量,则需要用两个虚拟变量来表示其信息。有关这方面的更详细的内容,请参阅 Cohen 等人(2003)的文献。

6.本书出现的"研究假设"与"研究问题"在很多情况下都是作者假定的,并非完全是由原始研究人员提出的。之所以这样,原因较为多样,其中最主要的原因是本书从原始论文中截取数据分析,缺乏原文的上下文情景。此外,有些研究论文本身就缺乏研究问题,也有些研究论文没有对研究假设进行正确的检验。

7.尽管许多使用时间序列分析法的内容分析研究往往聚焦于媒体内容随着时间的变化趋势,但是该方法也可被应用在其他讯息类型的研究中,如Langs、Badalamenti 和 Bryant(1991)关于治疗咨询中的互动研究。

8.有时在内容分析中也会使用另外一种二元变量比较分析,即对虚构的媒体内容与真实世界进行对比。例如,Gerbner 等人(1979)在他们关于电视暴力内容的研究中就对"电视世界/现实世界"进行了比较。另外,Dixon 和 Linz(2000)发现了电视媒体对罪犯的描述和现实世界犯罪统计数据中显示的罪犯形象存在显著差异。

9.从技术上看,这些分析本质上都可被认为是多元变量统计分析。由于5个因变量之间存在相关关系,Short 等(2009)使用的是多元方差分析。数据分析结果表明其差异是显著的,这也为开展表8.4 所列出的一系列单因素方差分析扫除了障碍。

10.在逐步回归分析中,只有对因变量的预测有显著影响的变量才会被输入并保留在模型中。

11.需要简要阐述一下路径分析和结构方程模型之间的差异。两者都包括对所提出的因果路径进行多步检验。但是,结构方程模型(SEM)可以借助联立方程同时开展多步模型的检验,并且同时可以处理观察变量和潜在变量(不可观察变量)。因此,SEM 可被视为整合了传统的因子分析和多元回归,其运算需要通过诸如 LISREL 和 AMOS 之类的计算机程序。与此不同的是,路径分析是SEM 的一个部分,而且只能处理可观察变量,其运算可以进行逐一路径分析,也可以直接使用 SEM 程序。

内容分析法的应用情境

　　本章旨在对内容分析法的主要传统进行简要的回顾。在回顾中,作者会总结内容分析法常见的应用场景和主要的发展趋势,还会为有意学习不同情境下内容分析方法的读者提供最佳的教学资源。关于某些特定的新媒体情境的应用(如电子游戏),请参考本书的第 7 章。

　　在此处,"情境"(Context)一词的使用意涵相对灵活。其应用情境有多种类别,包括实际性的情境(如人际互动和媒体互动等不同传播形态下的性别角色研究),针对某种特定媒介的情境(如越来越多的学者开始研究在线社交媒体的本质以及电影叙事),以及意识形态式的情境(如用语义网络法研究语言学)。上述三类情境是人们通常对内容分析法应用情境的划分,每类情境下的研究案例也越来越多。值得注意的是,这三种应用情境并不互斥,互有重叠。比如,就在不同的媒介(包括电影)中的形象这个主题而言,少数群体的形象应用情境就是由不同领域的研究所组成的。

　　总体而言,本章中所介绍的应用情境基本都是基于学术层面上的探讨,但也包含部分具有一定影响力的应用型和商业型内容分析研究。由于这类内容大多数都属于商业机构和政府部门,因此找到这些例子的难度往往超乎我们的想象。有些研究情境需要研究者具备专门的知识基础,比如语言学分析、心理诊断以及对旋律的乐理分析。如果读者刚好在学习这些专业知识,那么这类分析应该能给他们的学习带来帮助。对于某些其他的研究情境,本章也会对截至目前的相关文献做个整理,以供读者参考。综上所述,本章中的不同部分将会为读者呈现内容分析的重要历史以及发展现状。

内容分析法的心理测量应用

有些内容分析研究的目的在于挖掘讯息创建者（包括个体或团体）的心理特质。这类研究的典型场景是，社交研究者试图通过分析一系列个体的口头和书面内容，将其归因于个体的心理特质或心理状态[1]。显然，这个研究同时涉及心理学领域和语言学领域。事实上，在内容分析的文献中经常能看到将这两个领域关联起来的相关研究。当研究者的目标是测量个体的心理特质时，内容分析就变成了一种心理计量（旨在测量内在的心理学构念）。

心理计量型内容分析主要有两种方法，分别是主题型内容分析法和临床型内容分析法（我们在本书的其他章节已经介绍了这两种具体的方法）。这两种方法的具体内容会有些重叠（如两种方法都会把个性和情绪作为测量工具），而且它们与本章后面将提及的文献中的开放式编码、语言分析、语义网络和心理测量等方式具有相似的特点。

主题型内容分析法

主题型内容分析法通常是以调查和实验的方法来测量个体的心理特质。对被试讯息的测量本质上立足于可以替代的其他测量工具，比如自我报告量表等。早期使用计算机开展的这类内容分析研究主要见于 Stone 等人（1966）编辑的《General Inquirer：使用计算机开展内容分析》（*the General Inquirer：a Computer Approach to Content Analysis*）这套书。另外，这项技术的一个重要来源是《动机与人格：主题型内容分析手册》（*Motivation and Personality：Handbook of Thematic Content Analysis*）（Smith，1992）。这是一本内容精彩且具有指导意义的手册，其中包含了 80 多套不同的内容分析测量方案。这本书广泛地包容了非常多的方法，这也意味着其中一些测量方法可能在效度方面不如其他方法。尽管如此，它所具有的参考价值是无可比拟的。

Smith（1992）认为主题型内容分析法是对讯息的内容和风格打分，以评估个体、群体或某一历史时期的特质或体验（p.1）。这个方法的目的不同于应用型的临床型内容分析法，后者的分析结果是对心理病理学的诊断。在主题型内容分析法中，研究者只是简单地尝试用另一种方法去测量与个体相关的变量，而不需要让被试去填写问卷。根据 Smith 的说法,书中提到的所有的内容分析测量工具都是用来测量"特定个人变量"的个体差异(这些测量之前都被验证具有良好的效度)。举个例子,书中包含诸如下列的经过改编的测量变量:

对成功的恐惧	(Fleming)
领导力	(Veroff)
无助	(Peterson)
新教伦理	(McClelland & Koestner)
工作满意度	(McAdams)
责任感	(Winter)
自我界定	(Stewart)

对于言语分析样本而言,一个很好用的编码方案是"逐字解释的内容分析"(content analysis of verbatim explanations, CAVE)(Peterson, Luborsky, & Seligman, 1983; Mehl, 2006)。CAVE 的目的在于评估个体的归因特征,测量的是他们对于事件的解释(内部或外部事件、稳定事件或概率事件、普遍事件或特殊事件)(Peterson et al., 1988; Schulman et al., 1989)。另一种用来处理悲观想法文本的编码方法,是对悲观属性、情绪和事件的出现频次和强度进行测量(Satterfield, 1998; Zullow, 1991)。

在我们看来,许多 CATA 程序(如 LIWC 和 Profiler Plus)中的许多词库测量也都是主题型内容分析法的具体应用(e. g., Tausczik & Pennebaker, 2010;参见资源列表 1)。Schwartz 等人(2013)通过对 Facebook 上 75 000 位用户的发帖内容开展内容分析(这些用户也参与了个性测试),对这一方法进行了进一步探索和完善。研究结果显示了研究者利用用户在社交媒体上的用词来识别其人格特质的可能性。

临床型内容分析法

自弗洛伊德提出"症候型文本"(symptomatic texts)这一概念以来(Christie, 1999),心理学家和精神病学家就一直对被各种困扰所苦恼的大脑饶有兴趣,他们对分析由这类群体创建的讯息文本尤其感兴趣。为了更好地诊断病人的心理问题,研究者和医生一直致力于寻找合适的内容分析技术。

Lee 和 Peterson(1997)指出,内容分析法并不仅仅只是临床诊断方法的一种替代方案,事实上,由于它本身遵从的是一种科学的研究方法,因而具备许多优势:

内容分析法之所以不仅仅只是基于文本的一种临床主观判断，原因就在于研究者在进行推断时需要遵循一定的规则，这种规范是非常清晰明确的。内容分析法要求研究者获取合适的材料，设计编码协议并确定实际编码的信度和效度。在这个意义上，内容分析法与其他研究方法并无二致。（p.60）

使用临床型内容分析法开展研究的学者中，成果最为丰硕的恐怕就是 Louis Gottschalk。他曾通过对邮包炸弹杀手（Unbomber）Ted Kaczynski 的自白文本的分析，诊断出该人患有"非精神损伤"（Gottschalk & Gottschalk, 1999）。另外，他也在研究中推断出，里根总统在 1980 年和 1984 年的总统竞选辩论期间正面临认知障碍问题的"显著恶化"，不过他直到 1987 年才公布这一研究成果（Romney, 1997）。《对言语行为的内容分析：全新发现与临床应用》（*Content Analysis of Verbal Behavior: New Findings and Clinical Applications*）（Gottschalk, 1995）和《对演讲和口头文本的计算机化内容分析及其应用》（*Computerized Content Analysis of Speech and Verbal Texts and Its Many Applications*）（Gottschalk & Bechtel, 2008）这两本书是关于使用和验证 20 套测量方案的非常全面的信息来源，这些方案由 Gottschalk 和他的同仁首次共同开发，以供研究者进行人工编码，后期又使用 PCAD 进行了计算机编码（见资源列表 1）。Gottschalk-Gleser 量表包括对以下变量的测量：焦虑、敌意、认知障碍、抑郁、希望、社交、自恋、成就争取和积极影响。

开放式与图解式回答

学者们经常使用内容分析法进行对特定内容的组织和意义挖掘工作，包括被调查者对问卷中开放式问题的回答、对个人或团体开展的访谈内容等。虽然也有研究者会选择对内容进行质化分析（Schreier, 2012），但量化仍然是他们常用的方法。人工编码和计算机编码都可以用于分析调查者对开放式问题的回答（Mohler & Zuell, 2001）。不管利用哪种编码方式，对被试关于问题和刺激物的手写式和图画式反馈信息，都有两种处理方案。第一种方案是采用预先设置型编码方案。如果研究目标是测量心理学的构念，研究者需要遵照的是前面提到的主题型内容分析法的操作程序（这两者之间的唯一区别可能在于，这个环节的测量主要针对的是被试对特定问题的回答或对特定人物做出的反馈，而主题型内容分析法一般主要分析被试自然流露出的口语或书面表达)。第二种方案是对内容采用浮现编码法。这种编码方案是在收集完所有反馈内容后才确定的编码方案,接着研究者再用系统的内容分析法对这些编码方案进行分析,并辅以适当的信度检验。

一些很早问世目前仍在使用的用于分析开放式问答答案的编码应用,主要是被研究者用于测量对主题的理解。其中,最知名的就是主题统觉测验(简称TAT)(Jenkins,2008)和墨迹测试(如罗夏墨迹测验)。主题理解测量需要个体用编故事的方式对测试做出反馈,故事的根据是一套标准化的能反映个人和人际情境的图片。预先设置的编码选项包括对成就需要、归属需要和权利需要的测量(Chusmir,1985)。墨迹测试要求被试向研究者逐一描述他们从一系列对称和抽象的墨迹中所看到的内容。研究者会根据标准的评分类别给被试的回答打分,这些类别包括位置(选取了墨迹的哪一部分进行评判)、决定性因素(形式、结构和特点)以及内容(如被试所指出的实际物体,是动物还是人物)。学界还提供了其他的编码选项,比如 Urist 对自主同一性量表的应用。该量表用于测量自身对他人心理自主性的感知程度(Monroe et al.,2013;Urist,1977)。

这两种测量方式最初都是心理分析的投射工具。许多批评者声称这两种测量方式并不能达到心理测量的标准,但他们同样认为这两种技术手段各具特点,都可以促进弗洛伊德式的临床心理分析的进程(Aronow,Reznikoff,& Moreland,1994;Gregory,1987;Te'eni,1998)。

心理学领域有关人像描绘的文献更加关注"手绘图案",而不太注重被试对问题的书面回答或口头回答的转录。这些文献将对图画的评估作为心理诊断测试的依据(Koppitz,1984)。与此类似,古迪纳夫-哈里斯绘画测试(Goodenough-Harris Drawing Test)也是一种心理记录技术,可用来评估年轻人的智力成熟程度,也有研究者会用预先设置的编码方案对被试的图画内容进行分类(Harris & Pinder,1974)。Stiles、Gibbons 和 Schnellmann(1987)采用了一套标准的编码方案(内含 10 个变量),根据九年级学生对"理想男性"和"理想女性"两者的图画呈现,探究他们心中对于异性的设想是否存在显著差异。DiCarlo 等人(2000)在研究洪都拉斯街头流浪儿童时开发了一份改良版的"理想人物"编码方案,研究发现儿童对"理想人物"的认知存在年龄和性别差异(Gibbons & Stiles,2004)。Ames 等人(2005)利用内容分析法评估被试手绘内容的多个方面,进而利用这些手绘内容测试被试对危险性与骚扰环境的识别能力。

分析开放式回答的第二种方案是浮现编码法。这种方案显然更加特殊,而且效度更低,但在很多情况下,这种技术却是必需的。如果没有标准分类方法或编码方案可用,或者研究者想要开发一套全新的编码方案,在这些情况下,研究者就可以考虑采用浮现编码法。Crawford 和 Gressley(1991)在研究男性和女性的幽默偏好和实践时,就遇到了这种情况。该研究的参与者被要求用"极具幽默感"的写法给某一特定人物写一段介绍(p. 222)。研究者将被试的答案转录,并进行仔细的阅读,从中发现了五个主题维度:敌意、玩笑、现实生活中的幽默、创造性和对他人的关心。这五大主题分别被视作独立的变量,并根据这些准则对每一条原始的文字叙述进行编码(该主题在文字叙述中是否存在),编码员间的信度颇为理想。

Ahmad 等人(2009)也基于自己手头关于医患交流的录音资料开发出了一套编码方案。他们的编码方案聚焦于对"亲密伙伴间的暴力和控制"的识别,随后他们采用了人工编码方式对该编码方案进行了推广和应用。Fujioka(2005)曾用人工编码的方式测量回电内容,这个回电发生在美籍墨西哥裔学生和美国白人学生在看完电视新闻的实验之后。Knobloch(2008)曾做过一项关于关系不确定性的调查,他们分析的内容源自于被试对 12 项主题的不确定性的开放式回答。这些主题包括:孩子、职业、财务状况、性别、退休情况、宗教信仰、家族情况、沟通、休闲时间、健康状况、承诺和家务杂活。Chipperfield 等人(2009)采访了 353 位 72 岁及以上的老年人,在对采访内容进行反复迭代分析的基础上提炼出主要的主题类目(这些类目是影响研究者选定的九种情绪的前置变量)。

语言学和语义网络

语言学研究的是人类语言的结构和本质。语言学有一系列的研究重点,从对句法结构化的"正式"研究,到更加聚焦于语义的语言含义研究(Markel,1998)。后者与讯息研究的某些领域有所重叠,尤其是研究心理方面的主题型内容分析。

量化内容分析只是语言学中所用的多种方法之一。许多学者为了寻找不同语言间共同特质的跨语言研究(Goldberg,1981),采用质化的参与观察法、民族志研究和批判方法,或是上述几种方法的混合。但随着计算机技术的发展,量化语言学研究越来越受到关注(Kohler & Rieger,1993),尤其是关于计算语言学(Litkowski,1992,1999)和对语义语法的泛化研究。后者是指一种对语句赋予特定意义的编码系统,与浅层次、表面化的、模糊的语义语法相对(Roberts,1997a)。

虽然从技术上来说从属于语言学,但使用语义网络的方法对讯息开展研究的做法早已自成一派,目前已有许多文献,后续研究也在不断跟进。这个方法的最终目标是绘制不同概念间的关系网络。Carley(1993)曾将传统的文本内容分析法(注重从文本中提取概念)和语义网络法(或称图示分析,同时聚焦于概念本身和概念间的关系)做了比较。词库可能会在进行语义网络分析时派上用场(也可能不会),使用词库的目的就是通过电脑分析发现文本中某些用词或短语共同出现的模式(Young,1996)。这些模式往往会用 2D 或 3D 图像呈现(如用 CATPAC 等程序实现),使用的方法与多维尺度分析相似。图 8.7 提供了这样的例子(Barnett & Woelfel,1988;Woelfel & Fink,1980)。

正如神经网络描绘的是认知结构和过程,语义网络描绘的是具有包含含义关系的概念系统(Litkowski,1999)。这些关系都是建立在个人、群体、组织或社团对词语使用的基础上的(Carley,1997a;Doerfel & Barnett,1999)。正如Carley(1997b)指出的,"语言可以作为一种概念网络及其相互间关系的表现形式,这张网络可被视为语言的社会结构,或者可被视为现存社会知识的一种表现形式"(p.79)。再者,这些语义网络可以和使用情境中的认知含义或社会结构结合起来进行分析(e.g.,Diesner & Carley,2005a,2005b)。[2]

文体计量学与计算机文学分析

文体计量学是指对语言风格的分析。研究者利用这项技术识别某些别具一格的语言文风,进一步对作者的风格进行描述、分辨或者证实。Tweedie、Singh 和 Holmes(1996)将文体定义为"为某个作者所独有的一组可测量的模式"(p.401),包括辨识内容中使用的名词数量,以及对某些独特用词和常用词的识别。对作者文体的研究最早可追溯到 2000 年以前,那时使用的是人工编码分析的方法。但随着语义图式技术的发展和计算机文本分析软件的进步,计算机文本分析软件的发展已成为可能,我们也才能日益方便地获取电子版的文本内容(Kucukyilmaz et al.,2008)。

文体计量学最初常被用于文学研究,其中一个常见应用就是证实作者与文本之间的关系,或是解决关于作者身份的争端。关于莎士比亚的作品经常会出现争议,人们经常会质疑某作品是否真的出自莎翁之手。Elliott 和 Valenza(1996)曾进行过 50 多次电脑测试,对莎士比亚的作品和那些号称是莎士比亚所代笔的作品进行比较分析,研究结果发现——有些"杰出"的作者在模仿莎士比亚的能力上足以令莎翁本人震惊。他们对这些作品的文风进行了比较,比如偏爱的措辞、不常使用的词、新出现的词、等级水平、缩写、强调与前后缀的用法,结果发现那些声称是莎士比亚原作的作品没有一部真的出自莎翁。另一项与文体计量学相关的应用是用于比较不同作者的写作风格。举个例子,Sigelman 和 Jacoby(1996)曾用计算机分析技术,从很多模仿者作品中辨别出来自神秘作者雷蒙德·钱德勒本人的作品,对比的依据主要是简洁程度、动作描写、对话描写以及形象语言这四大风格要素。他们发现钱德勒的作品风格十分统一,并总结说模仿者并没有成功复制他的写作风格。Potter(1991)曾对1966—1990 年《计算机与人文》(*Computers and the Humanities*)期刊上出现的有关文体计量学和其他内容分析的文献做了相当综合全面的回顾和评论。

除了应用于文学研究中,文体计量学也被用在其他人文研究中。Whissell(1996)曾将传统的文体计量步骤与新式的情绪测量相结合,用以比较披头士乐队成员 Paul McCartney 和 John Lennon 二者的音乐。研究发现 Lennon 的歌词更令人感到压抑和悲伤。在另一项怪异却有趣的文体计量学应用中,Bucklow(1998)分析了艺术作品中出现的裂纹(随着画作老化而产生的裂痕),并以此来证实画家身份。

由于各种各样的原因,近年来的很多作品都利用了文体计量法来识别匿名网络作家的身份。Kucukyilmaz 等人(2008)的研究以点对点聊天内容为根据,识别作者身份的准确率高达 99.7%。Abbasi、Chen 和 Nunamaker(2008)成功地将文体计量学和作者身份识别应用在对电子商务交易者发布内容的研究上。这些人可以轻易地改变他们的线上身份以经营自己的网络口碑(如回避 eBay上的差评)。Harpalani 等人(2011)发现了一个非常有效的文体计量学方法,该方法可被用来识别出"蓄意破坏者的独特语言风格",从而更好地识别出维基百科上的恶意破坏活动。

总体而言,计算机使语言学、语义学和来自其他领域的学者有机会利用全新的方式揭示重要作品的形式和风格,也可以用来解释普通线上沟通者的风格。随着文档保存技术和计算机文本分析技术的不断改进与发展,对文学以及其他作品的内容分析在未来将有无限可能。

互动分析

运用内容分析法的文献中,关于人类语言互动的系统研究数量稀少,但意义非凡。大部分关于互动话语的研究其实并不是内容分析,其本质上更接近于质化研究。尽管如此,对于人类语言互动的分析也确实开发出了一些量化的编码方案。值得注意的是,这些方案通常在文献中被称为互动分析(interaction analysis)而不是内容分析(content analysis)。

在传播学领域,最突出的研究系统或许是 Rogers 和 Farace (1975) 提出的关系编码方案。得益于人类学家 Gregory Bateson(1958)的理论观点和早期的分类系统——如 Bales(1950), Borke(1967, 1969)和 Mark(1971)提出的分类方法,Rogers 和 Farace(1975)的编码方案采用的是关系传播视角:它关注的是双方在信息交换时的控制权或支配地位。语言交流中的每句话语都是数据收集单元。这一编码方案假设关系的控制权建立在两种基础之上:讯息的语法形式(编码的内容是声明、提问、商谈、不完整的对话及其他)以及随之而来的对先前讯息的元信息回应(编码的内容为支持、不支持、话题延伸、答案、顺序、不一致、话题转换、开始-结束及其他)。这些代码被用来创建控制权的编码(占上风、居下风和控制权交替转移),用来表明说话者在一段关系中控制权的变化。

Rogers 和 Farace(1975)的编码方案已经被用来分析夫妻(Courtright, Millar & Rogers-Millar, 1979;Rogers-Millar, & Millar, 1978)、雇佣(Fairhurst et al., 1987)、医患(Cecil, 1998; O'Hair, 1989)和亲子(Seklemian, as cited in Cecil, 1998)等关系类型中的互动。还有学者将此方案改编并应用于对电视角色互动的研究(Greenberg & Neuendorf, 1980; Neuendorf & Abelman, 1987)。[3]

当然,也有人对 Rogers 和 Farace(1975)开发的编码方案的有效性提出质疑(Fairhurst & Cooren, 2004;Folger & Poole, 1982)。为此,有人提出用于分析言语交流的其他替代性的编码方案。这些方案包括 Ellis(1979)提出的 RELCOM 系统,Tracey 和 Ray(1984)开发的以话题为基础的编码方案,以及 Patterson (1982)发展的家庭互动编码方案。其中,Patterson 的家庭互动编码方案是专门用于分析有反社会行为的儿童在家中会出现的消极互动行为。此外,多层级观察小组系统(SYstem for the Multiple Level Observation of Groups,简称 SYMLOG)专门被用于分析群体间的互动行为,尽管系统中有许多与量化内容分析相似的元素,但最终的测量还是依赖于观察者的主观评价而非客观的、可靠的测定 (Bales & Cohen, 1979)。

Mac Whinney 主持的(1996;2000)"儿童语言数据交换系统"项目(the Child Language Data Exchange System,简称 CHILDES)致力于语言学习的研究 (其中包括 CHAT),这是一种对话语的标记和编码系统。这一方案需要分别对 每次表达中的音韵、言语行为、言语错误、使用词态和句法结构进行独立编码。 目前被广泛使用的 Roter 互动分析系统(Roter Interaction Analysis System) (Beach et al., 2011;Roter, Hall, & Aoki, 2002;Roter, Lipkin, & Dorsgaard, 1991;Vail et al., 2011)是专门用于医患沟通的互动编码系统。每一句陈述或 是完整的思考都会被编码为 34 个编码类目之一(如同意、担忧、程序指示和关 于治疗方案的说服尝试等)。夫妻关系互动编码系统(Marital Interaction Coding System)(Heyman, Weiss, & Eddy, 1995)和亲子互动编码系统(Dyadic Parent- Child Interaction Coding System)(Eyberg & Robinson, 1983)都是为家庭治疗而 设。短暂浪漫关系互动编码方案(Brief Romantic Relationship Interaction Coding Scheme,简称 BRRICS)则旨在"快速而有效地"从各方面评估人际之间的浪漫 关系(Humbad et al., 2011)。

目前学术界已经提出了很多旨在分析互动行为的编码方案(e. g., Gu- nawardena, Lowe, & Anderson, 1997;Hirokawa, 1988;Jones et al., 1999; Tardy, 1988;Zemel, Xhafa, & Cakir, 2007)。总体而言,这些编码方案已经被 应用于某些特定的互动领域(如小组决策、谈判、家庭沟通、爱情中的沟通或者 是课堂上的互动等),其中所使用的测量方式则旨在深入理解特定互动情境的 细微差别。[4]

其他人际行为

同样地,目前也已经开发出了许多严谨完善的编码方案,用于系统地分析 其他类型的人际沟通行为。这些方案并不是应用于某些具有样本代表性的现 实互动中,而是用于实验环境下的行为测量。此外,心理过程研究中的人类行 为编码或许也可被视为内容分析,并且研究者也能找到关于此类研究的确定单 元信度和编码员间信度的相关文献依据。

关于非言语行为的研究主要有质化研究、个案研究和格式塔研究。其中,关于非言语的分类方式（类目方案）的研究已经相当成熟（Ekman & Rosenberg, 1997；Messing & Campbell, 1999）。有些研究者已经开始使用系统客观的编码方案，用于考察辅助语言（Beaumont, 1995；Feyereisen & Harvard, 1999；Kelly & Conture, 1992）、身体姿态（e. g., Newtson, Engquist, & Bois, 1977）、面部表情（Lagerspetz, Wahlroos, & Wendelin, 1978）和手势（e. g., Feyereisen & Harvard, 1999；Guerrero & Burgoon, 1996）。读者也可参考《非言语行为研究》（*Journal of Nonverbal Behavior*）发表的论文和一些学者关于非语言沟通的一般性文本内容的研究（Knapp, Hall, & Horgan, 2014）。面部动作编码系统（The Facial Action Coding System, 简称 FACS）已经被开发用于识别身体和面部对情绪的表达（Ekman, Friesen, & Hager, 2002）；利用计算机自动识别的 FACS 方案也已经面世（Hamm et al., 2011）。

许多研究已经考察了媒介中人物的非言语行为，比如针对儿童的商业广告中的人物角色（Browne, 1998）、政治宣传广告中的候选人（Hacker & Swan, 1992）、电视传教者（Neuendorf & Abelman）以及银幕中经常出现的女星在电影中扮演的角色（Ealy, 1991）。也有学者研究了社交媒体上普通用户个人主页中展示的非言语行为，包括眼睛注视的方向、头部昂起的角度、嘴巴的位置、随意的姿势以及手或手指的摆放（Hum et al., 2011；Kane et al., 2009）。

自我揭露（Self-disclosure）是一种与他人分享个人信息的行为，有学者对此进行研究并聚焦于不同年龄和性别的用户在自我揭露行为上的差异。与年龄有关的证据结果并不清晰（Capwell, 1997；Collins & Gould, 1994），但在性别上的数据显示出了明显差异——女性比男性更倾向于揭露自我，尤其是在谈论亲密话题时（Cozby, 1973；Dominick, 1999；Hacker, 1981；Shaffer, Pegalis, & Cornell, 1991；Trammell & Keshelashvili, 2005）。

会话中打断他人的行为已经被很多内容分析者研究过。研究发现，谈话中打断他人的行为更多地发生在与异性而非同性的交谈中（Dindia, 1987）。也有研究发现，青春期的少女在和自己的母亲谈话时，前者打断对方谈话的频次要显著高于后者的（Beaumont, 1995）。相对于女性，男性在谈话中会更容易打断对方，这是人们长期持有的观念，这一观念已经在某些研究中得到证实（e. g., Hancock & Rubin, 2015；Zimmerman & West, 1975），但也有研究结果显示这种说法并不成立（e. g., Dindia, 1987；Marche & Peterson, 1993）。

以计算机为中介的传播

一些学者认为,网络环境为个体之间的自由交流提供了一个特别有效而中立的场所。起初,人们担忧借助计算机的传播模式存在"线索过滤"的局限性,认为计算机无法承载主要依赖非言语线索来传达的语气、使用的手势以及空间距离等信息(Sproull & Kiesler, 1986;Walther & Parks, 2002)。后来,有学者开始意识到"用户为克服由通信技术所带来的沟通障碍"采用了各种各样的方式(Walther, 2004, p. 386)。不同于受限的沟通模式,"超人际"沟通模式表明以计算机为中介的传播(简称 CMC)实际上也可以促进人们的社交互动,因为沟通双方会比在面对面交流时,投入更多的时间和精力用于创建讯息(Duthler, 2006;Walther, 2007)。

Newton、Kramer 和 McIntosh(2009)在用 LIWC 这款计算机辅助文本分析软件研究自闭症谱系障碍患者的个人博客时发现,自闭症患者在博客上使用的语言与正常的博主并没有什么不同。这表明了孤独患者在面对面沟通情境下表现出的沟通困难是由社交语境线索所导致的。CMC 的异步性特征为用户的沟通表达提供了一个"避难所",正如 Kim 等人(2007)指出的,在线交流可能帮助那些比较害羞的人或在当面沟通时易被边缘化的人进行有效沟通。另外,异步沟通也为开展更多的分析提供了额外基于时间跨度的相关因素(e. g. , Angeli & Schwartz, 2016;De Wever et al. , 2010;Zhou et al. , 2004)。

新的传播模式可能会产生新的语言和沟通规范,有关 CMC 的研究揭示了在线文本与非 CMC 文本的显著差异。正如 Abbasi 和 Chen(2008)所总结的,CMC 在互动方面更为丰富(包括同步和异步互动),基于 CMC 所讨论的内容主题性较弱以及 CMC 技术促生了新的语言变体(p. 813)。在意识到网络语言演变特征之后,Neviarouskaya、Prendinger 和 Ishizuka(2007, 2009)在对在线写作中所表达出来的情感和感情的分析中,加入以网络为中心的"符号线索"(如表情符号和缩写等),以此作为对自然语言处理技术的补充。

组织传播

这些年来,内容分析法越来越多地被用于组织情境中,主要探讨的是组织内部的传播模式以及组织与外部实体及公众的沟通模式。对于内部沟通来说,内容分析流程一直是组织对沟通进行审核的重要组成部分(e. g. , Downs & Adrian, 2004;Greenbaum, 1974),其中也包括调查、访谈和焦点小组的方式。组织内部沟通的另一内容分析应用的例子是,Downing(2007)对美国航空公司在"9·11"恐怖袭击后与员工沟通时所诉诸的公司战略和策略分析。

早期的一系列文献研究了组织在进行内外部沟通时使用电子邮件、语音邮件和其他组织沟通技术的情况。只有少数研究考察了语音邮件(e. g. , Rice & Danowski, 1991)和电脑会议(e. g. , Rosenbaum & Snyder, 1991)的具体内容。更多的研究着眼于教育和商业环境中的电子邮件内容(Danowski & Edison-Swift, 1985;Hill, Camden, & Clair, 1988;Kot,1999;Marttunen, 1997;McCormick & McCormick, 1992)。总体而言,这些研究电子邮件的文献识别出了其中的社会支持沟通网络,这一网络乃是基于个人兴趣而非地理位置把个体联系在一起,有时也会建立在电子邮件出现之前并不存在的连接和关系。研究还发现电子邮件的沟通策略与当面交流时所使用的沟通策略有所不同(e. g. , Pratt et al. , 1999)。电子邮件的内容和联系方式都已成为研究考察的主题,比如 Debreceny 和 Gray(2011)在研究中证明,为了完成司法任务,对电子邮件进行数据挖掘成为了会计审计工作的一部分。这些司法任务包括作者身份识别、法律事务的证据搜集、欺诈检测,以及组织团队与个人之间的社交网络分析。

内容分析也经常被用于研究企业的年度报告、企业使命说明、企业责任声明以及其他一些和宣传有关的内容。举例来说,Holder-Webb 等人(2008)首先用内容分析法发现了企业向公众发布的那些由政府强制规定和建议发布的有关公司治理信息的报告,还分析了 50 家美国公司样本中披露的与公司规模和董事会类型有关的信息类型。Hooghiemstra(2008)以跨文化视野比较了公司的年度报告,认为日本和美国都以"自利的方式解释公司业绩"(p. 618)。Chizema(2008)发现了能够显著预测德国企业在年度报告中披露个别高管薪酬的指标。Short 和 Palmer(2008)用 CATA 程序与人工编码相结合的方式分析了408 所商学院的使命陈述,研究发现不同的学院在使命陈述的用词方面存在显著差异,并且往往跟某些特定因素相关(如在陈述中是否存在关键的使命要素以及学院的排名)。基于对 98 家意大利企业的企业社会责任报告(简称 CSR 报告)的内容分析,Campopiano 和 De Massis(2015)研究了家族企业对 CSR 报告的影响。分析结果发现,与非家族企业相比,家族企业在 CSR 报告中传达的内容更加多样,不太符合公认的 CSR 观点。家族企业更倾向于强调不同的 CSR 主题(如他们不会特别注重"价值观和普世利益""股东""员工"和"消费者",他们更关注"环境与绿色问题"以及"慈善事业")。Stohl、Stohl 和 Popova (2009)研究了世界 500 强/财富 500 强企业榜单中的 157 家国际企业的道德守则,以及它们对"第三代"企业社会责任的体现程度。研究者找到了部分在全球范围内存在普遍一致性的证据,同时也发现企业主要关心的是利润以及政府规定的组织行为。

当然,也有研究针对组织的新媒体使用情况——比如 2010 年海地地震后救灾组织对 Twitter 的使用(Gurman & Ellenberger, 2015),非营利组织使用 You-Tube 告知和教育公众(Waters & Jones, 2011),以及日本"5S"经营哲学对日本、英国和美国企业网站的渗透情况(Kobayashi, Fisher, & Gapp, 2008)。

健康传播

健康领域的研究已经广泛应用内容分析法(Jordan et al., 2009;Tian & Robinson, 2014),包括对医患沟通、健康社区内部传播和公共卫生活动的内容分析,最重要的是对媒体上健康形象的分析。

有研究者对医生在实际生活中的沟通行为进行内容分析。比如 La Pean 和 Farrell(2005)分析了儿科住院医师给婴儿父母的口头声明,这些医生向婴儿父母说明,对新生儿的基因检验发现他们是镰状红细胞血红蛋白病(SCH)或囊性纤维化(CF)的携带者。他们发现 69% 的言论"在开头是具有误导性的",也就是说,在告知家长孩子的整体健康程度这一"好消息"之前,医生会先向家长报告"坏消息"。Eggly 等人(2006)研究了病人及其陪伴者在与需要提供"坏消息"的肿瘤科医生进行门诊沟通时提出的问题,发现陪伴者的提问多于患者。Eggly、Brennan 和 Wiese-Rometsch(2005)还对见习医生的自我报告式文章进行了内容分析(文章主要是关于他们在医学教育实践中遇到的专业和非专业行为),分析结果证实了医生这一职业的专业化正在稳健发展。

也有研究者对卫生社区的传播模式进行过内容分析。Buis(2008)研究了在线临终关怀支持社区四个月时间内的帖子,发现情绪支持互动比信息支持交流要频繁得多。van Uden-Kraan 等人(2008)探讨了使用荷兰在线健康互助小组来治疗乳腺癌、纤维肌痛和关节炎的网络用户群体,以及参与者在这个过程中交流的内容,研究发现用户主要使用的是一般性功能,几乎没有发现预期中的负面表现。

大众媒介中的健康信息也已经被多次用来做内容分析。这类文献数量众多,Neuendorf(1990b)以及 Manganello 和 Blake(2010)曾对此做过系统的文献梳理,可供读者参考。Manganello 和 Blake 对 1985—2005 年出现在媒体上的441 条健康信息进行汇编,并对这些信息进行内容分析。他们的研究发现了七个健康话题在所有媒介上都十分突出,这些话题分别是暴力、性行为、烟草、肥胖/身体形象、酒精、癌症和衰老。

在对纪实类媒体内容的研究中,有些分析聚焦于跟踪健康类新闻是否翔实、准确(如对 HPV 疫苗的新闻报道研究)(Habel, Liddon, & Stryker, 2009; Johnson, Sionean, & Scott, 2011),有些分析关注医学治疗方式信息报道的主流"基调"(如在功能磁共振成像技术还十分新颖时对其的报道情况)(Racine, Bar-Ilan, & Illes, 2006)。还有一项特别独特的研究,这项研究甚至跟踪调查分析了《烹饪的趣味》(*Joy of Cooking*)一书四份不同版本的介绍材料,探究在不同时期内,究竟是口味、传统还是科学(即营养和健康)主题占据主导地位。研究发现,除了 1964 年的第一版外,科学烹饪都是最主要的介绍内容。

还有其他的分析关注个人在健康情境下的表现。比如,Gilbert、MacCauley 和 Smale(1997)研究新闻如何呈现残障人士的媒体形象。Puhl 等人(2013)发现网络新闻视频中主要以消极和诬蔑的方式描绘肥胖者,往往将他们表现为"没头没脑"的形象,并且从他们的后方拍照。Verhoeven(2008)在一项对荷兰1961—2000 年制作的纪实类医务电视节目的纵向研究中发现,专家的发言时间随着时间的推移而减少,而非专业人士的发言时间则在增加,且发言中对信息来源和科学知识的引用变得更少,关于情绪表达的信息则越来越多。据此,Verhoeven 确定了荷兰医疗电视节目所经历的三个时期:科学时期、新闻时期和非专业时期。

与健康相关的广告也有很多使用内容分析法的研究。比如,根据内容分析的结果,数十年来医学期刊上的药物广告都是针对特定性别的(e. g., Curry & O'Brien, 2006;Michelson, 1996)。对酒类广告的研究多年来一直都很丰富,在20 世纪七八十年代酒类广告的相关研究比现在更多(e. g., Horner, Jamieson &

Romer, 2008；Finn & Strickland, 1982；Morgenstern et al. , 2015）。

一些与公共卫生运动有关的内容分析研究则聚焦于社区组织如何利用社交媒体（如 Facebook、Twitter 和 YouTube）推广健康活动（Ramanadhan et al. , 2013）；也有研究关注的是美韩两国在减肥网站上存在的文化差异（Baek & Yu, 2009）；也有学者关注虚构媒体对待健康话题的方式。凯撒基金会（Kaiser Foundation）曾进行了一项令人印象深刻的调查，考察了六年间电视中的角色与健康有关的性行为（Kunkel et al. , 2005）。其他学者则关注了不同的研究主题，包括肥皂剧中精神疾病患者的形象（e, g. , Fruth & Padderud, 1985）、儿童电视节目中对身体残疾的描绘（Bond, 2013）、1930—1996 年漫画中的酒类消费（Klein & Shiffman, 2013）、广告和娱乐内容中对烟草的描绘（Dewhirst, 2008）、虚拟娱乐媒体中物质使用和滥用的发生率（Greenberg et al. , 1980；Roberts & Christenson, 2000）、儿童读物中的老人形象塑造（Danowski, 2011），以及电视媒体上对健康卫生专家的描绘（e. g. , Gerbner, Morgan & Signorielli, 1982）。

广　告

对于广告内容或者促销信息的内容分析有两种不同的路径，即营销广告专业路径和社会效应路径（Kim et al. , 2014；Taylor, 2005）。营销路径试图了解广告的内容和形式，以便制作更有效的宣传物料（e. g. , Connaughton & Jarvis, 2004；Gagnard & Morris, 1988；James & VandenBergh, 1990；McQuarrie & Phillips, 2008；Naccarato & Neuendorf, 1998；Stewart & Furse, 1986；同时参见主题框 2.2）。

人们担忧广告会给个人和社会造成影响，这种担忧则催生了社会效应路径，基于这些路径的相关研究已经出现在一些重要领域中。广告中的女性角色研究历来都备受欢迎（e. g. , Ferrante, Haynes, & Kingsley, 1988；Riffe, Place, & Mayo, 1993；Signorielli, McLeod, & Healy, 1994；Smith, 1994；Verhellen, Dens, & de Pelsmacker, 2016）。对于广告风格与广告内容的跨国比较也已成为相关文献的重要组成部分（e. g. , Cheng & Schweitzer, 1996；Kalliny et al. , 2008；Murray & Murray, 1996；Prominski, 2006；Tak, Kaid, & Lee, 1997；Wongthongsri, 1993）。学者们一直关注的领域还包括：对广告中出现的少数群体和老年人的刻板印象的跟踪调查（e. g. , Bailey, 2006；Mastro & Stern, 2003；

Miller, Leyell, & Mazachek, 2004；Prieler et al., 2015；Taylor & Bang, 1997)、对潜在危险产品如烟草和酒精广告的分析(e.g., Belstock et al., 2008；Finn & Strickland, 1982；Lee & Callcott, 1994；Neuendorf, 1985, 1990a)和对政治广告尤其是负面战略的批判性考察(e.g., Druckman, Kifer, & Parkin, 2010；Tak, Kaid, & Lee, 1997)。此外,也有学者考察了促销信息中的索赔声明的有效性,如 Grana 与 Ling(2014)针对电子烟商业网站的研究。

还有一个特别的研究主题是关于针对儿童的广告,学者们往往都是从社会效应的视角研究这类议题 (e.g., Smith, 1994)。例如,Rajecki 等人(1994)在儿童食品电视广告的研究中发现了一些很吸引人但也令人质疑的广告主题——64% 的广告研究样本中混合了暴力、冲突和欺骗的内容。Rose、Merchant 和 Bakir(2012)发现 83% 的儿童食品电视广告中采用了幻想诉求。而在质化访谈中,研究者发现儿童理解广告的操控性意图的能力并不一致。

新 闻

有大量的研究考察了新闻的内容,所用的方法几乎都是文本分析法,包括采用人工编码方式或是如今更常用的 CATA 方式。研究的主题范围很广,其中有些会与本章的某些研究情境重叠,比如对待少数群体和妇女的方式以及政治传播等。

对科学议题的报道一直是很有意义的研究重点(e.g., Dudo, Dunwoody & Scheufele, 2011；Dunwoody & Peters, 1992)。这类文献着眼于科学发现是否被充分准确地报道。还有很多研究关注的是国际新闻的内容和流程,如 Shoemaker 与 Cohen 对 10 个国家的新闻进行的全面研究(Shoemaker & Cohen, 2006)。过往的研究普遍认为,发展中国家会提供更多的关于西方发达国家的信息,而西方国家对其他国家的信息报道则相对较少(Chang, 1998；Stevenson, 1994)。但最近的研究发现新闻的报道情况已经变得越来越复杂(e.g., Wilke, Heimprecht, & Cohen, 2012),尤其是在将网络新闻内容纳入考虑之后。有些内容分析研究采取了历史比较研究法。在一项针对美国综合新闻和社会趋势的历时性研究中,Danielson 和 Lasorsa(1997)分析了《纽约时报》和《洛杉矶时报》在过去 100 年以来的头版内容,并指出美国社会经历了两大转变:一个是从强调个人观念到强调群体观念;另一个是报道重心从宗教和地方政府权力转移到专家权威和中央政府(p. 114)。

内容分析通常是许多新闻框架研究所采取的方法(Scheufele & Tewksbury, 2007; Shah et al., 2009)。新闻框架是一种特定的传播方式,在这种方式中,某种概念会以特定的方式表达,以促进受众采取相应的新闻解读方式,并忽略或排除其他的解释思路。从新闻来源来看,框架研究试图描述的是新闻是如何由某种特定的新闻媒体进行呈现的(Entman, 1993)。从受众的视角来说,框架研究旨在探讨公众如何从这些呈现的信息中获取意义,以及他们将如何受到这些观点的影响(Semetko & Valkenburg, 2000)。比如说,Andsager 和 Powers (1999)发现《新闻周刊》在报道乳腺癌时采用的是关于病情成因和治疗方式的故事框架,《时代周刊》更多地采用经济视角的框架(如保险概念),《美国新闻与世界报道》的呈现方式则侧重于科学研究。

还有其他使用内容分析法的框架研究。Grimm 和 Andsager(2011)对美国众议院 4437 号提案(H. R. 4437)开展了研究。这个于 2005 年提出的法律限制了无证移民的权利。Messner 和 South(2011)发现在主流媒体的报道中,维基百科被视为准确可信的。Cissel(2012)比较了主流媒体和其他媒体对"占领华尔街"事件的报道框架。Colson(2010)的框架研究是关于电视新闻对自闭症的成因和流行的报道。Schwalbe、Silcock 和 Keith(2008)对 2003 年伊拉克入侵事件报道的视觉框架进行了研究,并发现了新闻图片从呈现冲突向表现人性的转变趋势。Bennett、Lawrence 和 Livingston(2006)分析了 Abu Ghraib,利用内容分析法研究了监狱虐囚丑闻。Porpora、Nikolaev 和 Hagemann(2010)则对这种框架分析给予批判。框架分析有时会基于词语共现来提炼概念,并且绘制概念的网络关系图。这些努力可以使研究者基于图示结果解释新闻框架。例如,Qin (2015,p. 166)绘制了有关 Edward Snowden 的报道,发现他"在 Twitter 上是英雄",但"在(传统)新闻的报道中是叛徒"。

政治传播

来自政治领域的研究者在早期对内容分析法的发展做了很多贡献(参见 *CAGO* 的"内容分析法发展历史的里程碑事件"一节)。其中包括拉斯韦尔对社会和行为科学中的量化方法做出的巨大贡献,他在 1927 年撰写的博士论文就是对第一次世界大战的宣传技巧进行"内容分析"(Lasswell, Leites &

Associates，1949）。Neuendorf 和 Kumar（2016）回顾了政治传播中使用内容分析法的相关文献，确定了两大研究方向：（1）检验政治新闻功能的研究；（2）关注政治竞选功能的研究［研究具体包括以劝服传播为目的的政治演说、政治平台、辩论、政治广告、网站和社交媒体，以及对线上和线下政治竞选活动的比较（Xenos & Foot，2005）］。

政治类新闻报道的研究通常采用的是议程设置视角（McCombs，2005）。这种理论视角认为媒体内容不告诉观众如何思考，而是告诉观众要思考什么。这类新闻设定了舆论的议程，把某些问题放在了讨论的最前端，而弱化了对其他问题的讨论。这一理论促使研究者将内容分析法与公众意见的调查数据相结合（e. g.，Aalberg et al.，2013；Bayulgen & Arbatli，2013；Fan，1988，1997；Hertog & Fan，1995；McCombs et al.，1997；Pfau et al.，1998）。也有一些研究考察了所谓的跨媒介的议程设置功能，即一家媒体或媒体机构对某新闻报道后，另一家媒体或媒体机构也会出现相似的新闻报道（Golan，2006；Lim，2011；Lopez-Escobar et al.，1998；Roberts & McCombs，1994）。总体而言，大量的证据证明，由新闻媒体刺激所产生的议程设置效果是存在的。

在对政治演说的研究方面，已有研究者对演讲的语言内容、非语言内容和媒介上演讲（如电视演讲）的呈现风格进行了多方面的考察。比如，Hawkins（2009）曾考察过世界各国领导人的政治演讲中与"民粹主义者"有关的发言。将 CATA 技术应用于分析政治信息内容（如党政平台和政治演说）的做法早已有之（e. g.，Pennings & Arnold，2008；Suzuki，2009）。"宣言项目"（Manifesto Project）制定了一套编码协议，并编制了一个网络数据库。该数据库收集了 3 611 份政治宣言。这些宣言来自 55 个国家 623 次的选举活动。后续已有数百份论文都借用了该数据库作为它们的文本来源。CATA 技术已经得到了应用，比如 Bligh 和 Robinson（2010）采用 Diction 软件分析甘地的演讲用词。研究结果证明了衡量"有魅力的"内容的八大概念的普适性。Renshon（2009）使用多功能的 Profiler Plus 计算机编码平台来应用"操作代码"方案，比较分析了美国总统肯尼迪在 1962 年夏天的公开演讲和私人交流中对动词的使用。结果发现这两类内容之间存在很多的相似之处。

对政治广告的内容分析文献也为数不少，该议题也是竞选政治中被研究最多的话题。举个例子，Brader（2006）对 1 500 多条政治电视广告进行了广泛的内容分析；对每条广告的测量变量超过 100 个，包括消极诉求、信息诉求以及一系列表现情绪的非言语/视觉化元素。Kaid 和 Johnston（2001）进行了一项"视频风格"的综合分析，重点关注的内容包括政治广告的口头内容、非语言内容以及电影/视频制作技术(p.27),所使用的变量则包括视频的内容和形式两个方面。他们收集了俄克拉荷马大学政治商业档案馆的所有电视广告,分析了1952—1996 年美国总统候选人的竞选广告。他们发现获胜候选人的广告具有某些共同特征,包括更倾向于使用逻辑诉求、强调个人能力与价值观、攻击对手的不良记录、使用有依据的证明而非匿名的证人、采用更多特殊效果,以及更短的广告时长。

政治广告内容分析的另一研究主题是关于负面广告或是"攻击性"广告的(Kaid & Bystrom, 1999)。研究显示,公众接触负面广告会使得他们对于负面广告中的目标人物的看法发生积极或消极的转变(Lin, 1996; Schenck-Hamlin, Procter, & Rumsey, 2000)。受上述研究结果的启发,内容分析者着眼于分析负面政治广告出现的频率(Finkel & Geer, 1998)以及与争议性广告有关的新闻报道(Kaid, Tedesco, & McKinnon, 1996)。这一研究焦点已经被拓展至对网络政治推广的研究,如 Druckman、Kifer 与 Parkin(2010)对国会议员竞选网站负面响应的研究。

媒体中的暴力现象

当我们试图向非专业人士解释内容分析法的时候,我们往往会使用媒体中的暴力现象作为例子。"你知道的,就是那些看电视里有多少暴力行为的研究"(也可以是音乐录影带或是游戏里,取决于当下所处的时代)。这就是多年来最受公众关注的内容分析的应用领域。从早期的佩恩基金研究项目[关注 20 世纪 30 年代电影对青少年的影响(Dale, 1935)],到 60 年代和 70 年代对侵略性电视内容对儿童潜在影响的关注(Lange et al., 1969; Comstock & Rubinstein, 1972),再到多年来一直对电视中暴力程度的跟踪研究(Gerbner et al., 1980; Greenberg, 1980; National Television Violence Study, 1997)。数以千计的研究从不同的方面调查了媒体内容中的暴力或攻击性行为对成人和儿童观众的影响(Potter, 2008)。CAGO 中的"内容分析法历史发展的里程碑事件"一节重点阐述了几项主要的历史事件。这些事件不仅提出了美国社会的暴力问题,也为内容分析法的发展完善做出了重要贡献(e.g., Gerbner, Signorielli, & Morgan, 1995; Greenberg, 1980)。

对媒体中暴力内容的研究可以说是一个循序渐进的过程:从只有暴力行为

的粗略计数(Dale, 1935),到开始考虑攻击行为的不同类型——包括口头攻击(Lange et al., 1969)[有学者发现电视上有近半的攻击行为都是口头攻击(Greenberg, 1980)],再到仔细考虑攻击行为所处的情境(Kunkel et al., 1995, Potter & Ware, 1987)。正如 Kunkel 等人(1995)指出的,从业人员认为"电影《辛德勒名单》(*Schindler's List*)和《终结者 2》(*Terminator* II)中的暴力行为的含义和影响完全不同"(p.285)。多年来,针对电视内容分析的语境变量包括:行凶者与被害者的本性(如是人类还是动物、性别、年龄、种族、好还是坏)、暴力的起因(如个人利益、愤怒、报复)、暴力实施的手段(如使用枪支还是原始的手段)、暴力的程度(在暴力行为中有多少肢体动作)、暴力的展现(如是否出现血腥场景、远景还是特写)、暴力的真实性(幻想、虚构、现实)、对暴力行为的奖惩与暴力行为的后果(导致伤害的数量)以及暴力场景中是否存在幽默成分。

这类分析也被应用在分析其他类型的媒体或娱乐形式中,随之新产生的攻击性行为研究对象包括电影(Neuendorf et al., 2010; Spicer, 2012)、音乐录影带(Smith, 2005)、色情作品(Bridges et al., 2010)、体育运动(Tamborini et al., 2005)、网站(Gossett & Byrne, 2002)以及电子游戏。

Pieper、Chan 和 Smith(2009)总结了采用内容分析法开展的电子游戏暴力内容的研究,对研究所采用的抽样方法、时间框架与分析单元都提出了质疑。对暴力行为进行内容分析的初衷是关注这些暴力行为可能对观众造成的潜在影响,因此总体上人们对暴力的研究动机基本上是基于效应和结果的角度来考虑的。Sherry(2001)将电子游戏中的暴力现象区分为人类暴力、幻想暴力与体育暴力,每种类型的暴力都会对观众造成不同的潜在影响。

媒体中的性别角色

可能在所有的大众媒体上被研究得最多的话题就是性别角色。作为学术期刊,《性别角色》(*Sex Roles*)刊载了大量利用内容分析法开展的关于性别议题的研究论文。但只有少量内容分析研究的是真实人群中的性别角色行为,包括比较男性和女性诸多方面的差异(如做梦、记忆、对世界的感知、打断他人的行为、语言使用的多样性、解释风格、Facebook 主页上使用的头像、网络癌症社区的使用以及身体和口头行为等)(Barrett & Lally, 1999; Buchanan & Seligman, 1995; Domhoff, 1999; Ginossar, 2008; Greener & Crick, 1999; Hum et al.,

2011；Lance，1998；Marche & Peterson，1993；Pennebaker，2011；Roter et al.，2002）。这使得以大众媒体为中心的内容分析研究较多,而以现实世界为中心的比较研究则相对较少。

研究者已经考察了各种各样的媒体形式和内容类型对性别角色的刻画情况。有大量研究比较了国内外电视、电影、新闻报道、杂志、广播、教科书、儿童读物、各类广告、漫画、电子游戏、软件、摇滚乐、音乐录像带、恐怖电影、生日贺卡甚至邮票中与性别角色和性别行为有关的内容。总体而言,这些研究证实了一个以男性为中心的信息环境(即男性出现的次数在绝对数量上占比过高,并且经常扮演更重要的角色),以及性别刻板印象(即男性和女性角色之间存在显著差异,并且该差异常常可被轻易地识别出来)。这一研究发现的稳健性经久不衰（Barner，1999；Chappell，1996；Drewniany，1996；Emons，Wester，& Scheepers，2010；Gerding & Signorielli，2014；Gottschall et al.，2008；Greenberg，1980；Hether & Murphy，2010；Kalis & Neuendorf，1989；Lemish & Tidhar，1999；Low & Sherrard，1999；Mastro & Ortiz，2008；Michelson，1996；Neuendorf，2011；Ogletree，Merritt，& Roberts，1994；Watkins，1996；Weaver，1991）。

与女性相比,男性更常出现在生日贺卡中（Bridges，1993）,在广播谈话中出现时受到的争议更少（Brinson & Winn，1997）,不太可能会在电子游戏中被描绘成性对象（Dietz，1998）,在 20 世纪三个年代（1930、1940 和 1990 年代）电影中的角色年龄更年长（Smith，1999）。Signorielli 和 Bacue（1999）的研究发现,对女性职业的描述从 1960 年代到 1990 年代发生了一些变化。Lauzen、Dozier 和 Hicks（2001）不再仅将研究范围停留在内容本身,而是采用整合研究方法进行更深入的考察。他们的研究发现女性电视高管和创意人员的参与程度能够显著预测该电视作品中女性角色使用强有力的语言模式的程度。另一方面,Lindner（2004）研究了 1955—2002 年期间杂志广告中的女性形象,所采用的编码方案改编自 Erving Goffman 于 1970 年代对性别角色的研究,结果发现女性杂志《Vogue》中体现的性别刻板印象比大众杂志《时代周刊》程度更深。正如前面提到的,在一篇研究电视与报纸上的体育报道的文章中,Kian、Mondello 和 Vincent（2009）未能证实预期存在于报道中的关于男篮运动员与女篮运动员之间的许多差异。研究者仅发现新闻报道在报道男女运动员的身体外观/服装（报道男性时提到更多）和心理/情感力量（报道女性时提到更多）方面存在显著差异。

Busby（1975）对媒体中的女性形象的研究回顾为研究者提供了一个高质量

且全面的历史资料。Walsh 和 Ward(2008)在分析了 1950 年代以来六种不同媒体上的青少年性别角色后发现,"在过去的 30 到 50 年……可能只发生了非常有限的变化"(p. 151)。更多最新的相关研究可参见《性别角色》期刊出版的两份内容分析特刊,分别是 2010 年 6 月刊和 2011 年 2 月刊(Rudy, Popova, & Linz, 2010, 2011)。这两份特刊共收录了 18 篇研究文章,这些文章分别考察了诸多媒介渠道中(如电子游戏、音乐录像带、恐怖电影、票房冠军影片、国际电视广告、玩具广告、当地电视新闻以及西班牙语报纸)性别人物数量的代表性、性别化、性别从属关系和性别角色刻画情况(Rudy, Popova, & Linz, 2011)。总之,这些研究都证实了在全球各地的不同媒体上都存在女性角色数量出现不足的事实(即媒介中的女性比例要低于现实生活中的比例)。此外,刻板印象仍然持续占主导地位(Collins, 2011)。Wallis (2011)曾总结道,在电视音乐录影带中,女性依旧被表现为脆弱、从属且具有性暗示的形象,而男性通常都表现为具有攻击性而与性无关的形象。

有一项特别的基于性别的内容分析应用就是对"拜脸主义(face-ism)"的研究。研究发现人物照片存在这样的发展趋势,即越来越倾向于展现照片中主体的脸部或头部而非身体。结合研究观众对控制和影响的感知的相关文献(Levesque & Lowe, 1999;Zuckerman, 1986),大众媒体中对男性的"拜脸主义"程度要高于女性(Archer et al., 1983;Copeland, 1989;Sparks & Fehlner, 1986)。这一研究结果现已被拓展至网络形象的研究中,比如有研究发现男教授和男德国议员面临的"拜脸主义"情况更多(Szillis & Stahlber, 2007)。这一研究发现也在众多关于社交媒体的研究中得到了证实,如有学者在 Facebook 研究中发现了用户对于自身的"拜脸主义"现象(e. g., Smith & Cooley, 2012)。

近几十年来备受关注的另一个内容分析主题是身体意象(体重与体型)。虽然有越来越多的研究分析媒体中对男性身材的描绘(e. g., Jankowskiet al., 2014),但更多的研究是聚焦于身体意象对年轻女性观众自我认知的潜在影响(Botta, 2000;Zhang, Dixon, & Conrad, 2009)。Harrison(2008)回顾了 1950 年代以来媒体关于身材形象和饮食呈现的文献,认为"在美国媒体中,对青少年女性以瘦为美和男性以壮为美的身材展示已经越来越普遍"(p. 191;Martins et al., 2009, 2011)。研究发现,在电视情景喜剧中,身材更瘦的女性角色出现的频率非常高,且会获得剧中其他角色的高度赞美(Fouts & Burggraf, 1999)。也有研究发现,真人电视节目中描绘的减重情况已经被证实是不现实的(e. g., Klos et al., 2015)。

媒体中的性与性取向

　　除了对媒体中与健康有关的性行为的研究外,也有对性与性取向话题的内容分析。Hetsroni(2007)对1975—2004年美国黄金时段电视节目开展的25项与性有关的内容分析文章进行了元分析,发现存在下列总体趋势:与性有关的对话、对典型异性恋行为的描绘、对非法性行为的描绘、与性行为和责任有关的信息的出现频率都在减少;相反,对同性恋描绘的频次在增加(这还仅仅局限于已明确确定的同性恋倾向的案例;但是,25项研究中都没有一项中包含明确的或暗示性的同性性行为的内容)。在一项对2005—2006年电视节目的分析中,Netzley(2010)发现了在性方面较为活跃的同性恋角色的例子,在黄金播出时间内出现的所有角色中,有7.5%的角色被塑造成同性恋/双性恋,并且他们比异性恋角色获得了更多的"与性有关的镜头"。

　　Greene等人(2011)同时分析了电视节目中对性的谈论和对性行为的描绘,发现与性有关的内容出现在虚构电视节目中的频率比在真实电视节目中要高。Stern与Brown(2008)回顾了过去五十年来青少年所接触到的与性有关的、不同类型的媒体内容,为不同媒体上的性内容展示方面的研究提供了一个良好的历史梳理。虽然对性行为的描绘正在逐渐增加,但关于负责任的性行为的言论却并没有跟上。Hust、Brown和L'Engle(2008)研究了四种很受青少年欢迎的媒体(电视、杂志、音乐和电影)内容,发现其中关于或描述性卫生行为信息的占比不到总内容的0.5%。

　　对于媒体中出现的露骨性行为(即色情内容)的内容分析研究在文献中占比很低,但却非常重要。在1970年代至1980年代,有研究最初证实了色情电影中有很多对女性施加暴力的现象(e.g., Cowan et al., 1988;Prince,1987)。更近的研究同样证实类似的结果,比如Bridges等人(2010)和Sun等人(2008)发现色情作品中对女性进行语言攻击和身体攻击的情况仍居高不下,且物化女性和伤害女性的现象依然很普遍。

对少数群体的描绘

当前有大量系统的内容分析研究,都在关注美国媒体中的少数种族和少数族裔形象。《霍华德传播学杂志》(*the Howard Journal of Communications*)是研究种族在现实生活中的传播行为与媒体描绘之间差异的重要期刊。

从历史上看,对美国媒体中少数群体形象塑造的大部分内容分析考察的都是非裔美国人的形象,其中包括几份重要的研究报告和汇编图书。这些文献为该领域的一些具有里程碑意义的内容分析提供了很好的初步性研究(Dates & Barlow,1990;MacDonald,1992;Poindexter & Stroman,1981;Stroman,Merritt,& Matabane,1989—1990;U. S. Commission on Civil Rights,1977,1979)。在1970 年以前,美国黑人的形象偏向于家庭帮佣和服从的角色(MacDonald,1992)。尽管美国黑人的形象在电视娱乐节目(如《天才老爹》[*The Cosby Show*])中有了明显的提升,但在新闻中仍多以险恶的非裔美国犯罪分子的形象出现(Atkin & Fife,1993—1994;Barber & Gandy,1990;Dates & Barlow,1990;Dixon & Linz,2000;Entman,1992)。尽管后续开展的内容分析研究认为广告、新闻和娱乐节目中的黑人形象的代表性有所改善,但仍有大量的研究结果证实这些内容中对黑人角色的描绘依然是同质和刻板的(e. g.,Keenan,1996b;Matabane & Merritt,1996;Plous & Neptune,1997;Wilkes & Valencia,1989)。在当代,有更多的研究发现黑人在广告中呈现的是"服从者"的角色(Hollerbach,2009),广告中对黑人男性的商业和工作环境的描绘是有限的(Bailey,2006),在校际体育评论中存在很多对黑人运动员个性的负面描述(Rada & Wulfemeyer,2005)。

只有少数人研究了拉丁裔/拉美裔美国人、亚裔美国人或印第安人在娱乐、商业或新闻媒体内容中的地位(e. g.,Greenberg et al.,1983;Singer,1982,1997;Taylor,Lee,& Stern,1996;Taylor & Stern,1997;Wilkes & Valencia,1989),但这种情况正在改善(e. g.,Dixon,2016,in press;Dixon & Williams,2015)。Stroman 和 Dates(2008)回顾了现有文献,认为这些群体在代表性上仍存在严重的问题。即使在对某一群体的正面描绘中,如亚裔美国人在少数种族中代表勤奋(Taylor & Stern,1997),刻板化的情况依旧存在(e. g.,Buzinde,Santos,& Smith,2006;Mastro & Behm-Morawitz,2005)。此外,研究者已经开

始关注媒体对阿拉伯人和穆斯林的描绘(e. g., Dixon & Williams, 2015; Powell, 2011; Saeed, 2007; Trevino, Kanso, & Nelson, 2010)。这两个群体在21 世纪经常被塑造成负面的媒体形象,这两个群体之间的"差异性"也是媒体描绘的常见主题(e. g., Dixon & Williams, 2015; Powell, 2011; Saeed, 2007; Trevino, Kanso, & Nelson, 2010)。

正如对媒体中女性角色的研究一样,关于少数种族和少数族裔的研究也涵盖了各种媒体来源,包括教科书、电影、新闻报道、杂志、色情作品、犯罪纪实节目、直邮广告、时政漫画、笑话以及 YouTube 视频的观众评分(Correa, 2010; Cowan & Campbell, 1994; Kopacz & Lawton, 2011; Oliver, 1994; Spencer, 1989; Spicer, 2012; Stevenson & Swayne, 1999; Zurbriggen & Sherman, 2010)。

电 影

对叙事电影的量化内容分析在近几年才开始大量出现。这一现象乍看之下令人费解,因为最早采用合理而有效的方法完成的内容分析中,有部分研究所针对的内容就是美国电影。由于担心电影内容会对儿童造成潜在的不良影响,开展于 20 世纪二三十年代的佩恩基金研究项目将实验室实验、现场实验、调查研究与内容分析的方法相结合,考察了当时电影中流行的主题和社会价值观(见 *CAGO* 中的"内容分析法发展历史的里程碑事件")。但是,在该研究的数十年之后,对电影的内容分析研究才真正流行起来。为什么对电影的内容分析研究会"姗姗来迟"呢? 有两种可能:一是过去学术派的电影研究文献只采用批判/文化研究法,几乎不用其他方法;二是直到近几十年来,研究者才能够方便、快捷地访问存档的电影内容。

内容分析学者似乎在弥补过去所浪费的时间。现在好像出现了一种对叙事电影的认可,将其视为一种持久的文化产物,认为叙事电影可能会是文化学习的重要来源(Beckwith, 2009)。除了第 7 章中介绍过的对电影颜色分布的形式特征和剪辑节奏的半自动分析方法外(e. g., Anderson & O'Connor, 2009; Cutting, DeLong, & Nothelfer, 2010),对电影进行人工编码的方式也越来越流行。人物刻画一直是内容分析中的一个常见主题,学者们尤其重视整个电影史上对女性形象的塑造问题(e. g., Capwell, 1997; Liebler, Jiang, & Chen, 2015; Neuendorf et al., 2010; Smith, 1999)。除此之外,电影研究类型的跨度也相当惊人。对电影的内容分析研究包括以下主题:导演主创论(Auteur theory)(Janstova,2006),顶级商业电影中主角价值观的变化(Beckwith,2009),当代电影中对精神分裂症的描绘(Owen,2012),电影预告中性和暴力画面的流行(Oliver & Kalyanaraman,2002),男性和女性编剧的语言选择(Pennebaker,2011),流行电影中呈现的年龄和性别(Lauzen & Dozier,2005),电影中对重组家庭的描绘(Leon & Angst,2005),浪漫喜剧中浪漫关系的特征(Johnson& Holmes,2009),对非裔美国人和欧裔美国人种族间和种族内关系的描绘(Beeman,2007),使用自然语言处理的方法对电影中经典台词的引用分析(Danescu-Niculescu-Mizil et al.,2012),以及电影中的产品植入(e. g.,Cassady et al.,2006;El Damanhoury,2015)。

也有人研究了电影中的一些细微行为。在一项非常全面的纵向研究中,Jamieson 等人追踪了1950—2004 年高票房电影中"对健康有害的行为"的描绘(包括暴力、性、抽烟、饮酒和自杀等)。此外,还有研究关注电影中的抽烟与饮酒镜头(Dalton et al.,2002;Tickle,Beach,& Dalton,2009),与食物有关的活动和锻炼(Bell et al.,2005),26 年间电影中的发誓镜头(Cressman et al.,2009),不同性别角色的性行为与暴力行为(Bleakley,Jamieson,& Romer,2012),迪士尼动画电影中的间接性敌对行为(Coyne & Whitehead,2008),迪士尼动画片中的亲社会行为(Padilla-Walker et al.,2013),流行动作电影中的危险驾驶行为(Beullens,Roe,& Van den Bulck,2011)以及 John Ford 导演的西部片中对待印第安人的方式(Spicer,2012)。内容分析也关注了被称为"迪士尼公主"的迷你文学现象(e. g.,England,Descartes,& Collier-Meek,2011)。

此外,还出现了一个有趣的研究趋势,即关注电影剪辑的基本方面。世界各地兴起了一些致力于汇编电视与电影拍摄数据的方案。这些方案并没有打上内容分析的标签,也并不会对编码员进行编码培训或是进行信度检验。由电影学者 Yuri Tsivian 和 Gunars Civjans 发起的 Cinemetrics 是一个"众包内容分析"(crowd-sourced content analysis)项目,迄今为止已经从15 790 部电影中收集到了关于电影镜头长度的数据。隶属于蓬皮杜艺术中心(Centre Pompidou)的研究与创新中心开发了 Lignes de Temps(时间轴)软件,可以对电影镜头进行逐一分析(Butler,2014)。Salt(2005,2009,2011)也对电影镜头长度、镜头类型以及部分摄影机移动轨迹和剪辑技术进行了纵向研究。

音　乐

流行歌曲的歌词一直都是内容分析的主题（e. g. , Dodds & Danforth, 2010；Dukes et al. , 2003；Langdon, 2012；Pettijohn & Sacco, 2009；Rothbaum & Tsang, 1998；Rothbaum & Xu, 1995）。研究者经常将其作为社会趋势的预测指标或是进行跨文化比较的切入点。研究者通常会把对歌词的分析结果与记录在案的社会指标（如经济状况的变化）相联系，读者也可参考本书第 2 章中所给出的例子（Zullow, 1991）。[5]

研究音乐本身特质的文献则不太常见，比如研究曲调、乐器和主旋律等（Narmour, 1996；Simonton, 1994, 2003b, 2010）。研究流行音乐数量最多的文献是对音乐录像带的内容分析，通常关注的是其中出现的暴力、性别歧视和种族形象画面（e. g. , Aubrey & Frisby, 2011；Baxter et al. , 1985；Conrad, Dixon, & Zhang, 2009；Jones, 1997；Kalis & Neuendorf, 1989；Sherman & Dominick, 1986；Wallis, 2011）。

情感分析

正如第 5 章中介绍的，情感分析是一项最近才在内容分析中出现的分析技术 （Liu, 2010, 2012；Pang & Lee, 2008）。这种分析技术最常被用于分析普通公众在社交媒体上发布的帖子，借此判断大众对产品、当下议题或其他感兴趣主题的看法。情感分析在学术和实践中的应用都发展得很快，这种发展得益于网络上提供了大量的文本型的"大数据"，这是一种前所未有的收集 UGC 内容的方式。处理情感分析的系统种类多样，包括利用预先设置好的正面或负面词库开展基本的词汇检索（如应用 LIWC 或 SentiStrength；见资源列表 1），也包括那些融合了专门用来破译语法结构的神经网络模型（如斯坦福大学提出的情感分析计划）。

同样的，情感分析已经被应用于研究其他类型的 UGC 内容，包括个人博客（Neviarouskaya, Prendinger, & Ishizuka, 2009）、即 时 消 息 （Neviarouskaya,

Prendinger, & Ishizuki, 2007)、网络论坛(Abbasi et al., 2008)、MySpace 评论(Thelwall, Wilkinson & Uppal, 2010)、Twitter 上的推文(Thelwall & Buckley, 2013)和 Facebook 留言(Ortigosa, Martin & Carro, 2014)。重要的是,已经有人提出,可以将情感分析用作传统民意调查的指标(e. g., Ceron et al., 2014)。

虽然新闻发布会让我们知晓某些情感分析研究的结果,但情感分析的商业应用或软件往往是私有版权。举例来说,在 2014 年,有报道称 Facebook 操控了用户社交网页的新闻信息流并使用情感分析测量了用户的留言回应。Facebook 的操纵行为受到了很多人的关注(Wohlsen, 2014)。

学术文献

内容分析法已经成为了回顾和总结学术研究的一种技术。内容分析法比传统老派的文献综述更加客观和量化,也比利用元分析法所获取的分析结果在统计摘要方面更具灵活性。因此,研究者可以利用内容分析法分析以往文献中所使用的理论、概念、方法和行文。事实上,他们可以利用这种方法分析文献中他们想挖掘的任何东西。

对学术文献进行的各种内容分析包括:30 年间有关大学生饮酒的研究论文(Broughton & Molasso, 2006);在两本期刊和一套系列会议论文集中发表的有关电子政务的研究论文(Heeks & Bailur, 2007);15 本销售和销售管理类期刊 20 年来刊发的论文(Williams & Plouffe, 2007);10 本顶尖 IT 期刊上 10 年来关于商业智能的文章(Jourdan, Rainer, & Marshall, 2008);医学人类学期刊上 25 年来出现的有关种族、民族和种族主义的概念(Gravlee & Sweet, 2008);北美期刊利益集团(*North American Serials Interest Group*,简称 NASIG;这是一个为图书管理员、出版商和相关专业人士而设的组织)前 20 次年度会议上主要议题的变化(Garner, Davidson, & Williams, 2008);《城市事务杂志》(*Journal of Urban Affairs*)上 9 年间发表的有关城市研究的七个新兴领域的文章(Bowen, Dunn, & Kasdan, 2010);医学文献中 20 年间发表的有关双性恋治疗的研究(Kaestlea & Ivory, 2012);25 年间发表的关于 5 个美国少数群体的团体咨询的学术文章(Stark-Rose et al., 2012);《道德教育期刊》(*Journal of Moral Education*)上 40 年间研究主题的变化趋势(Lee & Taylor, 2013);顶级 IT 与市场营销杂志上 18 年间所刊发文章的研究主题和研究方法(Corley, Jourdan, & Ingram, 2013);咨询教育领域在过去 10 年内所发表文章的研究主题、教学基础和教学方法（Mint-on, Morris, & Yaites, 2014）；以及 17 本顶级期刊上 30 年间发表的广告研究类文章中所出现的理论、主题、媒介和方法（Kim et al., 2014）。

商业应用、政府应用以及其他以客户为中心的内容分析应用

作为一种学术研究工具的内容分析法正在逐渐成熟，而在企业、政府和其他非学术型实体中，内容分析法的应用也得到了相应的发展。其中的例子包括由公共部门和私人部门资助学者完成的内容分析研究，聘请学者开展的内容分析研究，以及私营部门本身开展的内容分析研究。

私人资助内容分析学术研究是长期以来的传统，比如 1920 年代由佩恩基金会赞助、六所大学的研究者执行的研究项目，1990 年代由全国有线电视协会资助的"全国电视暴力研究项目"（National Television Violence Study）及由凯撒基金会（Kaiser Foundation）赞助的"电视中的性内容研究项目"（Sex on TV）这两个项目。政府资助也支撑了大量由高校执行的大型内容分析科研项目，如1970 年代由美国卫生、教育与福利发展部儿童发展办公室资助的 CASTLE 项目（Children and Social Television Learning，儿童与社会电视学习）（Greenberg, 1980）及 1970 年代后期由美国酒精、烟草和枪支管理局资助的"酒精广告的内容及其影响项目"（Content and Effects of Alcohol Advertising）。[6]

多年来，公关、广告、市场调研和民意调查公司有时也会将内容分析作为一项给客户提供的服务（Lindenmann, 1983；Stone, 1997）。Lindenmann 描述了美国电话电报公司（AT&T）内部的研究工作。AT&T 在 1970 年代开始了一项就媒体对公司新闻报道开展内容分析的项目，以此来评估公司公关的有效性。Macnamara（2005）提出了内容分析在公关领域的两种应用：（1）战略规划，通过"话题监测（环境监测）、竞争者分析与趋势识别"来获取情报信息；（2）评估研究，以衡量组织在媒体中的公关传播效果，包括"消费者接触、信息传播、在市场上的话语分量以及该组织与业内竞争对手的对标情况"（p. 21）。

CATA 技术对商业客户非常具有吸引力。CATA 已经被市场调查公司应用于分析焦点小组的调研转录文本（Camden & Verba, 1986；Stone, 1997），私人侦探也用其来分析新闻报道（Fan & Bengston, 1997；McCarty, 2001）。从业者经常在商业环境中使用 CATA 心理诊断技术（如通过 PCAD；参见资源列表 1）。

CATPAC 语义网络计算机程序已被广泛用于咨询中(Salisbury, 2001)。在有些情况下,会有媒体机构使用内容分析法对机构自身发布的信息进行自我监控(e. g. , Wurtzel & Lometti, 1984)。报纸、杂志和通讯社也会根据基本的可读性测量指标来设置标准和检验自己的写作质量(Danielson et al. , 1992;Severin & Tankard, 1997)。

遗憾的是,我们无法了解和学习到许多专属于企业的纯商用型内容分析研究[7]。有非官方证据显示,商业内容分析研究并不总是遵循本书所介绍的科学研究指导原则。内容分析的行业标准[比如由美国舆论研究协会(American Association for Public Opinion Research)确立的民意调查标准],目前仍未正式成型。商业内容分析有必要建立自我检测的标准,这些标准应该包括公开和汇报研究方法。

内容分析在法律领域中的应用

Hall 和 Wright(2008)曾发现并总结了大量对已被执行多年的司法决议的内容分析。这些内容分析最早可追溯至对 1957 年最高法院一场判决的分析,它们往往涉及法律规则的系统编码,从而为解读案例提供量化标准,帮助确定驱使法官做出决定的因素,或者使用过去的决定预测当下的判决。Hall 和 Wright 对 134 条最终判决的内容分析结果已经正式出版,我们可从他们的研究发现中找到对实践有益的启示。

与此类似,Liu 等人(2015)的研究也表明针对完整客观的国会证词记录,内容分析可以发挥效用。研究者分析了所有科学家在关于“全球变暖与气候变化”听证会期间作证的 1 350 份证词后发现,在 1969—2007 年的这 39 年里,绝大多数的科学家都表示全球变暖与气候变化这一现象是真实的(86%)的,并认为这一现象至少在某种程度上是由人类活动引起的(78%),应该颁布积极的政策加以应对(95%)。

以客户为中心的内容分析至少可以从两方面为律师事务所提供辅助。首先,CATA 分析和人工编码新闻报道已经被用于请求变更审判地点的请愿书,比如在民事法庭案件中对克利夫兰布朗球队的原所有者 Art Modell 所提出的诉讼(该人在 1996 年将这支职业橄榄球队迁往巴尔的摩)(McCarty, 2001)[8]。其次,内容分析也已被应用于分析相关时段内与诉讼案件有关的新闻报道,包括

利用人工与 CATA 分析的方式来监测报道的数量以及关于某个特定话题的不
同新闻报道框架[9]。

未来展望

本书的第一版对百年后的内容分析发展提供了一些预测。2002 年做出的
很多猜测,其中有些实际上已经在近十年中实现了。

正如本书所预测的,私人信息现在几乎都以某种方式在网络上被"存档",
并且在美国现在已经很难做到完全保持任何信息的私密性(美国国家安全局已
经看到了这一点)。据预测,对于以受众为中心的内容分析——那些关注讯息
传播效果的人而言,将会出现个别化的内容分析,而不是总体性的内容分析。
另外,挖掘受众对信息的接触模式,对已知的实际消费内容进行内容分析,这种
做法已经变得十分可行,且备受欢迎。在 2002 年,本书的第一版中引用了未来
将会出现的"Big Sibling"世界的概念,并指出它与麻省理工学院科学家 Ed
Fredkin 的设想类似。这位科学家将现实看作由信息组成,视宇宙为巨大的数
据处理器(Wright, 1988)。"在这个信息世界里,抽样和统计推断将不再存在。
所有信息都将被保存和分析。这将会是一个可以实现全面普查、充满历时数据
的世界"(Neuendorf, 2002, p. 212)。在大数据时代,我们已经无处遁形。

改变发生得日新月异,这使未来难以预料。我想在此重申一些尚未成真的
预测。例如,未来对信息进行内容分析的同时还可以实时推断出信息源,包括
对个人情感的内容分析;人体将会被植入芯片用以将个人活动数据传输到在线
数据库中,这些数据库将被自动地进行内容分析(我们现在离这一设想已经很
接近);元数据在内容分析方面的巨大潜力将在未来的某个时候得到认可,并且
将会建立更加全面和标准化的使用系统;人工智能的进步将不可阻挡地使其从
人类手中获得内容分析的控制权;对思想和梦境进行内容分析将成为未来内容
分析的新前沿。

目前正在建立的内容分析的执行和报告标准要比 2002 年严格得多。本书
初版时就呼吁在学术和商业分析中建立一个更严格的、被更多人接受的内容分
析操作标准,包括对方法的完整报告,以增强可复制性和便于比较分析。虽然
现实情况并不完美,但仍有许多令人欣喜的迹象:许多来自不同学科的研究者
开始以同样积极的批判眼光看待内容分析法,正如他们看待实验法、调查法和

其他成熟的研究方法一样。

有"大数据"充满潜力的支持,内容分析方法前途光明,但其前路可能也布满了陷阱(如过度依赖简单易得的技术解决方案)。正如 Kentaro Toyama[《极客异端》(*Geek Heresy*)一书的作者]曾经所说的,"技术可以增强教学优势,但也会加剧其弱势"(Banerjee & Moore,2015)。我们应该理性看待我们对网络文本、图片和动态图像传播的系统分析,应充分认识到虽然现在内容分析的操作变得比以前更简单,但我们的分析能力仍然与人为的概念化、操作化和理论基础水平是同步的。

本章注释

1. 值得注意的是,尽管本书并不支持在没有检验的情况下就直接从讯息推断至信源本身,但是使用内容分析法的心理计量文献很多已经受过历史的考验。这里提到的"在……方面做出了贡献",是在和经过许多调查而建立的标准相比后,对信源所做出的总结判断。

2. 值得注意的是,那些早期在语义网络方面做出重要贡献的研究人员也拓展了自己的范围。举个例子,Barnett 将网络分析应用于一般意义上的互联网连接中(Barnett & Park,2014),也专门应用在研究超链接中(Chung, Barnett, & Park,2014)。

3. 最终版本的编码方案的确定受到 Bales(1950)、Borke(1969)和 Greenberg(1980)等作品的很大影响,读者可查阅 *CAGO* 获取编码方案。

4. 由于这一使用情境的特殊性,且这种编码方案常被应用于数量较小的非随机的互动样本(通常是人为导致的交流互动),目前并没有发现关于人们如何自然地与彼此互动的一般性证据。这一事实引起了媒介研究者的恐慌,他们曾试图比较电视与真实世界中的人际互动的差异(e. g., Greenberg,1980)。

5. 一项有趣的对文化产品和经济状况的对比研究发现,书中对"不幸"的表述与美国的经济发展状况存在关联(Bentley et al.,2014),在经济发展滞后的 11 年间,情绪会产生相应的变化。"在大萧条发生后的 20 世纪,我们发现源自英文图书的'文学不幸指数'与前十年中不断变动的美国年度经济不幸指数(即通货膨胀率与失业率之和)存在强相关关系"(p. 1)。还有文献研究了 1960—2000 年《花花公子》杂志封面女郎的面部和身体特征与美国的社会经济情况间的关系（Pettijohn & Jungeberg，2004），以及第 8 章的例子（Pettijohn & Tesser，1999）。

6. 密歇根州立大学的这两个跨年度项目是作者内容分析工作的开端。感谢 CASTLE Pls 项目的 Bradley S. Greenberg 博士和已故的 Charles K. Atkin 博士，谢谢他们在招募和训练这些经验不足但热情满满的编码员上所做出的贡献。

7. 事实上，我已经参与到了将内容分析应用在法律、商业和政府事务的工作中，并在其中担任私人侦探、顾问或专家的角色。在多数情况下，我被要求签署保密协议。

8. 由于 Sam Sheppard 谋杀案的审判结果在俄亥俄州克利夫兰开创了先河，当找到一个无偏见的评审团做出公正判决被认为是不可能的时候，开审前的过度负面曝光将可成为请求变更审判场地（即审判地点）的合法理由。在 Art Modell 一案中，电话调查和内容分析结果都被用来确认当地的信息环境对 Modell 存在明显偏向，因此在克利夫兰将不可能得到公平的审判（该文作者是这项内容分析研究的负责人）。

9. 该文作者曾在两起此类案件中担任过专家证人。

资源列表 1 CATA——计算机辅助文本分析软件

该部分作者 Kimberly A. Neuendorf, Jeffery "Phoenix" Allen, Paul D. Skalski, Julie A. Cajigas

这里提供的资源介绍是关于量化的计算机内容分析软件的信息。尽管使用计算机对静态图片或动态图片进行分析的说法已经出现很多年,但其实几乎所有用计算机进行的内容分析都是计算机辅助文本分析(CATA)。表 R1.1 列出了各种 CATA 程序,并指出了每个程序的主要特点。有关每个程序的更多信息,请参阅下面的第一部分。这个列表源于 Popping(1997)、Evans(1996)、Alexa 和 Zuell(1999)以及一些网站作者们多年来整理收集的量化文本分析软件(e. g., Harald Klein, Matthias Romppel)。资源列表的第二部分聚焦于介绍一款基础且实用的免费文本分析软件 Yoshikoder。

虽然表 R1.1 包含了很多当前十分有趣且使用最广的程序案例,但这仍是一份不全面的榜单。*CAGO* 中提供了一份完整榜单,包括新出现的程序、尚未更新或已经不提供支持的旧程序(包括本书第一版中重点介绍的一些程序)、其他的一些量化内容分析软件,以及仅协助视频和音频编码工作的外链网站。我们也推荐了 Matthias Romppel 的网站 *Content-Analysis. de*。

这里介绍的所有程序都可用于分析英文文本,也有些可兼容其他语言;这一点详见附表 1。

附表 1 CATA 软件形式

程　序	运行平台	免费软件	演示	处理个案	词汇描述	KWIC 或 Concordance	词库	多语种	浮现编码	图形展示
CATPAC II	PC（仅限 32 位系统）	无	无	单一	有	无	无	有	有	有
Concordance 3.3	PC（升级至 VISTA 系统）	无	有	单一	有	有	内置/自定义	有	有	有
Diction 7	PC/MAC	无	有	多重	有	无	内置/自定义	无	无	无
Hamlet II 3.0	PC/LINUX/UNIX	无	有	单一	有	有	自定义	有	有	有
LIWC2015	PC/MAC	无	在线演示	多重	有	无	内置/自定义	有	无	无

程　序	运行平台	免费软件	演示	处理个案	词汇描述	KWIC 或Concordance	词库	多语种	浮现编码	图形展示
MCCALite for Windows	PC	有	未知	单一	有	有	内置	无	有	有
PCAD	PC	无	无	单一	无	无	内置	无	无	无
Profiler Plus	在线 & PC	无	有*	多重	无	无	内置/自定义	有	有	有
SALT 2012	PC/MAC	无	有	多重	有	无	内置	有	无	无
SentiStrength	PC/MAC/JAVA	有*	未知	多重	无	无	内置	有	无	无
TextAnalyst	PC	无	有*	多重	有	无	无	无	有	有
Text Analytics for Surveys 4.0.1 (IBM SPSS)	PC	无	有	多重	有	无	自定义	有	有	有
TEXTPACK	PC	有	未知	单一	有	有	自定义	有	无	无
TextQuest 4.2	PC/MAC	无	有	单一	有	无	自定义	有	无	无
T-LAB Pro 9.1.3	PC	无	有	单一	有	有	无	有	无	无
WordSmith 6.0	PC/MAC	无	无**	多重	有	有	无	有	无	无
WordStat 7.0（只能在 SimStat 上运行）	PC/（MAC&LINUX WITH ADD-ONS）	无	有	多重	有	有	内置/自定义	有	有	有
Yoshikoder	PC	有	未知	多重	无	无	内置/自定义	无	无	无

＊有特别提醒（比如仅限非商用）

＊＊可退款

注释：

运行平台＝程序运行所需的计算机系统

免费软件＝该程序是否有免费版本

演示＝该程序提供部分预览或试用版本

个案＝可同时处理的文本个案（或文件）数量；要注意把多个个案放在不同的文件里

词汇描述＝程序是否提供某些类型的文字描述，比如说词频结果，按字母顺序排列的文字列表等

语境中的关键字（KWIC）或重要用字索引（Concordance）＝程序是否提供上下文中的关键字以及/或某些类型的重要用字索引

词库＝程序是否自带（"标准的"或"内置的"）词库，程序是否兼容定制词库（用户自建），或是两者都有

多语种＝程序是否支持除英语外的其他语言

浮现编码＝程序是否可进行浮现编码——有些类型的分析无法被以词库为中心的算法搜索到，只能用

单词计数和/或共现的方式进行浮现编码

　　图形展示＝是否对某些类型的结果或发现提供图形化展示

第一部分　计算机辅助文本分析(CATA)程序

　　下面对附录表 1 中的每个程序做简单介绍。这个列表包含了(a)该软件的简介,(b)一些可展示该软件重要特点的应用例子,(c)软件的开发商信息以及(d)推荐与程序本身相关的或使用该软件进行研究的参考文献。关于每个程序的更多信息可以在 *CAGO* 上找到。我们的学生已经在作业中使用了大部分的程序,有些关于他们应用的案例,包括程序界面图以及数据分析的输出结果,也都可以在 *CAGO* 中找到。

　　Yoshikoder 程序在资源列表 2 中受到特别关注的原因有以下几个方面。首先,它可以执行所有基本的 CATA 功能。作为一款非常有效的工具,它具备计算机文本分析的典型步骤和主要功能。其次,该程序提供标准化的系统内部词库,并且用户可以自行创建自定义词库。再次,这个软件有免费的网络版可用,由作者 Will Lowe 慷慨提供。对于计算机文本分析的初学者而言,我们推荐 Yoshikoder 作为初步了解 CATA 技术的工具。另外,该程序的灵活性也使其成为现实中研究的首选。

　　一些重要的 CATA 程序将根据其首字母顺序依次在下文中介绍。

CATPAC Ⅱ

　　简介　CATPAC II 隶属于 Galileo 套件,可以读取文本文件(仅限. txt 格式)并执行分析,例如简单的单词统计、聚类分析(使用冰柱图)、交互神经聚类分析(interactive neural cluster analysis),从而输出各种分析结果,包括从简单的描述性结果(比如单词和字母频率),到文本中主要思想的图示化总结。CATPAC 采用"自组织人工神经网络"来识别文本中最常出现的单词,并根据贯穿整个文本的移动窗口内的共现(co-occurrence)结果确定相似模式。Galileo 套件中的配套程序 Thought View 可以基于 CATPAC 分析结果生成二维和三维的概念图。Thought View 的一个显著和独特的功能是允许用户通过颜色立体转化眼镜(color anaglyph glasses)(带有红色和蓝绿色镜片)来观看分析结果,并体验立体三维的 MDS 直观空间图的结果。Galileo 套件的改进还包括 Wölfpak，一种用 Unicode 编码的 CATPAC 的变体，以便它可以分析任何语言；另一个改进是 Listiac，一种跨列表提取共性模式的工具。

应用　Li 和 Rao（2010）使用 CATPAC 比较了关于 2008 年中国汶川地震的新闻是如何通过主流媒体与微博传播的，比较的方面包括新闻及时性、报道质量，分析微博是否可以取代传统媒体信源，还是仅仅作为传统媒体信源的补充。他们使用了 CATPAC 的"include"这一"包含关键字文件"的功能，并输入同义词以确保准确性与完整性。随后发现，主流新闻对于准确性和完整性这两个概念的"命中密度"（"hit densities"）要高得多，虽然这种趋势会随时间的发展而变化。Dr. Li 在一封信中分享道，她觉得该程序的"命中比率"（"hit ratio"）功能十分有用，且用户很容易通过 CATPAC 开发人员提供的免费在线教程学会使用该应用程序。

开发者　Joseph Woelfel

参考文献　Chung & Cho（2013）；Li & Rao（2010）；Newton，Buck，& Woelfel（1986）；Salisbury（2001）；Stepchenkova，Kirilenko，& Morrison（2009）；Sung，Jang，& Frederick（2011）；Wölfel et al.（2005）

Concordance 3.3

简介　Concordance 3.3 可以执行各种功能以对文本进行深入分析。除了有词汇统计和索引制作（软件名 Concordance 的含义即为词汇索引）之类典型的 CATA 功能外，该程序还可以将词汇索引转换为带链接的 HTML 文件，方便用户在线查看和发布。用户可以在该程序的网站上看到一些网络版的词汇索引样例（比如 Coleridge 的诗"The Ancyent Marinere"和 Blake 的诗"Songs of Innocence and Experience"的词汇索引）。Concordance 3.3 还可用图表的形式展示词汇长度。该程序具有一个易于使用的 Windows 界面，被作者描述为是"最强大和最灵活的词汇索引程序，注册用户遍及 70 个国家"。

应用　Witherspoon 与 Stone（2013）采用了多种 CATA 程序来解读客户在对退税业务办理服务的在线评价中的情绪。他们实际上使用了 Concordance 3.3 来协助自定义 Diction 软件中的词库，开发了"针对特定领域的语境的特别字符集，比如说，在税务领域，可以将其用于现成的内容分析软件"（p. 101）。研究人员比较了 LIWC 2007、Diction 6.0 和 SentiStrength 三款软件在确定客户情绪方面的能力，并将其与人工编码者对相同文本的评估结果相比对。他们认为人工编码优于 CATA 程序的情感分析，但所有的现成程序在自定义设定词库之后，都显示出了更高的效度。

开发者 R. J. C. Watt

参考文献 Coe & Reitzes(2010); Hu et al. (2009); Maxwell (2004, 2005); Myers, Zibrowski, & Lingard(2011); Witherspoon & Stone(2013)

Diction 7

简介 Diction 7 最初是为分析政治文本而设计的(参见主题框 5.3),程序里包含了一系列内置词库,用户可以在文本文档(包括 ＊.txt,＊.doc,＊.pdf,＊.odt,＊.html 及其他格式的文件)中检索到五个主要的语义特征(活跃度、乐观、确定性、现实主义和共同性)和 35 个子特征(包括坚韧、责备、矛盾情绪、动作和交流等)。在分析完文本后,用户可以使用 Diction 对每个拥有 60 多个词库类目(31 个内部类目和多达 30 个的自定义类目)的分析结果,与程序中基于 5 万多条文本的数据分析提供的正常分数范围进行比对。用户可以将他们的文本与全部的 5 万多条文本的总体情况进行比对,也可以与 6 个特定的文本子类目(商业、日常生活、娱乐、新闻、文学、政治和学术)进行比对,这一子类目还可进一步被划分成 36 个不同的类型(如公司财务报告、电子邮件通信、音乐歌词、报纸社论、小说和短篇小说、政治辩论、社会科学奖学金等)。此外,Diction 还会以电子表格的形式输出原始的词频(按字母顺序)、百分比和标准化得分。用户也可以创建自定义词库进行其他分析。

应用 该程序的首次应用是研究者利用 Diction 开发出了他们自己的自定义词库并将其应用于实际研究。第二个应用案例展示了 Diction 标准词库/内置词库的使用方式。

McKenny、Short 和 Payne(2013)测量了组织的心理资本,即关注"积极导向"的心理现象,比如乐观、适应能力、希望和自我效能/自信。他们开发并验证了一份能代表理论构念词汇集的演绎性词汇列表($k=402$)。他们使用 Diction 程序从标普 500 企业中部分公司($n=664$)的股东信件($n=4\,350$)中提取出了一份包括 2\,902 个归纳性有效词汇的列表,然后再通过自定义词库的方式运用因子分析法提取维度,并应用 5 年期的数据分析来评估测量的效度。McKenny 等人(2013)的研究结果为:

> 使用计算机辅助文本分析为提高构念水平的研究提供了一个潜在框架。通过应用该框架,研究者将能在个人层级的构念基础上,开发并验证组织研究层级的构念;可通过挑选合适的分析文本,直接在组织

层面上测量这些构念。(p. 169)

Bligh、Kohles 和 Meindl(2004)选择 Diction 的内部词库来分析当时布什总统发出的与"9·11"事件有关的讯息。"据我们所知,Diction 是唯一一款明确用来分析政治领袖语言要素的软件程序"(p. 564)。他们发现,与布什在事件发生前的演讲相比,他在事件后发表的演讲中所包含的信仰、爱国主义、侵略和集体的要素显著高于这些要素的标准提及次数,同时矛盾心理状态要素则显著低于这些要素的标准提及次数。

开发者　Roderickp. Hart

参考文献　Abelman & Dalessandro(2009);Bligh & Hess(2007);Bligh, Kohles, & Meindl (2004);Forsythe(2004);Hart(1985, 2000a);Hart & Childers (2005);Hart & Jarvis(1997);McKenny et al. (2013);Schroedel et al. (2013); Short & Palmer (2008);Witherspoon & Stone(2013)

General Inquirer

简介　General Inquirer(GI)是本资源列表所介绍的软件中历史最长的一款,它诞生 1960 年代,起初是一款"主机"(mainframe)计算机应用程序。经过多年的升级,GI 的开发者——哈佛大学的 Philip Stone 博士开发出了 PC 版本以及几个不同的在线版本。自 Dr. Stone 于 2006 年离世后,GI 实际上已经"被放弃"。但仍有些早期获得过 PC 版的研究者还在继续将其应用于研究工作。除了系统中已超过 50 年的标准内置词库外,研究者可在 GI 的 PC 版本中上传自定义的外部词库。GI 采用 Harvard IV-4 词库进行文本编码和分类,该词库评估的特征有 Osgood 提出的三维语义、反映特定组织机构的用词、与动机相关的词汇以及认知取向等。GI 还对拉斯韦尔的价值词库(Lasswell value dictionary)进行了编码,包括权利、尊重、感情、幸福感和其他维度的测量。GI 中还包括一些反映正面/负面价值以及社会认知的类目,以及主要是起到确定消息来源作用的"标记"(marker)类目。

应用　Abrahams 等人(2012)采用 GI 分析了从网络论坛中挖掘出的消费者评论文本。这些网络论坛的参与者有很多是汽车爱好者。他们发现情绪分析不足以对消费者指出的车辆缺陷问题进行发掘、分类和排序。他们转而基于网络论坛和消费者自身的社交媒体开发出了一套语言标记(他们称之为"smoke words")。这些网络发布的言论中广泛出现的词汇通常比情绪分析更能预测汽车的安全和性能缺陷(通过 GI 的哈佛词库指标来测量正面和负面用词)。

开发者　Phillip J. Stone and Vanja Buvac

参考文献 Abrahams et al.（2012）；Dowling & Kabanoff（1996）；Kelly & Stone（1975）；Stone et al.（1966）；Yang & Lee（2004）

Hamlet Ⅱ 3.0

简介 Hamlet Ⅱ 的主要功能是"Joint Frequencies"程序，它可以从文本文件中检索到用户自行创建的自定义词库列表中的词汇，并能根据选定的语境，或共同出现的词汇，计算出原始节点频率和标准化节点频率的矩阵。Hamlet Ⅱ 在文本分析时可提供字符统计、两个文本文件的词汇列表比较、上下文关键词（KWIC），以及（最重要的是）可使用自定义词库搜索列表中的共现数据（"词汇文件"）。这些分析将产生一系列相当复杂的多变量分析，包括聚类分析、MDS 及对应分析。Hamlet Ⅱ 生成的图形化输出也提供一些特别选项，使结果更易解读。

应用 Bistrova 和 Lace（2012）首先使用了 TextStat 应用程序确定了 20 个已经被充分认可、可纳入以往研究的 5 个分类类目中的概念。这些类目源于对商业文献和同行评审对科学论文（关于公司治理、资本预算、社会责任、创新、股东回报）的分析。接着，他们使用 Hamlet Ⅱ 的节点频率 joint frequencies（共现）分析结果来建立"基于长期股东价值相关概念的金字塔"（p.7），生成了一个主要概念的相互关系的展示图。

开发者 A. p. Brier and B. Hopp

参考文献 Bistrova & Lace（2012）；Brier & Hopp（2005，2011）；Ciemleja，Lace，& Titko（2014）；Juozeliuniene（2008）

LIWC 2015

简介 LIWC（Linguistic Inquiry and Word Count；参见主题框 5.4）是为有志于测量书面文本或转录文本中的情绪、认知、社交以及其他心理构念的研究人员而开发的。通过使用内置词库，该程序支持分析 82 种语言的单一文本或多语言文本，包括心理构念（如情感和认知）、与个人有关的类目（比如工作、家庭和休闲活动）以及标准语言维度（比如代词和冠词的百分比）。许多词库已进一步由研究者人工检验，完善了该心理测量工具。用户还可以使用 LIWC 的自定义词库分析许多其他维度，且用户觉得这个过程操作起来很便捷。该程序已被大量其他学科的研究人员广泛采用。

应用 Carroll（2007）采用 LIWC 考察了学生的写作模式，根据他们一学期内的论文写作作业来评估学生在认知和语言方面的进步。在本文中所介绍的两项研究里,其中的一项研究是 42 名批判性思维课程的学生被要求自选一个"奇怪"的主题写一篇论文。研究用 LIWC 词库对 17 个学生的论文初稿和终稿进行了分析,发现两个版本在语言和认知方面存在显著差异。比如说,终稿中的句子更长,更倾向使用词义艰深的大词、更少的代词。试探性语言和见解式的表达更少。针对所有的这些差异,Carroll 都根据已知的心理学理论和之前的 LIWC 应用结果进行了解释。这些研究差异与对于一个人会因课程内容而发生改变的预期相符。

开发者　James W. Pennebaker and Martha E. Francis

参考文献　Burke & Dollinger(2005); Carroll(2007); Chung & Pennebaker(2007); Gunsch et al. (2000); Hanauer et al. (2012); Hancock et al. (2008); Lieberman & Goldstein(2006); Pennebaker & Chung(2009); Pennebaker & Francis(1999); Pennebaker, Francis, & Booth(2001); Robertson & Murachver(2006); Tausczik & Pennebaker(2010); Tov et al. (2013); Witherspoon & Stone(2013)

MCCALite

简介　Minnesota Contextual Content Analysis Lite(MCCALite)程序是 MCCA 软件的"轻量"版本,专门用于分析多人的转述文本,包括戏剧、焦点小组、访谈、听证会和电视或电影剧本。该程序只输出基于单人(比如一部戏剧中的每个角色会单独分析)的 116 个观点类目的分析结果。这些反映重点和语境(MCCA 团队发展出的四种类型——理性型、实践型、情感型和分析型)的类目包括信仰—信念、自我—他人、享受—喜欢、苦恼以及其他各种特别类目(比如这 116 个类目的相互组合)。MCCALite 向用户提供了仅基于内置词库分析的具有视觉吸引力的图表得分图与差异分析结果。

应用　在公开出版的研究中,还没有使用 MCCALite 来比较不同角色/发言者的文章。克利夫兰州立大学(Cleveland State University)的学生们用该程序分析了 John Ford 1956 年的经典西部片《日落狂沙》(*The Searchers*)的剧本,从中观察到了 Debbie 这一角色在语境中的得分比较异常。

开发者　Donald G. McTavish and Kenneth C. Litkowski

参考文献　(使用了 MCCA 的全部功能)Danes, Haberman, & McTavish (2005); Shenk(2001)

PCAD

简介 PCAD（Psychiatric Content Analysis and Diagnosis）将 Gottschalk-Gleser 的精神病诊断量表应用于自然发生的沟通中（书面或转录）。这些量表测量的是已被明确界定和划分的精神和情绪状态的程度高低，包括焦虑、敌意、社交疏离、认知障碍、希望以及抑郁。该程序还会根据不同人群的特征将每个量表的得分与一般值相比较。它对被试者的得分和受调查地点提供的临床意义上的解释成为了临床诊断的推荐分类。该分类源于由美国精神病学会（American Psychiatric As-sociation）编著的《心理障碍诊断统计手册》第四版（*Statistical Manual of Mental Disorders*）（*DSM-IV*）。该程序的开发初衷是作为临床医生的诊断指南，量表得分与建议的诊疗分类，本来是打算作为临床心理学家和精神病医生传统诊断过程中的一部分。后续的研究工作将该程序的应用领域拓展至心理测量。PCAD 2000 是 2015 年以前发布的版本；PCAD3 于 2016 年由官方发布。

应用 在" Content Analyses of the Beliefs of Academic Procrastinators"一文中，McCown、Blake 和 Keizer（2012）展示了如何使用 PCAD 3（测试版）来协助分析拖延者持有的某些信念，以确定他们被判定为不正常的程度标准。通过使用心理疗法系统和哲学中的理论理性情绪行为疗法（Rational Emotive Behavior Therapy, REBT），研究者考察了 480 名学生关于他们在推迟完成一件实际而具体的事情时自身的想法和感受的 500 字论文。研究结果支持了研究的假设，研究发现拖延者和不拖延者在有关的 PCAD 量表上的表现有显著差异——比如，他们更容易表现出更高的自我贬低倾向（内向敌意和矛盾敌意量表得分较高），对其他方面的贬低倾向（外向敌意量表得分较高）以及生活贬低倾向（希望和人际关系量表得分较低）。McCown 等人（2012）提醒读者，虽然"内容分析法永远无法取代传统的心理计量测量或是敏锐的观察治疗师，但它仍然是一个具有替代优势的有用工具"（p. 221）。有关 Smith（2008）对该特定应用程序的描述，请参阅主题框 2.4。

开发者 Louis Gottschalk and Robert Bechtel

参考文献 Bantum & Owen（2009）；Gottschalk（1995）；Gottschalk & Bechtel（1993，2007，2008）；Gottschalk & Gleser（1969）；Gottschalk，Stein，& Shapiro（1997）；McCown et al.（2012）；Smith（2008）

Profiler Plus

简介 在过去十多年的时间里，开发者与政府机构合作开发了 Profiler Plus

文本编码平台。这是一个通用的文本分析系统，内置了大量已有的编码方案，大部分是由政治学、心理学和精神病学方面的学术专家开发，以挖掘部分构念。目前系统内有十多种编码方案可供用户选择，其中包括 Margaret G. Hermann 的七种领导特质，Peter Suedfeld 的综合复杂性（integrative complexity），David McClelland 和 David Winters 的权力需求、成就需求和归属需求。其他应要求提供的分析方案包括 Martha Cottam 的映像理论（Image Theory）中的指标，"宣言项目"（Manifesto Project）的政治宣言分析方案以及 Michael Young 的文本匹配（text mapping）工具。除英文文本外，Profiler Plus 还可用于处理阿拉伯语、俄语、中文和西班牙语文本，且输出的结果可以兼容导入 SPSS 或其他统计分析软件做进一步分析。要掌握该程序与其他软件间的所有差别虽然需要花些精力，但 Profiler Plus 广泛的使用范围与应用深度使其成为了一款有吸引力的分析软件。这款程序正被越来越多的学术和政府机构的研究人员使用，以帮助回答有关领导人/领导力、政治、战争/恐怖主义、金融状况和危机/风险沟通等问题。

应用　Dyson 和 Raleigh（2014）通过对萨达姆·侯赛因的公开文本（演讲和采访）和私人文本（包括萨达姆的录音带）进行 CATA 分析，研究了他的修辞使用。他们使用了 Profiler Plus 中两套内容分析方案的变量：Hermann 的领导特质分析以及 Walker 和 Schafer 的语境系统中的动词（Verbs in Context System）。他们的研究结果发现，萨达姆在公开场合的讲话中对美国的描述比私下的讨论中更具敌意，他在私人场合谈到美国时展现出了更高程度的概念复杂性，在公共场合谈到美国时使用的语言更明确。

开发者　Social Science Automation, Inc.（Michael D. Young, Co-Founder & President）/ Ravenbrook, Ltd.

参考文献　Dyson（2009）；Dyson & Raleigh（2014）；Renshon（2009）；Sanfilippo, Bell, & Corley（2014）；Smith（2008）；Stone & Young（2009）；Yang（2010）

SALT 2012

简介　SALT（Systematic Analysis of Language Transcripts）是一款小众且独特的 CATA 程序，旨在帮助语言病理学医生识别和记录语言使用中的一些特殊问题，主要对象是少年儿童。它有助于分析语言特征，比如句法、语义、谈话、流畅度和语速。它也可以进行治疗前和治疗后的比较分析。SALT 提供了许多可用的参考数据库，使用户可以将他们的样本与来自 6 000 多个使用英语/西班牙语的儿童样本进行比较。受试者可以根据年龄、年级、性别和其他变量进行匹配。SALT 是一款可供临床医生进行病理语言学诊断的程序。该程序不仅可以分析语言样本，还可以作为管理整个语言样本抽样和转录过程的工具。在使用 SALT 进行分析之前，研究者需要仔细阅读和标记病历记录。具备语言学专业知识和有相关需求的用户会觉得这款程序很有用。

应用 Lucero(2015)分析了三个领域(词汇、语法和话语)的跨语言关系，分析样本来自以西班牙语为母语以及讲双语的一、二年级学生($n = 56$)的口头复述故事(ONR)。研究人员可根据 ONR 的评估结果衡量学生的听力理解能力以及重新组织和复述第二语言的能力，从而在某种程度上确定他们的口语和书面能力。研究人员可用 SALT 将转录文本分成标记为"C-"的单元(用于考察的小句子)，然后再用软件自动分析几个重要领域的测量，比如不同词汇的数量(NDW)和平均发音长度(MLUw)。同时，研究人员指出，软件使用方便，并提供了教程和其他技术支持材料。多种分析层次以及双语处理能力(提供英语/西班牙语和其他标准的分析和比较)是 SALT 软件的主要优点。

开发者 Jon F. Miller, Robin S. Chapman, Ann Nockerts

参考文献 Heilmann, Miller, & Nockerts(2010); Heilmann et al. (2010); Lucero (2015)

SentiStrength 2.2

简介 SentiStrength 用于对"简短的非正式文本"进行情绪分析或意见挖掘，据其官网介绍，它可"每秒自动分析多达 16 000 个来自社交网络上的文本"。该软件的算法旨在评估每个文本中包含的正面和负面情感程度;该算法并不假定只存在正面和负面两个完全相反的对立面。算法中的术语(298 个正面词和 465 个负面词)在开发阶段是由人工评估，在此期间 MySpace 决定剔除评论的依据是其正面词汇和负面词汇的强度。其中术语包括社交媒体中常见的标准英文单词和非标准用词(比如 lol, haha, luv)，接着在测试阶段进行了修正。SentiStrength 算法中包括使用测试数据对判定情绪程度进行调试的步骤。对分析结果进行大规模图示化的功能也让 SentiStrength 好评如潮:研究者通过分析与伦敦奥运会有关的推文(Tweets)确定了伦敦眼的灯光颜色(Grossman, 2012);通过分析超级碗大赛期间各队粉丝的海量推文，将分析结果呈现在帝国大厦上，结果显示帝国大厦沐浴在一片橙色和蓝色(代表 Broncos)或蓝色和亮绿色中(代表 Seahawks; Heitner, 2014)。

应用 Zheludev、Smith 和 Aste(2014)使用 SentiStrength 时发现，除了仅从信

息量本身进行预测外,社交媒体信息中表现的情绪也可以在统计学意义上预测标普 500 指数和所选股票的未来价格。他们确实发现推特推文的舆情情感度(即正面情绪减负面情绪)每小时的变化情况与美国市场中的特定几家券商每小时的股票回报率在统计学上呈显著水平。

开发者 Mike Thelwall

参考文献 Durahim & Coskun(2015);Thelwall(2016, in press);Thelwall & Buckley(2013);Thelwall et al. (2010);Witherspoon & Stone(2013);Zheludev, Smith, & Aste(2014)

TextAnalyst

简介 TextAnalyst 主要用于管理文本和进行质化观察,不属于真正的量化内容分析,但它的神经网络应用程序,可以帮助用户了解某个特定话题是如何被讨论的,为人们提供了一个互动式的分析视角。这一动态视角可通过展示所有文本中某个词的重要程度(语义权重)以及这个词与其他词的关系强度(语义关系,通过调整窗口快照的长度,依据同时出现的信息来确定)来呈现。虽然该软件使用的算法没有公开,但程序文档表明 TextAnalyst 决定了"在一个文本的语境中,哪些概念(单词和单词组合)是最重要的"。该软件的发行商(Megaputer)将该工具描述为基于人工智能和神经网络过程相结合而产生的混合语义网络技术。该软件的界面使用了鱼类和其他不同体积大小的海洋生物的巧妙比喻来代表它在语义关系挖掘方面的相对优势。

应用 Gabriel(2009)使用了一种多层面的研究方法,并结合 TextAnalyst 来进行语义分析,旨在研究网络支持小组的参与者在网上讨论他们减肥时使用的隐喻和抽象用语。他在研究中的假设得到了普遍支持:

> 一个有宗教信仰的网络支持小组中的成员使用的清洁隐喻(cleanliness metaphors)远多于没有宗教信仰的小组成员,且频繁使用这类隐喻的成员在这个小组中待的时间更长,发布的信息更多。这一结果在小组的抽象语言使用中和没有宗教信仰的小组使用的隐喻中都没有发现(Gabriel, 2009, p.665)。

开发者 Microsystems/Megaputer, Inc.

参考文献 Bourret et al. (2006);Gabriel (2009);Neuendorf & Skalski (2009);Pudrovska & Ferree(2004)

Text Analytics for Surveys 4.0(IBM SPSS)

简介　这款程序包与现在属于 IBM 公司的经典软件 SPSS 有关,它旨在"将非结构化的调查反馈转化为量化数据"——换句话说,即对开放式回答的数据进行编码。通过使用软件内置的语言资源库和类型词库(type dictionaries),这款程序将首先扫描开放式问答的反馈,然后对概念(单词或短语),类型(概念的语义分组,比如"人物""积极""消极")和模式(概念与类型的组合)进行初步的自动提取。编码类目可以从这份自动提取的结果中自动产生,尽管研究者通常会通过一个迭代的步骤来根据文本的特征完善编码类目。一旦编码类目确定后,它们将被应用于分析开放式的文本,并可能会生成图形化的输出结果(条形图、表格和基于类目共现的网络图表)。软件中输出的数字也可以导入 SPSS。类目方案可以保存和应用于其他文本或数据集。

应用　在"风险与安全并存的活动空间:城市青少年活动场所的社会意义"(Attributing Activity Space as Risky and Safe: The Social Dimension to the Meaning of Place for Urban Adolescents)的研究中,Mason(2010)描述了他使用 SPSS Text Analytics for Surveys 软件分析 301 名青少年对开放式调查的反馈。该程序应用"概念来源、概念包含、语义网络和共现规则"功能生成了"13 个类目,关于为什么认为某些地点具有风险因素和安全因素"(p. 926)。在执行语言分析后得出相关态度、概念和意见的类目之后,研究对这些类目进行了手动验证,以确保类目之间达到了互斥(两个类目间重叠或共享的内涵要少于四分之一)。由此产生的一些反馈类目与研究中的某些测量相关[比如受访者现实生活中的社交网络类型,是由青少年社交网络评估中心(Adolescent Social Network Assessment, ASNA)来衡量的]。

开发者　IBM SPSS

参考文献　Diehl et al. (2014); Mason(2010)

TEXTPACK

简介　TEXTPACK 可执行多种功能,且具有多种可对文本进行深入分析的特性。TEXTPACK 有 CATA 程序的基本功能,比如字数统计和制作词汇索引,它还能以图表的形式输出分析结果,软件界面十分简单易用。根据 TEXTPACK 用户指南(2002)显示:" TEXTPACK 包含了许多专用程序,可供用户根据所谓的'内容分析词库'对任何文本进行类目划分/分类/标记";该软件还允许用户"将最终的数字结果导出,即用 SPSS 或 SAS 等统计软件根据类目频率进行进一步的量化分析或逻辑分析"(p.1)。

应用　Coffey(2011)写道,他以 TEXTPACK 为工具挑战了"《政治科学与政治》(*Political Science and Politics*)这本期刊里的一个研究发现,即美国政党平台只显示出了细微的政策差异"(p.331)。他后来继续关注了研究者(Kidd)对一个他并不认同的问题的分析——"美国不同政党提出的政策和表达的信仰的差异究竟表现在哪里?"(p.331)他的具体做法是分析不同的数据集,这些数据集是用 TEX-TPACK 对 2000—2004 年多个政党的不同平台上的书面资料进行编码,然后再根据 TEXTPACK 的意识形态词库创建了一份"意识形态平均得分"的结果。Coffey 的结论是,他的替代编码方案在三个方面均发现了显著差异,但 Kidd 的研究却没有发现。

开发者　Hans-Dieter Klingemann 与 Juergen Hoehe 合作开发,后与 Klaus Radermacher 合作开发

参考文献　Coffey(2011);Mumford & Selck(2010);Zangle(2014)

TextQuest 4.2

简介　TextQuest(早期版本为 INTEXT)的历史可以追溯至 1980 年代,那时开发者和 CATA 的设计者 Harald Klein 设计并推出了该程序的一个版本。目前的版本 TextQuest 4.2 拥有的应用包括开放式问卷调查反馈分析、各种可读性分析、词汇分析和(当然还有)内容分析。这款软件可以执行所有基本的 CATA 分析功能,比如词频统计和 KWIC,以及其他的许多内容分析功能。这款程序提供的功能选项可能有点太过复杂,但它拥有的演变历史十分悠久,还是值得读者好好探索的。

应用　研究者 Coe 和 Chenoweth(2015)认为,近年来(1981—2013 年),美国总统选择淡化美国传统观念和基督教传统观念之间的联系,但强调了基督徒和非基督徒之间的联系。该研究团队使用 TextQuest 来完成频率分析和 KWIC 分析。Coe 与 Chenoweth 博士的观点一致,她表示 TextQuest "是一款激发研究人员对文本分析感兴趣的伟大工具,它使研究者能够更有效地完成分析并及时发表研究成果"。

开发者　Social Science Consulting/Harald Klein

参考文献　Barker & Imam(2008);Coe & Chenoweth(2015);Coe & Reitzes(2010);Garson(2003)

T-LAB Pro 9.1.3

简介 T-LAB 是"文本实验室"(text laboratory)的缩写,是一套可执行共现分析(比如计算单词间具有的联系)、主题分析(比如新兴主题的建模)和比较分析(比如响应分析、聚类分析)的语言和统计 CATA 工具。该程序假定研究人员会积极使用该程序以确定一个最佳的理想解决方案,比如主题聚类的数量。T-LAB 使用不同类型的浮现编码方式,可以生成各种各样的彩色图示输出结果。该程序界面友好,可以方便地对输出结果进行不同样式的反复切换。

T-Lab Pro 是最具视觉吸引力的文本分析软件之一。软件对概念的图形化展示的重视是许多用户提到的一个优点。虽然该程序为研究者的使用提供了高度的灵活性,但这也使研究者可能面临难以管理大量输出结果的问题。T-LAB 的官网提供了很多关于软件使用的视频演示,让用户可以立刻上手使用该程序。

应用 Gambetti 和 Graffigna(2010)使用 T-LAB 分析了 237 篇关于"参与"(engagement)概念的学术性摘要。分析的文本被分为学术型与专业型,同时根据参与现象的类型进行了划分(品牌、广告和消费者)。基于 T-LAB 浮现编码功能的使用,执行 TAEC(Thematic Analysis of Elementary Contexts)分析的结果以多种图示输出呈现,比如语义地图中显示的聚类概念,表格中标识出的每个聚类中共同出现的词,还有单词关联分析图中展示的主要的主题元素。

在另一项研究中,Schonhardt-Bailey(2012)使用 T-Lab 和其他两款应用程序对国会委员会的审议进行了主题分析,以便于对用来传达与美国货币政策有关的政府信息的词汇进行分类和语境化处理。同时也是为了展示一种情况,那就是当使用相同的分析数据时,不同的软件在某些方面可能会得出不同的研究结果,但在另一些方面却会得到相似的研究结果。

开发者 Franco Lancia

参考文献 Cicognani, Mancini, & Nicoli (2007); Gambetti & Graffigna (2010); Kirkels (2012); Kluver & Mahoney (2015); Schonhardt-Bailey (2012); Verrocchio, Cortini, & Marchetti(2012)

WordSmith 6.0

简介 WordSmith 可执行基本的 CATA 功能,比如制作重要用字索引(concordances),检索关键字和生成单词列表,且每个功能都提供了非常丰富的选项。

该软件可对文本的综合统计分析进行计算,比如说,从不同长度的词汇数量(一个字母,两个字母,三个字母,等等),到与用户选定的首字母或尾字母(例如以"ly"结尾)相符的单词的数量,都可用该软件实现。WordSmith 软件的分析界面相当容易操作。根据网络文章中的参考文献显示,WordSmith 软件已被用于数百个研究中,这使其成为一款受欢迎的可执行基本 CATA 分析的"主力"软件。

应用　Yasin 等人(2012)采用量化与质化相结合的语言学研究方法时,使用 WordSmith Tools 5.0 对教科书中的性别歧视和性别刻板印象概念进行了量化研究。他们分析了 24 本一到六年级的数学课本,形成了一个超过五十万字的语料库($n=502\ 526$)。研究者使用词频分析和 KWIC 分析来识别标识为性别歧视和性别刻板印象的例子。

与此类似的是,Seale、Rivas 和 Kelly(2013)也使用了 WordSmith 作为量化研究的补充,他们主要是对患者的糖尿病检查的咨询记录进行质性研究。

开发者　Lexical Analysis Software/Oxford University Press

参考文献　de Schryver & Prinsloo(2000);Gabrielatos & Baker(2008);Harvey et al.(2008);Seale, Rivas, & Kelly(2013);Yasin et al.(2012)

WordStat 7.0

简介　该程序是 SimStat 统计分析软件包的一个附件,必须在 SimStat 或 QDA Miner 基本程序中运行。WordStat 有一些探索性工具,比如聚类分析和多维标度(multidimensional scaling),可用于分析开放式调查的反馈。它的编码同时包括用户自定义编码和系统内置词库编码,包括 Regressive Imagery Dictionary 和 LIWC 词库。WordStat 可生成词频统计,以及根据字母表顺序排列的词汇列表,KWIC,多单元数据文件(multi-unit data file)输出以及子组之间的双变量比较分析。子组之间的差异可以通过高分辨率图表以及二维和三维的响应分析双标图(biplots)显示。WordStat 一个特别值得注意的功能是它的词库创建工具,它使用 WordNet 词汇数据库帮助用户建立一个全面的分类系统。WordNet 程序中提供了数百种分析和选项,用户可以对开放式调查的反馈数据执行各种各样的分析。该程序定期更新,并增加了许多新功能,包括"基于因子分析的全新主题建模工具"和提供多种图形形式和样式输出的链接分析(Link Analysis)功能。

应用　研究者 Campbell 等人(2011)利用 WordStat 对用户在四则 YouTube 视频上发布的原创广告的评论执行了响应分析,这一研究证实了 WordStat 的实用性。研究者设定了包含以 Aaker 的品牌个性等五大维度为基础的内置词库,还额外添加了研究人员自定义的词库。WordStat 的分析结果包括了对 Aaker 的品牌个性维度与 4 条广告片执行响应分析后的数据统计与可视化结果。

开发者 Provalis Research；Normand Peladeau

参考文献 Campbell et al.（2011）；Milojevic et al.（2011）；Neuendorf & Skalski（2009）；Opoku，Pitt，& Abratt（2007）；Park，Lu，& Marion（2009）

Yoshikoder

简介 这款全能型的通用 CATA 程序是为哈佛大学国际事务中心的识别项目（Identity Project at Harvard's Weatherhead Center for International Affairs）中的一部分而开发的。作为一款承袭自具有悠久历史的 VBPro 程序（1980 年代由新闻学者 M. Mark Miller 开发的基于 DOS 的免费应用程序）的软件，Yoshikoder 是一款具有高度适应力的基本 CATA 的应用程序，软件界面较为复杂。在下一部分会对 Yoshikoder 进行专题介绍。

应用 见本资源列表的第二部分。

开发者 Will Lowe

参考文献 Kluver & Mahoney（2015）；McManus（2014）；Melitski & Manoharan（2014）；Simon（2011）；Sullivan & Lowe（2010）

第二部分　以 Yoshikoder 为例

Yoshikoder（版本 0.6.5）CATA 程序可以对单一文件或多个文件进行文本分析，可执行基本的 KWIC 类型分析、字数统计，还可以进行基于词库的分析。Yoshikoder 软件的界面设计清晰直观。在打开一个新项目之后，用户需要选择一部或多部词库以及一份或多份要应用到词库中的文档。所有词库都必须是由用户自定义添加或从外部资源导入——有些外部创建的词库现在已在 Yoshikoder 网站上线。Yoshikoder 软件只能分析.txt 格式的文件。

软件的界面截图如附图 1 所示。

图片中左侧边框是词库列表，中间框展示的是所选文档的文本，右边框列出的是已加载的文档。界面底部是请求时才会出现的重要词汇列表（KWIC 分析）的显示框。在附图 1 这个例子中，用户从 Yoshikoder 网站导入了 Regressive

附图 1

Imagery Dictionaries 词库。在 Yoshikoder 软件使用的术语中，Regressive Imagery Dictionaries 的词库条目有三大类——情绪、主要、次要——每个类目下分别有 7 个、5 个和 7 个子类目。这 19 个类目中的每一个里面都包含了许多"模式"（即单词和短语是实际检索过的词）。这些模式可通过点击类目查看。

　　Yoshikoder 界面的顶部工具栏显示有七个功能。高亮（Highlight）功能根据所选词库的类目或模式，会在中间框架内的文档中用颜色突出显示。

　　用户可以使用 Concordance 功能制作、打开、保存或导出重要用字索引，这是一份使用所选词库或词库类目的 KWIC 分析。

　　Report 功能为用户提供了多个选项。

A. 分析文档中的所有单词

　　1. 词频报告（Word Frequency Report）　提供当前所选的一份文档中出现的所有单词的数量统计和比例情况。［Report → Count Words → Current Document］

　　2. 词频数据输出报告（Word Frequency Data Output）　是创建数据文件的方法，将所有选定文档中的所有单词写入到一份 CSV 输出文件（可由 Excel 读取）中。［Report → Count Words → Selected Documents → SAVE CSV FILE］

B. 使用文件中应用的词库进行的分析

　　1. 词库报告（Dictionary Report）　提供所有选择的词库类目和模式的数量和

比例情况。［Report → Apply Dictionary → Current →Document］

2.词库数据输出报告（Dictionary Data Output） 是创建数据文件的方法，将选定文档中所有的选定词库类目的计数写入到一份 CSV 输出文件（可由 Excel 读取）中。［Report → Apply Dictionary → Selected Documents → SAVE CSV FILE］

3.统计比较报告（Statistical Comparison Report） 通过百分比变化和风险比率评估（使用置信区间和统计学显著指标）来分析两份选定文件间所选词库类目的差异。［Report → Apply Dictionary → Compare →Document Pair］

C.使用词库中应用的重要用字索引进行的分析

1.词库报告（应用至 Concordances 中）［Dictionary Report（applied to Concordance）］提供出现在重要用字索引（concordance）（比如，包含所选词库或词库类目的术语中的五个单词的单词集）中的所有单词的数量和比例情况。［Concordance → Make Concordance THEN Report → Apply Dictionary → Current Concordance］

2.词库数据输出报告（应用至 Concordances 中）［*Dictionary Data Output（applied to Concordances）*］是创建数据文件的方法，将多份重要用字索引的所有选定词库类目的数量写入到一份 CSV 输出文件（可由 Excel 读取）中。［Concordance → Make Concordance THEN Report → Apply Dictionary → Multiple Concordances → SAVE CSV FILE］

在 Yoshikoder 中创建自定义词库列表的方法相当简单，使用软件工具栏上的 Dictionary 功能即可完成。词库类目可以被添加至通用词库条目中，patterns（即特定的搜索词）也可形成词库的一种类目。用户可以加入通配符——比如，以字符串"celebrat"开头的所有术语（使用通配符"celebrat ＊"）都可被查询到，比如 celebration, celebrations 和 celebratory。用户务必要注意在添加类目或模式时应该对此进行适当高亮显示，因为 Yoshikoder 软件会将这些类目混为一体。

在下面介绍的研究案例中，Simon（2011）对 2010 年凯霍加县（Cuyahoga County）的俄亥俄州大选新闻报道和候选人的有关讯息，使用 Yoshikoder 进行了分析。Simon 自定义了分析词库以测量和比较电视新闻、报纸和候选人个人议程这三种渠道中议题的重要性，然后将其与公众议程相比较，试图以此来预测这场选举的结果。在 Simon 的分析中，Yoshikoder pattern 每出现一次即相当于该话题被提及一次，然后再用提及话题的总次数除以该值来计算媒体和候选人的议程。

附图 2、附图 3 展示的是向一部已有的词库中添加类目的过程，以及词库报告的各种输出结果——在这个例子中，词库被命名为"Governor"，类目被命名为"Jobs"。

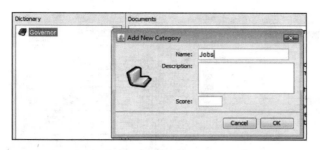

附图 2

请注意,词库和类目使用的是一样的图标。在附图 4 中,我们可以看到已经完成了的"Governor"词库,展开的"Jobs"类目展示的是其中的元件模式(component patterns),其中有些是通配符。

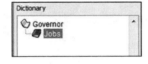

附图 3   附图 4

词库报告(Dictionary report)的输出结果中可以选择仅显示类目或在"Show Categories Only"中选择想要展示的类目或模式。附图 5 所显示的结果是基于对州长候选人 Ted Strickland 讯息的分析。左框内只显示了类目,右框内展示了部分与"Jobs"和"State Budget"类目相匹配的模式结果。这些可以通过点击"Export"以 Excel 格式导出。

把结果以 Excel 格式输出后,该文件将会包含分析文档的文件名、分析日期和文档中所有单词的计数和比例情况[要注意该版本中不含"score"(得分)输出功能]。Excel 格式的报告中显示的是从 Yoshikoder 导出时软件中(类目或模式)展开的层级情况。

图书馆文献搜索研究

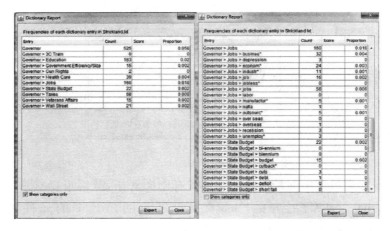

附图 5

附图 6

资源列表 2　内容分析方法导论在线版(*CAGO*)

CAGO 是对本书中内容分析研究的相关资源的补充,该网站分为以下板块:

内容分析资源

　　该板块提供了《内容分析方法导论》的总体信息和访问其他内容分析资源的链接(如其他网站、已经发表的论文和尚未发表的文档)。
- "内容分析法发展历史的里程碑事件"(摘自本书的第一版)
- 内容分析法的研究流程图(摘自本书纸质版)
- 其他内容分析网站的链接
- 关于内容分析法的发表论文或尚未发表文档的链接

讯息档案和全集

　　该板块提供了对网站档案库的链接,这些档案库主要是根据兴趣领域(尤其强调媒体档案资料)进行编排的。优先列出可下载讯息的存档网站,其次是"只提供信息"而不提供下载服务的网站。
- 按照内容类别罗列链接

研究信度

　　该板块提供了多种测量编码员信度的选择,适用于使用计算计软件编码的情况。
- 有关多位编码员信度评估程序(the Program for Reliability Assessment for Multiple Coders,简称 PRAM)的资料
- 其他有关研究信度的资源链接

人工编码抽样材料

　　该板块包含了以往各种主题的内容分析研究的抽样编码材料,包括有关电

视、电影和广告的内容分析研究。本书所提到的几项研究（e. g. , Neuendorf et al. , 2010；Smith, 1999）的编码材料也包含在其中。编码指南以及编码表根据作者的姓名和研究项目名称进行编排。

- 内容分析项目梗概
- 抽样编码指南
- 抽样编码表

计算机辅助内容分析（CATA）入门

该板块包含了有关计算机辅助内容分析软件的信息。介绍了资源列表 1 中所罗列的所有软件，软件的详细信息和示例可通过官方网站获得。除此之外，有关量化计算机文本分析软件的信息随着效果评估而增多。这些效果评估来源于研究团队对所选软件的测试以及对样本词库、数据运算和输出结果的评估。

- 有关计算机文本分析软件的评估页面
- 文本分析网站的链接
- 抽样分析和输出
- 样本词库（自定义词库以及内部/标准词库）
- 支持内容分析研究的视听软件的链接
- 质化计算机分析网站的链接

这个网站会随着更多信息的出现而更新，也非常欢迎其他研究者和其他材料（如编码方案）加入。

参考文献

Aalberg, Toril, Papathanassopoulos, Stylianos, Soroka, Stuart, Curran, James, Hayashi, Kaori, Iyengar, Shanto, et al. (2013). International TV news, foreign affairs interest and public knowledge: A comparative study of foreign news coverage and public opinion in 11 countries. *Journalism Studies*, *14*, 387-406.

Abbasi, Ahmed, & Chen, Hsinchun. (2008). CyberGate: A design framework and system for text analysis of computer-mediated communication. *MIS Quarterly*, *32*, 811-837.

Abbasi, Ahmed, Chen, Hsinchun, & Nunamaker, Jay F., Jr. (2008). Stylometric identification in electronic markets: Scalability and robustness. *Journal of Management Information Systems*, *25*(1), 49-78.

Abbasi, Ahmed, Chen, Hsinchun, Thoms, Sven, & Fu, Tianjun. (2008). Affect analysis of web forums and blogs using correlation ensembles. *IEEE Transactions on Knowledge and Data Engineering*, *20*, 1168-1180.

Abelman, Robert, & Dalessandro, Amy. (2009). The institutional vision of historically Black colleges and universities. *Journal of Black Studies*, *40*(2), 105-134.

Abelman, Robert I., & Neuendorf, Kimberly A. (1984a, May). *The demography of religious television programming*. Paper presented to the Mass Communication Division at the annual meeting of the International Communication Association, San Francisco, CA.

Abelman, Robert I., & Neuendorf, Kimberly A. (1984b). *The type and quantity of physical contact on religious television programming*. Report to UNDA-USA, Washington, DC.

Abelman, Robert, & Neuendorf, Kimberly. (1985a). The cost of membership in the electronic church. *Religious Communication Today*, *8*, 63-67.

Abelman, Robert, & Neuendorf, Kimberly. (1985b). How religious is religious television programming? *Journal of Communication*, *35*(1), 98-110.

Abelman, Robert, & Neuendorf, Kimberly. (1987). Themes and topics in religious television programming. *Review of Religious Research*, *29*, 152-174.

Abernethy, Avery M., & Franke, George R. (1996). The information content of advertising: A meta-analysis. *Journal of Advertising*, *25*(2), 1-17.

Abrahams, Alan S., Jiao, Jian, Wang, G. Alan, & Fan, Weiguo. (2012). Vehicle defect discovery from social media. *Decision Support Systems*, *54*(1), 87-97.

Advanced manipulation and automation. (n.d.). Retrieved from https://www.sri.com/research-development/advanced-manipulation-automation.

Agresti, Alan. (1992). Modeling patterns of agreement and disagreement. *Statistical Methods in Medical Research*, *1*, 201-218.

Aharony, Noa. (2009). An exploratory analysis of librarians' blogs: Their development, nature and changes. *Aslib Proceedings: New Information Perspectives*, *61*, 587-604.

Ahmad, Farah, Hogg-Johnson, Sheilah, Stewart, Donna E. , Skinner, Harvey A. ,Glazier, Richard H. , & Levin-son, Wendy. (2009). Computer-assisted screening for intimate partner violence and control. *Annals of Internal Medicine*, *151*,93-102.

Ahuvia, Aaron. (2001). Traditional, interpretive, and reception based content analyses: Improving the ability of content analysis to address issues of pragmatic and theoretical concern. *Social Indicators Research*, *54*, 139-172.

Aickin, Mikel. (1990). Maximum likelihood estimation of agreement in the constant predictive probability model, and its relation to Cohen's kappa. *Biometrics*, *46*, 293-302.

Alden, Dana L. , Hoyer, Wayne D. , & Lee, Chol. (1993). Identifying global and culture-specific dimensions of humor in advertising: A multinational analysis. *Journal of Advertising*, *57*(2), 64-75.

Aldenderfer, Mark S. , & Blashfield, Roger K. (1984). *Cluster analysis*. Beverly Hills, CA: Sage.

Alexa, Melina, & Zuell, Cornelia. (1999). A review of software for text analysis. *ZUMA Nachrichten Spezial 5*. Mannheim, Germany: ZUMA.

Alonge, Antonietta, Calzolari, Nicoletta, Vossen, Piek, Bloksma, Laura, Castellon, Irene, Marti, Maria Antonia, & Peters, Wim. (1998). The linguistic design of the EuroWordNet database. *Computers and the Humanities*, *32*, 91-115.

Altheide, David. (1996). *Qualitative media analysis*. Newbury Park, CA: Sage.

Altheide, David, L. , & Schneider, Christopher J. (2013). *Qualitative media analysis* (2nd ed.). Thousand Oaks, CA: Sage.

Altman, Rick. (2008). *A theory of narrative*. New York: Columbia University Press.

Ames, Susan L. , Andsager, Julie L. , Houska, Brian, Leigh, Barbara C. , & Stacy, Alan W. (2005). Content a-nalysis of drug offenders' sketches on the Draw-an-Event Test for risky sexual situations. *American Journal of Health Behaviors*, *29*, 407-412.

An, Daechun, & Kim, Sanghoon. (2007). Relating Hofstede's masculinity dimension to gender role portrayals in advertising. *International Marketing Review*, *24*,181-207.

Anderson, Richard L. , & O'Connor, Brian C. (2009). Reconstructing Bellour: Automating the semiotic analysis of film. *Bulletin of the American Society for Information Science and Technology*, *35*(5), 31-40.

Andrews, Frank M. , Klem, Laura, Davidson, Terrence N. , O'Malley, Patrick M. , & Rodgers, Willard L. (1981). *A guide for selecting statistical techniques for analyzing social science data*(2nd ed.). Ann Arbor: University of Michigan, Institute for Social Research, Survey Research Center.

Andsager, Julie L. , & Miller, M. Mark. (1994, November). *Exploring patterns of controversy: Newspaper coverage of RU-486*. Paper presented at the annual meeting of the Midwest Association for Public Opinion Research, Chi-cago, IL.

Andsager, Julie L. , & Powers, Angela. (1999). Social or economic concerns: How news and women's magazines framed breast cancer in the 1990s. *Journalism & Mass Communication Quarterly*, *76*, 531-550.

Angeli, Charoula, & Schwartz, Neil H. (2016, in press). Differences in electronic exchanges in synchronous and asynchronous computer-mediated communication: The effect of culture as a mediating variable. *Interactive Learning Environments*. doi:10. 1080/10494820. 2014. 961484.

Archer, Dane, Iritani, Bonita, Kimes, Debra D. , & Barrios, Michael. (1983). Face-ism: Five studies of sex differences in facial prominence. *Journal of Personality and Social Psychology*, *45*, 725-735.

Aristotle. (1991). *Aristotle on rhetoric: A theory of civic discourse* (George A. Kennedy, Trans.). New York: Ox-ford University Press.

Armstrong, Cory L. , & Boyle, Michael P. (2011). Views from the margins: News coverage of women in abortion protests, 1960-2006. *Mass Communication & Society*, *14*, 153-177.

Aronow, Edward, Reznikoff, Marvin, & Moreland, Kevin. (1994). *The Rorschach technique: Perceptual basics, content interpretation, and applications.* Boston: Allyn & Bacon.

Arthur, Heather, Johnson, Gail, & Young, Adena. (2007). Gender differences and color: Content and emotion of written descriptions. *Social Behavior and Personality*, *35*, 827- 834. doi: http://dx. doi. org/10. 1017/S1366728909990046.

Assessing cognitive impairment. (1999, Winter). *UCI Journal.* Retrieved from http:// www. communications. uci. edu/journal/winter99/ip/05. html [5/8/00].

Atkin, Charles K. , Neuendorf, Kimberly A. , & McDermott, Steven. (1983). The role of alcohol advertising in excessive and hazardous drinking. *Journal of Drug Education*, *13*, 313-325.

Atkin, David, & Fife, Marilyn. (1993-1994). The role of race and gender as determinants of local TV news coverage. *Howard Journal of Communications*, *5*, 123-137.

Atkinson, Jaye L. , & Herro, Steven K. (2010). From the chartreuse kid to the wise old gnome of tennis: Age stereotypes as frames describing Andre Agassi at the U. S. Open. *Journal of Sport & Social Issues*, *34*(1), 86-104. doi:10. 1177/0193723509358966.

Aubrey, Jennifer Stevens, & Frisby, Cynthia M. (2011). Sexual objectification in music videos: A content analysis comparing gender and genre. *Mass Communication & Society*, *14*, 475-501. doi: 10. 1080/15205436. 2010. 513468.

Auster, Carol J. , & Mansbach, Claire S. (2012). The gender marketing of toys: An analysis of color and type of toy on the Disney Store website. *Sex Roles*, *67*, 375-388.

Babbie, Earl. (1986). *Observing ourselves: Essays in social research.* Belmont, CA: Wadsworth.

Babbie, Earl. (1995). *The practice of social research* (7th ed.). Belmont, CA: Wadsworth.

Babbie, Earl. (2013). *The practice of social research* (13th ed.). Belmont, CA: Wadsworth Cengage.

Baddeley, Jenna L. , Daniel, Gwyneth R. , & Pennebaker, James W. (2011). How Henry Hellyer's use of language foretold his suicide. *Crisis*, *32*, 288-292.

Baek, Tae Hyun, & Yu, Hyunjae. (2009). Online health promotion strategies and appeals in the USA and South Korea: A content analysis of weight-loss websites. *Asian Journal of Communication*, *19*(1), 18-38.

Bailey, Ainsworth Anthony. (2006). A year in the life of the African-American male in advertising: A content analysis. *Journal of Advertising*, *35*(1), 83-104.

Bakeman, Roger. (2000). Behavioral observation and coding. In Harry T. Reis & Charles M. Judd (Eds.), *Handbook of research methods in social and personality psychology* (pp. 138-159). Cambridge, U. K. : Cambridge University Press.

Baldwin, Thomas F. , & Lewis, Colby. (1972). Violence in television: The industry looks at itself. In George A. Comstock & Eli A. Rubinstein (Eds.), *Television and social behavior, reports and papers, volume I: Media content and control. A technical report to the Surgeon General's Scientific Advisory Committee on Television and Social Behavior* (pp. 290-373). Rockville, MD: National Institute of Mental Health.

Bales, Robert F. (1950). *Interaction process analysis: A method for the study of small groups.* Cambridge, MA: Addison-Wesley.

Bales, Robert F. , & Cohen, Stephen P. , with the assistance of Williamson, Stephen A. (1979). *SYMLOG: A system for the multiple level observation of groups.* New York: Free Press.

Bales, Robert F. , Strodtbeck, Fred L. , Mills, Theodore M. , & Roseborough, Mary E. (1951). Channels of communication in small groups. *American Sociological Review*, *16*, 461- 468.

Bandura, Albert. (1986). *Social foundations of thought and action: A social cognitive theory.* Englewood Cliffs, NJ: Prentice-Hall.

Bandura, Albert. (1994). Social cognitive theory of mass communication. In Jennings Bryant & Dolf Zillmann (Eds.), *Media effects: Advances in theory and research* (pp. 61-90). Hillsdale, NJ: Lawrence Erlbaum.

Bandura, Albert. (2009). Social cognitive theory of mass communication. In Jennings Bryant & Mary Beth Oliver (Eds.), *Media effects: Advances in theory and research* (3rd ed., pp. 94-124). New York: Routledge.

Banerjee, Madira, & Moore, Nicole Casal. (2015, May 27). How well does technology solve social problems? *Michigan News.* Retrieved from http://ns. umich. edu/new/multimedia/videos/22913-how-well-does-technology-solve-social-problems.

Banerjee, Mousumi, Capozzoli, Michelle, McSweeney, Laura, & Sinha, Debajyoti. (1999). Beyond kappa: A review of interrater agreement measures. *Canadian Journal of Statistics, 27*(1), 3-23.

Bantum, Erin O'Carroll, & Owen, Jason E. (2009). Evaluating the validity of computerized content analysis programs for identification of emotional expression in cancer narratives. *Psychological Assessment, 21*(1), 79-88.

Baran, Stanley J., & Davis, Dennis K. (1995). *Mass communication theory: Foundations, ferment, and future.* Belmont, CA: Wadsworth.

Barber, John T., & Gandy, Oscar H., Jr. (1990). Press portrayal of African American and white U.S. representatives. *Howard Journal of Communications, 2,* 213-225.

Bar-Ilan, Judit. (2007a). Google bombing from a time perspective. *Journal of Computer-Mediated Communication, 12,* 910-938.

Bar-Ilan, Judit. (2007b). The use of Weblogs (blogs) by librarians and libraries to disseminate information. *Information Research, 12*(4).

Barker, Richard, & Imam, Shahed. (2008). Analysts' perceptions of "earnings quality." *Accounting and Business Research, 38*(4), 313-329.

Barner, Mark R. (1999). Sex-role stereotyping in FCC-mandated children's educational television. *Journal of Broadcasting & Electronic Media, 43,* 551-564.

Barnett, George A., & Park, Han Woo. (2014). Examining the international internet using multiple measures: New methods for measuring the communication base of globalized cyberspace. *Quality and Quantity, 48,* 563-575. doi:10. 1007/s11135-012-9787-z.

Barnett, George A., & Woelfel, Joseph J. (Eds.). (1988). *Readings in the Galileo system: Theory, methods and applications.* Dubuque, IA: Kendall/Hunt.

Barnhart, Huiman X., Haber, Michael J., & Lin, Lawrence I. (2007). An overview on assessing agreement with continuous measurements. *Journal of Biopharmaceutical Statistics, 17,* 529-569.

Baron, Reuben M., & Kenny, David A. (1986). The moderator-mediator variable distinction in social psychological research: Conceptual, strategic, and statistical considerations. *Journal of Personality and Social Psychology, 51,* 1173-1182.

Baron-Cohen, Simon, & Harrison, John E. (Eds.). (1997). *Synaesthesia: Classic and contemporary readings.* Oxford, U.K.: Blackwell.

Barrett, E., & Lally, V. (1999). Gender differences in an on-line learning environment. *Journal of Computer Assisted Learning, 15*(1), 48-60.

Bartko, John J., & Carpenter, William T., Jr. (1976). On the methods and theory of reliability. *Journal of Nervous and Mental Disease, 163,* 307-317.

Baruh, Lemi. (2009). Publicized intimacies on reality television: An analysis of voyeuristic content and its contribution to the appeal of reality programming. *Journal of Broadcasting & Electronic Media*, *53*, 190-210.

Bates, Madeleine, & Weischedel, Ralph M. (Eds.). (1993). *Challenges in natural language processing.* Cambridge: Cambridge University Press.

Bateson, Gregory. (1958). *Naven* (2nd ed.). Stanford, CA: Stanford University Press.

Bauer, Christian, & Scharl, Arno. (2000). Quantitative evaluation of Web site content and structure. *Internet Research: Electronic Networking Applications and Policy*, *10*, 31-43.

Baxter, Richard L., de Riemer, Cynthia, Landini, Ann, Leslie, Larry, & Singletary, Michael. (1985). A content analysis of music videos. *Journal of Broadcasting & Electronic Media*, *29*, 333-340.

Bayerl, Petra Saskia, & Paul, Karsten Ingmar. (2011). What determines inter-coder agreement in manual annotations? A meta-analytic investigation. *Computational Linguistics*, *37*, 699-725.

Bayulgen, Oksan, & Arbatli, Ekim. (2013). Cold War redux in US-Russia relations? The effects of US media framing and public opinion of the 2008 Russia-Georgia war. *Communist and Post-Communist Studies*, *46*, 513-527.

Bazeley, Pat, & Jackson, Kristi. (2013). *Qualitative data analysis with NVivo* (2nd ed.). Los Angeles, CA: Sage.

Beach, Mary Catherine, Saha, Somnath, Korthuis, p. Todd, Sharp, Victoria, Cohn, Jonathon, Wilson, Ira B., et al. (2011). Patient-provider communication differs for Black compared to White HIV-infected patients. *AIDS and Behavior*, *15*, 805-811. doi:10.1007/s10461-009-9664-5.

Beaumont, Sherry L. (1995). Adolescent girls' conversations with mothers and friends: A matter of style. *Discourse Processes*, *20*, 109-132.

Beckwith, Douglas Charles. (2009). Values of protagonists in best pictures and blockbusters: Implications for marketing. *Psychology & Marketing*, *26*, 445-469.

Beeman, Angie K. (2007). Emotional segregation: A content analysis of institutional racism in US films, 1980-2001. *Ethnic and Racial Studies*, *30*, 687-712.

Bell, Robert A., Berger, Charles R., Cassady, Diana, & Townsend, Marilyn S. (2005). Portrayals of food practices and exercise behavior in popular American films. *Journal of Nutrition Education & Behavior*, *37*, 27-32.

Belstock, Sarah A., Connolly, Gregory N., Carpenter, Carrie M., & Tucker, Lindsey. (2008). Using alcohol to sell cigarettes to young adults: A content analysis of cigarette advertisements. *Journal of American College Health*, *56*, 383-389.

Belt, Todd L. (2015). Is laughter the best medicine for politics? Commercial versus noncommercial YouTube videos. In Victoria A. Farrar-Myers & Justin S. Vaughn (Eds.), *Controlling the message: New media in American political campaigns* (pp. 200-218). New York: New York University Press.

Bem, Sandra. (1981). *Bem sex role inventory professional manual.* Palo Alto: Consulting Psychologists Press.

Bennett, W. Lance, Lawrence, Regina G., & Livingston, Steven. (2006). None dare call it torture: Indexing and the limits of press independence in the Abu Ghraib scandal. *Journal of Communication*, *56*, 467-485.

Bentley, R. Alexander, Acerbi, Alberto, Ormerod, Paul, & Lampos, Vasilelos. (2014). Books average previous decade of economic misery. *PLOS ONE*, *9*(1), 1-7.

Berelson, Bernard. (1952). *Content analysis in communication research.* New York: Hafner.

Berger, Arthur Asa. (1998). *Media research techniques* (2nd ed.). Thousand Oaks, CA: Sage.

Berger, Arthur Asa. (2014). *Media analysis techniques* (5th ed.). Los Angeles, CA: Sage.

Berger, Peter L., & Luckman, Thomas. (1966). *The social construction of reality: A treatise in the sociology of knowledge.* New York: Anchor.

Berkowitz, Leonard. (1964). Aggressive cues in aggressive behavior and hostility catharsis. *Psychological Review*, *71*(2), 104-122.

Berkowitz, Leonard. (1973). Words and symbols as stimuli to aggressive responses. In John F. Knutson (Ed.), *The control of aggression: Implications from basic research*(pp. 113-143). Chicago: Aldine.

Berkowitz, Leonard, & LePage, Anthony. (1967). Weapons as aggression-eliciting stimuli. *Journal of Personality and Social Psychology*, *7*(2), 202-207.

Berlin Ray, Eileen, & Donohew, Lewis. (1990). *Communication and health: Systems and applications*. Hillsdale, NJ: Lawrence Erlbaum.

Berlo, David K. (1960). *The process of communication*. New York: Holt, Rinehart, and Winston.

Berlyne, D. E. (1971). *Aesthetics and psychobiology*. New York: Appleton-Century-Crofts.

Berry, John W. (1990). Imposed etics, emics, and derived etics: Their conceptual and operational status in cross-cultural psychology. In Thomas N. Headland, Kenneth L. Pike, & Marvin Harris (Eds.), *Emics and etics: The insider/outsider debate*(pp. 84-99). Newbury Park, CA: Sage.

Beullens, Kathleen, Roe, Keith, & Van den Bulck, Jan. (2008). Television news' coverage of motor-vehicle crashes. *Journal of Safety Research*, *39*, 547-553.

Beullens, Kathleen, Roe, Keith, & Van den Bulck, Jan. (2011). The portrayal of risktaking in traffic: A content analysis of popular action movies. *Journal of Communication Research*, *2*(1), 21-27.

Beyer, Christine E., Ogletree, Roberta J., Ritzel, Dale O., Drolet, Judy C., Gilbert, Sharon L., & Brown, Dale. (1996). Gender representation in illustrations, text, and topic areas in sexuality education curricula. *Journal of School Health*, *66*(10), 361-364.

Bholat, David, Hansen, Stephen, Santos, Pedro, & Schonhardt-Bailey, Cheryl. (2015). Text mining for central banks. *Centre for Central Banking Studies*, *33*, 1-19. Retrieved from http://eprints.lse.ac.uk/62548/.

Billett, Simon. (2010). Dividing climate change: Global warming in the Indian mass media. *Climatic Change*, *99* (1-2), 1-16. doi:10.1007/s10584-009-9605-3.

Binder, Andrew R. (2012). Figuring out #Fukushima: An initial look at functions and content of US Twitter commentary about nuclear risk. *Environmental Communication: A Journal of Nature and Culture*, *6*(2), 268-277.

Birch, Hayley, & Weitkamp, Emma. (2010). Podologues: Conversations created by science podcasts. *New Media & Society*, *12*, 889-909. doi:10.1177/1461444809356333.

Bird, Alexander. (1998). *Philosophy of science*. Montreal: McGill-Queen's University Press.

Bird, Steven, Klein, Ewan, & Loper, Edward. (2009). *Natural language processing with Python*. Sebastopol, CA: O'Reilly Media.

Bistrova, Julia, & Lace, Natalja. (2012). Defining key factors to sustain maximum shareholder value. *Journal of Financial Studies & Research*, *2012*(1), 1-14.

Blair, Nicole A., Yue, So Kuen, Singh, Ranbir, & Bernhardt, Jay M. (2005). Depictions of substance use in reality television: A content analysis of *The Osbournes*. *British Medical Journal*, *331*, 1517-1519.

Blake, Brian F., Hamilton, Rhiannon L., Neuendorf, Kimberly A., & Murcko, Ryan. (2010). Individuals' preference orientations toward facets of Internet shopping sites: A conceptual and measurement model. *National Social Science Journal*, *33*(2), 11-20.

Bleakley, Amy, Jamieson, Patrick E., & Romer, Daniel (2012). Trends of sexual and violent content by gender in top-grossing U.S. films, 1950-2006. *Journal of Adolescent Health*, *51*(1), 73-79.

Bligh, Michelle C., & Hess, Gregory D. (2007). The power of leading subtly: Alan Greenspan, rhetorical leadership, and monetary policy. *Leadership Quarterly*, *18*(2), 87-104.

Bligh, Michelle C. , Kohles, Jeffrey C. , & Meindl, James R. (2004). Charting the language of leadership: A methodological investigation of President Bush and the crisis of 9/11. *Journal of Applied Psychology*, *89*, 562-574.

Bligh, Michelle C. , & Robinson, Jill L. (2010). Was Gandhi "charismatic"? Exploring the rhetorical leadership of Mahatma Gandhi. *Leadership Quarterly*, *21*, 844-855.

Blumenthal, Robin Goldwyn. (2013, January 12). Future perfect? Frank talk, fine returns. *Barron's*. Retrieved from http://online. barrons. com/article/SB50001424052748703792204578219740219485364. html.

Boiarsky, Greg, Long, Marilee, & Thayer, Greg. (1999). Formal features in children's science television: Sound effects, visual pace, and topic shifts. *Communication Research Reports*, *16*(2), 185-192.

Bond, Bradley J. (2013). Physical disability on children's television programming: A content analysis. *Early Education and Development*, *24*, 408-418.

Booth-Butterfield, Steven, & Booth-Butterfield, Melanie. (1991). Individual differences in the communication of humorous messages. *Southern Communication Journal*, *56*, 205-218.

Borke, Helene. (1967). The communication of intent: A systematic approach to the observation of family interaction. *Human Relations*, *20*, 13-28.

Borke, Helene. (1969). The communication of intent: A revised procedure for analyzing family interaction from video tapes. *Journal of Marriage and Family*, *31*, 541-544.

Botta, Renée. (2000). *Body image on prime-time television*. Unpublished manuscript. Cleveland, OH: Cleveland State University.

Bourret, Pascale, Mogoutov, Andrei, Julian-Reynier, Claire, & Cambrosio, Alberto. (2006). A new clinical collective for French cancer genetics: A heterogeneous mapping analysis. *Science, Technology, & Human Values*, *31*(4), 431-164.

Bowen, William M. , Dunn, Ronnie A. , & Kasdan, David O. (2010). What is "urban studies"? Context, internal structure, and content. *Journal of Urban Affairs*, *32*, 199-227. doi: 10. 1111/j. 1467-9906. 2009. 00474. x.

Boxman-Shabtai, Lillian, & Shifman, Limor. (2014). Evasive targets: Deciphering polysemy in mediated humor. *Journal of Communication*, *64*, 977-998.

Boyd, danah, & Crawford, Kate. (2012). Critical questions for big data. *Information, Communication & Society*, *15*, 662-679.

Boyd, danah m. , & Ellison, Nichole B. (2008). Social network sites: Definition, history and scholarship. *Journal of Computer-Mediated Communication*, *13*, 210-230.

Boykin, Stanley, & Merlino, Andrew. (2000). Machine learning of event segmentation for news on demand. *Communications of the ACM*, *43*(2), 35-41.

Boyle, Gregory J. , Saklofske, Donald H. , & Matthews, Gerald. (Eds.). (2015). *Measures of personality and social psychological constructs*. London: Academic Press.

Brader, Ted. (2006). *Campaigning for hearts and minds: How emotional appeals in political ads work*. Chicago: University of Chicago Press.

Bradley, Margaret M. , & Lang, Peter J. (1999). *Affective norms for English words (ANEW): Instruction manual and affective ratings*. Technical Report C-1, The Center for Research in Psychophysiology, University of Florida, Gainesville, FL.

Bravo, Rafael, de Chernatony, Leslie, Matute, Jorge, & Pina, José M. (2013). Projecting banks' identities through corporate websites: A comparative analysis of Spain and the United Kingdom. *Journal of Brand Manage-*

ment, *20*, 533-557. doi:10. 1057/bm. 2012. 59.

Bray, James H. , & Maxwell, Scott E. (1985). *Multivariate analysis of variance*. Beverly Hills, CA: Sage.

Brayack, Barbara. (1998). *A content analysis of housing messages targeting the elderly*(Unpublished master's thesis). Cleveland State University, Cleveland, OH.

Breen, Michael J. (1997). A cook, a cardinal, his priests, and the press: Deviance as a trigger for intermedia agenda setting. *Journalism & Mass Communication Quarterly*, *74*, 348-356.

Brentar, James E. , Neuendorf, Kimberly A. , & Armstrong, G. Blake. (1994). Exposure effects and affective responses to music. *Communication Monographs*, *61*,161-181.

Bretz, Rudy. (1971). *A taxonomy of communication media*. Englewood Cliffs, NJ:Educational Technology.

Bridges, Ana J. , Wosnitzer, Robert, Scharrer, Erica, Sun, Chyng, & Liberman, Rachael. (2010). Aggression and sexual behavior in best-selling pornography videos: A content analysis update. *Violence against Women*, *10*, 1065-1085.

Bridges, Judith S. (1993). Pink or blue: Gender-stereotypic perceptions of infants as conveyed by birth congratulations cards. *Psychology of Women Quarterly*, *17*(2), 193-205.

Brier, Alan P. , & Hopp, Bruno. (2005). HAMLET—A multidimensional scaling approach to text-oriented policy analysis. *Journal of Diplomatic Language*, *2*(1).

Brier, Alan P. , & Hopp, Bruno. (2011). Computer assisted text analysis in the social sciences. *Quality & Quantity*, *45*(1), 103-128.

Brinson, Susan L. , & Winn, J. Emmett. (1997). Talk shows' representations of interpersonal conflicts. *Journal of Broadcasting & Electronic Media*, *41*, 25-39.

Broehl, Wayne G. , Jr. , & McGee, Victor E. (1981). Content analysis in psychohistory: A study of three lieutenants in the Indian mutiny, 1857-1858. *Journal of Psychohistory*, *8*(3), 281-306.

Brosius, Hans-Bernd, & Kepplinger, Hans Mathias. (1992). Linear and nonlinear models of agenda-setting in television. *Journal of Broadcasting & Electronic Media*, *36*, 5-23.

Broughton, Elizabeth, & Molasso, William R. (2006). College drinking: Content analysis of 30 years of research. *Journal of College Student Development*, *47*,609-627.

Brown, Amy. (2011). *Promoting disrespect through children's television* (Unpublished master's thesis). Cleveland State University, Cleveland, OH.

Browne, Beverly A. (1998). Gender stereotypes in advertising on children's television in the 1990s: A cross-national analysis. *Journal of Advertising*, *27*(1), 83-96.

Bryant, Jennings, Hezel, Richard, & Zillmann, Dolf. (1979). Humor in children's educational television. *Communication Education*, *28*, 49-59.

Buchanan, Gregory McClellan, & Seligman, Martin E. p. (Eds.). (1995). *Explanatory style*. Hillsdale, NJ: Lawrence Erlbaum.

Bucklow, Spike L. (1998). A stylometric analysis of craquelure. *Computers and the Humanities*, *31*, 503-521.

Bucy, Erik P. , & Tao, Chen-Chao. (2007). The mediated moderation model of interactivity. *Media Psychology*, *9*(3), 647-672.

Buijzen, Moniek, Van Reijmersdal, Eva A. , & Owen, Laura H. (2010). Introducing the PCMC Model: An investigative framework for young people's processing of commercialized media content. *Communication Theory*, *20*, 427-450.

Buis, Lorraine R. (2008). Emotional and informational support messages in an online hospice support community. *CIN: Computers, Informatics, Nursing*, *26*,358-367.

Buis, Lorraine R. , & Carpenter, Serena. (2009). Health and medical blog content and its relationships with blogger credentials and blog host. *Health Communication*, *24*(8), 703-710.

Burgess, Melinda R. , Dill, Karen E. , Stermer, S. Paul, Burgess, Stephen R. , & Brown, Brian P. (2011). Playing with prejudice: The prevalence and consequences of racial stereotypes in video games. *Media Psychology*, *14*, 289-311. doi:10. 1080/15213269. 2011. 596467.

Burke, Philip A. , & Dollinger, Stephen J. (2005). "A picture's worth a thousand words": Language use in the autophotographic essay. *Personality and Social Psychology Bulletin*, *31*(4), 536-548.

Busby, Linda J. (1975). Sex-role research on the mass media. *Journal of Communication*, *25*(4), 107-131.

Butler, Jeremy G. (2014). Statistical analysis of television style: What can numbers tell us about TV editing? *Cinema Journal*, *54*(1), 25-45.

Buzinde, Christine N. , Santos, Carla Almeida, & Smith, Stephen L. J. (2006). Ethnic representations: Destination imagery. *Annals of Tourism Research*, *33*, 707-728.

Byrd-Bredbenner, Carol. (2003). A comparison of the anthropometric measurements of idealized female body images in media directed to men, women, and mixed gender audiences. *Topics in Clinical Nutrition*, *18*(2), 117-129.

Calvert, Sandra L. , Kotler, Jennifer A. , Zehnder, Sean M. , & Shockey, Erin M. (2003). Gender stereotyping in children's reports about education and information televised programs. *Media Psychology*, *5*, 139-162.

Camden, Carl, & Verba, Steve. (1986). Communication and consciousness: Applications in marketing. *Western Journal of Speech Communication*, *50*, 64-73.

Campbell, Colin, Pitt, Leyland F. , Parent, Michael, & Berthon, Pierre. (2011). Tracking back-talk in consumer-generated advertising. *Journal of Advertising Research*, *51*(1), 224-238.

Campbell, Donald, & Stanley, Julian. (1963). *Experimental and quasi-experimental designs for research*. Boston, MA: Houghton Mifflin.

Campbell, Rachel M. (2012). *Film viewing in the interactive age* (Unpublished master's thesis). Cleveland State University, Cleveland, OH.

Campopiano, Giovanna, & De Massis, Alfredo. (2015). Corporate social responsibility reporting: A content analysis in family and non-family firms. *Journal of Business Ethics*, *129*, 511-534. doi: 10. 1007/s10551- 014- 2174-z.

Capwell, Amy. (1997). *Chick flicks: An analysis of self-disclosure in friendships* (Unpublished master's thesis). Cleveland State University, Cleveland, OH.

Carletta, Jean. (1996). Assessing agreement on classification tasks: The kappa statistic. *Computational Linguistics*, *22*(2), 249-254.

Carley, Kathleen. (1993). Coding choices for textual analysis: A comparison of content analysis and map analysis. In Peter V. Marsden (Ed.), *Sociological Methodology*, *Vol. 23*(pp. 75-126). Oxford, U. K. : Blackwell.

Carley, Kathleen M. (1997a). Extracting team mental models through textual analysis. *Journal of Organizational Behavior*, *18*, 533-558.

Carley, Kathleen M. (1997b). Network text analysis: The network position of concepts. In Carl W. Roberts (Ed.), *Text analysis for the social sciences: Methods for drawing statistical inferences from texts and transcripts* (pp. 79-100). Mahwah, NJ: Lawrence Erlbaum.

Carlyle, Kellie E. , Slater, Michael D. , & Chakroff, Jennifer L. (2008). Newspaper coverage of intimate partner violence: Skewing representations of risk. *Journal of Communication*, *58*, 168-186.

Carmines, Edward G. , & Zeller, Richard A. (1979). *Reliability and validity assessment.* Beverly Hills, CA: Sage.

Carney, T. F. (1971). Content analysis: A review essay. *Historical Methods Newsletter*, *4*(2), 52-61.

Carr, Caleb, Schrock, David, & Dauterman, Patricia. (2009). Speech act analysis within social network sites' status messages. *Conference Papers—International Communication Association*, 1-38. Retrieved from EBSCOhost.

Carroll, David W. (2007). Patterns of student writing in a critical thinking course: A quantitative analysis. *Assessing Writing*, *12*(3), 213-227.

Casey, Mary. (2016, expected). *Our community online: A look at local community web sites* (Unpublished master's thesis). Cleveland State University, Cleveland, OH.

Cassady, Diana, Townsend, Marilyn, Bell, Robert A. , & Watnik, Mitchell. (2006). Portrayals of soft drinks in popular American movies: A content analysis. *International Journal of Behavioral Nutrition and Physical Activity*, *3*, 1-8. doi:10. 1186/1479-5868-3- 4.

Cecil, Denise Wigginton. (1998). Relational control patterns in physician-patient clinical encounters: Continuing the conversation. *Health Communication*, *10*(2), 125-149.

Ceron, Andrea, Curini, Luigi, Iacus, Stefano M. , & Porro, Giuseppe. (2014). Every tweet counts? How sentiment analysis of social media can improve our knowledge of citizens' political preferences with an application to Italy and France. *New Media & Society*, *16*, 340-358. doi:10. 1177/1461444813480466.

Chamblee, Robert, Gilmore, Robert, Thomas, Gloria, & Soldow, Gary. (1993). When copy complexity can help ad readership. *Journal of Advertising Research*, *33*(3), 23-28.

Chang, Tsan-Kuo. (1998). All countries not created equal to be news: World system and international communication. *Communication Research*, *25*, 528-563.

Chappell, Kelly K. (1996). Mathematics computer software characteristics with possible gender-specific impact: A content analysis. *Journal of Educational Computing Research*, *15*(1), 25-35.

Cheng, Hong, & Patwardhan, Padmini. (2010). One region, two worlds? Cultural values in Chinese and Indian TV commercials. *Asian Journal of Communication*, *20*(1), 69- 89.

Cheng, Hong, & Schweitzer, John C. (1996). Cultural values reflected in Chinese and U. S. television commercials. *Journal of Advertising Research*, *36*(3), 27- 45.

Chew, Cynthia, and Eysenbach, Gunter. (2010). Pandemics in the age of Twitter: Content analysis of tweets during the 2009 H1N1 outbreak. *PLOS ONE*, *5*(11), e14118. doi:10. 1371/journal. pone. 0014118.

Chinchilli, Vernon M. , Martel, Juliann, K. , Kumanyika, Shiriki, & Lloyd, Tom. (1996). A weighted concordance correlation coefficient for repeated measurement designs. *Biometrics*, *52*, 341-353.

Chipperfield, Judith G. , Perry, Raymond P. , Weiner, Bernard, & Newall, Nancy E. (2009). Reported causal antecedents of discrete emotions in late life. *International Journal of Aging and Human Development*, *68*(3), 215-241.

Chizema, Amon. (2008). Institutions and voluntary compliance: The disclosure of individual executive pay in Germany. *Corporate Governance: An International Review*, *16*, 359-374. doi: 10. 1111/j. 1467- 8683. 2008. 00689. x.

Cho, Hyunyi, Hall, Jennifer G. , Kosmoski, Carin, Fox, Rebekah L. , & Mastin, Teresa. (2010). Tanning, skin cancer risk, and prevention: A content analysis of eight popular magazines that target female readers, 1997-2006. *Health Communication*, *25*, 1-10.

Christenfeld, Nicholas, Glynn, Laura M. , Phillips, David P. , & Shrira, Ilan. (1999). Exposure to New York City as a risk factor for heart attack mortality. *Psychosomatic Medicine*, *61*, 740-743.

Christenfeld, Nicholas, Phillips, David P. , & Glynn, Laura M. (1999). What's in a name: Mortality and the power of symbols. *Journal of Psychosomatic Research*, *47*(3), 241-254.

Christie, Ian. (1999). Commentary for *The Red Shoes*. Audio recording accompanying DVD. Criterion Collection, http://www. criterionco. com.

Chu, Donna, & McIntyre, Bryce T. (1995). Sex role stereotypes on children's TV in Asia: A content analysis of gender role portrayals in children's cartoons in Hong Kong. *Communication Research Reports*, *12*, 206-219.

Chung, Chung Joo, Barnett, George A. , & Park, Han Woo. (2014). Inferring international dotcom Web communities by link and content analysis. *Quality and Quantity*, *48*, 1117-1133. doi:10. 1007/s11135-013-9847-z.

Chung, Chung Joo, & Cho, Sung-Ho. (2013). News coverage analysis of SNSS and the Arab Spring: Using mixed methods. *Global Media Journal: American Edition*, 1-26.

Chung, Cindy K. , & Pennebaker, James W. (2007). The psychological functions of function words. In Klaus Fiedler (Ed.), *Social communication* (pp. 343-359). New York: Psychology Press.

Chusmir, Leonard H. (1985). Short-form scoring for McClelland's version of the TAT. *Perceptual and Motor Skills*, *61*, 1047-1052.

Cicchetti, Domenic V. (2007). Assessing the reliability of blind wine tasting: Differentiating levels of clinical and statistical meaningfulness. *Journal of Wine Economics*, *2*, 196-202.

Cicchetti, Domenic, Bronen, Richard, Spencer, Susan, Haut, Sheryl, Berg, Anne, Oliver, Patricia, & Tyrer, Peter. (2006). Rating scales, scales of measurement, issues of reliability: Resolving some critical issues for clinicians and researchers. *Journal of Nervous and Mental Disease*, *194*, 557-564.

Cicchetti, Domenic V. , & Feinstein, Alvan R. (1990). High agreement but low kappa: II. Resolving the paradoxes. *Journal of Clinical Epidemiology*, *43*, 551-558.

Cicognani, Elvira, Mancini, Tiziana, & Nicoli, Maria Augusta. (2007). Criteria for the allocation of medical resources: Citizens' perspectives. *Journal of Applied Biobehavioral Research*, *12*(1), 13-34.

Ciemleja, Guna, Lace, Natalja, & Titko, Jelena. (2014). Financial literacy as a prerequisite for citizens' economic security: Development of a measurement instrument. *Journal of Security and Sustainability Issues*, *4*(1), 29-40.

Cissel, Margaret. (2012). Media framing: A comparative content analysis on mainstream and alternative news coverage of Occupy Wall Street. *The Elon Journal of Undergraduate Research in Communications*, *3*(1), 67-77.

Coe, Kevin, & Chenoweth, Sarah. (2015). The evolution of Christian America: Christianity in presidential discourse, 1981-2013. *International Journal of Communication*, *9*, 753-773.

Coe, Kevin, & Reitzes, Michael. (2010). Obama on the stump: Features and determinants of a rhetorical approach. *Presidential Studies Quarterly*, *40*(3), 391-413.

Coffey, Amy Jo, & Cleary, Johanna. (2011). Promotional practices of cable news networks: A comparative analysis of new and traditional spaces. *International Journal on Media Management*, *13*(3), 161-176.

Coffey, Daniel J. (2011). More than a dime's worth: Using state party platforms to assess the degree of American party polarization. *Political Science and Politics*, *44*(2), 331-337.

Cohen, Jacob. (1960). A coefficient of agreement for nominal scales. *Educational and Psychological Measurement*, *20*(1), 37-46.

Cohen, Jacob. (1968). Weighted kappa: Nominal scale agreement with provision for scaled disagreement of partial credit. *Psychological Bulletin*, *70*(4), 213-220.

Cohen, Jacob, Cohen, Patricia, West, Stephen G. , & Aiken, Leona S. (2003). *Applied multiple regression/correlation analysis for the behavioral sciences* (3rd ed.). Mahwah, NJ: Lawrence Erlbaum.

Collins, Caroline L. , & Gould, Odelle N. (1994). Getting to know you: How own age and other's age relate to self-disclosure. *International Journal of Aging and Human Development*, *39*, 55-66.

Collins, Linda M. , & Horn, John L. (Eds.). (1991). *Best methods for the analysis of change: Recent advances, unanswered questions, future directions.* Washington, DC: American Psychological Association.

Collins, Rebecca L. (2011). Content analysis of gender roles in media: Where are we now and where should we go? *Sex Roles, 64,* 290-298. doi:10. 1007/s11199-010-9929-5.

Collins, Rebecca L. , Elliott, Marc N. , & Miu, Angela. (2009). Linking media content to media effects: The RAND television and adolescent sexuality study. In Amy B. Jordan, Dale Kunkel, Jennifer Manganello, & Martin Fishbein (Eds.), *Media messages and public health: A decisions approach to content analysis* (pp. 154-172). New York: Routledge.

Colson, Angela S. (2010). Framing autism causes and prevalence: A content analysis of television evening news coverage—1994 through April 2010. *Communication Theses.* Paper 65.

Compton, Jordan. (2008, November). *Mixing friends with politics: A functional analysis of '08 presidential candidates social networking profiles.* Paper presented at the annual conference of the National Communication Association.

Comstock, George A. , & Rubinstein, Eli A. (Eds.). (1972). *Television and social behavior, reports and papers, volume 1: Media content and control. A technical report to the Surgeon General's Scientific Advisory Committee on Television and Social Behavior.* Rockville, MD: National Institute of Mental Health.

Connaughton, Stacey L. , & Jarvis, Sharon E. (2004). Invitations for partisan identification: Attempts to court Latino voters through televised Latino-oriented political advertisements, 1984-2000. *Journal of Communication, 54,* 38-54.

Conrad, Kate, Dixon, Travis, & Zhang, Yuanyuan. (2009). Controversial rap themes, gender portrayals and skin tone distortion: A content analysis of rap music videos. *Journal of Broadcasting & Electronic Media, 53,* 134-156.

Conway, Mike. (2006). The subjective precision of computers: A methodological comparison with human coding in content analysis. *Journalism & Mass Communication Quarterly, 83,* 186-200. doi:10. 1177/107769900608300112.

Cooper, Damon. (2010). Finding the spirit within: A critical analysis of film techniques in *Spirited Away. Babel, 45*(1), 30-37.

Cooper, Kimberly S. (2016, expected). *Urban agriculture: A multi-method examination* (Unpublished doctoral dissertation). Cleveland State University, Cleveland, OH.

Copeland, Gary A. (1989). Face-ism and primetime television. *Journal of Broadcasting & Electronic Media, 33,* 209-214.

Corder, Gregory W. , & Foreman, Dale I. (2009). *Nonparametric statistics for nonstatisticians: A step-by-step approach.* Hoboken, NJ: John Wiley & Sons, Inc.

Corley, J. Ken, II, Jourdan, Zack, & Ingram, W. Rhea. (2013). Internet marketing: A content analysis of the research. *Electronic Markets, 23*(3), 177-204.

Correa, Teresa. (2010). Latino reporters' ethnic identification with sources affects newspaper content. *Newspaper Research Journal, 31*(3), 75-82.

Council on Interracial Books for Children. (1977). *Stereotypes, distortions and omissions in U. S. history textbooks.* New York: Racism and Sexism Resource Center for Educators.

Courtright, John A. , Millar, Frank E. , & Rogers-Millar, Edna. (1979). Domineeringness and dominance: Replication and expansion. *Communication Monographs, 46,* 179-192.

Cowan, Gloria, & Campbell, Robin R. (1994). Racism and sexism in interracial pornography: A content analysis. *Psychology of Women Quarterly, 18,* 323-338.

Cowan, Gloria, Lee, Carole, Levy, Daniella, & Snyder, Debra. (1988). Dominance and inequality in X-rated video-cassettes. *Psychology of Women Quarterly*, *12*, 299-311.

Coyne, Sarah M., & Whitehead, Emily. (2008). Indirect aggression in animated Disney films. *Journal of Communication*, *58*, 382-395. doi:10.1111/j.1460-2466.2008.00390.x.

Cozby, Paul C. (1973). Self-disclosure: A literature review. *Psychological Bulletin*, *79*,73-91.

Crawford, Mary, & Gressley, Diane. (1991). Creativity, caring, and context: Women's and men's accounts of humor preferences and practices. *Psychology of Women Quarterly*, *15*(2), 217-231.

Creed, W. E. Douglas, DeJordy, Rich, & Lok, Jaco. (2010). Being the change: Resolving institutional contradiction through identity work. *Academy of Management Journal*, *53*, 1336-1364.

Cregan, Christina. (2005). Can organizing work? An inductive analysis of individual attitudes toward union membership. *Industrial & Labor Relations Review*, *58*(2), 282-304.

Cressman, Dale L., Callister, Mark, Robinson, Tom, & Near, Chris. (2009). Swearing in the cinema: An analysis of profanity in U. S. teen-oriented movies, 1980-2006. *Journal of Children and Media*, *3*(2), 117-135.

Cryer, Jonathan D. (1986). *Time series analysis*. Boston: Duxbury.

Cunningham, Ed (Producer), & Gordon, Seth (Director). (2007). *The king of Kong: A fistful of quarters*[Motion picture]. United States: LargeLab.

Cunningham, Michael R. (1986). Measuring the physical in physical attractiveness: Quasi-experiments on the sociobiology of female facial beauty. *Journal of Personality and Social Psychology*, *50*, 925-935.

Cupchik, Gerald C., & Berlyne, Daniel E. (1979). The perception of collative properties in visual stimuli. *Scandinavian Journal of Psychology*, *20*(2), 93-104.

Curry, Phillip, & O'Brien, Marita. (2006). The male heart and the female mind: A study in the gendering of antidepressants and cardiovascular drugs in advertisements in Irish medical publication. *Social Science & Medicine*, *62*, 1970-1977.

Custen, George F. (1992). *Bio/pics: How Hollywood constructed public history*. New Brunswick, NJ: Rutgers University Press.

Cutting, James E., DeLong, Jordan E., & Nothelfer, Christine E. (2010). Attention and the evolution of Hollywood film. *Psychological Science*, *21*, 432-439.

Cytowic, Richard E. (1999). *The man who tasted shapes*. Cambridge: MIT Press.

Cytowic, Richard E., & Eagleman, David M. (2009). *Wednesday is indigo blue: Discovering the brain of synesthesia*. Cambridge: MIT Press.

Dale, Edgar. (1935). *The content of motion pictures*. New York: Macmillan.

Dale, Robert. (2010). Classical approaches to natural language processing. In Nitin Indurkhya & Fred J. Damerau (Eds.), *Handbook of natural language processing* (2nd ed., pp. 3-8). Boca Raton, FL: CRC Press.

Dalton, Madeline A., Tickle, Jennifer J., Sargent, James D., Beach, Michael L., Ahrens, M. Bridget, & Heatherton, Todd F. (2002). The incidence and context of tobacco use in popular movies from 1988 to 1997. *Preventive Medicine*, *34*, 516-523. doi:10.1006/pmed.2002.1013.

Danaher, Brian G., Boles, Shawn M., Akers, Laura, Gordon, Judith S., & Severson, Herbert H. (2006). Defining participant exposure measures in web-based health behavior change programs. *Journal of Medical Internet Research*, *8*, Article 3.

Danes, Sharon M., Haberman, Heather R., & McTavish, Donald. (2005). Gendered discourse about family business. *Family Relations*, *54*(1), 116-130.

Danescu-Niculescu-Mizil, Cristian, Cheng, Justin, Kleinberg, Jon, & Lee, Lillian. (2012). *You had me at hello: How phrasing affects memorability*. Proceedings of the Association for Computational Linguistics.

Danielson, Wayne A., & Lasorsa, Dominic L. (1997). Perceptions of social change: 100 years of front-page content in the *New York Times* and the *Los Angeles Times*. In Carl W. Roberts (Ed.), *Text analysis for the social sciences: Methods for drawing statistical inferences from texts and transcripts* (pp. 103-115). Mahwah, NJ: Lawrence Erlbaum.

Danielson, Wayne A., Lasorsa, Dominic L., & Im, Dae S. (1992). Journalists and novelists: A study of diverging styles. *Journalism Quarterly, 69*, 436-446.

Danowski, James A., & Edison-Swift, Paul. (1985). Crisis effects on intraorganizational computer-based communication. *Communication Research, 12*, 251-270.

Danowski, James A., & Park, David W. (2009). Networks of the dead or alive in cyberspace: Public intellectuals in the mass and internet media. *New Media & Society, 11*(3), 337-356. doi: 10. 11771461444808101615.

Danowski, Jessica L. (2011). The portrayal of older characters in popular children's picture books: A content analysis from 2000 to 2010. *All Theses and Dissertations*. Paper 2469.

Dates, Jannette L., & Barlow, William. (Eds.). (1990). *Split image: African Americans in the mass media*. Washington, DC: Howard University Press.

Debreceny, Roger S., & Gray, Glen L. (2011). Data mining of electronic mail and auditing: A research agenda. *Journal of Information Systems, 25*(2), 195-226.

de Groot, E. B., Korzilius, H., Nickerson, C., & Gerritsen, M. (2006). A corpus analysis of text themes and photographic themes in managerial forewords of Dutch-English and British annual general reports. *IEEE Transactions on Professional Communication, 49*(3), 217-235.

Dejong, William, & Atkin, Charles K. (1995). A review of national television PSA campaigns for preventing alcohol-impaired driving, 1987-1992. *Journal of Public Health Policy, 16*, 59-80.

Dellinger, Matt. (2000, March 27). Steno dept. meets Oscar's transcriber. *New Yorker*, p. 39.

De Ros, Ky M. (2008). *A content analysis of television ads: Does current practice maximize cognitive processing?* (Unpublished doctoral dissertation). Indiana University, Bloomington, IN.

de Schryver, Gilles-Maurice, & Prinsloo, Daan J. (2000). The compilation of electronic corpora, with special reference to the African languages. *Southern African Linguistics and Applied Language Studies, 18*, 89-106.

De Smet, Marijke, Van Keer, Hilde, De Wever, Bram, & Valcke, Martin. (2010). Cross-age peer tutors in asynchronous discussion groups: Exploring the impact of three types of tutor training on patterns of tutor support and on tutor characteristics. *Computers & Education, 54*, 1167-1181.

DeVellis, Robert F. (2012). *Scale development: Theory and applications* (3rd ed.). Thousand Oaks, CA: Sage.

De Wever, B., Schellens, T., Valcke, M., & Van Keer, H. (2006). Content analysis schemes to analyze transcripts of online asynchronous discussion groups: A review. *Computers & Education, 46*, 6-28.

De Wever, Bram, Van Keer, Hilde, Schellens, Tammy, & Valcke, Martin. (2007). Applying multilevel modeling to content analysis data: Methodological issues in the study of role assignment in asynchronous discussion groups. *Learning and Instruction, 17*, 436-447.

De Wever, Bram, Van Keer, Hilde, Schellens, Tammy, & Valcke, Martin. (2010). Roles as a structuring tool in online discussion groups: The differential impact of different roles on social knowledge construction. *Computers in Human Behavior, 26*, 516-523.

Dewhirst, Timothy. (2008). Tobacco portrayals in U. S. advertising and entertainment media. In Patrick E. Jamieson & Daniel Romer (Eds.), *The changing portrayal of adolescents in the media since 1950* (pp. 250-283). Oxford: Oxford University Press.

DiCarlo, Margaret A. , Gibbons, Judith L. , Kaminsky, Donald C. , Wright, James D. , & Stiles, Deborah A. (2000). Street children's drawings: Windows into their life circumstances and aspirations. *International Social Work*, *43*(1), 107-120.

Diefenbach, Donald L. (1997). The portrayal of mental illness on prime-time television. *Journal of Community Psychology*, *25*(3), 289-302.

Diehl, K. , Thielmann, I. , Thiel, A. , Mayer, J. , Zipfel, S. , & Schneider, S. (2014). Possibilities to support elite adolescent athletes in improving performance: Results from a qualitative content analysis. *Science & Sports*, *29*(6), 115-125.

Diels, Janie, & Gorton, William. (2014). Scientific abstraction in presidential debates. In Roderick P. Hart (Ed.), *Communication and language analysis in the public sphere*(pp. 1-16). Hershey, PA: IGI Global.

Diesner, Jana, & Carley, Kathleen M. (2005a, April). *Exploration of communication networks from the Enron email corpus*. Paper presented at the SIAM International Conference on Data Mining: Workshop on Link Analysis, Counterterrorism and Security, Newport Beach, CA.

Diesner, Jana, & Carley, Kathleen M. (2005b). Revealing social structure from texts: Meta-matrix text analysis as a novel method for network text analysis. In V. K. Narayanan & D. J. Armstrong (Eds.), *Causal mapping for research in information technology*(pp. 81-108). Hershey, PA: Idea Group.

Dietz, Tracy L. (1998). An examination of violence and gender role portrayals in video games: Implications for gender socialization and aggressive behavior. *Sex Roles*, *38*, 425-442.

Di Eugenio, Barbara, & Glass, Michael. (2004). The Kappa statistic: A second look. *Computational Linguistics*, *30*, 95-101.

Dimitrova, N. (1999). Multimedia content analysis and indexing for filtering and retrieval applications. *Informing Science*, *2*(4), 87-100.

Dindia, Kathryn. (1987). The effects of sex of subject and sex of partner on interruptions. *Human Communication Research*, *13*, 345-371.

DiSanza, James R. , & Bullis, Connie. (1999). "Everybody identifies with Smokey the Bear": Employee responses to newsletter identification inducements at the U. S. Forest Service. *Management Communication Quarterly*, *12*, 347-399.

Divakaran, Ajay. (Ed.). (2008). *Multimedia content analysis: Theory and applications (signals and communication technology)*. New York: Springer.

Dixit, Ashutosh, & others. (2016, in progress). *The changing nature of print advertising for U. S. automobiles*. Research project, School of Business, Cleveland State University.

Dixon, Travis L. (2016, in press). Good guys are still always in white? Positive change and continued misrepresentation of race and crime on local television news. *Communication Research*. doi:10. 1177/0093650215579223.

Dixon, Travis L. , & Linz, Daniel. (2000). Overrepresentation and underrepresentation of African Americans and Latinos as lawbreakers on television news. *Journal of Communication*, *50*(2), 131-154.

Dixon, Travis L. , & Linz, Daniel. (2002). Television news, prejudicial pretrial publicity, and the depiction of race. *Journal of Broadcasting & Electronic Media*, *46*,112-136.

Dixon, Travis L. , Schell, Terry L. , Giles, Howard, & Drogos, Kristin L. (2008). The influence of race in police-civilian interactions: A content analysis of videotaped interactions taken during Cincinnati police traffic stops. *Journal of Communication*, *58*, 530-549. doi:10. 1111/j. 1460-2466. 2008. 00398. x.

Dixon, Travis L. , & Williams, Charlotte L. (2015). The changing misrepresentation of race and crime on network and cable news. *Journal of Communication*, *65*, 24-39.

Dodds, Peter Sheridan, & Danforth, Christopher M. (2010). Measuring the happiness of large-scale written expression: Songs, blogs, and presidents. *Journal of Happiness Studies*, *11*, 441-456.

Doerfel, Marya L., & Barnett, George A. (1999). A semantic network analysis of the International Communication Association. *Human Communication Research*, *25*, 589-603.

Domhoff, G. William. (1999). New directions in the study of dream content using the Hall and Van de Castle coding system. *Dreaming: Journal of the Association for the Study of Dreams*, *9*(2-3), 115-137.

Dominick, Joseph R. (1999). Who do you think you are? Personal home pages and self-presentation on the World Wide Web. *Journalism & Mass Communication Quarterly*, *76*, 646-658.

Dominick, Joseph R. (2009). *The dynamics of mass communication: Media in the digital age* (10th ed.). Boston, MA: McGraw-Hill.

Domke, David, Fan, David P., Fibison, Michael, Shah, Dhavan V., Smith, Steven S., & Watts, Mark D. (1997). News media, candidates and issues, and public opinion in the 1996 presidential campaign. *Journalism & Mass Communication Quarterly*, *74*, 718-737.

Donath, Bob. (1982, August). Ad copy clinic: Q: What makes the perfect ad? A: It depends. *Industrial Marketing*, *67*, 89-92.

Donohue, William A. (1991). *Communication, marital dispute, and divorce mediation*. Hillsdale, NJ: Lawrence Erlbaum.

Doris, John. (1994). Commentary on criteria-based content analysis. *Journal of Applied Developmental Psychology*, *15*, 281-285.

Dowling, Grahame R., & Kabanoff, Boris. (1996). Computer-aided content analysis: What do 240 advertising slogans have in common?. *Marketing Letters*, *7*(1), 63-75.

Downing, Joe R. (2007). No greater sacrifice: American Airlines employee crisis response to the September 11 attack. *Journal of Applied Communication Research*, *35*, 350-375.

Downs, Cal W., & Adrian, Allyson D. (2004). *Assessing organizational communication: Strategic communication audits*. New York: Guilford Press.

Downs, Edward, & Smith, Stacy L. (2010). Keeping abreast of hypersexuality: A video game character content analysis. *Sex Roles*, *62*, 721-733. doi:10.1007/s11199-009-9637-1.

Dozier, D. M., Lauzen, M. M., Day, C. A., Payne, S. M., & Tafoya, M. R. (2005). Leaders and elites: Portrayals of smoking in popular films. *Tobacco Control*, *14*, 7-9.

Drewniany, Bonnie. (1996). Super Bowl commercials: The best a man can get (or is it?). In Paul Martin Lester (Ed.), *images that injure: Pictorial stereotypes in the media* (pp. 87-92). Westport, CT: Praeger.

Druckman, James N. (2005). Media matter: How newspapers and television news cover campaigns and influence voters. *Political Communication*, *22*, 463-481.

Druckman, James, N., Hennessy, Cari Lynn, Kifer, Martin J., & Parkin, Michael. (2010). Issue engagement on Congressional candidate web sites, 2002-2006. *Social Science Computer Review*, *28*, 3-23.

Druckman, James N., Kifer, Martin J., & Parkin, Michael. (2009). Campaign communications in U. S. Congressional elections. *American Political Science Review*, *103*, 343-366.

Druckman, James N., Kifer, Martin J., & Parkin, Michael. (2010). Timeless strategy meets new medium: Going negative on congressional campaign Web sites, 2002-2006. *Political Communication*, *27*(1), 88-103. doi:10.1080/10584600903502607.

Druckman, James N., & Parkin, Michael. (2005). The impact of media bias: How editorial slant affects voters.

Journal of Politics, *67*, 1030-1049.

Dudo, Anthony, Dunwoody, Sharon, & Scheufele, Dietram A. (2011). The emergence of nano news: Tracking thematic trends and changes in U. S. newspaper coverage of nanotechnology. *Journalism & Mass Communication Quarterly*, *88*, 55-75.

Duggan, Maeve, Ellison, Nicole B. , Lampe, Cliff, Lenhart, Amanda, & Madden, Mary. (2015, January 9). *Social media update 2014*. Pew Research Center. Retrieved from http://www. pewinternet. org/2015/01/09/social-media-update-2014/.

Dukes, Richard L. , Bisel, Tara M. , Borega, Karoline N. , Lobato, Eligio A. , & Owens, Matthew D. (2003). Expressions of love, sex, and hurt in popular songs: A content analysis of all-time greatest hits. *Social Science Journal*, *40*, 643-650.

Duncan, Judith. (1996). "For the sake of the children" as the worth of the teacher? The gendered discourses of the New Zealand national kindergarten teachers' employment negotiations. *Gender and Education*, *8*(2), 159-170.

Dunwoody, Sharon, & Peters, Hans. (1992). Mass media coverage of technological and environmental risks: A survey of research in the United States and Germany. *Public Understanding of Science*, *1*, 199-230.

Dupagne, Michel. (2000). How to setup a video streaming operation: Lessons from a University of Miami project. *Feedback*, *41*(2), 11-21.

Dupagne, Michel, & Garrison, Bruce. (2009). The meaning and influence of convergence: A qualitative case study of newsroom work at the Tampa News Center. In August E. Grant & Jeffrey S. Wilkinson (Eds.), *Understanding media convergence: The state of the field*(pp. 182-203). New York: Oxford University Press.

Durahim, Ahmet Onur, & Coskun, Mustafa. (2015). #iamhappybecause: Gross National Happiness through Twitter analysis and big data. *Technological Forecasting and Social Change*, *99*, 92-105.

Durkin, Kevin. (1985). *Television, sex roles and children: A developmental social psychological account*. Milton Keynes, U. K. : Open University Press.

Duthler, Kirk W. (2006). The politeness of requests made via email and voicemail: Support for the Hyperpersonal Model. *Journal of Computer-Mediated Communication*, *11*, 500-521.

Dyson, Stephen Benedict. (2009). "Stuff happens": Donald Rumsfeld and the Iraq War. *Foreign Policy Analysis*, *5*, 327-347.

Dyson, Stephen Benedict, & Raleigh, Alexandra L. (2014, April-June). Public and private beliefs of political leaders: Saddam Hussein in front of a crowd and behind closed doors. *Research and Politics*, 1-7.

Ealy, James Allen. (1991). *Nonverbal communication on film: The career of Bette Davis*(Unpublished master's thesis). Cleveland State University, Cleveland, OH.

EBU/SMPTE Task Force for Harmonized Standards for the Exchange of Program Material as Bitstreams. (1998, September). Final report: Analyses and results, July 1998. *SMPTE Journal*, *107*(9), 603-815.

Eco, Umberto. (1976). *A theory of semiotics*. Bloomington: Indiana University Press.

Eggly, Susan, Brennan, Simone, & Wiese-Rometsch, Wilhelmine. (2005). "Once when I was on call..., ": Theory versus reality in training for professionalism. *Academic Medicine: Journal of the Association of American Medical Colleges*, *80*, 371-375.

Eggly, Susan, Penner, Louis A. , Greene, Meredith. , Harper, Felicity W. K. , Ruckdeschel, John C. , & Albrecht, Terrance L. (2006). Information seeking during "bad news" oncology interactions: Question asking by patients and their companions. *Social Science & Medicine*, *63*, 2974-2985.

Ekman, Paul, & Friesen, Wallace. (1978). *Facial Action Coding System: A technique for the measurement of facial movement*. Palo Alto, CA: Consulting Psychologists Press.

Ekman, Paul, Friesen, Wallace V., & Hager, Joseph C. (2002). *Facial Action Coding System: The manual on CD ROM*. Salt Lake City, UT: Network Information Research.

Ekman, Paul, & Rosenberg, Erika L. (Eds.). (1997). *What the face reveals: Basic and applied studies of spontaneous expression using the Facial Action Coding System (FACS)*. New York: Oxford University Press.

El Damanhoury, Kareem R. (2015). *In-film product placement an emergent advertising technique: Comparative analysis between top Hollywood and Egyptian films 2010-2013*(Unpublished master's thesis). Ohio University, Athens, OH.

Elder, Glen H., Jr., Pavalko, Eliza K., & Clipp, Elizabeth C. (1993). *Working with archival data: Studying lives*. Newbury Park, CA: Sage.

Elliott, Taryn, Welsh, Matthew, Nettelbeck, Ted, & Mills, Vanessa. (2007). Investigating naturalistic decision making in a simulated microworld: What questions should we ask? *Behavior Research Methods, 39*, 901-910.

Elliott, Ward E. Y., & Valenza, Robert J. (1996). And then there were none: Winnowing the Shakespeare claimants. *Computers and the Humanities, 30*,191-245.

Ellis, Donald G. (1979). Relational control in two group systems. *Communication Monographs, 46*, 153-166.

Emanuel, Steven L. (1997). *LEXIS-NEXIS for law students* (3rd ed.). Larchmont,NY: Emanuel.

Emons, Pascale, Wester, Fred, & Scheepers, Peer. (2010). "He works outside the home; she drinks coffee and does the dishes": Gender roles in fiction programs on Dutch television. *Journal of Broadcasting & Electronic Media, 54*, 40-53.

England, Dawn Elizabeth, Descartes, Lara, & Collier-Meek, Melissa A. (2011). Gender role portrayal and the Disney princesses. *Sex Roles, 64*, 555-567. doi:10. 1007/s11199- 011-9930-7.

Entman, Robert M. (1992). Blacks in the news: Television, modern racism, and cultural change. *Journalism Quarterly, 69*, 341-361.

Entman, Robert M. (1993). Framing: Towards a clarification of a fractured paradigm. *Journal of Communication, 43*(4), 51-58.

Eschenfelder, Kristin R., Howard, Robert Glenn, & Desai, Anuj C. (2005). Who posts DeCSS and why? A content analysis of web sites posting DVD circumvention software. *Journal of the American Society for Information Science and Technology, 56*, 1405-1418.

Eschholz, Sarah, Bufkin, Jana, & Long, Jenny. (2002). Symbolic reality bites: Women and racial/ethnic minorities in modern film. *Sociological Spectrum, 22*, 299-334.

Evans, Lorraine, & Davies, Kimberly. (2000). No sissy boys here: A content analysis of the representation of masculinity in elementary school reading textbooks. *Sex Roles, 42*, 255-270.

Evans, William. (1996). Computer-supported content analysis: Trends, tools, and techniques. *Social Science Computer Review, 14*, 269-279.

Evans, William. (2000). Teaching computers to watch television: Content-based image retrieval for content analysis. *Social Science Computer Review, 18*,246-257.

Eyberg, Sheila M., & Robinson, Elizabeth A. (1983, December). Dyadic parent-child interaction coding system (DPICS): A manual. *Psychological Documents,13*(2), 24.

Eysenck, Hans J. (1990). Biological dimensions of personality. In Lawrence A. Pervin (Ed.),*Handbook of personality theory and research* (pp. 244-276). New York: Guilford.

Fairhurst, Gail T., & Cooren, Francois. (2004). Organizational language in use: Interaction analysis, conversation analysis, and speech act schematics. In David Grant, Cynthia Hardy, Cliff Oswick, & Linda Putnam（Eds.）, *The SAGE handbook of organizational discourse*（pp. 131-152）. London: Sage.

Fairhurst, Gail T., Rogers, L. Edna, & Sarr, Robert A.（1987）. Manager-subordinate control patterns and judgments about the relationship. In Margaret L. McLaughlin（Ed.）, *Communication yearbook 10*（pp. 395- 415）. Newbury Park, CA: Sage.

Falotico, Rosa, & Quatto, Piero.（2015）. Fleiss' kappa statistic without paradoxes. *Quality & Quantity*, *49*, 441- 454.

Fan, David P.（1988）. *Predictions of public opinion from the mass media: Computer content analysis and mathematical modeling*. New York: Greenwood.

Fan, David P.（1997）. Computer content analysis of press coverage and prediction of public opinion for the 1995 sovereignty referendum in Quebec. *Social Science Computer Review*, *15*, 351-366.

Fan, David, & Bengston, David.（1997）. *Attitudes toward roads on the National Forests: An analysis of the news media*. Report prepared for the USDA Forest Service, Office of Communications, Washington, DC. Retrieved from http://www. fs. fed. us/eng/road_mgt/DOCSattitudes. shtml.

Fan, David P., & Shaffer, Carol L.（1989, November）. *Opinion survey using open ended essays and computer content analysis: College students' knowledge of AIDS*. Paper presented at the annual meeting of the Midwest Association for Public Opinion Research, Chicago, IL.

FAQs about trends on Twitter.（2015, September 30）. *Twitter. com*. Retrieved from https://support. twitter. com/articles/101125? lang=en#.

Farley, Jennie.（1978）. Women's magazines and the Equal Rights Amendment: Friend or foe? *Journal of Communication*, *28*(1), 187-192.

Farrell, Marie, Wallis, Nancy C., & Evans, Marci Tyler.（2007）. A replication study of priorities and attitudes of two nursing programs' communities of interest: An appreciative inquiry. *Journal of Professional Nursing*, *23*, 267-277.

Farrow, R., Arensman, E., Corcoran, P., Williamson, E., & Perry, I. J.（2009）. Irish coroners' attitudes towards suicide and its prevention. *Irish Journal of Medical Science*, *178*(1), 61- 67. doi:10. 1007/sl 1845-008-0261-9.

Feinstein, Alvan R., & Cicchetti, Domenic V.（1990）. High agreement but low kappa: I. The problems of two paradoxes. *Journal of Clinical Epidemiology*, *43*, 543-549.

Fellbaum, Christiane.（1998）. A semantic network of English: The mother of all WordNets. *Computers and the Humanities*, *32*, 209-220.

Feng, Guangchao Charles.（2015）. Mistakes and how to avoid mistakes in using intercoder reliability indices. *Methodology*, *11*, 13-22.

Fenton, D. Mark.（1985）. Dimensions of meaning in the perception of natural settings and their relationship to aesthetic response. *Australian Journal of Psychology*, *37*, 325-339.

Fernández -Villanueva, Concepción, Revilla-Castro, Juan Carlos, Domínguez -Bilbao, Roberto, Gimeno-Jimenez, Leonor, & Almagro, Andrés.（2009）. Gender differences in the representation of violence on Spanish television: Should women be more violent? *Sex Roles*, *61*, 85-100.

Ferrante, Carol L., Haynes, Andrew M., & Kingsley, Sarah M.（1988）. Image of women in television advertising. *Journal of Broadcasting & Electronic Media*, *32*, 231-237.

Feyereisen, Pierre, & Harvard, Isabelle.（1999）. Mental imagery and production of hand gestures while speaking in younger and older adults. *Journal of Nonverbal Behavior*, *23*(2), 153-171.

Fiegerman, Seth.（2012, December 18）. Twitter now has more than 200 million monthly active users. Retrieved from http://mashable. com/2012/12/18/twitter-200-million-active-users/.

Fink, Edward L. (2009). The FAQs on data transformation. *Communication Monographs*, *76*, 379-397.

Fink, Edward, & Gantz, Walter. (1996). A content analysis of three mass communication research traditions: Social science, interpretive studies and critical analysis. *Journalism & Mass Communication Quarterly*, *73*, 114-134.

Finkel, Steven E. , & Geer, John G. (1998). A spot check: Casting doubt on the demobilizing effect of attack advertising. *American Journal of Political Science*, *42*,573-595.

Finn, T. Andrew, & Strickland, Donald E. (1982). A content-analysis of beverage alcohol advertising. 2. Television advertising. *Journal of Studies on Alcohol*, *43*, 964-989.

Fischer, Peter, Greitemeyer, Tobias, Kastenmüller, Andreas, Vogrincic, Claudia, & Sauer, Anne. (2011). The effects of risk-glorifying media exposure on risk-positive cognitions, emotions, and behaviors: A meta-analytic review. *Psychological Bulletin*, *137*, 367-390.

Fisher, B. Aubrey. (1970). Decision emergence: Phases in group decision-making. *Speech Monographs*, *31*, 53-66.

Fleiss, Joseph L. (1971). Measuring nominal scale agreement among many raters. *Psychological Bulletin*, *76*, 378-382.

Floress, Kristin, Baumgart-Getz, Adam, Prokopy, Linda Stalker, & Janota, Jessica. (2009). The quality of greenways planning in northwest Indiana: A focus on sustainability principles. *Journal of Environmental Planning and Management*,*52*(1), 61-78. doi:10. 1080/09640560801 2504654.

Floud, Roderick. (1977). Quantitative history: Evolution of methods and techniques. *Journal of the Society of Archivists*, *5*, 407-417.

Folger, Joseph P. , Hewes, Dean E. , & Poole, Marshall Scott. (1984). Coding social interaction. In Brenda Dervin & Melvin J. Voigt (Eds.),*Progress in communication sciences*(pp. 115-161). Norwood, NJ: Ablex.

Folger, Joseph P. , & Poole, Marshall Scott. (1982). Relational coding schemes: The question of validity. In Michael Burgoon (Ed.),*Communication yearbook 5* (pp. 235-247). New Brunswick, NJ: Transaction.

Forsythe, Alexandra M. (2004). Mapping the political language of the 1998 Good Friday agreement. *Current Psychology*, *23*(3), 215-224.

Fouts, Gregory, & Burggraf, Kimberley. (1999). Television situation comedies:Female body images and verbal reinforcements. *Sex Roles*, *40*, 473-481.

Fox 8 News (Cleveland) and their closed captioning. (2009, July 27). Retrieved from https://www. youtube. com/watch? v=7MzmihWo-tk.

Fox, Julia R. , Park, Byungho, & Lang, Annie. (2007). When available resources become negative resources: The effects of cognitive overload on memory sensitivity and criterion bias. *Communication Research*, *34*, 277-296.

Franke, Michael. (2000). *Social perception and attribution of responsibility in news magazine coverage of the Manson family.* Unpublished manuscript, Department of Communication, Cleveland State University, Cleveland, OH.

Frankl, Razelle. (1987). *Televangelism: The marketing of popular religion.* Carbondale: Southern Illinois University Press.

Franzosi, Roberto. (1998). Narrative analysis—Or why (and how) sociologists should be interested in narrative. *Annual Review of Sociology*, *24*, 517-554.

Freelon, Deen G. (2010). ReCal: Intercoder reliability calculation as a web service. *International Journal of Internet Science*, *5*(1), 20-33.

Freelon, Deen G. (2013). ReCal OIR: Ordinal, interval, and ratio intercoder reliability as a web service. *International Journal of Internet Science*, *8*(1), 10-16.

Freeman, Edward H. (2001). Electronic reprints of freelance works: New York Times v. Tasini. *Publishing Research Quarterly*, *17*(3), 50-55.

Freimuth, Vicki S., Massett, Holly A., & Meltzer, Wendy. (2006). A descriptive analysis of 10 years of research published in the *Journal of Health Communication*. *Journal of Health Communication*, *11*, 11-20.

Friedman, Daniela B., & Hoffman-Goetz, Laurie. (2006). A systematic review of readability and comprehension instruments used for print and web-based cancer information. *Health Education & Behavior*, *33*, 352-373.

Fruth, Laurel, & Padderud, Allan. (1985). Portrayals of mental illness in daytime television serials. *Journalism Quarterly*, *62*, 384-387, 449.

Fryday-Field, Karen, Eliasziw, Michael, Young, S. Lorraine, & Woodbury, M. Gail. (1994). Statistical assessment of interrater and intrarater reliability: Using goniometric measurements as an example. *Physical Therapy*, *74*, 777-788.

Fujioka, Yuki. (2005). Emotional TV viewing and minority audience: How Mexican Americans process and evaluate TV news about in-group members. *Communication Research*, *32*, 566-593.

Fukkink, Ruben, & Hermanns, Jo. (2009). Counseling children at a helpline: Chatting or calling? *Journal of Community Psychology*, *37*, 939-948.

Gabriel, Ignatow. (2009). Culture and embodied cognition: Moral discourses in internet support groups for overeaters. *Social Forces*, *88*(2), 643-689.

Gabrielatos, Costas, & Baker, Paul. (2008). Fleeing, sneaking, flooding: A corpus analysis of discursive constructions of refugees and asylum seekers in the UK Press 1996-2005. *Journal of English Linguistics*, *36*(1), 5-38.

Gagnard, Alice, & Morris, Jim R. (1988). CLIO commercials from 1975-1985: Analysis of 151 executional variables. *Journalism Quarterly*, *65*, 859-869.

Gambetti, Rossella C., & Graffigna, Guendalina. (2010). The concept of engagement. A systematic analysis of the ongoing marketing debate. *International Journal of Market Research*, *52*, 801-826.

Garcia, Luis T., & Milano, Laureen. (1990). A content analysis of erotic videos. *Journal of Psychology & Human Sexuality*, *3*(2), 95-103.

Gardstrom, Susan C. (1999). Music exposure and criminal behavior: Perceptions of juvenile offenders. *Journal of Music Therapy*, *36*(3), 207-221.

Garner, June, Davidson, Karen, & Williams, Virginia Kay. (2008). Identifying serials trends through twenty years of NASIG conference proceedings: A content analysis. *Serials Review*, *34*(2), 88-103.

Garner, W. R. (1978). Aspects of a stimulus: Features, dimensions, and configurations. In Eleanor Rosch & Barbara B. Lloyd (Eds.), *Cognition and categorization* (pp. 99-133). Hillsdale, NJ: Lawrence Erlbaum.

Garson, G. David. (2003). Doing web-based content profile analysis. *Social Science Computer Review*, *21*, 250-256.

Gauvain, Jean-Luc, Lamel, Lori, & Adda, Gilles. (2000). Transcribing broadcast news for audio and video indexing. *Communications of the ACM*, *43*(2), 64-70.

Geist, Michael. (2007, January). *The policy response to the user-generated content boom*. Paper presented to the NSF/OECD Workshop on Social & Economic Factors Shaping the Future of the Internet, Washington, DC. Retrieved from http://www.oecd.org/dataoecd/60/51/37985757.pdf.

Genovese, Jeremy E. C. (2002). Cognitive skills valued by educators: Historical content analysis of testing in Ohi-

o. *Journal of Educational Research*, *96*, 101-114.

Gerbner, George, Gross, Larry, Morgan, Michael, & Signorielli, Nancy. (1980). The mainstreaming of America: Violence profile number 11. *Journal of Communication*, *30*(3), 10-29.

Gerbner, George, Gross, Larry, Signorielli, Nancy, Morgan, Michael, & Jackson-Beeck, Marilyn. (1979). The demonstration of power: Violence profile number 10. *Journal of Communication*, *29*(3), 177-196.

Gerbner, George, Morgan, Michael, & Signorielli, Nancy. (1982). Programming health portrayals: What viewers see, say, and do. In David Pearl, Lorraine Bouthilet, & Joyce Lazar (Eds.), *Television and behavior: Ten years of scientific progress and implications for the eighties*, Vol. II, Technical reviews(pp. 291-307). Rockville, MD: U. S. Department of Health and Human Services.

Gerbner, George, Signorielli, Nancy, & Morgan, Michael. (1995). Violence on television: The Cultural Indicators Project. *Journal of Broadcasting & Electronic Media*, *39*, 278-283.

Gerding, Ashton, & Signorielli, Nancy. (2014). Gender roles in tween television programming: A content analysis of two genres. *Sex Roles*, *70*, 43-56.

Ghose, Sanjoy, & Dou, Wenyu. (1998). Interactive functions and their impacts on the appeal of Internet presence sites. *Journal of Advertising Research*, *38*(2), 29-43.

Gibbons, Jean Dickinson, & Chakraborti, Subhabrata. (2010). *Nonparametric statistical inference*(5th ed.). Boca Raton, FL: Chapman and Hall/CRC.

Gibbons, Judith L., & Stiles, Deborah A. (2004). *The thoughts of youth: An international perspective on adolescents' ideal persons*. Greenwich, CT: Information Age.

Gibson, Martin L. (1991). *Editing in the electronic era* (3rd ed.). Ames: Iowa State University Press.

Gilbert, Adrienne, MacCauley, Marilyn I., & Smale, Bryan J. A. (1997). Newspaper portrayal of persons with disabilities over a decade. *Therapeutic Recreation Journal*, *31*(2), 108-120.

Ginossar, Tamar. (2008). Online participation: A content analysis of differences in utilization of two online cancer communities by men and women, patients and family members. *Health Communication*, *23*, 1-12. doi:10.1080/10410230701697100

Gleick, James. (1987). *Chaos: Making a new science*. New York: Penguin.

Goble, John F. (1997). A qualitative content analysis of case studies presenting the therapist's conceptualization and treatment of sexual desire disorders. *Dissertation Abstracts International, A: The Humanities and Social Sciences*, *58*(2), 596-A.

Godfrey, Donald G. (1992). *Reruns on file: A guide to electronic media archives*. Hillsdale, NJ: Lawrence Erlbaum.

Goffman, Erving. (1959). *The presentation of self in everyday life*. Garden City, NY: Doubleday Anchor.

Goffman, Erving. (1979). *Gender advertisements*. Cambridge, MA: Harvard University Press.

Golan, Guy. (2006). Inter-media agenda setting and global news coverage: Assessing the influence of the *New York Times* on three network television evening news programs. *Journalism Studies*, *7*, 323-333. doi:10.1080/14616700500533643.

Goldberg, Lewis R. (1981). Language and individual differences: The search for universals in personality lexicons. In Ladd Wheeler (Ed.), *Review of personality and social psychology*, *2*(pp. 141-165). Beverly Hills, CA: Sage.

Gonzenbach, William J. (1992). A time-series analysis of the drug issue, 1985-1990: The press, the president and public-opinion. *International Journal of Public Opinion Research*, *4*(2), 126-147.

Goodwin, Laura D. (2001). Interrater agreement and reliability. *Measurement in Physical Education and Exercise*

Science, *5*, 13-34.

Gormly, Eric. (2004). Peering beneath the veil: An ethnographic content analysis of Islam as portrayed on *The 700 Club* following the September 11th attacks. *Journal of Media and Religion*, *3*, 219-238.

Gossett, Jennifer Lynn, & Byrne, Sarah. (2002). "Click here": A content analysis of Internetrapesites. *Gender & Society*, *16*, 689-709. doi:10. 1177/089124302236992.

Gottschalk, Louis A. (1995). *Content analysis of verbal behavior: New findings and clinical applications*. Hillsdale, NJ: Lawrence Erlbaum.

Gottschalk, Louis A. (2007). *Autobiographical notes of Louis A. Gottschalk*. New York: Nova.

Gottschalk, Louis A., & Bechtel, Robert. (1993). *Psychological and neuropsychiatric assessment survey: Computerized content analysis of natural language or verbal texts*. Redwood City, CA: Mind Garden.

Gottschalk, Louis A., & Bechtel, Robert J. (2005). Computerized content analysis of speech plus speech recognition in the measurement of neuropsychiatric dimensions. *Computer Methods and Programs in Biomedicine*, *77* (1), 81-86.

Gottschalk, Louis, & Bechtel, Robert. (2007). *Psychiatric content and diagnosis: The PCAD 3*. Brighton, MI: GB Software.

Gottschalk, Louis A., & Bechtel, Robert J. (Eds.). (2008). *Computerized content analysis of speech and verbal texts and its many applications*. New York: Nova Science.

Gottschalk, Louis A., Fronczek, Janny, & Buchsbaum, Monte S. (1993). The cerebral neurobiology of hope and hopelessness. *Psychiatry*, *56*, 270-281.

Gottschalk, Louis A., & Gleser, Goldine, C. (1969). *The measurement of psychological states through the content analysis of verbal behavior*. Berkeley: University of California Press.

Gottschalk, Louis A., & Gottschalk, Leah H. (1999). Computerized content analysis of the Unabomber's writings. *American Journal of Forensic Psychiatry*, 20, 5-31.

Gottschalk, Louis A., Stein, Marsha K., & Shapiro, Deane H. (1997). The application of computerized content analysis of speech to the diagnostic process in a psychiatric outpatient clinic. *Journal of Clinical Psychology*, *53*, 427-441.

Gottschall, Jonathan, et al. (2008). The "beauty myth" is no myth: Emphasis on male-female attractiveness in world folktales. *Human Nature*, *19*, 174-188.

Graham, John L., Kamins, Michael A., & Oetomo, Djoko S. (1993). Content analysis of German and Japanese advertising in print media from Indonesia, Spain, and the United States. *Journal of Advertising*, *22*(2), 5-15.

Grana, Rachel A., & Ling, Pamela M. (2014). "Smoking revolution": A content analysis of electronic cigarette retail websites. *American Journal of Preventive Medicine*, *46*, 395-403.

Grasmuck, Sherri, Martin, Jason, & Zhao, Shanyang. (2009). Ethno-racial identity displays on Facebook. *Journal of Computer-Mediated Communication*, *15*(1), 158-188.

Gravlee, Clarence C., & Sweet, Elizabeth. (2008). Race, ethnicity, and racism in medical anthropology, 1977-2002. *Medical Anthropology Quarterly*, *22*(1), 27-51. doi:10. 1111/j. 1548-1387. 2008. 00002. x.

Gray, Judy H., & Densten, Iain L. (1998). Integrating quantitative and qualitative analysis using latent and manifest variables. *Quality & Quantity*, *32*, 419-431.

Grayman, Nyasha. (2009). "We who are dark…" The Black community according to Black adults in America: An exploratory content analysis. *Journal of Black Psychology*, *35*, 433-455.

Greenbaum, Howard H. (1974). The audit of organizational communication. *Academy of Management Journal*, *17*, 739-754.

Greenberg, Bradley S. (1980). *Life on television: A content analysis of U. S. TV drama*. Norwood, NJ: Ablex.

Greenberg, Bradley S. , Burgoon, Michael, Burgoon, Judee K. , & Korzenny, Felipe. (1983). *Mexican Americans and the mass media*. Norwood, NJ: Ablex.

Greenberg, Bradley S. , Eastin, Matt, Hofschire, Linda, Lachlan, Kenneth, & Brownell, Kelly D. (2003). Portrayals of overweight and obese individuals on commercial television. *American Journal of Public Health*, *93*(8), 1342-1348.

Greenberg, Bradley S. , Fernandez-Collado, Carlos, Graef, David, Korzenny, Felipe, & Atkin, Charles K. (1980). Trends in the use of alcohol and other substances on television. In Bradley S. Greenberg, *Life on television: Content analyses of U. S. TV drama* (pp. 137-146). Norwood, NJ: Ablex.

Greenberg, Bradley S. , & Neuendorf, Kimberly. (1980). Black family interactions on television. In Bradley S. Greenberg, *Life on television: Content analyses of U. S. TV drama* (pp. 173-181). Norwood, NJ: Ablex.

Greene, Kathryn, Banerjee, Smita C. , Krcmar, Marina, Bagdasarov, Zhanna, & Ruginyte, Dovile. (2011). Sexual content on reality and fictional television shows. *Journal of Health & Mass Communication*, *3*, 276-294.

Greener, Susan, & Crick, Nicki R. (1999). Normative beliefs about prosocial behavior in middle childhood: What does it mean to be nice? *Social Development*, *8*, 349-363.

Gregory, Richard L. , with the assistance of Zangwill, O. L. (Eds.). (1987). *The Oxford companion to the mind*. Oxford, U. K. : Oxford University Press.

Griffin, Robert J. , & Dunwoody, Sharon. (1997). Community structure and science framing of news about local environmental risks. *Science Communication*, *18*, 362-384.

Grimm, Josh, & Andsager, Julie L. (2011). Framing immigration: Geo-ethnic context in California newspapers. *Journalism & Mass Communication Quarterly*, *88*, 771-788.

Grimmer, Justin, & Stewart, Brandon M. (2013). Text as data: The promise and pitfalls of automatic content analysis methods for political texts. *Political Analysis*, *21*, 267-297. doi:10. 1093/pan/mps028.

Grossman, Lev. (2001, February 12). Welcome to the Snooper Bowl. *Time*, 72.

Grossman, Samantha. (2012, July 27). Want to light up the London Eye? Just tweet that the Olympics are "totes amazeballs. " *Time Magazine*. Retrieved from http://olympics. time. com/2012/07/27/want-to-light-up-the-london-eye-just-tweet-that-the-olympics-are-totes-amazeballs/? xid = rss-topstories.

Guerrero, Laura K. , & Burgoon, Judee K. (1996). Attachment styles and reactions to nonverbal involvement change in romantic dyads: Patterns of reciprocity and compensation. *Human Communication Research*, *22*, 335-370.

Guetzkow, Harold. (1950). Unitizing and categorizing problems in coding qualitative data. *Journal of Clinical Psychology*, *6*, 47-58.

Gunawardena, Charlotte N. , Lowe, Constance A. , & Anderson, Terry. (1997). Analysis of a global online debate and the development of an interaction analysis model for examining social construction of knowledge in computer conferencing. *Journal of Educational Computing Research*, *17*, 397-431.

Gunsch, Mark A. , Brownlow, Sheila, Haynes, Sarah E. , & Mabe, Zachary. (2000). Differential linguistic content of various forms of political advertising. *Journal of Broadcasting & Electronic Media*, *44*, 27-42.

Gunter, Barrie. (2000). *Media research methods: Measuring audiences, reactions and impact*. London: Sage.

Gurman, Tilly A. , & Ellenberger, Nicole. (2015). Reaching the global community during disasters: Findings from a content analysis of the organizational use of Twitter after the 2010 Haiti earthquake. *Journal of Health Communication: International Perspectives*, *20*, 687-696.

Gwet, Kilem. (2002a). Inter-rater reliability: Dependency on trait prevalence and marginal homogeneity. *Series:*

Statistical Methods for Inter-Rater Reliability Assessment, No. 2, 1-9. Retrieved from http://www.agreestat. com/research_papers/inter_rater_reliability_dependency.pdf.

Gwet, Kilem. (2002b). Kappa statistic is not satisfactory for assessing the extent of agreement between raters. *Series: Statistical Methods for Inter-Rater Reliability Assessment*, No. 1, 1-6. Retrieved from http://www.agreestat.com/research_papers/kappa_statistic_is_not_satisfactory.pdf.

Gwet, Kilem Li. (2008a). Computing inter-rater reliability and its variance in the presence of high agreement. *British Journal of Mathematical and Statistical Psychology*, *61*, 29-48.

Gwet, Kilem Li. (2008b). Variance estimation of nominal-scale inter-rater reliability with random selection of raters. *Psychometrika*, *73*, 407-430.

Gwet, Kilem Li. (2010). *Handbook of inter-rater reliability* (2nd ed.). Gaithersburg, MD: Advanced Analytics LLC.

Habel, Melissa A., Hood, Julia, Desai, Sheila, Kachur, Rachel, Buhi, Eric R., & Liddon, Nicole. (2011). Google it: Obtaining information about local STD/HIV testing services online. *Sexually Transmitted Diseases*, *38*, 334-338. doi:10.1097/OLQ.0b013e3181fe64f2.

Habel, Melissa A., Liddon, Nicole, & Stryker, Jo E. (2009). The HPV vaccine: A content analysis of online news stories. *Journal of Women's Health*, *18*, 401-407.

Habermas, Jürgen. (1981). *The theory of communicative action. Volume 1: Reason and the rationalization of society* (Thomas McCarthy, Trans.). Boston: Beacon Press.

Habermas, Jürgen. (1987). *The theory of communicative action. Volume 2: Lifeworld and system: A critique of functionalist reason* (Thomas McCarthy, Trans.). Boston: Beacon Press.

Ha-Brookshire, Jung E., & Lee, Yuri. (2010). Korean apparel manufacturing industry: Exploration from the industry life cycle perspective. *Clothing and Textiles Research Journal*, *28* (4), 279-294. doi:10.1177/0887302x10372958.

Ha-Brookshire, Jung E., & Lu, Sheng. (2010). Organizational identities and their economic performance: An analysis of U.S. textile and apparel firms. *Clothing & Textiles*, *28*(3), 174-188.

Hacker, Helen M. (1981). Blabbermouths and clams: Sex differences in self-disclosure in same-sex and cross-sex friendship dyads. *Psychology of Women Quarterly*, *5*, 385-401.

Hacker, Kenneth L., & Swan, William O. (1992). Content analysis of the Bush and Dukakis 1988 presidential election campaign television commercials. *Journal of Social Behavior and Personality*, *7*, 367-374.

Hadden, Jeffrey K., & Swann, Charles E. (1981). *Prime time preachers: The rising power of televangelism.* Reading, MA: Addison-Wesley.

Haden, Catherine A., & Hoffman, Philip C. (2013). Cracking the code: Using personal narratives in research. *Journal of Cognition and Development*, *14*, 361-375.

Hair, Joseph F., Jr., Black, William C., Babin, Barry J., & Anderson, Rolph E. (2010). *Multivariate data analysis* (7th ed.). Upper Saddle River, NJ: Prentice Hall.

Häkkänen, Helinä Puolakka, Pia, & Santtila, Pekka. (2004). Crime scene actions and offender characteristics in arsons. *Legal and Criminological Psychology*, *9*, 197-214.

Hale, Jon F., Fox, Jeffrey C., & Farmer, Rick. (1996). Negative advertisements in U.S. senate campaigns: The influence of campaign context. *Social Science Quarterly*, *77*, 329-343.

Hall, Mark A., & Wright, Ronald F. (2008). Systematic content analysis of judicial opinions. *California Law Review*, *96*(1), 63-122. doi:10.15779/Z38R99R.

Hamilton, James D. (1994). *Time series analysis.* Princeton, NJ: Princeton University Press.

Hamm, Jihun, Kohler, Christian G. , Gur, Ruben C. , & Verma, Ragini. (2011). Automated Facial Action Coding System for dynamic analysis of facial expressions in neuropsychiatric disorders. *Journal of Neuroscience Methods*, *200*, 237- 256.

Hanauer, David I. , Frederick, Jennifer, Fotinakes, Brian, & Strobel, Scott A. (2012). Linguistic analysis of project ownership for undergraduate research experiences. *CBE—Life Sciences Education*, *11*, 378-385.

Hancock, Adrienne B. , & Rubin, Benjamin A. (2015). Influence of communication partner's gender on language. *Journal of Language and Social Psychology*, *34*(1), 46- 64. doi:10. 1177/0261927X14533197.

Hancock, Jeffrey T. , Curry, Lauren E. , Goorha, Saurabh, & Woodworth, Michael. (2008). On lying and being lied to: A linguistic analysis of deception in computer-mediated communication. *Discourse Processes*, *45*, 1-23.

Haninger, Kevin, & Thompson, Kimberly M. (2004). Content and ratings of teenrated video games. *JAMA*, *291* (7), 856- 865. doi:10. 1001/jama. 291. 7. 856.

Hanna, Joseph F. (1969). Explanation, prediction, description, and information theory. *Synthese*, *20*, 308-334.

Hardy, C. , Harley, B. , & Phillips, N. (2004). Discourse analysis and content analysis: Two solitudes? *Qualitative Methods: Newsletter of the American Political Science Association Organized Section on Qualitative Methods*, *2* (1), 19-22.

Harpalani, Manoj, Hart, Michael, Singh, Sandesh, Johnson, Rob, & Choi, Yejin. (2011). Language of vandalism: Improving Wikipedia vandalism detection via stylometric analysis. *Proceedings of the 49th annual meeting of the Association for Computational Linguistics: Human language technologies*(pp. 83-88). Portland, OR.

Harries, Gareth, Wilkinson, David, Price, Liz, Fairclough, Ruth, & Thelwall, Mike. (2004). Hyperlinks as a data source for science mapping. *Journal of Information Science*, *30*, 436- 447.

Harris, Dale B. , & Pinder, Glenn D. (1974). *The Goodenough-Harris Drawing Test as a measure of intellectual maturity of youths*. Rockville, MD: U. S. Department of Health, Education, and Welfare.

Harris, Jenine K. , Moreland-Russell, Sarah, Tabak, Rachel G. , Ruhr, Lindsay R. , & Maier, Ryan C. (2014). Communication about childhood obesity on Twitter. *American Journal of Public Health*, *104*(7), 62- 69.

Harris, Richard J. (2001). *A primer of multivariate statistics* (3rd ed.). Mahwah, NJ: Lawrence Erlbaum.

Harrison, Kristen. (2008). Adolescent body image and eating in the media: Trends and implications for adolescent health. In Patrick E. Jamieson & Daniel Romer (Eds.), *The changing portrayal of adolescents in the media since 1950*(pp. 165-197). Oxford: Oxford University Press.

Harrison, Tina, Waite, Kathryn, & Hunter, Gary L. (2006). The Internet, information and empowerment. *European Journal of Marketing*, *40*, 972-993.

Hart, Roderick P. (1985). Systematic analysis of political discourse: The development of Diction. In Keith R. Sanders, Lynda Lee Kaid, & Dan Nimmo (Eds.), *Political communication yearbook 1984*(pp. 97-134). Carbondale: Southern Illinois University Press.

Hart, Roderick P. (1997). *Diction 4. 0: The text-analysis program*. Thousand Oaks, CA: Scolari.

Hart, Roderick P. (2000a). *Campaign talk: Why elections are good for us*. Princeton, NJ: Princeton University Press.

Hart, Roderick P. (2000b). *The text-analysis program: Diction 5. 0*. Austin, TX: Digitext.

Hart, Roderick P. (Ed.). (2014a). *Communication and language analysis in the corporate world*. Hershey, PA: IGI Global.

Hart, Roderick P. (Ed.). (2014b). *Communication and language analysis in the public sphere*. Hershey, PA: IGI Global.

Hart, Roderick P. , & Childers, Jayp. (2005). The evolution of candidate Bush: A rhetorical analysis. *American*

Behavioral Scientist, *49*(2), 180-197.

Hart, Roderick P., Childers, Jay P., & Lind, Colene J. (2013). *Political tone: How leaders talk and why.* Chicago, IL: The University of Chicago Press.

Hart, Roderick P., & Jarvis, Sharon E. (1997). Political debate: Forms, styles and media. *American Behavioral Scientist*, *40*, 1095-1122.

Harvey, Kevin, Churchill, Dick, Crawford, Paul, Brown, Brian, Mullany, Louise, Macfarlane, Aidan, & McPherson, Ann. (2008). Health communication and adolescents: What do their emails tell us? *Family Practice*, *25*, 1-8.

Harwood, Jake. (1999). Viewing age: The age distribution of television characters across the viewer lifespan. Retrieved from: http://falcon. cc. ukans. edu/ ~ harwood/crr. htm [7/14/99].

Haskell, Molly. (1987). *From reverence to rape* (2nd ed.). Chicago, IL: University of Chicago Press.

Hawkins, Kirk A. (2009). Is Chávez populist? Measuring populist discourse in comparative perspective. *Comparative Political Studies*, *42*, 1040-1067. doi:10. 1177/0010414009331721.

Hayes, Andrew F., & Krippendorff, Klaus. (2007). Answering the call for a standard reliability measure for coding data. *Communication Methods and Measures*, *1*,77- 89.

Hayes, Danny, & Guardino, Matt. (2010). Whose views made the news? Media coverage and the march to war in Iraq. *Political Communication*, *27*, 59- 87. doi:10. 1080/105846009035026.

Headland, Thomas N., Pike, Kenneth L., & Harris, Marvin. (Eds.). (1990). *Emics and etics: The insider/outsider debate.* Newbury Park, CA: Sage.

Heeks, Richard, & Bailur, Savita. (2007). Analyzing e-government research: Perspectives, philosophies, theories, methods, and practice. *Government Information Quarterly*, *24*, 243-265.

Heeter, Carrie Jill. (1986). *Perspectives for the development of research on media systems.* Unpublished Ph. D. dissertation, Michigan State University, East Lansing, MI.

Heilmann, Jon J., Miller, Jon F., & Nockerts, Ann. (2010). Using language sample databases. *Language, Speech, and Hearing Services in Schools*, *41*, 84-95.

Heilmann, Jon, Miller, Jon F., Nockerts, Ann, & Dunaway, Claudia. (2010). Properties of the narrative scoring scheme using narrative retells in young school-age children. *American Journal of Speech-Language Pathology*, *19*,154-166.

Heise, David R. (1965). Semantic differential profiles for 1,000 most frequent English words. *Psychological Monographs*, *79*(8), 1-31.

Heisler, Jennifer M., & Crabill, Scott L. (2006). Who are "stinkybug" and "Packerfan 4"? Email pseudonyms and participants' perceptions of demography,productivity, and personality. *Journal of Computer-Mediated Communication*,*12*, 114-135.

Heiss, Sarah N., & Bates, Benjamin R. (2014). Where's the joy in cooking? Representations of taste, tradition, and science in the *Joy of Cooking*. *Food and Foodways*, *22*, 198-216.

Heitner, Darren. (2014, January 30). Verizon's Super Bowl scheme is to save $ 4 million and light up the sky. *Forbes*. Retrieved from http://www. forbes. com/sites/darrenheitner/2014/01/30/verizons-super-bowl-scheme-is-to-save- 4-million-and-light-up-the-sky/.

Hermida, Alfred, Lewis, Seth C., & Zamith, Rodrigo. (2014). Sourcing the Arab Spring: A case study of Andy Carvin's sources on Twitter during the Tunisian and Egyptian revolutions. *Journal of Computer-Mediated Communication*, *19*(3), 479- 499.

Hertog, James K., & Fan, David P. (1995). The impact of press coverage on social beliefs: The case of HIV transmission. *Communication Research*, *22*, 545-574.

Hesse-Biber, Sharlene, Dupuis, Paul R., & Kinder, T. Scott. (1997). Anthropology: New developments in video ethnography and visual sociology—Analyzing multimedia data qualitatively. *Social Science Computer Review*, *15*, 5-12.

Hester, Joe Bob, & Dougall, Elizabeth. (2007). The efficiency of constructed week sampling for content analysis of online news. *Journalism & Mass Communication Quarterly*, *84*, 811-824.

Hester, Joe Bob, & Gibson, Rhonda. (2003). The economy and second-level agenda setting: A time-series analysis of economic news and public opinion about the economy. *Journalism & Mass Communication Quarterly*, *80*, 73-90.

Hether, Heather J., & Murphy, Sheila T. (2010). Sex roles in health storylines on prime time television: A content analysis. *Sex Roles*, *62*, 810-821.

Hetsroni, Amir. (2007). Three decades of sexual content on prime-time network programming: A longitudinal meta-analytic review. *Journal of Communication*, *57*, 318-348.

Heyman, Richard E., Lorber, Michael F., Eddy, J. Mark, & West, Tessa V. (2014). Behavioral observation and coding. In Harry T. Reis & Charles M. Judd (Eds.), *Handbook of research methods in social and personality psychology* (2nd ed., pp. 345-372). New York: Cambridge University Press.

Heyman, Richard E., Weiss, Robert L., & Eddy, J. Mark. (1995). Marital interaction coding system: Revision and empirical evaluation. *Behaviour Research and Therapy*, *33*, 737-746.

Hicks, Jeffrey Alan. (1992). Television theme songs: A content analysis. *Popular Music and Society*, *16*(1), 13-20.

Hijmans, Ellen. (1996). The logic of qualitative media content analysis: A typology. *Communications*, *21*, 93-109.

Hill, Kevin A., & Hughes, John E. (1997). Computer-mediated political communication: The Usenet and political communities. *Political Communication*, *14*, 3-27.

Hill, Kim Quaile, Hanna, Stephen, & Shafqat, Sahar. (1997). The liberal-conservative ideology of U. S. Senators: A new measure. *American Journal of Political Science*, *41*, 1395-1413.

Hill, Susan E. Kogler, Camden, Carl, & Clair, Robyn. (1988). Computer office systems and organizational communication: A case study. *Office Systems Research Journal*, *7*(1), 5-12.

Himelboim, I., McCreery, S., & Smith, M. (2013). Birds of a feather tweet together: Integrating network and content analyses to examine cross-ideology exposure on Twitter. *Journal of Computer-Mediated Communication*, *18*(2), 40-60.

Hirdes, Wendy, Woods, Robert, & Badzinski, Diane M. (2009). A content analysis of Jesus merchandise. *Journal of Media and Religion*, *8*, 141-157.

Hirokawa, Randy Y. (1988). Group communication research: Considerations for the use of interaction analysis. In Charles H. Tardy (Ed.), *A handbook for the study of human communication: Methods and instruments for observing, measuring, and assessing communication processes* (pp. 229-245). Norwood, NJ: Ablex.

Hodge, Robert, & Kress, Gunther. (1988). *Social semiotics*. Cambridge: Polity.

Hoffman, Karen S. (2015). Comment form speech as a mirror of mainstream discourse. In Victoria A. Farrar-Myers & Justin S. Vaughn (Eds.), *Controlling the message: New media in American political campaigns* (pp. 221-244). New York: New York University Press.

Hofstede, Geert. (2001). *Culture's consequences: Comparing values, behaviors, institutions, and organizations across nations* (2nd ed.). Thousand Oaks, CA: Sage.

Hogenraad, Robert, & McKenzie, Deanp. (1999). Replicating text: The cumulation of knowledge in social science. *Quality and Quantity*, *33*, 97-116.

Hogenraad, Robert, McKenzie, Dean P. , & Martindale, Colin. (1997). The enemy within: Autocorrelation bias in content analysis of narratives. *Computers and the Humanities*, *30*, 433-439.

Holbrook, Morris B. , & Lehmann, Donald R. (1980). Form versus content in predicting Starch scores. *Journal of Advertising Research*, *20*(4), 53-62.

Holder-Webb, Lori, Cohen, Jeffrey, Nath, Leda, & Wood, David. (2008). A survey of governance disclosures among U. S. firms. *Journal of Business Ethics*, *83*, 543-563.

Hollerbach, Karie L. (2009). The impact of market segmentation on African American frequency, centrality, and status in television advertising. *Journal of Broadcasting & Electronic Media*, *53*, 599-614.

Holley, W. J. , & Guilford, J. P. (1964). A note on the G index of agreement. *Educational and Psychological Measurement*, *24*, 749-753.

Holman, Rebecca H. , & Hecker, Sid. (1983). Advertising impact: Creative elements affecting brand saliency. In James H. Leigh & Claude R. Martin, Jr. (Eds.), *Current issues and research in advertising 1983* (pp. 157-172). Ann Arbor: University of Michigan, Graduate School of Business Administration.

Holsti, Ole R. (1969). *Content analysis for the social sciences and humanities*. Reading, MA: Addison-Wesley.

Honeycutt, Courtenay, & Herring, Susan C. (2009). Beyond microblogging: Conversation and collaboration via Twitter. *Proceedings of the Forty-Second Hawai'i International Conference on System Sciences*. Los Alamitos, CA: IEEE Press.

Hooghiemstra, Reggy. (2008). East-West differences in attributions for company performance: A content analysis of Japanese and U. S. corporate annual reports. *Journal of Cross-Cultural Psychology*, *39*, 618-629.

Horkheimer, Max. (1982). *Critical theory: Selected essays* (Matthew J. O'Connell & others, Trans.). New York: Continuum.

Horkheimer, Max, & Adorno, Theodor W. (1972). *Dialectic of enlightenment* (John Cumming, Trans.). New York: Herder & Herder.

Horner, Jennifer, Jamieson, Patrick E. , & Romer, Daniel. (2008). The changing portrayal of alcohol use in television advertising. In Patrick E. Jamieson & Daniel Romer (Eds.), *The changing portrayal of adolescents in the media since 1950* (pp. 284-312). Oxford: Oxford University Press.

Horowitz, Steven W. (1998). Reliability of criteria-based content analysis of child witness statements: Response to Tully. *Legal and Criminology Psychology*, *3*, 189-191.

Hosmer, David W. , Jr. , Lemeshow, Stanley, & Sturdivant, Rodney X. (2013). *Applied logistic regression* (3rd ed.). Hoboken, NJ: John Wiley & Sons.

Howard, Jennifer. (2012, March). Google begins to scale back its scanning of books from university libraries. *Chronicle of Higher Education*. Retrieved from http:// chronicle. com.

Howland, Dave, Becker, Mimi Larsen, & Prelli, Lawrence J. (2006). Merging content analysis and the policy sciences: A system to discern policy-specific trends from news media reports. *Policy Science*, *39*, 205-231.

Hsu, Louis M. , & Field, Ronald. (2003). Interrater agreement measures: Comments on kappa$_n$, Cohen's kappa, Scott's π, and Aickin's α. *Understanding Statistics*, *2*, 205-219.

Hu, Guangwei, Pan, Wenwen, Lu, Mingxin, & Wang, Jie. (2009). The widely shared definition of e-government. *The Electronic Library*, *27*, 968-985.

Hubbell, Anne P. , & Dearing, James W. (2003). Local newspapers, community partnerships, and health improvement projects: Their roles in a comprehensive community initiative. *Journal of Community Health*, *28*,

363-376.

Huddy, Leonie, Lebo, Matthew, & Johnston, Christopher. (2009, April). *Elite influence, media coverage, and public opinion on the Iraq War*. Paper presented at the annual meeting of the Midwest Political Science Association 67th Annual National Conference, Chicago, IL.

Hughes, Marie Adele, & Garrett, Dennis E. (1990). Intercoder reliability estimation approaches in marketing: A generalizability theory framework for quantitative data. *Journal of Marketing Research*, 27, 185-195.

Hum, Noelle J., Chamberlin, Perrin E., Hambrights, Brittany L., Portwood, Anne C., Schat, Amanda C., & Bevan, Jennifer L. (2011). A picture is worth a thousand words: A content analysis of Facebook profile photographs. *Computers in Human Behavior*, 27, 1828-1833.

Humbad, Mikhila N., Donnellan, M. Brent, Klump, Kelly L., & Burt, S. Alexandra. (2011). Development of the Brief Romantic Relationship Interaction Coding Scheme (BRRICS). *Journal of Family Psychology*, 25, 759-769. doi:10.1037/a0025216.

Hupka, Ralph B., Zaleski, Zbigniew, Otto, Jurgen, Reidl, Lucy, & Tarabrina, Nadia V. (1997). The colors of anger, envy, fear, and jealousy: A cross-cultural study. *Journal of Cross-Cultural Psychology*, 28(2), 156-171.

Hussin, Mallory, Frazier, Savannah, & Thompson, J. Kevin. (2011). Fat stigmatization on YouTube: A content analysis. *Body Image*, 8, 90-92.

Hust, Stacey J. T., Brown, Jane D., & L'Engle, Kelly Ladin. (2008). Boys will be boys and girls better be prepared: An analysis of the rare sexual health messages in young adolescents' media. *Mass Communication & Society*, 11, 3-23. doi:10.1080/15205430701668139.

Huston, Aletha C., & Wright, John C. (1983). Children's processing of television: The informative functions of formal features. In Jennings Bryant & Daniel R. Anderson (Eds.), *Children's understanding of television: Research on attention and comprehension*(pp. 35-68). New York: Academic Press.

Hymans, Jacques E. C. (2010). East is east, and west is west? Currency iconography as nation-branding in the wider Europe. *Political Geography*, 29, 97-108.

Ide, Nancy M., & Sperberg-McQueen, C. M. (1995). The TEI: History, goals, and future. *Computers and the Humanities*, 29, 5-15.

Indurkhya, Nitin, & Damerau, Fred J. (Eds.). (2010). *Handbook of natural language processing*(2nd ed.). Boca Raton: CRC Press.

Interrater reliability. (2001). *Journal of Consumer Psychology*, 10(1&2), 71-73.

Iyengar, Shanto, & Simon, Adam. (1993). News coverage of the Gulf crisis and public opinion: A study of agenda setting, priming, and framing. *Communication Research*, 20, 365-383.

Izard, C. E. (1979). *The maximally discriminative facial movement coding system*. Newark: University of Delaware, Instructional Resource Center.

Jackson, Joab. (2010). Google: 129 million different books have been published. *PC World*. Retrieved from http://www. pcworld. com/.

James, E. Lincoln, & VandenBergh, Bruce G. (1990). An information content comparison of magazine ads across a response continuum from direct response to institutional advertising. *Journal of Advertising*, 19(2), 23-29.

Jamieson, Patrick E., More, Eian, Lee, Susan S., Busse, Peter, & Romer, Daniel. (2008). It matters what young people watch: Health risk behaviors portrayed in top-grossing movies since 1950. In Patrick E. Jamieson & Daniel Romer (Eds.), *The changing portrayal of adolescents in the media since 1950*(pp. 105-131). Oxford: Oxford University Press.

Janis, Irving L. (1949). The problem of validating content analysis. In Harold D. Lasswell, Nathan Leites, & Associates (Eds.), *Language of politics: Studies in quantitative semantics* (pp. 55-82). New York: George W. Stewart.

Jankowski, Glen S., Fawkner, Helen, Slater, Amy, & Tiggemann, Marika. (2014). "Appearance potent"? A content analysis of UK gay and straight men's magazines. *Body Image, 11*, 474-481.

Jansen, Bernard J., & Spink, Amanda. (2006). How are we searching the World Wide Web? A comparison of nine search engine transaction logs. *Information Processing & Management, 42*(1), 248-263.

Janson, Svante, & Vegelius, Jan. (1979). On generalizations of the g index and the phi coefficient to nominal scales. *Multivariate Behavioral Research, 14*, 255-269.

Janstova, Patricie. (2006). *Empirical testing of auteur theory via content analysis: The case of Jane Campion* (Unpublished master's thesis). Cleveland State University, Cleveland, OH.

Jasperson, Amy E., Shah, Dhavan V., Watts, Mark, Faber, Ronald J., & Fan, David P. (1998). Framing and the public agenda: Media effects on the importance of the federal budget deficit. *Political Communication, 15*, 205-224.

Jeffres, Leo W., with Perloff, Richard M. (1997). *Mass media effects* (2nd ed.). Prospect Heights, IL: Waveland.

Jenkins, Henry. (2006). *Convergence culture: Where old and new media collide.* New York, NY: New York University Press.

Jenkins, Richard W. (1999). How much is too much? Media attention and popular support for an insurgent party. *Political Communication, 16*, 429-445.

Jenkins, Sharon Rae. (Ed.). (2008). *A handbook of clinical scoring systems for thematic apperceptive techniques.* New York: Lawrence Erlbaum.

Jimenez, Albert Manuel. (2014). *Assessing the inter-rater reliability of a systemwide teacher evaluation observation instrument: Moving beyond the kappa paradox.* Doctoral dissertation, University of Georgia, Athens, GA.

John, A. Meredith. (1988). *The plantation slaves of Trinidad, 1783-1816: A mathematical and demographic enquiry.* New York: Cambridge University Press.

Johnson, Gerald F. (1987). A clinical study of Porky Pig cartoons. *Journal of Fluency Disorders, 12*, 235-238.

Johnson, Jessie Quintero, Sionean, Catlainn, & Scott, Allison M. (2011). Exploring the presentation of news information about the HPV vaccine: A content analysis of a representative sample of U. S. newspaper articles. *Health Communication, 26*, 491-501. doi:10. 1080/10410236. 2011. 556080.

Johnson, Kimberly R., & Holmes, Bjarne M. (2009). Contradictory messages: A content analysis of Hollywood-produced romantic comedy feature films. *Communication Quarterly, 57*, 352-373.

Johnston, Anne, & White, Anne Barton. (1994). Communication styles and female candidates: A study of the political advertising during the 1986 Senate elections. *Journalism Quarterly, 71*, 321-329.

Jones, Edward E. (1990). *Interpersonal perception.* New York: W. H. Freeman and Company.

Jones, Elizabeth, Gallois, Cynthia, Callan, Victor, & Barker, Michelle. (1999). Strategies of accommodation: Development of a coding system for conversational interaction. *Journal of Language and Social Psychology, 18* (2), 123-152.

Jones, Kenneth. (1997). Are rap videos more violent? Style differences and the prevalence of sex and violence in the age of MTV. *Howard Journal of Communications, 8*, 343-356.

Jones, Lisa M., Atoro, Kathryn E., Walsh, Wendy A., Cross, Theodore P., Shadoin, Amy L., & Magnuson, Suzanne. (2010). Nonoffending caregiver and youth experiences with child sexual abuse investigations. *Journal of Interpersonal Violence*, *25*, 291-314.

Jones, Steve, Millermaier, Sarah, Goya-Martinez, Mariana, & Schuler, Jessica. (2008). Whose space is MySpace? A content analysis of MySpace profiles. *First Monday*, *13*(9), 1.

Jordan, Amy B., Kunkel, Dale, Manganello, Jennifer, & Fishbein, Martin. (Eds.). (2009). *Media messages and public health: A decisions approach to content analysis.* New York: Routledge.

Jordan, Amy B., & Manganello, Jennifer. (2009). Sampling and content analysis: An overview of the issues. In Amy B. Jordan, Dale Kunkel, Jennifer Manganello, & Martin Fishbein (Eds.), *Media messages and public health: A decisions approach to content analysis* (pp. 53-66). New York: Routledge.

Jourdan, Zack, Rainer, R. Kelly, & Marshall, Thomas E. (2008). Business intelligence: An analysis of the literature. *Information Systems Management*, *25*, 121-131. doi: 10. 1080/10580530801941512.

Juozeliuniene, Irena. (2008). Doing research on families with parents abroad: The search for theoretical background and research methods. *Filosofija Sociologija*, *19*(4), 72-79. Retrieved from http://www. minfolit. lt/arch/16501/16704. pdf.

Kachigan, Sam Kash. (1986). *Statistical analysis: An interdisciplinary introduction to univariate and multivariate methods.* New York: Radius.

Kacmar, K. Michelle, & Hochwarter, Wayne A. (1996). Rater agreement across multiple data collection media. *Journal of Social Psychology*, *16*, 469-475.

Kaestlea, Christine Elizabeth, & Ivory, Adrienne Holz. (2012). A forgotten sexuality: Content analysis of bisexuality in the medical literature over two decades. *Journal of Bisexuality*, *12*(1), 35-48. doi: 10. 1080/15299716. 2012. 645701.

Kaid, Lynda Lee, & Bystrom, Dianne G. (Eds.). (1999). *The electronic election: Perspectives on the 1996 campaign communication.* Mahwah, NJ: Lawrence Erlbaum.

Kaid, Lynda Lee, & Johnston, Anne. (2001). *Videostyle and content of televised political advertising.* Westport, CT: Praeger.

Kaid, Lynda Lee, Tedesco, John C., & McKinnon, Lori Melton. (1996). Presidential ads as nightly news: A content analysis of 1988 and 1992 televised adwatches. *Journal of Broadcasting & Electronic Media*, *40*, 297-308.

Kalis, Pamela, & Neuendorf, Kimberly A. (1989). Aggressive cue prominence and gender participation in MTV. *Journalism Quarterly*, *66*, 148-154, 229.

Kalliny, Morris, Dagher, Grace, Minor, Michael S., & De Los Santos, Gilberto. (2008). Television advertising in the Arab world: A status report. *Journal of Advertising Research*, *48*(2), 215-223.

Kamhawi, Rasha, & Weaver, David. (2003). Mass communication research trends from 1980 to 1999. *Journalism & Mass Communication Quarterly*, *80*, 7-27.

Kane, Carolyn L. (2008). *I'll see you on MySpace: Self-presentation in a social networking web site* (Unpublished master's thesis). Cleveland State University, Cleveland, OH.

Kane, Carolyn L., Maguire, Katheryn, Neuendorf, Kimberly, & Skalski, Paul. (2009, November). *Nonverbal displays of self-presentation and sex differences in profile photographs on MySpace. com.* Paper presented to the Human Communication and Technology Division of the National Communication Association, Chicago, IL.

Kaplan, Abraham. (1964). *The conduct of inquiry: Methodology for behavioral science.* San Francisco: Chandler.

Karpf, David. (2012). Social science research methods in Internet time. *Information, Communication & Society*, *15*, 639-661. doi: 10. 1080/1369118X. 2012. 665468.

Kassarjian, Harold H. (1977). Content analysis in consumer research. *Journal of Consumer Research*, *4*, 8-18.

Kaufman, Wendy. (2006). Video games serve up targeted advertising. *NPR*. Retrieved from http://www. npr. org/templates/story/story. php? storyId=5510890.

Kaufmann, Renee, & Buckner, Marjorie M. (2014). To connect or promote?: An exploratory examination of Facebook pages dedicated to moms. *Computers in Human Behavior*, *35*, 479-482.

Kaye, Barbara K. , & Sapolsky, Barry S. (2009). Taboo or not taboo? That is the question: Offensive language on prime-time broadcast and cable programming. *Journal of Broadcasting & Electronic Media*, *53*, 22-37.

Kearns, Jodi, & O'Connor, Brian. (2004). Dancing with entropy: Form attributes, children, and representation. *Journal of Documentation*, *60*, 144-163.

Keenan, Kevin L. (1996a). Network television news coverage of public relations: An exploratory census of content. *Public Relations Review*, *22*, 215-231.

Keenan, Kevin L. (1996b). Skin tones and physical features of blacks in magazine advertisements. *Journalism & Mass Communication Quarterly*, *73*,905-912.

Keith, Susan, Schwalbe, Carol B. , & Silcock, B. William. (2010). Comparing war images across media platforms: Methodological challenges for content analysis. *Media*, *War & Conflict*, *3*, 87-98.

Kelly, Edward F. , & Stone, Philip J. (1975). *Computer recognition of English word senses*. Amsterdam: North-Holland.

Kelly, Ellen M. , & Conture, Edward G. (1992). Speaking rates, response time latencies, and interrupting behaviors of young stutterers, nonstutterers, and their mothers. *Journal of Speech and Hearing Research*, *35*, 1256-1267.

Keppel, Geoffrey, & Wickens, Thomas D. (2004). *Design and analysis: A researcher's handbook* (4th ed.). Upper Saddle River, NJ: Pearson PrenticeHall.

Kian, Edward M. , Mondello, Michael, & Vincent, John. (2009). ESPN: The women's sports network? A content analysis of Internet coverage of March Madness. *Journal of Broadcasting & Electronic Media*, *53*, 477- 495. doi:10. 1080/08838150903102519.

Kim, Il-Hee, Anderson, Richard C. , Nguyen-Jahiel, Kim, & Archodidou, Anthi. (2007). Discourse patterns during children's collaborative online discussions. *Journal of the Learning Sciences*, *16*, 333-370.

Kim, Jinsuk, Klautke, Hannah Ariane, & Serota, Kim B. (2009, May). *Effects of relational motivation and age on online self-disclosure: A content analysis of MySpace profile pages*. Paper presented at the annual conference of the International Communication Association, Chicago, IL.

Kim, Kyongseok, Hayes, Jameson L. , Avant, J. Adam, & Reid, Leonard N. (2014). Trends in advertising research: A longitudinal analysis of leading advertising, marketing, and communication journals, 1980 to 2010. *Journal of Advertising*, *43*, 296-316. doi:10. 1080/00913367. 2013. 857620.

Kindem, Gorham. (1987). *The moving image: Production principles and practices*. Glenview, IL: Scott, Foresman.

Kinney, Nancy T. (2006). Engaging in "loose talk": Analyzing salience in discourse from the formulation of welfare policy. *Policy Sciences*, *38*, 251-268.

Kirchgässner, Gebhard, & Wolters, Jürgen. (2008). *Introduction to modern time series analysis*. Berlin: Springer-Verlag.

Kirilenko, Andrei P. , & Stepchenkova, Svetlana O. (2012). Climate change discourse in mass media: Application of computer-assisted content analysis. *Journal of Environmental Studies and Sciences*, *2*(2), 178-191. doi:10. 1007/s13412-012-0074-z.

Kirkels, Arjan F. (2012). Discursive shifts in energy from biomass: A 30 year European overview. *Renewable and Sustainable Energy Reviews*, *16*, 4105-4115.

Klecka, William R. (1991). *Discriminant analysis*. Newbury Park, CA: Sage.

Klee, Robert. (1997). *Introduction to the philosophy of science: Cutting nature at its seams*. New York: Oxford University Press.

Klein, Hugh, & Shiffman, Kenneth S. (2013). Alcohol-related content of animated cartoons: A historical perspective. *Frontiers in Public Health*, *1*, Article 2. doi:10.3389/fpubh.2013.00002.

Klos, Lori A., Greenleaf, Christy, Palya, Natalie, Kesslera Molly M., Shoemaker, Colby G., & Suchla, Erika A. (2015). Losing weight on reality TV: A content analysis of the weight loss behaviors and practices portrayed on*The Biggest Loser. Journal of Health Communication: International Perspectives*, *20*,639-646. doi:10.1080/10810730.2014.965371.

Kluver, Heike, & Mahoney, Christine. (2015). Measuring interest group framing strategies in public policy debates. *Journal of Public Policy*, *35*, 223-244.

Knapp, Mark L. (1978). *Nonverbal communication in human interaction*. New York: Holt, Rinehart & Winston.

Knapp, Mark L., Hall, Judith A., & Horgan, Terrence G. (2014). *Nonverbal communication in human interaction* (8th ed.). Boston, MA : Wadsworth Cengage Learning.

Knobloch, Leanne K. (2008). The content of relational uncertainty within marriage. *Journal of Social and Personal Relationships*, *25*, 467-495. doi:10.1177/0265407508090869.

Kobayashi, J., Spitzberg, B., & Andersen,P. (2008). *Communication predictors of suicide: The personification of suicide in MySpace. com websites*. Paper presented at the annual conference of the National Communication Association.

Kobayashi, Kaoru, Fisher, Ron, & Gapp, Rod. (2008). Business improvement strategy or useful tool? Analysis of the application of the 5S concept in Japan, the UK and the US. *Total Quality Management*, *19*, 245-262. doi: 10.1080/14783360701600704.

Köhler, Reinhard, & Rieger, Burghard B. (Eds.). (1993). *Contributions to quantitative linguistics: Proceedings of the First International Conference on Quantitative Linguistics, QUALICO, Trier*. Dordrecht, Germany: Kluwer.

Kohn, Stanislas. (1973). *The cost of the war to Russia: The vital statistics of European Russia during the World War 1914-1917*. New York: Howard Fertig.

Kolbe, Richard H., & Burnett, Melissa S. (1991). Content-analysis research: An examination of application with directives for improving research reliability and objectivity. *Journal of Consumer Research*, *18*, 243-250.

Kolt, Jeremy. (1996). *Relationship initiation strategies: Interpersonal communication in personal advertisements*(Unpublished master's thesis). Cleveland State University, Cleveland, OH.

Kompatsiaris, Yiannis, Merialdo, Bernard, & Lian, Shiguo. (2012). *TV content analysis: Techniques and applications*. Boca Raton, FL: CRC Press.

Kopacz, Maria A., & Lawton, Bessie Lee. (2011). Rating the YouTube Indian: Viewer ratings of Native American portrayals on a viral video site. *American Indian Quarterly*, *35*, 241-257.

Koppitz, Elizabeth Munsterberg. (1984). *Psychological evaluation of human figure drawings by middle school pupils*. Orlando, FL: Grune & Stratton.

Kot, Eva Marie. (1999, January). Psychological sense of community and electronic mail. *Dissertation Abstracts International: Section B: The Sciences & Engineering*,*59*(7-B), 3699.

Kottler, Amanda E., & Swartz, Sally. (1993). Conversation analysis: What is it, can psychologists use it? *South African Journal of Psychology*, *23*(3), 103-110.

Kottner, Jan, Audigé, Laurent, Brorson, Stig, Donner, Allan, Gajewski, Byron J., Hróbjartsson, Asbjφrn, ... Streiner, David L. (2011). Guidelines for reporting reliability and agreement studies (GRRAS) were *proposed. Journal of Clinical Epidemiology*, *64*, 96-106.

Kousha, Kayvan, Thelwall, Mike, & Abdoli, Mahshid. (2012). The role of online videos in research communication: A content analysis of YouTube videos cited in academic publications. *Journal of the American Society for Information Science and Technology*, *63*, 1710-1727.

Kraemer, Helena Chmura. (1980). Extension of the kappa coefficient. *Biometrics*, *36*,207-216.

Krippendorff, Klaus. (2013). *Content analysis: An introduction to its methodology* (3rd ed.). Los Angeles, CA: Sage.

Krull, Robert. (1983). Children learning to watch television. In Jennings Bryant & Daniel R. Anderson (Eds.), *Children's understanding of television: Research on attention and comprehension*(pp. 103-123). New York: Academic Press.

Kruskal, Joseph B., & Wish, Myron. (1978). *Multidimensional scaling*. Beverly Hills, CA: Sage.

Kubala, Francis, Colbath, Sean, Liu, Daben, Srivastava, Amit, & Makhoul, John. (2000). Integrated technologies for indexing spoken language. *Communications of the ACM*, *43*(2), 48-56.

Kucukyilmaz, Tayfun, Cambazoglu, B. Barla, Aykanat, Cevdet, & Can, Fazli. (2008). Chat mining: Predicting user and message attributes in computer-mediated communication. *Information Processing and Management*, *44*, 1448-1466.

Kuhn, Thomas S. (1970). *The structure of scientific revolutions* (2nd ed.). Chicago: University of Chicago Press.

Kumar, Anup. (2005). *Abu Ghraib follow-up stories: Political climate and construction of a legitimate controversy within the cultural-ideological boundaries of the U. S. press.* Paper presented to the Communication Theory and Methodology Division of the Association for Education in Journalism & Mass Communication, San Antonio, TX.

Kunkel, Dale. (2009). Linking content analysis and media effects research. In Amy B. Jordan, Dale Kunkel, Jennifer Manganello, & Martin Fishbein (Eds.), *Media messages and public health: A decisions approach to content analysis*(pp. 15-31). New York: Routledge.

Kunkel, Dale, Cope-Farrar, Kirstie, Biely, Erica, Farinola, Wendy Jo Maynard, & Donnerstein, Edward. (2001). *Sex on TV: A biennial report to the Kaiser Family Foundation.* Retrieved from http://www. kff. org/content/2001/3087. [February 17, 2001].

Kunkel, Dale, Eyal, Keren, Donnerstein, Edward, Farrar, Kirstie M., Biely, Erica, & Rideout, Victoria. (2007). Sexual socialization messages on entertainment television: Comparing content trends 1997-2002. *Media Psychology*, *9*, 595-622.

Kunkel, Dale, Eyal, Keren, Finnerty, Keli, Biely, Erica, & Donnerstein, Edward. (2005). *Sex on TV 4.* Retrieved from http://www. kff. org/entmedia/upload/Sexon-TV-4-Full-Report. pdf [March 10, 2011].

Kunkel, Dale, Wilson, Barbara, Donnerstein, Edward, Linz, Daniel, Smith, Stacy, Gray, Timothy, Blumenthal, Eva, & Potter, W. James. (1995). Measuring television violence: The importance of context. *Journal of Broadcasting & Electronic Media*, *39*, 284-291.

Kuo, Feng-yang, & Yu, Chia-ping. (2009). An exploratory study of trust dynamics in work-oriented virtual teams. *Journal of Computer-Mediated Communication*, *14*, 823-854.

Kwon, Nahyun. (2007). Public library patrons' use of collaborative chat reference service: The effectiveness of question answering by question type. *Library and Information Science Research*, *29*(1), 70-91.

LaBarge, Emily, Von Dras, Dean, & Wingbermuehle, Cheryl. (1998). An analysis of themes and feelings from a support group for people with Alzheimer's disease. *Psychotherapy*, *35*, 537-544.

Lacy, Stephen R., & Riffe, Daniel. (1996). Sampling error and selecting intercoder reliability samples for nominal content categories. *Journalism & Mass Communication Quarterly*, *7*, 963-973.

Lacy, Stephen R. , Riffe, Daniel, & Randle, Quint. (1998). Sample size in multi-year content analysis of monthly consumer magazines. *Journalism & Mass Communication Quarterly*, *75*, 408-417.

Lacy, Stephen R. , Robinson, Kay, & Riffe, Daniel. (1995). Sample size in content analysis of weekly newspapers. *Journalism & Mass Communication Quarterly*, *72*, 336-345.

Lagerspetz, Kirsti M. J. , Wahlroos, Carita, & Wendelin, Carola. (1978). Facial expressions of pre-school children while watching televised violence. *Scandinavian Journal of Psychology*, *19*, 213-222.

Lance, Larry M. (1998). Gender differences in heterosexual dating: A content analysis of personal ads. *Journal of Men's Studies*, *6*(3), 297-305.

Lanchester, John. (2006, November 4). A bigger bang. *The Guardian*. Retrieved from http://www. guardian. co. uk/technology/2006/nov/04/news. weekend magazine1.

Landis, J. Richard, & Koch, Gary G. (1977). The measurement of observer agreement for categorical data. *Biometrics*, *33*, 159-174.

Lang, Annie. (2000). The limited capacity model of mediated message processing. *Journal of Communication*, *50*, 46-70.

Lang, Annie, Bradley, Samuel D. , Park, Byungho, Shin, Mija, & Chung, Yongkuk. (2006). Parsing the resource pie: Using STRTs to measure attention to mediated messages. *Media Psychology*, *8*, 369-394.

Langdon, Elizabeth. (2012). *Sexual content of popular music*, *1970-2009* (Unpublished master's thesis). Cleveland State University, Cleveland, OH.

Lange, David L. , Baker, Robert K. , & Ball, Sandra J. (1969). *Mass media and violence: A report to the National Commission on the Causes and Prevention of Violence*. Washington, DC: Government Printing Office.

Langs, Robert, Badalamenti, Anthony, & Bryant, Robin. (1991). A measure of linear influence between patient and therapist. *Psychological Reports*, *69*, 355-368.

La Pean, Alison, & Farrell, Michael H. (2005). Initially misleading communication of carrier results after newborn genetic screening. *Pediatrics*, *116*, 1499-1505. doi:10. 1542/peds. 2005-0449.

Larey, Timothy S. , & Paulus, Paul B. (1999). Group preference and convergent tendencies in small groups: A content analysis of group brainstorming performance. *Creativity Research Journal*, *12*(3), 175-184.

Laroche, Michel, Nepomuceno, Marcelo Vinhal, Huang, Liang, & Richard, Marie-Odile. (2011). What's so funny? The use of humor in magazine advertising in the United States, China, and France. *Journal of Advertising Research*, *51*, 404-416.

Larson, Mary Strom. (2002). Race and interracial relationships in children's television commercials. *The Howard Journal of Communications*, *13*, 223-235.

Lasswell, Harold D. , Leites, Nathan, & Associates. (1949). *Language of politics: Studies in quantitative semantics*. New York: George W. Stewart.

Lauzen, Martha M. , & Dozier, David M. (2005). Maintaining the double standard: Portrayals of age and gender in popular films. *Sex Roles*, *52*, 437-446. doi:10. 1007/s11199-005-3710-1.

Lauzen, Martha, Dozier, David M. , & Hicks, Manda V. (2001). Prime-time players and powerful prose: The role of women in the 1997-1998 television season. *Mass Communication & Society*, *4*, 39-59.

Laver, Michael, Benoit, Kenneth, & Garry, John. (2003). Extracting policy positions from political texts using words as data. *American Political Science Review*, *97*, 311-331.

LeBel, Etienne P. , & Paunonen, Sampo V. (2011). Sexy but often unreliable: The impact of unreliability on the replicability of experimental findings with implicit measures. *Personality and Social Psychological Bulletin*, *37*, 570-583. doi:10. 1177/0146167211400619.

Lechner, Anat, Simonoff, Jeffrey S. , & Harrington, Leslie. (2012). Color-emotion associations in the pharmaceutical industry: Understanding universal and local themes. *Color Research and Application*, *37*(1), 59-71. doi: 10. 1002/col. 20643.

Ledford, Christy J. W. , & Anderson, LaKesha N. (2013). Online social networking in discussions of risk: Applying the CAUSE model in a content analysis of Facebook. *Health*, *Risk & Society*, *15*(3), 251-264.

Lee, Chi-Ming (Angela), & Taylor, Monica J. (2013). Moral education trends over 40 years: A content analysis of the*Journal of Moral Education* (1971-2011). *Journal of Moral Education*, *42*, 399- 429.

Lee, Chul-Joo, Long, Marilee, Slater, Michael D. , & Song, Wen. (2014). Comparing local TV news with national TV news in cancer coverage: An exploratory content analysis. *Journal of Health Communication*: *International Perspectives*, *19*, 1330-1342.

Lee, Fiona, & Peterson, Christopher. (1997). Content analysis of archival data. *Journal of Consulting and Clinical Psychology*, *65*, 959-969.

Lee, Tien-tsung, & Hwang, Hsiao-Fang. (1997, May). *The feminist movement and female gender roles in movie advertisements: 1963 to 1993*. Paper presented to the Visual Communication Interest Group at the annual meeting of the International Communication Association, Montreal, Canada.

Lee, Wei-Na, & Callcott, Margaret F. (1994). Billboard advertising—A comparison of vice products across ethnic groups. *Journal of Business Research*, *30*, 85-94.

Leetaru, Kalev Hannes. (2012). *Data mining methods for the content analyst: An introduction to the computational analysis of content*. New York: Routledge.

Legg, Pamela P. Mitchell. (1996). Contemporary films and religious exploration: An opportunity for religious education. Part I: Foundational questions. *Religious Education*, *91*, 397- 406.

Lehdonvirta, Mika, Nagashima, Yosuke, Lehdonvirta, Vili, & Baba, Akira. (2012). The stoic male: How avatar gender affects help-seeking behavior in an online game. *Games and Culture*, *7*, 29- 47.

Lemish, Dafna, & Tidhar, Chava E. (1999). Still marginal: Women in Israel's 1996 television election campaign. *Sex Roles*, *41*, 389- 412.

Leon, Kim, & Angst, Erin. (2005). Portrayals of stepfamilies in film: Using media images in remarriage education. *Family Relations*, *54*, 3-23.

Lerch, Alexander. (2012).*An introduction to audio content analysis: Applications in signal processing and music informatics*. Hoboken, NJ: John Wiley & Sons.

Levesque, Maurice J. , & Lowe, Charles A. (1999). Face-ism as a determinant of interpersonal perceptions: The influence of context on facial prominence effects. *Sex Roles*, *41*, 241-259.

Lewis, Seth C. , Zamith, Rodrigo, & Hermida, Alfred. (2013). Content analysis in an era of big data: A hybrid approach to computational and manual methods. *Journal of Broadcasting & Electronic Media*, *57*, 34-52.

Li, Dan, & Walejko, Gina. (2008). Splogs and abandoned blogs: The perils of sampling bloggers and their blogs. *Information*, *Communication*, *and Society*, *11*(2),279-296.

Li, Jessica, & Rao, H. Raghav. (2010). Twitter as a rapid response news service: An exploration in the context of the 2008 China earthquake. *The Electronic Journal on Information Systems in Developing Countries*, *42*(4), 1-22.

Lieberman, Evan A. , Neuendorf, Kimberly A. , Denny, James, Skalski, Paul D. , & Wang, Jia. (2009). The language of laughter: A quantitative/qualitative fusion examining television narrative and humor. *Journal of Broadcasting & Electronic Media*, *53*, 497-514.

Lieberman, Morton A. (2008). Effects of disease and leader type on moderators in online support groups. *Computers in Human Behavior*, *24*, 2446-2455.

Lieberman, Morton A. , & Goldstein, Benjamin A. (2006). Not all negative emotions are equal: The role of emotional expression in online support groups for women with breast cancer. *Psycho-Oncology*, *15*, 160-168.

Liebler, Carol M. , Jiang, Wei, & Chen, Li. (2015). Beauty, binaries, and the big screen in China: Character gender in feature films. *Asian Journal of Communication*. Retrieved from http://dx. doi. org/10. 1080/01292986. 2015. 1019525.

Lim, Jeongsub. (2011). Intermedia agenda setting and news discourse: A strategic responses model for a competitor's breaking stories. *Journalism Practice*, *5*, 227-244. doi:10. 1080/17512786. 2010. 509184.

Lin, Carolyn A. (1997). Beefcake versus cheesecake in the 1990s: Sexist portrayals of both genders in television commercials. *Howard Journal of Communications*, *8*, 237-249.

Lin, Fu-Ren, Hsieh, Lu-Shih, & Chuang, Fu-Tai. (2009). Discovering genres of online discussion threads via text mining. *Computers & Education*, *52*, 481-495.

Lin, Lawrence I-Kuei. (1989). A concordance correlation coefficient to evaluate reproducibility. *Biometrics*, *45*, 255-268.

Lin, Lawrence, Hedayat, A. S. , & Wu, Wenting. (2007). A unified approach for assessing agreement for continuous and categorical data. *Journal of Biopharmaceutical Statistics*, *17*, 629-652.

Lin, Yang. (1996). Empirical studies of negative political advertising: A quantitative review using a method of combined citation and content analysis. *Scientometrics*, *37*, 385-399.

Lin, Yuri, Michel, Jean-Baptiste, Aiden, Erez Lieberman, Orwant, Jon, Brockman, Will, & Petrov, Slav. (2012, July). Syntactic annotations for the Google Books Ngram corpus. *Proceedings of the 50th Annual Meeting of the Association for Computational Linguistics* (pp. 169-174). Jeju, Republic of Korea.

Lin, Yu-Ru, Sundaram, Hari, De Choudhury, Munmun, & Kelliher, Aisling. (2009). *Temporal patterns in social media streams: Theme discovery and evolution using joint analysis of content and context.* Paper presented to the IEEE International Conference on Multimedia and Expo, ICME 2009, pp. 1456-1459.

Lindenmann, Walter K. (1983, July). Content analysis: A resurgent communication research technique that represents a wave of the future: The move toward a second dimension of interpretation and analysis. *Public Relations Journal*, 24-27.

Lindlof, Thomas R. , & Taylor, Brian C. (2011). *Qualitative communication research methods* (3rd ed.). Thousand Oaks, CA: Sage.

Lindmark, Pete. (2011). *A content analysis of advertising in popular video games* (Unpublished master's thesis). Cleveland State University, Cleveland, OH.

Lindner, Katharina. (2004). Images of women in general interest and fashion magazine advertisements from 1955 to 2002. *Sex Roles*, *51*, 409-421.

Litkowski, Kenneth C. (1992). *A primer on computational lexicology.* Retrieved from http://www. clres. com.

Litkowski, Kenneth C. (1999). *Towards a meaning-full comparison of lexical resources* (Proceeding of the Association for Computational Linguistics Special Interest Group on the Lexicon). College Park, MD: Association for Computational Linguistics.

Liu, Bing. (2010). Sentiment analysis and subjectivity. In Nitin Indurkhya & Fred J. Damerau (Eds.), *Handbook of natural language processing* (2nd ed. , pp. 627-666). Boca Raton: CRC Press.

Liu, Bing. (2012). *Sentiment analysis and opinion mining.* Morgan & Claypool.

Liu, Xinsheng, Vedlitz, Arnold, Stoutenborough, James W. , & Robinson, Scott. (2015). Scientists' views and positions on global warming and climate change: A content analysis of congressional testimonies. *Climatic*

Change, *131*, 487-503. doi:10. 1007/s10584- 015-1390- 6.

Livingston, Steven, & Bennett, W. Lance. (2003). Gatekeeping, indexing, and liveevent news: Is technology altering the construction of news? *Political Communication*, *20*, 363-380.

Lockyer, Tim. (2005). The perceived importance of price as one hotel selection dimension. *Tourism Management*, *26*, 529-537.

Lombard, Matthew, Campanella, Cheryl, Linder, Jodi, & Snyder, Jennifer, with Ditton, Theresa Bolmarcich, Kaynak, Selcan, Pemrick, Janine, & Steward, Gina. (1996, May). *The state of the medium: A content analysis of television form.* Paper presented to the Information Systems Division at the annual meeting of the International Communication Association, Chicago, IL.

Lombard, Matthew, Snyder-Duch, Jennifer, & Bracken, Cheryl Campanella. (2002). Content analysis in mass communication: Assessment and reporting of intercoder reliability. *Human Communication Research*, *28*, 587- 604.

Lombard, Matthew, Snyder, Jennifer, Bracken, Cheryl Campanella, Kaynak, Selcan, Pemrick, Janine, Linder, Jodi M. , & Ditton, Theresa Bolmarcich. (1997). *The cluttering of television.* Paper presented to the Mass Communication Division at the annual conference of the International Communication Association, Montreal, Canada.

Long, Marilee, Steinke, Jocelyn, Applegate, Brooks, Lapinski, Maria Knight, Johnson, Marne J. , & Ghosh, Sayani. (2010). Portrayals of male and female scientists in television programs popular among middle school-age children. *Science Communication*, *32*, 356-382.

Lopez-Escobar, Esteban, Llamas, Juan Pablo, McCombs, Maxwell, & Lennon, Federico Rey. (1998). Two levels of agenda setting among advertising and news in the 1995 Spanish elections. *Political Communication*, *15*, 225-238.

Low, Jason, & Sherrard, Peter. (1999). Portrayal of women in sexuality and marriage and family textbooks: A content analysis of photographs from the 1970s to the 1990s. *Sex Roles*, *40*, 309-318.

Lowe, David, & Matthews, Robert. (1995). Shakespeare vs. Fletcher: A stylometric analysis by radial basis functions. *Computers and the Humanities*, *29*,449- 461.

Lucero, Audrey. (2015). Cross-linguistic lexical, grammatical, and discourse performance on oral narrative retells among young Spanish speakers. *Child Development*, *86*, 1419-1433. doi: 10. 1111/cdev. 12387. ISSN: 0009-3920.

Luke, Douglas A. , Caburnay, Charlene A. , & Cohen, Elisia L. (2011). How much is enough? New recommendations for using constructed week sampling in newspaper content analysis of health stories. *Communication Methods and Measures*,*5*(1), 76-91. doi:10. 1080/19312458. 2010. 547823.

Lunk, Bettina. (2008). *MySpace or OurSpace: A cross-cultural empirical analysis of MySpace comment* (Unpublished master's thesis). Cleveland State University,Cleveland, OH.

Lyman, Stanford M. (1997). Cinematic ideologies and societal dystopias in the United States, Japan, Germany and the Soviet Union: 1900-1996. *International Journal of Politics, Culture and Society*, *10*, 497-542.

Ma, Lin. (2013). Electronic word-of-mouth on microblogs: A cross-cultural content analysis of Twitter and Weibo. *Intercultural Communication Studies*, *22*(3),18- 42.

MacDonald, J. Fred. (1992). *Blacks and White TV: African Americans in television since 1948*(2nd ed.). Chicago: Nelson-Hall.

Macnamara, Jim. (2005). Media content analysis: Its uses; benefits and best practice methodology. *Asia Pacific Public Relations Journal*, *6*(1), 1-34.

MacWhinney, Brian. (1996). The CHILDES system. *American Journal of Speech-Language Pathology*, *5*, 5-14.

MacWhinney, Brian. (2000). *The CHILDES project: Tools for analyzing talk* (3rd ed.). Mahwah, NJ: Lawrence Erlbaum.

Magai, Carol, Consedine, Nathan S., Krivoshekova, Yulia S., Kudadjie-Gyamfi, Elizabeth, & McPherson, Renee. (2006). Emotion experience and expression across the adult life span: Insights from a multimodal assessment study. *Psychology and Aging*, *21*, 303-317.

Mager, John, & Helgeson, James G. (2011). Fifty years of advertising images: Some changing perspectives on role portrayals along with enduring consistencies. *Sex Roles*, *64*, 238-252.

Magi, Trina J. (2010). A content analysis of library vendor privacy policies: Do they meet our standards? *College & Research Libraries*, *71*, 254-272.

Mailloux, Stephen L., Johnson, Mark E., Fisher, Dennis G., & Pettibone, Timothy J. (1995). How reliable is computerized assessment of readability? *Computers in Nursing*, *13*, 221-225.

Manganello, Jennifer, & Blake, Nancy. (2010). A study of quantitative content analysis of health messages in U. S. media from 1985 to 2005. *Health Communication*, *25*, 387-396.

Manganello, Jennifer, & Fishbein, Martin. (2009). Using theory to inform content analysis. In Amy B. Jordan, Dale Kunkel, Jennifer Manganello, & Martin Fishbein (Eds.), *Media messages and public health: A decisions approach to content analysis* (pp. 3-14). New York: Routledge.

Manganello, Jennifer A., Henderson, Vani R., Jordan, Amy, Trentacoste, Nicole, Martin, Suzanne, Hennessy, Michael, & Fishbein, Martin. (2010). Adolescent judgment of sexual content on television: Implications for future content analysis research. *Journal of Sex Research*, *47*, 364-373.

Manning, Philip, & Ray, George. (2000). *Setting the agenda in clinical interviews: An analysis of accommodation strategies.* Unpublished manuscript. Cleveland, OH: Cleveland State University.

Marche, Tammy A., & Peterson, Carole. (1993). The development and sex-related use of interruption behavior. *Human Communication Research*, *19*, 388-408.

Mark, Robert A. (1971). Coding communication at the relational level. *Journal of Communication*, *21*(3), 221-232.

Markel, Norman. (1998). *Semiotic psychology: Speech as an index of emotions and attitudes.* New York: Peter Lang.

Markiewicz, Dorothy. (1974). Effects of humor on persuasion. *Sociometry*, *37*, 407-422.

Marks, Lawrence E. (1978). *The unity of the senses: Interrelations among the modalities.* New York: Academic Press.

Marks, Leonie A., Kalaitzandonakes, Nicholas, Wilkins, Lee, & Zakharova, Ludmila. (2007). Mass media framing of biotechnology news. *Public Understanding of Science*, *16*, 183-203.

Martin, Rod. (2007). *The psychology of humor: An integrative approach.* Amsterdam: Elsevier.

Martindale, Colin, & McKenzie, Dean. (1995). On the utility of content analysis in author attribution: The Federalist. *Computers and the Humanities*, *29*, 259-270.

Martindale, Colin, Moore, Kathleen, & Borkum, Jonathan. (1990). Aesthetic preference: Anomalous findings for Berlyne's psychobiological theory. *American Journal of Psychology*, *103*(1), 53-80.

Martins, Nicole, Williams, Dimitri, & Harrison, Kristen. (2008). *A content analysis of female body imagery in video games.* Paper presented at the 2008 Annual Convention of the National Communication Association, San Diego, CA.

Martins, Nicole, Williams, Dimitri C., Harrison, Kristen, & Ratan, Rabindra A. (2009). A content analysis of female body imagery in video games. *Sex Roles*,*61*, 824-836.

Martins, Nicole, Williams, Dimitri C. , Ratan, Rabindra A. , & Harrison, Kristen. (2011). Virtual muscularity: A content analysis of male video game characters. *Body Image*, *8*, 43-51.

Marttunen, Miika. (1997). Electronic mail as a pedagogical delivery system: An analysis of the learning of argumentation. *Research in Higher Education*, *38*,345-363.

Maruyama, Geoffrey M. (1998). *Basics of structural equation modeling.* Thousand Oaks, CA: Sage.

Mason, Michael J. (2010). Attributing activity space as risky and safe: The social dimension to the meaning of place for urban adolescents. *Health & Place*, *16*,926-933.

Massey, Brian L. , & Levy, Mark R. (1999). Interactivity, online journalism, and English-language Web newspapers in Asia. *Journalism & Mass Communication Quarterly*, *76*, 138-151.

Mastro, Dana E. , & Behm-Morawitz, Elizabeth. (2005). Latino representation on primetime television. *Journalism & Mass Communication Quarterly*, *82*,110-130.

Mastro, Dana E. , Eastin, Matthew S. , & Tamborini, Ron. (2002). Internet search behaviors and mood alterations: A selective exposure approach. *Media Psychology*, *4*, 157-172.

Mastro, Dana E. , & Ortiz, Michelle. (2008). A content analysis of social groups in prime-time Spanish-language television. *Journal of Broadcasting & Electronic Media*, *52*, 101-118.

Mastro, Dana E. , & Stern, Susannah R. (2003). Representations of race in television commercials: A content analysis of prime-time advertising. *Journal of Broadcasting & Electronic Media*, *47*, 638-664.

Masur, Kate. (2001, September). *Tasini v. New York Times*: The implications for historians. [American Historical Association] *Perspectives*. Retrieved from http://www. historians. org/perspectives/issues/2001/0109/0109new2. cfm.

Matabane, Paula, & Merritt, Bishetta. (1996). African Americans on television: Twenty-five years after Kerner. *Howard Journal of Communications*, *7*, 329-337.

Maxwell, Terrence A. (2004). Mapping information policy frames: The politics of the Digital Millennium Copyright Act. *Journal of the American Society for Information Science and Technology*, *55*, 3-12.

Maxwell, Terrence A. (2005). Constructing consensus: Homeland security as a symbol of government politics and administration. *Government Information Quarterly*, *22*, 152-169.

Mayring, Philipp. (2000). Qualitative content analysis. *Forum Qualitative Sozialforschung/Forum: Qualitative Social Research*, *1*(2), Art. 20.

Mazur, Elizabeth. (2010). Collecting data from social networking web sites and blogs. In Samuel D. Golding & John A. Johnson (Eds.),*Advanced methods for conducting online behavioral research*(pp. 77-90). Washington, DC: American Psychological Association.

McAdams, Dan P. , & Zeldow, Peter B. (1993). Construct validity and content analysis. *Journal of Personality Assessment*, *61*, 243-245.

McCarthy, Philip M. , & Boonthum-Denecke, Chutima. (2012). *Applied natural language processing: Identification, investigation, and resolution.* Hershey, PA: IGI Global.

McCarty, James F. (2001, January 24). Modell itching to skip town again. *The Plain Dealer*,pp. 1-A, 9-A.

McCluskey, Michael, Stein, Susan E. , Boyle, Michael P. , & McLeod, Douglas M. (2009). Community structure and social protest: Influences on newspaper coverage. *Mass Communication & Society*, *12*, 353-371.

McCombs, Maxwell. (2005). A look at agenda-setting: Past, present and future. *Journalism Studies*, *6*, 543-557.

McCombs, Maxwell, Llamas, Juan Pablo, Lopez-Escobar, Esteban, & Rey, Federico. (1997). Candidate images in Spanish elections: Second-level agenda-setting effects. *Journalism & Mass Communication Quarterly*, *74*,

703-717.

McCorkindale, Tina. (2010). Can you see the writing on my wall? A content analysis of the Fortune 500's Facebook social networking sites. *Public Relations Journal*, *4*(3).

McCormick, Naomi B., & McCormick, John W. (1992). Computer friends and foes: Content of undergraduates' electronic mail. *Computers in Human Behavior*, *8*,379-405.

McCown, Bill, Blake, Ilia Khambatta, & Keiser, Ross. (2012). Content analyses of the beliefs of academic procrastinators. *Journal of Rational-Emotive & Cognitive-Behavior Therapy*, *30*, 213-222.

McCroskey, James C. (2005). *An introduction to rhetorical communication: A Western cultural perspective* (9th ed.). Boston, MA: Allyn and Bacon.

McCullough, Lynette S. (1993). A cross-cultural test of the two-part typology of humor. *Perceptual and Motor Skills*, *76*, 1275-1281.

McIsaac, Marina Stock, Mosley, Mary Lou, & Story, Naomi. (1984). Identification of visual dimensions in photographs using multidimensional scaling techniques. *Educational Communication and Technology Journal*, *32*, 169-179.

McKay, James R. (1992). Affiliative trust-mistrust. In Charles P. Smith (Ed.), *Motivation and personality: Handbook of thematic content analysis* (pp. 254-277). Cambridge: Cambridge University Press.

McKenny, Aaron F., Short, Jeremy C., & Payne, G. Tyge. (2013). Using computeraided text analysis to elevate constructs: An illustration using psychological capital. *Organizational Research Methods*, *16*, 152-184.

McLaughlin, G. Harry. (1969). SMOG grading—A new readability formula. *Journal of Reading*, *12*, 639-646.

McLuhan, Marshall. (1989). The role of new media in social change. In George Sanderson & Frank MacDonald (Eds.), *Marshall McLuhan: The man and his message* (pp. 34-40). Golden, CO: Fulcrum.

McManus, Roseanne W. (2014). Fighting words: The effectiveness of statements of resolve in international conflict. *Journal of Peace Research*, *51*, 726-740.

McMillan, Sally J. (2000). The microscope and the moving target: The challenge of applying content analysis to the World Wide Web. *Journalism & Mass Communication Quarterly*, *77*, 80-98.

McMillan, Sally J. (2002). Exploring models of interactivity from multiple research traditions. In Leah A. Lievrouw & Sonia Livingstone (Eds.), *Handbook of new media: Social shaping and social consequences* (pp. 205-229). London: Sage.

McMillan, Sally J., & Hwang, Jang-Sun. (2002). Measures of perceived interactivity: An exploration of communication, user control, and time in shaping perceptions of interactivity. *Journal of Advertising*, *31*(3), 41-54.

McQuarrie, Edward F., & Phillips, Barbara J. (2008). It's not your father's magazine ad: Magnitude and direction of recent changes in advertising style. *Journal of Advertising*, *37*(3), 95-106.

Mehl, Matthias R. (2006). Quantitative text analysis. In Michael Eid & Ed Diener (Eds.), *Handbook of multimethod measurement in psychology* (pp. 141-156). Washington, DC: American Psychological Association. doi: 10. 1037/11383-011.

Mehl, Matthias R., & Gill, Alastair, J. (2010). Automatic text analysis. In Samuel D. Gosling & John A. Johnson (Eds.), *Advanced methods for conducting online behavioral research* (pp. 109-127). Washington, DC: American Psychological Association.

Melara, Robert D., Marks, Lawrence E., & Potts, Bonnie C. (1993). Early-holistic processing or dimensional similarity? *Journal of Experimental Psychology: Human Perception and Performance*, *19*, 1114-1120.

Melican, Debra Burns. (2009). *Race in the floodwaters: Constructing and deconstructing television news coverage of Hurricane Katrina* (Unpublished doctoral dissertation). University of Michigan, Ann Arbor, MI.

Melitski, James, & Manoharan, Aroon. (2014). Performance measurement, accountability, and transparency of budgets and financial reports. *Public Administration Quarterly*, *38*, 38-70.

Men, Linjuan Rita, & Tsai, Wan-Hsiu Sunny. (2012). How companies cultivate relationships with publics on social network sites: Evidence from China and the United States. *Public Relations Review*, *38*, 723-730.

Messing, Lynn S., & Campbell, Ruth. (Eds.). (1999). *Gesture, speech, and sign*. Oxford, U.K.: Oxford University Press.

Messner, Marcus, DiStaso, Marcia W., Jin, Yan, Meganck, Shana, Sherman, Scott, & Norton, Sally. (2014). Influencing public opinion from corn syrup to obesity: A longitudinal analysis of the references for nutritional entries on Wikipedia. *First Monday*, *19*(11). doi:http://dx.doi.org/10.5210/fm.v19i11.4823.

Messner, Marcus, & South, Jeff. (2011). Legitimizing Wikipedia: How US national newspapers frame and use the online encyclopedia in their coverage. *Journalism Practice*, *5*, 145-160. doi:10.1080/17512786.2010.506060.

Metz, Christian. (1974). *Film language: A semiotics of the cinema*. Chicago: University of Chicago Press.

Metz, Rainer, Van Cauwenberghe, Eddy, & van der Voort, Roel. (Eds.). (1990). *Historical information systems*. Leuven, Belgium: Leuven University Press.

Michelson, Jean. (1996). *Visual imagery in medical journal advertising* (Unpublished master's thesis). Cleveland State University, Cleveland, OH.

Milic, Louis T. (1995). The century of prose corpus: A half-million word historical data base. *Computers and the Humanities*, *29*, 327-337.

Miller, Darryl W., Leyell, Teresita S., & Mazachek, Juliann. (2004). Stereotypes of the elderly in U.S. television commercials from the 1950s to the 1990s. *International Journal of Aging & Human Development*, *58*, 315-340.

Miller, Gerald R. (1987). Persuasion. In Charles R. Berger & Steven H. Chaffee (Eds.), *Handbook of communication science* (pp. 446-483). Newbury Park, CA: Sage.

Miller, Kevin J., Fullmer, Steven L., & Walls, Richard T. (1996). A dozen years of mainstreaming literature: A content analysis. *Exceptionality*, *6*(2), 99-109.

Miller, M. Mark, Andsager, Julie L., & Riechert, Bonnie P. (1998). Framing the candidates in presidential primaries: Issues and images in press releases and news coverage. *Journalism & Mass Communication Quarterly*, *75*, 312-324.

Miller, M. Mark, Boone, Jeff, & Fowler, David. (1992, November). *The emergence of greenhouse effect on the issue agenda: A news stream analysis*. Paper presented at the annual meeting of the Midwest Association for Public Opinion Research, Chicago, IL.

Miller, Mark, & Riechert, Bonnie Parnell. (2001). Frame mapping: A quantitative method for investigating issues in the public sphere. In Mark D. West (Ed.), *Theory, method, and practice in computer content analysis* (pp. 61-75). Westport, CT: Albex.

Miller, Peggy J., Wiley, Angela R., Fung, Heidi, & Liang, Chung-Hui. (1997). Personal storytelling as a medium of socialization in Chinese and American families. *Child Development*, *68*, 557-568.

Milojevic, Stasa, Sugimoto, Cassidy R., Yan, Erjia, & Ding, Ying. (2011). The cognitive structure of library and information science: Analysis of article title words. *Journal of the American Society for Information Science and Technology*, *62*, 1933-1953.

Minton, Casey A. Barrio, Morris, Carrie A. Wachter, & Yaites, LaToya D. (2014). Pedagogy in counselor education: A 10-year content analysis of journals. *Counselor Education & Supervision*, *53*, 162-177. doi:10.1002/j.

1556- 6978. 2014. 00055. x.

Mohler, Peter Ph. , & Zuell, Cornelia. (2001). Applied text theory: Quantitative analysis of answers to open-ended questions. In Mark D. West (Ed.) ,*Applications of computer content analysis*(pp. 1-16). Westport, CT: Ablex.

Moles, Abraham A. (1968). *Information theory and esthetic perception* (Joel F. Cohen, Trans.). Urbana: University of Illinois Press.

Monroe, Burt L. , & Schrodt, Philip A. (2008). Introduction to the special issue: The statistical analysis of political text. *Political Analysis*, *16*, 351-355.

Monroe, Joel M. , Diener, Marc J. , Fowler, J. Christopher, Sexton, James E. , & Hilsenroth, Mark J. (2013). Criterion validity of the Rorschach Mutuality of Autonomy (MOA)scale: A meta-analytic review. *Psychoanalytic Psychology*, *30*, 535-566.

Morgan, Michael, & Shanahan, James. (2010). The state of cultivation. *Journal of Broadcasting & Electronic Media*, *54*, 337-355.

Morgan, Michael, Shanahan, James, & Signorielli, Nancy. (2009). Growing up with television: Cultivation processes. In Jennings Bryant & Mary Beth Oliver (Eds.), *Media effects: Advances in theory and research*(3rd ed. , pp. 34-49). New York:Routledge.

Morgenstern, Matthis, Schoeppe, Franziska, Campbell, Julie, Braam, Marloes W. G. , Stoolmiller, Michael, & Sargent, James D. (2015). Content themes of alcohol advertising in U. S. television—Latent class analysis. *Alcoholism:Clinical and Experimental Research*, *39*, 1766-1774. doi:10. 1111/acer. 12811.

Morris, Jonathan S. (2009). *The Daily Show with Jon Stewart* and audience attitude change during the 2004 party conventions. *Political Behavior*, *31*, 79-102.

Mowrer, Donald E. (1996). A content analysis of student/instructor communication via computer conferencing. *Higher Education*, *32*, 217-241.

Mulac, Anthony, Bradac, James J. , & Gibbons, Pamela. (2001). Empirical support for the gender-as-culture hypothesis: An intercultural analysis of male/female language differences. *Human Communication Research*, *27*, 121-152.

Mumford, Densua, & Selck, Torsten J. (2010). New labour's ethical dimension: Statistical trends in Tony Blair's foreign policy speeches. *BJPIR: The British Journal of Politics and International Relations*, *12*, 295-312.

Muncy, James A. , Iyer, Rajesh, & Eastman, Jacqueline K. (2014). Medical advertising on demand: A content analysis of YouTube direct-to-consumer pharmaceutical advertisements. *Journal of Medical Marketing*, *14*, 145-153.

Murray, Henry A. , and the staff of the Harvard Psychological Clinic. (1943). *Thematic Apperception Test manual.* Cambridge, MA: Harvard University Press.

Murray, Noel M. , & Murray, Sandra B. (1996). Music and lyrics in commercials: A cross-cultural comparison between commercials run in the Dominican Republic and in the United States. *Journal of Advertising*, *25*(2), 51-63.

Myers, Kathryn A. , Zibrowski, Elaine M. , & Lingard, Lorelei. (2011). A mixedmethods analysis of residents' written comments regarding their clinical supervisors. *Journal of the Association of American Medical Colleges*, *85* (10) ,S21-S24.

Naccarato, John. (1990). *Predictors of readership and recall: A content analysis of industrial ads* (Unpublished master's thesis). Cleveland State University, Cleveland, OH.

Naccarato, John L. , & Neuendorf, Kimberly A. (1998). Content analysis as a predictive methodology: Recall, readership, and evaluations of business-to-business print advertising. *Journal of Advertising Research*, *38*(3), 19-33.

Nardi, Bonnie A. , Schiano, Diane J. , & Gumbrecht, Michelle. (2004). Blogging as social activity, or, would you let 900 million people read your diary? *Proceedings of the 2004 ACM Conference on Computer Supported Cooperative Work*, Chicago, IL.

Narmour, Eugene. (1996). Analyzing form and measuring perceptual content in Mozart's sonata K. 282: A new theory of parametric analogues. *Music Perception*, *13*, 265-318.

National Television Violence Study (Volume 1). (1997). Thousand Oaks, CA: Sage.

Nelson, Kerrie P. , & Edwards, Don. (2015). Measures of agreement between many raters for ordinal classifications. *Statistics in Medicine*, *34*, 3116-3132. doi:10. 1002/sim. 6546.

Netzley, Sara Baker. (2010). Visibility that demystifies: Gays, gender, and sex on television. *Journal of Homosexuality*, *57*, 968-986.

Neuendorf, Kimberly. (1985). Alcohol advertising and media portrayals. *Journal of the Institute for Socioeconomic Studies*, *X*(2), 67-78.

Neuendorf, Kimberly. (1990a). Alcohol advertising: Regulation can help. In Ruth C. Engs (Ed.), *Controversies in the addictions field: Volume I* (pp. 119-129). Dubuque, IA: Kendall-Hunt.

Neuendorf, Kimberly. (1990b). Health images in the mass media. In Eileen Berlin Ray & Lewis Donohew (Eds.), *Communication and health: Systems and applications* (pp. 111-135). Hillsdale, NJ: Lawrence Erlbaum.

Neuendorf, Kimberly A. (2002). *The content analysis guidebook*. Thousand Oaks, CA: Sage.

Neuendorf, K. A. (2004). Content analysis: A contrast and complement to discourse analysis. *Qualitative Methods: Newsletter of the American Political Science Association Organized Section on Qualitative Methods*, *2*(1), 33-36.

Neuendorf, Kimberly A. (2009). Reliability for content analysis. In Amy B. Jordan, Dale Kunkel, Jennifer Manganello, & Martin Fishbein (Eds.), *Media messages and public health: A decisions approach to content analysis* (pp. 67-87). New York: Routledge.

Neuendorf, Kimberly A. (2011). Content analysis—A methodological primer for gender research. *Sex Roles*, *64*, 276-289.

Neuendorf, Kimberly, & Abelman, Robert. (1986). Televangelism: A look at communicator style. *Journal of Religious Studies*, *13*(1), 41-59.

Neuendorf, Kimberly A. , & Abelman, Robert. (1987). An interaction analysis of religious television programming. *Review of Religious Research*, *29*, 175-198.

Neuendorf, Kimberly A. , Brentar, James E. , & Porco, James. (1990). Media technology hardware and human sensory channels: Cognitive structures in multidimensional space. *Communication Research Reports*, *7*, 100-106.

Neuendorf, Kimberly A. , Gore, Thomas D. , Dalessandro, Amy, Janstova, Patricie, & Snyder-Suhy, Sharon. (2010). Shaken and stirred: A content analysis of women's portrayals in James Bond films. *Sex Roles*, *62*, 747-761.

Neuendorf, Kimberly A. , & Kumar, Anup. (2016, in press). Content analysis. In G. Mazzoleni (Ed.), *The international encyclopedia of political communication*. Hoboken, NJ: John Wiley & Sons.

Neuendorf, Kimberly A. , Rudd, Jill E. , Palisin, Paul, & Pask, Elizabeth B. (2015). Humorous communication, verbal aggressiveness, and father-son relational satisfaction. *Humor: International Journal of Humor Research*, *28*, 397-425. doi:10. 1515/humor-2015-0066.

Neuendorf, Kimberly A. , & Skalski, Paul. (2000, June). *Senses of humor: The development of a multi-factor scale in relationship to moving image utility.* Paper presented to the Mass Communication Division at the annual meeting of the International Communication Association, Acapulco, Mexico.

Neuendorf, Kimberly A. , & Skalski, Paul D. (2009). Quantitative content analysis and the measurement of collective identity. In Rawi Abdelal, Yoshiko M. Herrera, Alastair Iain Johnston, & Rose McDermott (Eds.), *Measuring identity: A guide for social scientists*(pp. 203-236). Cambridge, MA: Cambridge University Press.

Neuendorf, Kimberly A. , & Skalski, Paul D. (2010, May). *Extending the utility of content analysis via the scientific method.* Paper presented to the Social Science and Social Computing Workshop, University of Hawaii, Honolulu, HI.

Neuendorf, Kimberly A. , Skalski, Paul D. , Jeffres, Leo W. , & Atkin, David. (2014). Senses of humor, media use, and opinions about the treatment of marginalized groups. *International Journal of Intercultural Relations*, *42*, 65-76.

Neuendorf, Kimberly A. , et al. (2016, in progress). *Comedy content on YouTube.* Research project, Cleveland State University.

Neviarouskaya, Alena, Prendinger, Helmut, & Ishizuka, Mitsuru. (2007). Analysis of affect expressed through the evolving language of online communication. *Proceedings of the International Conference on Intelligent User Interfaces*, pp. 278-281.

Neviarouskaya, Alena, Prendinger, Helmut, & Ishizuka, Mitsuru. (2009). Compositionality principle in recognition of fine-grained emotions from text. *Proceedings of the Third International ICWSM Conference*(pp. 278-281). Retrieved from http://citeseerx. ist. psu. edu/viewdoc/summary? doi = 10. 1. 1. 151. 4587.

Newcomb, Horace. (Ed.). (1987). *Television: The critical view* (4th ed.). New York: Oxford University Press.

Newhagen, John E. , Cordes, John W. , & Levy, Mark R. (1995). Nightly@ nbc. com: Audience scope and perception of interactivity in viewer mail on the Internet. *Journal of Communication*, *45*(3), 164-175.

Newman, James. (2004). *Videogames.* London: Routledge.

Newton, A. T. , Kramer, A. D. I. , & McIntosh, D. N. (2009). Autism online: A comparison of word usage in bloggers with and without autism spectrum disorders. *CHI2009: Proceedings of the 27th Annual CHI Conference on Human Factors in Computing Systems*, *Vols. 1-4*, 463-466.

Newton, Barbara J. , Buck, Elizabeth B. , & Woelfel, Joseph A. (1986). Metric multidimensional scaling of viewers' perceptions of TV in five countries. *Human Organization*, *45*(2), 162-170.

Newtson, Darren, Engquist, Gretchen, & Bois, Joyce. (1977). The objective basis of behavior units. *Personality and Social Psychology*, *35*, 847-862.

Nielsen. (2011). Retrieved from http://blog. nielsen. com/nielsenwire/online_mobile/what-consumers-watch-nielsens-q1-2010-three-screen-report/.

Nisbet, Robert, Elder, John, & Miner, Gary. (2009). *Handbook of statistical analysis and data mining applications.* Amsterdam: Elsevier.

Nofsinger, Robert E. (1988/1989). "Let's talk about the record": Contending over topic redirection in the Rather/Bush interview. *Research on Language and Social Interaction*, *22*, 273-292.

Norris, Rebecca L. , Bailey, Rachel L. , Bolls, Paul D. , & Wise, Kevin R. (2012). Effects of emotional tone and visual complexity on processing health information in prescription drug advertising. *Health Communication*, *27*, 42-48.

Norton, Robert. (1983). *Communicator style: Theory, applications, and measures.* Beverly Hills, CA: Sage.

Nunnally, Jum C. (1982). Reliability of measurement. In Harold E. Mitzel (Ed.), *Encyclopedia of Educational*

Research(5th ed. , pp. 1589-1601). New York, NY: Free Press.

Oerter, Rolf, Oerter, Rosemarie, Agostiani, Hendriati, Kim, Hye-On, & Wibowo, Sutji. (1996). The concept of human nature in East Asia: Etic and emic characteristics. *Culture and Psychology*, *2*, 9-51.

Oger, Stanislas, Rouvier, Mickael, & Linares, Georges. (2010). *Transcription-based video genre classification.* Paper presented at the International Conference on Audio Speech and Signal Processing, ICASS. Retrieved from http://www. mickael-rouvier. fr/files/ICASSP10_classif. pdf.

Ogletree, Shirley Matile, Merritt, Sara, & Roberts, John. (1994). Female/male portrayals on U. S. postage stamps of the twentieth century. *Communication Research Reports*, *11*, 77-85.

Oh, Onook, Agrawal, Manish, & Rao, H. Raghav. (2011). Information control and terrorism: Tracking the Mumbai terrorist attack through Twitter. *Information Systems Frontiers*, *13*, 33-43.

O'Hair, Dan. (1989). Dimensions of relational communication and control during physician-patient interactions. *Health Communication*, *1*, 97-115.

Oliver, Mary Beth. (1994). Portrayals of crime, race, and aggression in "realitybased" police shows: A content analysis. *Journal of Broadcasting & Electronic Media*, *38*, 179-192.

Oliver, Mary Beth, & Kalyanaraman, Sriram. (2002). Appropriate for all viewing audiences? An examination of violent and sexual portrayals in movie previews featured on video rentals. *Journal of Broadcasting & Electronic Media*, *46*,283-299. doi:10. 1207/s15506878jobem4602_7.

Olsen, Mark. (1993). Signs, symbols and discourses: A new direction for computeraided literature studies. *Computers and the Humanities*, *27*, 309-314.

Opoku, Robert A. , Pitt, Leyland F. , & Abratt, Russell. (2007). Positioning in cyberspace: Evaluating bestselling authors' online communicated brand personalities using computer-aided content analysis. *South African Journal of Business Management*, *38*(4), 21-32.

O'Reilly, Tim. (2005). *What is Web 2. 0? Design patterns and business models for the next generation of software.* Retrieved from http://oreilly. com/web2/archive/what-is-web-20. html.

Orne, Martin T. (1975). On the social psychology experiment: With particular reference to demand characteristics and their implications. In George H. Lewis (Ed.), *Fist-fights in the kitchen* (pp. 183-195). Pacific Palisades, CA: Goodyear.

Ortigosa, Alvaro, Martín, José M. , & Carro, Rosa M. (2014). Sentiment analysis in Facebook and its application to e-learning. *Computers in Human Behavior*, *31*,527-541.

Osgood, Charles E. , Suci, George J. , & Tannenbaum, Percy H. (1957). *The measurement of meaning.* Urbana: University of Illinois Press.

Owen, Patricia R. (2012). Portrayals of schizophrenia by entertainment media: A content analysis of contemporary movies. *Psychiatric Services*, *63*, 655-659.

Ögeldi, Meriç, & Esen, Yasemin. (2010). Analysis of mathematical tasks in Turkish elementary school mathematics textbooks. *Procedia—Social and Behavioral Sciences*, *2*, 2277-2281.

Padilla-Walker, Laura M. , Coyne, Sarah M. , Fraser, Ashley M. , & Stockdale, Laura A. (2013). Is Disney the nicest place on earth? A content analysis of prosocial behavior in animated Disney films. *Journal of Communication*, *63*, 393-412. doi:10. 1111/jcom. 12022.

Paek, Hye-Jin, Hove, Thomas, & Jeon, Jehoon. (2013). Social media for message testing: A multilevel approach to linking favorable viewer responses with message, producer, and viewer influence on YouTube. *Health Communication*, *28*,226-236.

Paige, Samantha, Stellefson, Michael, Chaney, Beth, & Alber, Julia. (2015). Pinterest as a resource for health information on Chronic Obstructive Pulmonary Disease (COPD): A social media content analysis. *American Journal of Health Education*, *46*(4), 241-251.

Pang, Bo, & Lee, Lillian. (2008). Opinion mining and sentiment analysis. *Foundations and Trends in Information Retrieval*, *2*(1-2), 1-135.

Papacharissi, Zizi. (2007). Audiences as media producers: Content analysis of 260 blogs. In Mark Tremayne (Ed.), *Blogging, citizenship, and the future of media* (pp. 21-38). New York: Routledge.

Pardun, Carol J., L'Engle, Kelly Ladin, & Brown, Jane D. (2005). Linking exposure to outcomes: Early adolescents' consumption of sexual content in six media. *Mass Communication & Society*, *8*, 75-91.

Park, Jung-ran, Lu, Caimei, & Marion, Linda. (2009). Cataloging professionals in the digital environment: A content analysis of job descriptions. *Journal of the American Society for Information Science and Technology*, *60*, 844-857.

Pasadeos, Y., Huhman, B., Standley, T., & Wilson, G. (1995, May). *Applications of content analysis in news research: A critical examination.* Paper presented to the Communication Theory and Methodology Division of the Association for Education in Journalism and Mass Communication, Washington, DC.

Pasadeos, Yorgo, & Renfro, Paula. (1988). Rupert Murdoch's style: The *New York Post. Newspaper Research Journal*, *9*(4), 25-34.

Patchin, Justin W., & Hinduja, Sameer. (2010). Trends in online social networking: Adolescent use of MySpace over time. *New Media & Society*, *12*,197-216.

Patron-Perez, Alonso, Marszalek, Marcin, Zisserman, Andrew, & Reid, Ian. (2010, September). High five: Recognising human interactions in TV shows. *Proceedings of the British Machine Vision Conference.* Retrieved from http://www.robots.ox.ac.uk/~vgg/publications/2010/PatronPerez10/patronperez10.pdf.

Patterson, Gerald R. (1982). *A social learning approach: Vol. 3. Coercive family processes.* Eugene, OR: Castalia.

Pavlik, John V. (1998). *New media technology: Cultural and commercial perspectives.* Boston, MA: Allyn and Bacon.

Peirce, Charles Sanders. (1931-1958). *Collected papers of Charles Sanders Peirce* (Ed. Charles Hartshorne & Paul Weiss). Cambridge, MA: Harvard University Press.

Pennebaker, James W. (2011). *The secret life of pronouns: What our words say about us.* New York: Bloomsbury Press.

Pennebaker, James W., & Chung, Cindy K. (2009). Computerized text analysis of Al-Qaeda transcripts. In Klaus Krippendorff & Mary Angela Bock (Eds.), *The content analysis reader* (pp. 453-465). Thousand Oaks, CA: Sage.

Pennebaker, James W., & Francis, Martha E. (1999). *Linguistic inquiry and word count (LIWC).* Mahwah, NJ: Lawrence Erlbaum.

Pennebaker, James W., Francis, Martha E., & Booth, R. J. (2001). *Linguistic inquiry and word count: LIWC2001.* Mahwah, NJ: Lawrence Erlbaum.

Pennings, Paul, & Arnold, Christine. (2008). Is constitutional politics like politics "at home"? The case of the EU Constitution. *Political Studies*, *56*, 789-806. doi:10.1111/j.1467-9248.2007.00697.x.

Perreault, William D., Jr., & Leigh, Laurence E. (1989, May). Reliability of nominal data based on qualitative judgments. *Journal of Marketing Research*, *26*,135-148.

Perrin, Andrew J. (2005). National threat and political culture: Authoritarianism, antiauthoritarianism, and the September 11 attacks. *Political Psychology*, *26*,167-194.

Perrin, Andrew J., & Vaisey, Stephen. (2008). Parallel public spheres: Distance and discourse in letters to the editor. *American Journal of Sociology*, *114*, 781-810.

Pershad, Dwarka, & Verma, S. K. (1995). Diagnostic significance of content analysis of SIS-II. *Journal of Projective Psychology and Mental Health*, *2*(2), 139-144.

Peterkin, Kimberly Y. (2014). *Online travel agencies as a source of hotel information: A content analysis* (Unpublished master's thesis). University of Ljubljana, Slovenia.

Peterson, Christopher, Bettes, Barbara A., & Seligman, Martin E. P. (1985). Depressive symptoms and unprompted causal attributions: Content analysis. *Behavior Research and Therapy*, *23*, 379-382.

Peterson, Christopher, Luborsky, Lester, & Seligman, Martin E. P. (1983). Attributions and depressive mood shifts: A case study using the symptom-context method. *Journal of Abnormal Psychology*, *92*, 96-103.

Peterson, Christopher, Seligman, Martin E. P., & Vaillant, George E. (1988). Pessimistic explanatory style is a risk factor for physical illness: A thirty-fiveyear longitudinal study. *Journal of Personality and Social Psychology*, *55*, 23-27.

Pettijohn, Terry F., II, & Jungeberg, Brian J. (2004). *Playboy* playmate curves: Changes in facial and body feature preferences across social and economic conditions. *Personality and Social Psychology Bulletin*, *30*, 1186-1197.

Pettijohn, Terry F., II, & Sacco, Donald F., Jr. (2009). The language of lyrics: An analysis of popular *Billboard* songs across conditions of social and economic threat. *Journal of Language and Social Psychology*, *28*, 297-311.

Pettijohn, Terry F., II., & Tesser, Abraham. (1999). Popularity in environmental context: Facial feature assessment of American movie actresses. *Media Psychology*, *1*, 229-247.

Pfau, Michael, Moy, Patricia, Holbert, R. Lance, Szabo, Erin A., Lin, Wei-Kuo, & Zhang, Weiwu. (1998). The influence of political talk radio on confidence in democratic institutions. *Journalism & Mass Communication Quarterly*, *75*, 730-745.

Pfeffer, K., & Orum, J. (2009). Risk and injury portrayal in boys' and girls' favourite television programmes. *Injury Prevention*, *15*, 312-316. doi:10.1136/ip.2008.019539.

Phelan, Sean, & Shearer, Fiona. (2009). The "radical", the "activist" and the hegemonic newspaper articulation of the Aotearoa New Zealand foreshore and seabed conflict. *Journalism Studies*, *10*, 220-237.

Phillips, David P. (1974). The influence of suggestion on suicide: Substantive and theoretical implications of the Werther effect. *American Sociological Review*, *39*, 340-354.

Phillips, David P. (1982). The impact of fictional television stories on U. S. adult fatalities: New evidence on the effect of the mass media on violence. *American Journal of Sociology*, *87*, 1340-1359.

Phillips, David P. (1983). The impact of mass media violence on U. S. homicides. *American Sociological Review*, *48*, 560-568.

Phillips, David P., Barker, Gwendolyn E., & Brewer, Kimberly M. (2010). Christmas and New Year as risk factors for death. *Social Science & Medicine*, *71*, 1463-1471.

Phillips, David P., Barker, Gwendolyn E. C., & Eguchi, Megan M. (2008). A steep increase in domestic fatal medication errors with use of alcohol and/or street drugs. *Archives of Internal Medicine*, *168*, 1561-1566.

Phillips, David P., & Bredder, Charlene C. (2002). Morbidity and mortality from medical errors: An increasingly serious public health problem. *Annual Review of Public Health*, *23*, 135-150.

Phillips, David P., & Hensley, John E. (1984). When violence is rewarded or punished: The impact of mass media stories on homicide. *Journal of Communication*, *34*(3), 101-116.

Phillips, David P., Jarvinen, Jason R., & Phillips, Rosalie R. (2005). A spike in fatal medication errors at the beginning of each month. *Pharmacotherapy*, *25*, 1-9.

Phillips, David P. , & Paight, Daniel J. (1987). The impact of televised movies about suicide: A replicative study. *New England Journal of Medicine*, *317*, 809-811.

Phillips, David P. , Van Voorhees, Camilla A. , & Ruth, Todd E. (1992). The birthday: Lifeline or deadline? *Psychosomatic Medicine*, *54*, 532-542.

Pian, Wenjing, Khoo, Christopher S. G. , & Chang, Yun-Ke. (2014). Relevance judgment when browsing a health discussion forum: Content analysis of eye fixations. *LIBRES: Library & Information Science Research Electronic Journal*,*24*(2), 132-147.

Pieper, Katherine M. , Chan, Elaine, & Smith, Stacy L. (2009). Violent video games: Challenges to assessing content patterns. In Amy B. Jordan, Dale Kunkel, Jennifer Manganello, & Martin Fishbein (Eds.), *Media messages and public health: A decisions approach to content analysis*(pp. 211-230). New York: Routledge.

Pileggi, Mary S. , Grabe, Maria Elizabeth, Holderman, Lisa B. , & de Montigny, Michelle. (2000). Business as usual: The American dream in Hollywood business films. *Mass Communication & Society*, *3*, 207-228.

Pinto, R. M. , & McKay, M. M. (2006). A mixed-method analysis of African- American women's attendance at an HIV prevention intervention. *Journal of Community Psychology*, *34*, 601-616.

Plous, S. , & Neptune, Dominique. (1997). Racial and gender biases in magazine advertising: A content-analytic study. *Psychology of Women Quarterly*, *21*, 627-644.

Poindexter, Paula M. , & Stroman, Carolyn A. (1981). Blacks and television: A review of the research literature. *Journal of Broadcasting*, *25*, 103-122.

Pokrywczynski, James V. (1988). Sex in ads targeted to black and white readers. *Journalism Quarterly*, *65*, 756-760.

Pollach, Irene. (2012). Taming textual data: The contribution of corpus linguistics to computer-aided text analysis. *Organizational Research Methods*, *15*, 263-287.

Poole, Marshall Scott, & Folger, Joseph P. (1981). A method for establishing the representational validity of interaction coding systems: Do we see what they see? *Human Communication Research*, *8*, 26-42.

Poole, Marshall Scott, Van de Ven, Andrew H. , Dooley, Kevin, & Holmes, Michael E. (2000). *Organizational change and innovation processes: Theory and methods for research.* Oxford, U. K. : Oxford University Press.

Popping, Roel. (1988). On agreement indices for nominal data. In Willem E. Saris & Irmtraud N. Gallhofer (Eds.), *Sociometric research: Volume 1, data collection and scaling*(pp. 90-105). New York: St. Martin's.

Popping, Roel. (1997). Computer programs for the analysis of texts and transcripts. In Carl W. Roberts (Ed.), *Text analysis for the social sciences: Methods for drawing statistical inferences from texts and transcripts*(pp. 209-221). Mahwah, NJ:Lawrence Erlbaum.

Popping, Roel. (2000). *Computer-assisted text analysis.* London: Sage.

Popping, Roel. (2010). Some views on agreement to be used in content analysis studies. *Quality and Quantity*, *44*, 1067-1078. doi:10. 1007/s11135-009-9258-3.

Porpora, Douglas V. , Nikolaev, Alexander, & Hagemann, Julia. (2010). Abuse, torture, frames, and the *Washington Post. Journal of Communication*, *60*, 254-270.

Potter, James, Linz, Dan, Wilson, Barbara J. , Kunkel, Dale, Donnerstein, Ed, Smith, Stacy L. , Blumenthal, Eva, & Gray, Tim. (1998). Content analysis of entertainment television: New methodological developments. In James T. Hamilton (Ed.), *Television violence and public policy*(pp. 55-103). Ann Arbor: The University of Michigan Press.

Potter, Robert F. , & Choi, Jinmyung. (2006). The effects of auditory structural complexity on attitudes, attention, arousal, and memory. *Media Psychology*, *8*,395-419. doi:10. 1207/s1532785xmep0804_4.

Potter, Rosanne G. (1991). Statistical analysis of literature: A retrospective on computers and the humanities, 1966-1990. *Computers and the Humanities*, *25*, 401-429.

Potter, W. James. (2008). Adolescents and television violence. In Patrick E. Jamieson & Daniel Romer (Eds.), *The changing portrayal of adolescents in the media since 1950* (pp. 221-249). Oxford: Oxford University Press.

Potter, W. James. (2011). *Media literacy* (5th ed.). Los Angeles, CA: Sage.

Potter, W. James, & Levine-Donnerstein, Deborah. (1999). Rethinking validity and reliability in content analysis. *Journal of Applied Communication Research*, *27*, 258-284.

Potter, W. James, & Ware, William. (1987). An analysis of the contexts of antisocial acts on prime-time television. *Communication Research*, *14*, 664-686.

Potter, W. James, & Warren, Ron. (1998). Humor as camouflage of televised violence. *Journal of Communication*, *48*(2), 40-57.

Powell, Kimberly A. (2011). Framing Islam: An analysis of U. S. media coverage of terrorism since 9/11. *Communication Studies*, *62*, 90-112.

Powers, Stephen, Rothman, David J., & Rothman, Stanley. (1996). *Hollywood's America: Social and political themes in motion pictures*. Boulder, CO: Westview.

Pratt, Laurie, Wiseman, Richard L., Cody, Michael J., & Wendt, Pamela F. (1999). Interrogative strategies and information exchange in computer-mediated communication. *Communication Quarterly*, *47*, 46-66.

Prieler, Michael, Kohlbacher, Florian, Hagiwara, Shigeru, & Arima, Akie. (2015). The representation of older people in television advertisements and social change: The case of Japan. *Ageing and Society*, *35*, 865-887.

Primack, Brian A., Gold, Melanie A., Schwarz, Eleanor B., & Dalton, Madeline A. (2008). Degrading and non-degrading sex in popular music: A content analysis. *Public Health Reports*, *123*, 593-600.

Prince, Stephen Robert. (1987). Power, pain, and pleasure in pornography: A content analysis of pornographic feature films, 1972-1985. *Dissertations (ASC)*. Paper 4.

Procter, Rob, Vis, Farida, & Voss, Alex. (2013). Reading the riots on Twitter: Methodological innovation for the analysis of big data. *International Journal of Social Research Methodology*, *16*, 197-214.

Project description. (n. d.). *Manifesto Project*. Retrieved from https://manifesto project. wzb. eu/.

Prominski, Olga. (2006). *A comparison of indigenous and foreign magazine advertising in Russia* (Unpublished master's thesis). Cleveland State University, Cleveland, OH.

Propp, Vladimir. (1968). *Morphology of the folk tale* (Laurence Scott, Trans.). Austin: University of Texas Press.

Pudrovska, Tetyana, & Ferree, Myra Marx. (2004). Global activism in "virtual space": The European women's lobby in the network of transnational women's NGOs on the web. *Social Politics: International Studies in Gender, State and Society*, *11*(1), 117-143.

Puhl, Rebecca, Peterson, Jamie Lee, DePierre, Jenny A., & Juedicke, Joerg. (2013). Headless, hungry, and unhealthy: A video content analysis of obese persons portrayed in online news. *Journal of Health Communication*, *18*, 686-702. doi:10. 1080/10810730. 2012. 743631.

Qin, Jie. (2015). Hero on Twitter, traitor on news: How social media and legacy news frame Snowden. *International Journal of Press/Politics*, *20*, 166-184. doi:10. 1177/1940161214566709.

Raban, Daphne Ruth. (2009). Self-presentation and the value of information in Q&A websites. *Journal of the American Society for Information Science and Technology*, *60*, 2465-2473.

Racine, Eric, Bar-Ilan, Ofek, & Illes, Judy. (2006). Brain imaging: A decade of coverage in the print media. *Science Communication*, *28*(1), 122-143.

Rada, James A. , & Wulfemeyer, K. Tim. (2005). Color coded: Racial descriptors in television coverage of inter-collegiate sports. *Journal of Broadcasting & Electronic Media*, 49, 65-85.

Rafaeli, Sheizaf, & Sudweeks, Fay. (1997). Networked interactivity. *Journal of Computer Mediated Communication*, 2(4).

Ragas, Matthew W. (2014). Intermedia agenda setting in business news coverage. In Roderick P. Hart (Ed.), *Communication and language analysis in the public sphere*(pp. 335-357). Hershey, PA: IGI Global.

Rains, Stephen A. , & Bosch, Leslie A. (2009). Privacy and health in the information age: A content analysis of health web site privacy policy statements. *Health Communication*, 24, 435-446.

Rajecki, D. W. , McTavish, Donald G. , Rasmussen, Jeffrey Lee, Schreuders, Madelon, Byers, Diane C. , & Jessup, K. Sean. (1994). Violence, conflict, trickery, and other story themes in TV ads for food for children. *Journal of Applied Social Psychology*, 24, 1685-1700.

Ramanadhan, Shoba, Mendez, Samuel R. , Rao, Megan, & Viswanath, Kasisomayajula. (2013). Social media use by community-based organizations conducting health promotion: A content analysis. *BMC Public Health*, 13, 1129+.

Ramasubramanian, Srividya, & Martin, Suzanne M. (2009). Teens and the new media environment: Challenges and opportunities. In Amy B. Jordan, Dale Kunkel, Jennifer Manganello, & Martin Fishbein (Eds.), *Media messages and public health: A decisions approach to content analysis*(pp. 99-115). New York: Routledge.

Reisinger, Don. (2012, November). Netflix gobbles a third of peak Internet traffic in North America. *CNET*. Retrieved from http://news. cnet. com.

Renshon, Jonathan. (2009). When public statements reveal private beliefs: Assessing operational codes at a distance. *Political Psychology*, 30, 649-661.

Resnik, Alan, & Stern, Bruce L. (1977). An analysis of information content in television advertising. *Journal of Marketing*, 41, 50-53.

Rice, Ronald E. , & Danowski, James. (1991). Comparing comments and semantic networks about voice mail. *ASIS '91: Proceedings of the 54th ASIS annual meeting*, 28, 134-138.

Riessman, Catherine Kohler. (2008). *Narrative methods for the human sciences*. Thousand Oaks, CA: Sage.

Riffe, Daniel, Aust, Charles F. , & Lacy, Stephen R. (1993). The effectiveness of random, consecutive day and constructed week samplings in newspaper content analysis. *Journalism Quarterly*, 70, 133-139.

Riffe, Daniel, & Freitag, Alan. (1997). A content analysis of content analyses: Twenty-five years of *Journalism Quarterly*. *Journalism & Mass Communication Quarterly*, 74, 873-882.

Riffe, Daniel, Lacy, Stephen, & Drager, Michael W. (1996). Sample size in content analysis of weekly news magazines. *Journalism & Mass Communication Quarterly*, 73, 635-644.

Riffe, Daniel, Lacy, Stephen, & Fico, Frederick. (2014). *Analyzing media messages: Using quantitative content analysis in research*(3rd ed.). New York: Routledge.

Riffe, Daniel, Lacy, Stephen, Nagovan, Jason, & Burkum, Larry. (1996). The effectiveness of simple and stratified random sampling in broadcast news content analysis. *Journalism & Mass Communication Quarterly*, 73, 159-168.

Riffe, Daniel, Place, Patricia C. , & Mayo, Charles M. (1993). Game time, soap time and prime time of ads: Treatment of women in Sunday football and rest-of-week advertising. *Journalism Quarterly*, 70, 437-446.

Robair, Gino. (2015, August). Who's keeping score? *Mix*, p. 53.

Robb, David. (2000, February 29). Blacks get lots of prime-time roles, but half are in sitcoms, study finds. *Cleveland Plain Dealer*, p. 6E.

Roberts, Carl W. (1997a). Semantic text analysis: On the structure of linguistic ambiguity in ordinary discourse. In Carl W. Roberts (Ed.), *Text analysis for the social sciences: Methods for drawing statistical inferences from texts and transcripts* (pp. 55-78). Mahwah, NJ: Lawrence Erlbaum.

Roberts, Carl W. (Ed.). (1997b). *Text analysis for the social sciences: Methods for drawing statistical inferences from texts and transcripts.* Mahwah, NJ: Lawrence Erlbaum.

Roberts, Donald F., & Christenson, Peter G. (2000, February). *"Here's looking at you, kid": Alcohol, drugs and tobacco in entertainment media.* A literature review prepared for the National Center on Addiction and Substance Abuse at Columbia University. Retrieved from http://www. kff. org/topics. cgi? topic = tv. [March 15, 2000].

Roberts, Marilyn, & McCombs, Maxwell. (1994). Agenda-setting and political advertising—Origins of the news agenda. *Political Communication, 11*,249-262.

Roberts, Michele, & Pettigrew, Simone. (2007). A thematic content analysis of children's food advertising. *International Journal of Advertising, 26*, 357-367.

Robertson, Kirsten, & Murachver, Tamar. (2006). Intimate partner violence: Linguistic features and accommodation behavior of perpetrators and victims. *Journal of Language and Social Psychology, 25*, 406- 422.

Robinson, Byron F., & Bakeman, Roger. (1998). ComKappa: A Windows '95 program for calculating kappa and related statistics. *Behavior Research Methods, Instruments, & Computers, 30*, 731-734.

Robinson, John P., Shaver, Phillip R., & Wrightsman, Lawrence S. (Eds.). (1991). *Measures of personality and social psychological attitudes.* San Diego, CA: Academic Press.

Robinson, John P., Shaver, Phillip R., & Wrightsman, Lawrence S. (Eds.). (1999). *Measures of political attitudes.* San Diego, CA: Academic Press.

Robinson, Piers, Goddard, Peter, Parry, Katy, & Murray, Craig. (2009). Testing models of media performance in wartime: U. K. TV news and the 2003 invasion of Iraq. *Journal of Communication, 59*, 534-563.

Rodriguez, Keri L., Bayliss, Nichole, Alexander, Stewart C., Jeffreys, Amy S., Olsen, Maren K., Pollak, Kathryn I., Kennfier, Sarah L., Tulsky, James A., & Arnold, Robert M. (2010). How oncologists and their patients with advanced cancer communicate about health-related quality of life. *Psycho-Oncology, 19*, 490- 499.

Rogan, Randall G., & Hammer, Mitchell R. (1995). Assessing message affect in crisis negotiations: An exploratory study. *Human Communication Research, 21*,553-574.

Rogers, L. Edna, & Farace, Richard V. (1975). Analysis of relational communication in dyads: New measurement procedures. *Human Communication Research, 1*,222-239.

Rogers, L. Edna, & Millar, Frank. (1982). The question of validity: A pragmatic response. In Michael Burgoon (Ed.), *Communication yearbook 5* (pp. 249-257). New Brunswick, NJ: Transaction.

Rogers-Millar, L. Edna, & Millar, Frank E. (1978). Domineeringness and dominance: A transactional view. *Human Communication Research, 5*, 238-246.

Romney, Lee. (1997, January 8). UCI given $ 1. 5 million by Psychiatry Dept. founder. *Los Angeles Times.* Retrieved from http://articles. latimes. com/1997- 01- 08/local/me-16606_1_university-officials.

Rorissa, Abebe. (2007). Relationships between perceived features and similarity of images: A test of Tversky's contrast model. *Journal of the American Society for Information Science and Technology, 58*, 1401-1418.

Rorissa, Abebe, & Demissie, Dawit. (2010). An analysis of African e-Government service websites. *Government Information Quarterly, 27*, 161-169. doi:10. 1016/j. giq. 2009. 12. 003.

Rose, Gregory M., Merchant, Altaf, & Bakir, Aysen. (2012). Fantasy in food advertising targeted at children. *Journal of Advertising, 41*(3), 75-90.

Rosenbaum, Howard, & Snyder, Herbert. (1991). An investigation of emerging norms in computer mediated communication: An empirical study of computer conferencing. *ASIS'91: Proceedings of the 54th ASIS annual meeting, 28*, 15-23.

Rosenberg, Stanley D., & Tucker, Gary J. (1979). Verbal behavior and schizophrenia: The semantic dimension. *Archives of General Psychiatry, 36*, 1331-1337.

Rosenfeld, Azriel, Doermann, David, & DeMenthon, Daniel. (Eds.). (2003). *Video mining*. Boston, MA: Kluwer Academic Publishers.

Rosenthal, Robert. (1987). *Judgment studies: Design, analysis, and meta-analysis*. Cambridge, NJ: Cambridge University Press.

Roter, Debra L., Hall, Judith A., & Aoki, Yutaka. (2002). Physician gender effects in medical communication: A meta-analytic review. *JAMA, 288*, 756-764.

Roter, Debra, Lipkin, Mack, Jr., & Dorsgaard, Audrey. (1991). Sex differences in patients' and physicians' communication during primary care medical visits. *Medical Care, 29*, 1083-1093.

Rothbaum, Fred, & Tsang, Bill Yuk-Piu. (1998). Love songs in the United States and China: On the nature of romantic love. *Journal of Cross-Cultural Psychology, 29*, 306-319.

Rothbaum, Fred, & Xu, Xiaofang. (1995). The theme of giving back to parents in Chinese and American songs. *Journal of Cross-Cultural Psychology, 26*, 698-713.

Rourke, Liam, Anderson, Terry, Garrison, D. R., & Archer, Walter. (2001). Methodological issues in the content analysis of computer conference transcripts. *International Journal of Artificial Intelligence in Education, 12*, 8-22.

Rubin, Donald L., & Greene, Kathryn. (1992). Gender-typical style in written language. *Research in the Teaching of English, 26*(1), 7-40.

Rubin, Rebecca B., Palmgreen, Philip, & Sypher, Howard E. (Eds.). (1994). *Communication research measures: A sourcebook*. New York: Guilford.

Rubin, Rebecca B., Rubin, Alan M., Graham, Elizabeth E., Perse, Elizabeth M., & Seibold, David R. (2009). *Communication research measures II: A sourcebook*. New York: Routledge.

Rudy, Rena M., Popova, Lucy, & Linz, Daniel G. (2010). The context of current content analysis of gender roles: An introduction to a special issue. *Sex Roles, 62*, 705-720.

Rudy, Rena M., Popova, Lucy, & Linz, Daniel G. (2011). Contributions to the content analysis of gender roles: An introduction to a special issue. *Sex Roles, 64*, 151-159.

Rybalko, Svetlana, & Seltzer, Trent. (2010). Corporate communications in 140 characters or less: Are Fortune 500 companies using Twitter to foster dialogic communication? *Public Relations Review, 36*, 336-341.

Saeed, Amir. (2007). Media, racism and Islamophobia: The representation of Islam and Muslims in the media. *Sociology Compass, 1*, 443-462.

Saegert, Susan C., & Jellison, Jerald M. (1970). Effects of initial level of response competition and frequency of exposure on liking and exploratory behavior. *Journal of Personality and Social Psychology, 16*, 553-558.

Salazar, Laura F., Fleischauer, Pamela J., Bernhardt, Jay M., & DiClemente, Ralph J. (2009). Sexually explicit content viewed by teens on the internet. In Amy B. Jordan, Dale Kunkel, Jennifer Manganello, & Martin Fishbein (Eds.), *Media messages and public health: A decisions approach to content analysis* (pp. 116-136). New York: Routledge.

Salisbury, Joseph G. T. (2001). Using neural networks to assess corporate image. In Mark D. West (Ed.), *Applications of computer content analysis* (pp. 65-85). Westport, CT: Ablex.

Salomon, Gavriel. (1987). *Interaction of media, cognition, and learning.* San Francisco: Jossey-Bass.

Salt, Barry. (2005). A note on "Hollywood camera movements and the films of Howard Hawks: A functional semiotic approach" by Brian O'Leary. *New Review of Film and Television Studies, 3*, 101-103.

Salt, Barry. (2009). The shape of 1999: The stylistics of American movies at the end of the century. In Warren Buckland (Ed.), *Film theory and contemporary Hollywood movies*(pp. 124-149). New York: Routledge.

Salt, Barry. (2011). Reaction time: How to edit movies. *New Review of Film and Television Studies, 9*, 341-357. doi:10. 1080/17400309. 2011. 585865.

Salwen, Michael B. (1986). Effect of accumulation of coverage on issue salience in agenda setting. *Journalism Quarterly, 65*, 100-106.

Sanfilippo, Antonio, Bell, Eric, & Corley, Courtney. (2014). *Current trends in the detection of sociocultural signatures: Data-driven models.* The MITRE Corporation. Retrieved from http://www. mitre. org/sites/default/files/publications/sensemaking-ch06. pdf.

Satterfield, Jason M. (1998). Cognitive-affective states predict military and political aggression and risk taking: A content analysis of Churchill, Hitler, Roosevelt, and Stalin. *Journal of Conflict Resolution, 42*, 667-690.

Sattikar, Mr. A. A., & Kulkarni, Dr. R. V. (2012). Natural language processing for content analysis in social networking. *International Journal of Engineering Inventions, 1*(4), 6-9.

Saussure, Ferdinand de. (1916). (1974). *Course in general linguistics* (Wade Baskin, Trans.). London: Fontana/Collins.

Scanfeld, Daniel, Scanfeld, Vanessa, & Larson, Elaine L. (2010). Dissemination of health information through social networks: Twitter and antibiotics. *American Journal of Infection Control, 38*, 182-188.

Scharrer, Erica, Bergstrom, Andrea, Paradise, Angela, & Ren, Qianqing. (2006). Laughing to keep from crying: Humor and aggression in television commercial content. *Journal of Broadcasting & Electronic Media, 50*, 615-634.

Scharrer, Erica, Kim, D. Daniel, Lin, Ke-Ming, & Liu, Zixu. (2006). Working hard or hardly working? Gender, humor, and the performance of domestic chores in television commercials. *Mass Communication & Society, 9*, 215-238.

Schedler, Andreas, & Mudde, Cas. (2010). Data usage in quantitative comparative politics. *Political Research Quarterly, 63*, 417-433.

Schenck-Hamlin, William J., Procter, David E., & Rumsey, Deborah J. (2000). The influence of negative advertising frames on political cynicism and politician accountability. *Human Communication Research, 26*, 53-74.

Scheufele, Dietram A., & Tewksbury, David. (2007). Framing, agenda setting, and priming: The evolution of three media effects models. *Journal of Communication, 57*, 9-20.

Schmierbach, Mike. (2009). Content analysis of video games: Challenges and potential solutions. *Communication Methods and Measures, 3*, 147-172.

Schneider, Benjamin, Wheeler, Jill K., & Cox, Jonathan F. (1992). A passion for service: Using content analysis to explicate service climate themes. *Journal of Applied Psychology, 77*, 705-716.

Schonhardt-Bailey, Cheryl. (2012, July). *Looking at congressional committee deliberations from different perspectives: Is the added effort worth it?* Paper prepared for the 5th ESRC Research Methods Festival, St. Catherine's College, Oxford. Retrieved from http://papers. ssrn. com/sol3/papers. cfm? abstract_ id=2130909.

Schonhardt-Bailey, Cheryl. (2016, in progress). *Accountability in the oversight of UK economic policy: Analysing the verbal and non-verbal deliberation in select committees.* Government Department, London School of Economics and Political Science.

Schramm, Wilbur. (1954). How communication works. In Wilbur Schramm (Ed.), *The process and effects of communication*(*pp.* 3-26). Urbana: University of Illinois Press.

Schramm, Wilbur, & Roberts, Donald F. (1971). *The process and effects of mass communication*(Rev. ed.). Urbana: University of Illinois Press.

Schreer, George E., & Strichartz, Jeremy M. (1997). Private restroom graffiti: An analysis of controversial social issues on two college campuses. *Psychological Reports*, *81*, 1067-1074.

Schreier, Margrit. (2012). *Qualitative content analysis in practice*. London: Sage.

Schroedel, Jean, Bligh, Michelle, Merolla, Jennifer, & Gonzalez, Randall. (2013). Charismatic rhetoric in the 2008 presidential campaign: Commonalities and differences. *Presidential Studies Quarterly*, *43*, 101-128.

Schulman, Peter, Castellon, Camilo, & Seligman, Martin E. P. (1989). Assessing explanatory style: The content analysis of verbatim explanations and the attributional style questionnaire. *Behavior Research and Therapy*, *27*, 505-512.

Schwalbe, Carol B., Silcock, B. William, & Keith, Susan. (2008). Visual framing of the early weeks of the U. S.-led invasion of Iraq: Applying the master war narrative to electronic and print images. *Journal of Broadcasting & Electronic Media*,*52*, 448-465. doi:10.1080/08838150802205702.

Schwartz, H. Andrew, Eichstaedt, Johannes C., Dziurzynski, Lukasz, Kern, Margaret L., Seligman, Martin E. P., Ungar, Lyle H., et al. (2013). Toward personality insights from language exploration in social media. *AAAI Spring Symposium*:*Analyzing Microtext*(pp. 72-79).

Scott, William A. (1955). Reliability of content analysis: The case of nominal scale coding. *Public Opinion Quarterly*, *19*, 321-325.

Seale, Clive, Rivas, Carol, & Kelly, Moira. (2013). The challenge of communication in interpreted consultations in diabetes care: A mixed methods study. *British Journal of General Practice*, *63*(607), 125-133.

Semetko, Holli A., & Valkenburg, Patti M. (2000). Framing European politics: A content analysis of press and television news. *Journal of Communication*, *50*(2),93-109.

Severin, Werner J., & Tankard, James W., Jr. (1997). *Communication theories*:*Origins*, *methods*, *and uses in the mass media*(4th ed.). New York: Longman.

Shaffer, David R., Pegalis, Linda, & Cornell, David P. (1991). Interactive effects of social context and sex role identity on female self-disclosure during the acquaintance process. *Sex Roles*, *24*, 1-19.

Shah, Dhavan V., Cappella, Joseph N., & Neuman, W. Russell. (2015). Big data, digital media, and computational social science: Possibilities and perils. *The Annals of the American Academy*, *659*, 6-13.

Shah, Dhavan V., McLeod, Douglas M., Gotlieb, Melissa R., & Lee, Nam-Jin. (2009). Framing and agenda setting. In Robin L. Nabi & Mary Beth Oliver (Eds.),*The SAGE handbook of media processes and effects*(pp. 83-98). Los Angeles, CA: Sage.

Shannon, Claude E., & Weaver, Warren. (1998). *The mathematical theory of communication*. Urbana: University of Illinois Press.

Shapiro, Gilbert, & Markoff, John. (1997). A matter of definition. In Carl W. Roberts (Ed.),*Text analysis for the social sciences*: *Methods for drawing statistical inferences from texts and transcripts*(pp. 9-34). Mahwah, NJ: Lawrence Erlbaum.

Shapiro, Gilbert, Markoff, John, & Weitman, Sasha R. (1973). Quantitative studies of the French revolution. *History and Theory*, *12*, 163-191.

Shelton, Ashleigh K, & Skalski, Paul. (2014). Blinded by the light: Illuminating the dark side of social network use through content analysis. *Computers in Human Behavior*, *33*, 339-348.

Shenk, Dena. (2001). Intergenerational family relationships of older women in central Minnesota. *Ageing and Society*, *21*, 591-603.

Shephard, Mark, & Cairney, Paul. (2005). The impact of the Scottish Parliament in amending executive legislation. *Political Studies*, *53*, 303-319.

Sherman, Barry L., & Dominick, Joseph R. (1986). Violence and sex in music videos: TV and rock 'n' roll. *Journal of Communication*, *36*(4), 76-90.

Sherry, John L. (2001). The effects of violent video games on aggression: A metaanalysis. *Human Communication Research*, *27*, 409-431.

Sherry, John. (2007). Violent video games and aggression: Why can't we find effects? In Raymond W. Preiss, Barbara Mae Gayle, Nancy Burrell, Mike Allen, & Jennings Bryant (Eds.), *Mass media effects research: Advances through metaanalysis* (pp. 245-262). Mahwah, NJ: Lawrence Erlbaum.

Shifman, Limor. (2007). Humor in the age of digital reproduction: Continuity and change in Internet-based comic texts. *International Journal of Communication*, *1*, 187-209.

Shifman, Limor, & Blondheim, Menahem. (2010). The medium is the joke: Online humor about and by networked computers. *New Media & Society*, *12*, 1348-1367.

Shoemaker, Pamela J. (1984). Media treatment of deviant political groups. *Journalism Quarterly*, *61*, 66-75, 82.

Shoemaker, Pamela J., & Cohen, Akiba A. (2006). *News around the world: Content, practitioners, and the public*. New York: Routledge.

Shoemaker, Pamela J., & Reese, Stephen D. (1990). Exposure to what? Integrating media content and effects studies. *Journalism Quarterly*, *67*, 649-652.

Shoemaker, Pamela J., & Reese, Stephen D. (1996). *Mediating the message: Theories of influences on mass media content* (2nd ed.). White Plains, NY: Longman.

Short, Jeremy C., Broberg, J. Christian, Cogliser, Claudia C., & Brigham, Keith H. (2010). Construct validation using computer-aided text analysis (CATA): An illustration using entrepreneurial orientation. *Organizational Research Methods*, *13*, 320-347.

Short, Jeremy C., & Palmer, Timothy B. (2008). The application of DICTION to content analysis research in strategic management. *Organizational Research Methods*, *11*, 727-752.

Short, Jeremy C., Payne, G. Tyge, Brigham, Keith H., Lumpkin, G. T., & Broberg, J. Christian. (2009). Family firms and entrepreneurial orientation in publicly traded firms. *Family Business Review*, *22*, 9-24.

Shoukri, Mohamed M. (2011). *Measures of interobserver agreement and reliability* (2nd ed.). Bota Raton, FL: CRC Press.

Shrout, Patrick E., & Fleiss, Joseph L. (1979). Intraclass correlations: Uses in assessing rater reliability. *Psychological Bulletin*, *86*, 420-428.

Sieben, Johannes. (2014). *Twittering the #ArabSpring? An empirical content analysis of tweets*. Hamburg: Anchor Academic.

Sigelman, Lee, & Jacoby, William. (1996). The not-so-simple art of imitation: Pastiche, literary style and Raymond Chandler. *Computers and the Humanities*, *30*, 11-28.

Signorielli, Nancy. (2009). Research ethics in content analysis. In Amy B. Jordan, Dale Kunkel, Jennifer Manganello, & Martin Fishbein (Eds.), *Media messages and public health: A decisions approach to content analysis* (pp. 88-96). New York: Routledge.

Signorielli, Nancy, & Bacue, Aaron. (1999). Recognition and respect: A content analysis of prime-time television characters across three decades. *Sex Roles*, *40*, 527-544.

Signorielli, Nancy, McLeod, Douglas, & Healy, Elaine. (1994). Gender stereotypes in MTV commercials: The beat goes on. *Journal of Broadcasting & Electronic Media*, *38*, 91-101.

Simon, Adam F. , & Jerit, Jennifer. (2007). Toward a theory relating political discourse, media, and public opinion. *Journal of Communication*, *57*, 254-271.

Simon, Jonathan. (2011). *Measuring the convergence of media, candidate, and public agendas as a predictor of voter choice in federal, state, and local elections* (Unpublished master's thesis). Cleveland State University, Cleveland, OH.

Simoni, Jane M. (1996). Confronting heterosexism in the teaching of psychology. *Teaching of Psychology*, *23*, 220-226.

Simons, Ian. (2008). Obama burnout paradise. *New Statesman*. Retrieved from http://www. newstatesman. com/blogs/culture-tech/2008/10/usa-vote-obama-game.

Simonton, Dean K. (1980a). Thematic fame, melodic originality, and musical zeitgeist: A biographical and transhistorical content analysis. *Journal of Personality and Social Psychology*, *38*, 972-983.

Simonton, Dean K. (1980b). Thematic fame and melodic originality in classical music: A multivariate computer-content analysis. *Journal of Personality*, *48*,206-219.

Simonton, Dean Keith. (1981). The library laboratory: Archival data in personality and social psychology. In Ladd Wheeler (Ed.),*Review of personality and social psychology 2*(pp. 217-243). Beverly Hills, CA: Sage.

Simonton, Dean Keith. (1984). Melodic structure and note transition probabilities: A content analysis of 16,618 classical themes. *Psychology of Music*, *12*, 3-16.

Simonton, Dean K. (1987). Musical aesthetics and creativity in Beethoven: A computer analysis of 105 compositions. *Empirical Studies of the Arts*, 5(2), 87-104.

Simonton, Dean Keith. (1994). *Greatness: Who makes history and why?* New York: Guilford.

Simonton, Dean Keith. (2003a). Qualitative and quantitative analyses of historical data. *Annual Review of Psychology*, *54*(1), 617-640.

Simonton, Dean Keith. (2003b). The first six notes: Computer content analyses of classical themes. *Bulletin of Psychology and the Arts*, *4*, 13-15.

Simonton, Dean Keith. (2006). Presidential IQ, openness, intellectual brilliance, and leadership: Estimates and correlations for 42 U. S. Chief Executives. *Political Psychology*, *27*, 511-526.

Simonton, Dean Keith. (2010). Emotion and composition in classical music: Historiometric perspectives. In Patrik N. Juslin & John A. Sloboda (Eds.),*Handbook of music and emotion: Theory, research, applications*(pp. 347-366). New York: Oxford University Press.

Singel, Ryan. (2010, January 28). Jan. 28, 2001: Hey, don't Tampa with my privacy. *Wired. com*. Retrieved from http://www. wired. com/thisdayintech/tag/facetrac/:[11/8/11].

Singer, Benjamin D. (1982). Minorities and the media—A content-analysis of native Canadians in the daily press. *Canadian Review of Sociology and Anthropology*,*19*, 348-359.

Singer, Linda A. (1997). Native Americans on CD-ROM: Two approaches. *Multimedia Schools*, *4*(1), 42-46.

Slattery, Karen L. , Hakanen, Ernest A. , & Doremus, Mark E. (1996). The expression of localism: Local TV news coverage in the new video marketplace. *Journal of Broadcasting & Electronic Media*, *40*, 403-413.

Smith, Ann Marie. (1999). *Girls on film: Analysis of women's images in contemporary American and "Golden Age" Hollywood films*(Unpublished master's thesis). Cleveland State University, Cleveland, OH.

Smith, Charles P. , (Ed.), in association with Atkinson, John W. , McClelland, David C. , & Veroff, Joseph. (1992). *Motivation and personality: Handbook of thematic content analysis*. Cambridge, MA: Cambridge

University Press.

Smith, Charles P. (2000). Content analysis and narrative analysis. In Harry T. Reis & Charles M. Judd (Eds.), *Handbook of research methods in social and personality psychology* (pp. 313-335). Cambridge: Cambridge University Press.

Smith, Lauren Reichart, & Cooley, Skye C. (2012). International faces: An analysis of self-inflicted face-ism in online profile pictures. *Journal of Intercultural Communication Research*, *41*, 279-296.

Smith, Lois J. (1994). A content analysis of gender difference in children's advertising. *Journal of Broadcasting & Electronic Media*, *38*, 323-337.

Smith, Sharon S. (2008). From violent words to violent deeds: Assessing risk from FBI threatening communication cases. In J. Reid Meloy, Lorraine Sheridan, & Jens Hoffmann (Eds.), *Stalking, threatening, and attacking public figures: A psychological and behavioral analysis* (pp. 435-455). Oxford: Oxford University Press.

Smith, Stacy L. (2005). From Dr. Dre to *Dismissed*: Assessing violence, sex, and substance use on MTV. *Critical Studies in Media Communication*, *22*, 89-98.

Smith, Stacy L. (2006). Pimps, perps, and provocative clothing: Examining negative content patterns in video games. In Peter Vorderer & Jennings Bryant (Eds.), *Playing video games: Motives, responses, and consequences* (pp. 57-76). Mahwah, NJ: Lawrence Erlbaum.

Smith, Stacy L., Lachlan, Kenneth, & Tamborini, Ron. (2003). Popular video games: Quantifying the presentation of violence and its content. *Journal of Broadcasting & Electronic Media*, *47*, 58-76.

Smith, Stacy L., Pieper, Katherine M., Granados, Amy, & Choueiti, Marc. (2010). Assessing gender-related portrayals in top-grossing G-rated films. *Sex Roles*, *64*, 774-786.

Snow, Karen. (2011, March 14). News broadcast, *MSNBC*.

Snyder-Suhy, Sharon, Rudd, Jill, Neuendorf, Kimberly A., & Jakulin, Jenny. (2008, May). *"It's not my fault": Male abusers' perspectives of recent violent episodes*. Paper presented to the Interpersonal Communication Division of the International Communication Association, Montreal, Canada.

Solomon, Michael R., & Greenberg, Lawrence. (1993). Setting the stage: Collective selection in the stylistic context of commercials. *Journal of Advertising*, *22*(1), 11-24.

Southall, Richard M., Nagel, Mark S., Amis, John M., & Southall, Crystal. (2008). A method to March Madness? Institutional logics and the 2006 National Collegiate Athletic Association Division I men's basketball tournament. *Journal of Sport Management*, *22*, 677-700.

Spangler, William D., Gupta, Alki, Kim, Dong Ha, & Nazarian, Serima. (2012). Developing and validating historiometric measures of leader individual differences by computerized content analysis of documents. *Leadership Quarterly*, *23*, 1152-1172.

Sparkman, Richard. (1996). Regional geography, the overlooked sampling variable in advertising content analysis. *Journal of Current Issues and Research in Advertising*, *18*(2), 53-57.

Sparks, Glenn G., & Fehlner, Christine L. (1986). Faces in the news: Gender comparisons of magazine photographs. *Journal of Communication*, *36*(4), 70-79.

Spencer, Gary. (1989). An analysis of JAP-baiting humor on the college campus. *Humor: International Journal of Humor Research*, *2*, 329-348.

Spicer, Jeffrey. (2012). *The changing face of the Western: An analysis of Hollywood Western films from director John Ford and others during the years 1939 to 1964* (Unpublished master's thesis). Cleveland State University, Cleveland, OH.

Sproull, Lee, & Kiesler, Sara. (1986). Reducing social context cues: Electronic mail in organizational communications. *Management Science*, *32*, 1492-1512.

Stark-Rose, Rose M., Livingston-Sacin, Tina M., Merchant, Niloufer, & Finley, Amanda C. (2012). Group counseling with United States racial minority groups: A 25-year content analysis. *Journal for Specialists in Group Work*, *37*, 277-296. doi:10. 1080/01933922. 2012. 690831.

Stempel, Guido H. (1952). Sample size for classifying subject matter in dailies. *Journalism Quarterly*, *29*, 333-334.

Stepchenkova, Svetlana, Kirilenko, Andrei P., & Morrison, Alastair M. (2009). Facilitating content analysis in tourism research. *Journal of Travel Research*, *47*,454- 469.

Stern, Susannah, & Brown, Jane D. (2008). From twin beds to sex at your fingertips:Teen sexuality in movies, music, television, and the Internet, 1950 to 2005. In Patrick E. Jamieson & Daniel Romer (Eds.), *The changing portrayal of adolescents in the media since 1950*(pp. 313-343). Oxford: Oxford University Press.

Sternthal, Brian, & Craig, C. Samuel. (1973). Humor in advertising. *Journal of Marketing*, *37*(4), 12-18.

Stevens, Bonnie, McKeever, Patricia, Booth, Marilyn, Greenberg, Mark, Daub, Stacey, Gafni, Amiram, Gammon, Janet, Yamada, Janet, & Beamer, Madelyn. (2004). Home chemotherapy for children with cancer: Perspectives from health care professionals. *Health and Social Care in the Community*, *12*(2), 142-149.

Stevens, S. S. (1951). Mathematics, measurement, and psychophysics. In S. S. Stevens (Ed.), *Handbook of experimental psychology* (pp. 1- 49). New York: John Wiley.

Stevenson, Robert L. (1994). *Global communication in the twenty-first century*. New York: Longman.

Stevenson, Thomas H., & Swayne, Linda E. (1999). The portrayal of African-Americans in business-to-business direct mail: A benchmark study. *Journal of Advertising*, *28*(3), 25-35.

Stewart, David W., & Furse, David H. (1986). *Effective television advertising: A study of 1000 commercials*. Lexington, MA: Lexington Books.

Stiles, Deborah A., Gibbons, Judith L., & Schnellmann, Jo. (1987). The smiling sunbather and the chivalrous football player: Young adolescents' images of the ideal woman and man. *Journal of Early Adolescence*, *7*, 411- 427.

Stiles, William B. (1980). Comparison of dimensions derived from rating versus coding of dialogue. *Journal of Personality and Social Psychology*, *38*, 359-374.

Stirman, Shannon Wiltsey, & Pennebaker, James W. (2001). Word use in the poetry of suicidal and nonsuicidal poets. *Psychosomatic Medicine*, *63*, 517-522.

Stohl, Cynthia, & Redding, W. Charles. (1987). Messages and message exchange processes. In Fredric M. Jablin, Linda L. Putnam, Karlene H. Roberts, & Lyman W. Porter (Eds.), *Handbook of organizational communication* (pp. 451-502). Newbury Park, CA: Sage.

Stohl, Cynthia, Stohl, Michael, & Popova, Lucy. (2009). A new generation of corporate codes of ethics. *Journal of Business Ethics*, *90*, 607- 622. doi:10. 1007/s10551- 009- 0064- 6.

Stone, Philip J. (1997). Thematic text analysis: New agendas for analyzing text content. In Carl W. Roberts (Ed.), *Text analysis for the social sciences: Methods for drawing statistical inferences from texts and transcripts* (pp. 35-54). Mahwah,NJ: Lawrence Erlbaum.

Stone, Philip J., Dunphy, Dexter C., Smith, Marshall S., & Ogilvie, Daniel M. (1966). *The general inquirer: A computer approach to content analysis*. Cambridge:MIT Press.

Stone, Robalyn, & Young, Michael. (2009). The content and intersection of identity in Iraq. In Rawi Abdelal, Yoshiko M. Herrera, Alastair Iain Johnston, & McDermott, Rose (Eds.), *Measuring identity: A guide for social scientists* (pp. 237-249). Cambridge: Cambridge University Press.

Straubhaar, Joseph, & LaRose, Robert. (1996). *Communications media in the information society*. Belmont, CA: Wadsworth.

Streamsage, Inc. (2012). *Method and system for indexing and searching timed media information based upon relevance intervals* [*Patent number*] *US 8117206 B2*. Retrieved from http://www. google. com/patents/US8117206.

Strijbos, Jan-Willem, Martens, Rob L. , Jochems, Wim M. G. , & Broers, Nick J. (2007). The effect of functional roles on perceived group efficiency during computer-supported collaborative learning: A matter of triangulation. *Computers in Human Behavior*, *23*, 353-380.

Strijbos, Jan-Willem, Martens, Rob L. , Prins, Frans J. , & Jochems, Wim M. G. (2006). Content analysis: What are they talking about? *Computers & Education*, *46*, 29-48.

Strijbos, Jan-Willem, & Stahl, Gerry. (2007). Methodological issues in developing a multi-dimensional coding procedure for small-group chat communication. *Learning and Instruction*, *17*, 394-404.

Stroman, Carolyn A. , & Dates, Jannette L. (2008). African Americans, Latinos, Asians, and Native Americans in the media: Implications for adolescents. In Patrick E. Jamieson & Daniel Romer (Eds.), *The changing portrayal of adolescents in the media since 1950* (pp. 198-220). Oxford: Oxford University Press.

Stroman, Carolyn A. , Merritt, Bishetta D. , & Matabane, Paula W. (1989-1990). Twenty years after Kerner: The portrayal of African Americans on prime-time television. *Howard Journal of Communications*, *2*, 44-55.

Strong, Pauline Turner. (1996). Animated Indians: Critique and contradiction in commodified children's culture. *Cultural Anthropology*, *11*, 405-424.

Stryker, Jo Ellen, Wray, Ricardo, Hornik, Robert C. , & Yanovitzky, Itzik. (2006). Validation of database search terms for content analysis: The case of cancer news coverage. *Journalism & Mass Communication Quarterly*, *83*, 413-430.

Sudnow, David. (Ed.). (1972). *Studies in social interaction*. New York: Free Press.

Sullivan, Jonathan, & Lowe, Will. (2010, September). Chen Shui-bian: On independence. *China Quarterly*, *203*, 619-638. doi:10. 1017/50305741010000627.

Sun, Chyng, Bridges, Ana, Wosnitzer, Robert, Scharrer, Erica, & Liberman, Rachael. (2008). A comparison of male and female directors in popular pornography: What happens when women are at the helm? *Psychology of Women Quarterly*, *32*, 312-325.

Sundar, S. Shyam, Kalyanaraman, Sriram, & Brown, Justin. (2003). Explicating website interactivity: Impression-formation effects in political campaign sites. *Communication Research*, *30*, 30-59.

Sundar, S. Shyam, & Kim, Jinhee. (2005). Interactivity and persuasion: Influencing attitudes with information and involvement. *Journal of Interactive Advertising*, *5*(2), 6-29. Retrieved from http://www. jiad. org/article59.

Sung, Eunjung, Jang, Won Yong, & Frederick, Edward. (2011). Mediated reality of globalization, 1995-2000: How did AP and IPS construct the concept and process of globalization? *Journal of Global Mass Communication*, *4*, 39-54.

Suzuki, Takafumi. (2009). Extracting speaker-specific functional expressions from political speeches using random forests in order to investigate speakers' political styles. *Journal of the American Society for Information Science and Technology*, *60*, 1596-1606.

Sweeney, Kevin, & Whissell, Cynthia. (1984). A dictionary of affect in language: 1. Establishment and preliminary validation. *Perceptual and Motor Skills*, *59*, 695-698.

Szillis, Ursula, & Stahlberg, Dagmar. (2007). The face-ism effect in the Internet differences in facial prominence of women and men. *International Journal of Internet Science*, *2*(1), 3-11.

Tabachnick, Barbara G. , & Fidell, Linda S. (2012). *Using multivariate statistics* (6th ed.). Boston, MA: Pearson.

Tak, Jinyoung, Kaid, Lynda Lee, & Lee, Soobum. (1997). A cross-cultural study of political advertising in the United States and Korea. *Communication Research,24*, 413- 430.

Tamborini, Ron, Skalski, Paul, Lachlan, Kenneth, Westerman, David, Davis, Jeff, & Smith, Stacy L. (2005). The raw nature of televised professional wrestling: Is the violence a cause for concern? *Journal of Broadcasting & Electronic Media, 49,*202-221.

Tandoc, Edson C. , & Skoric, Marko M. (2010). The pseudo-events paradox: How pseudo-events flood the Philippine press and why journalists don't recognize it. *Asian Journal of Communication, 20*, 33-50.

Tangpong, Chanchai. (2011). Content analytic approach to measuring constructs in operations and supply chain management. *Journal of Operations Management,29*, 627- 638.

Tardy, Charles H. (1988). Interpersonal interaction coding systems. In Charles H. Tardy (Ed.),*A handbook for the study of human communication: Methods and instruments for observing, measuring, and assessing communication processes* (pp. 285-300). Norwood, NJ: Ablex.

Tausczik, Yla R. , & Pennebaker, James W. (2010). The psychological meaning of words: LIWC and computerized text analysis methods. *Journal of Language and Social Psychology, 29*, 24-54.

Taylor, Charles R. (2005). Moving international advertising research forward: A new research agenda. *Journal of Advertising, 34*(1), 7-16.

Taylor, Charles R. , & Bang, Hae-Kyong. (1997). Portrayals of Latinos in magazine advertising. *Journalism & Mass Communication Quarterly, 74*, 285-303.

Taylor, Charles R. , Lee, Ju Yung, & Stern, Barbara B. (1996). Portrayals of African, Hispanic, and Asian Americans in magazine advertising. In Ronald Paul Hill (Ed.),*Marketing and consumer research in the public interest* (pp. 133-150). Thousand Oaks, CA: Sage.

Taylor, Charles R. , & Stern, Barbara B. (1997). Asian-Americans: Television advertising and the "model minority" stereotype. *Journal of Advertising,26*(2), 47- 61.

Taylor, Julia M. , & Mazlack, Lawrence J. (2007). An investigation into computational recognition of children's jokes. *Proceedings of AAAI'07, the 22nd National Conference on Artificial Intelligence*, Vol. 2, 1904-1905.

Te'eni, Daniel R. (1998). Nomothetics and idiographics as antonyms: Two mutually exclusive purposes for using the Rorschach. *Journal of Personality Assessment,70*, 232-247.

Tellegen, Auke, Watson, David, & Clark, L. A. (1999). On the dimensional and hierarchical structure of affect. *Psychological Science, 10*, 297-303.

Terdiman, Daniel. (2012, October 26). *Report: Twitter hits half a billion tweets a day.* Retrieved from http://news. cnet. com/8301-1023_3-57541566-93/report-twitterhits-half-a-billion-tweets-a-day/.

The Netherlands Institute for Sound and Vision. (n. d.). Retrieved from http://www. beeldengeluid. nl/en/about.

Thelwall, Mike. (2006). Interpreting social science link analysis research: A theoretical framework. *Journal of the American Society for Information Science and Technology, 57*, 60- 68.

Thelwall, Mike. (2007). Blog searching: The first general-purpose source of retrospective public opinion in the social sciences? *Online Information Review, 31,*277-289.

Thelwall, Mike. (2016, in press). Heart and soul: Sentiment strength detection in the social web with SentiStrength. In Janusz Holyst (Ed.),*Cyberemotions.*

Thelwall, Mike, & Buckley, Kevan. (2013). Topic-based sentiment analysis for the social Web: The role of mood and issue-related words. *Journal of the American Society for Information Science and Technology, 64,*

1608-1617.

Thelwall, Mike, Buckley, Kevan, & Paltoglou, Georgios. (2011). Sentiment in Twitter events. *Journal of the A-merican Society for Information Science and Technology*, *62*, 406-418.

Thelwall, Mike, Buckley, Kevan, Paltoglou, Georgios, Cai, Di, & Kappas, Arvid. (2010). Sentiment strength detection in short informal text. *Journal of the American Society for Information Science and Technology*, *61*, 2544-2558.

Thelwall, Mike, Byrne, Aidan, & Goody, Melissa. (2007). Which types of news story attract bloggers? *IR Information Research*, *12*(4). Retrieved from http://infor mationr. net/ir/12-4/paper327. html.

Thelwall, Mike, Wilkinson, David, & Uppal, Sukhvinder. (2010). Data mining emotion in social network communication: Gender differences in MySpace. *Journal of the American Society for Information Science and Technology*, *61*, 190-199.

Thompson, Bruce. (1984). *Canonical correlation analysis*. Beverly Hills, CA: Sage.

Thompson, Isabelle. (1996). Competence and critique in technical communication: A qualitative content analysis of journal articles. *Journal of Business and Technical Communication*, *10*, 48-80.

Thompson, Marjorie A. , & Gray, James J. (1995). Development and validation of a new body-image assessment scale. *Journal of Personality Assessment*, *64*, 258-269.

Thorson, Esther. (1989). Television commercials as mass media messages. In James J. Bradac (Ed.), *Message effects in communication science* (pp. 195-230). Newbury Park, CA: Sage.

Tian, Yan, & Robinson, James D. (2014). Content analysis of health communication. In Bryan A. Whaley (Ed.), *Research methods in health communication: Principles and application* (pp. 190-212). New York: Routledge.

Tickle, Jennifer J. , Beach, Michael L. , & Dalton, Madeline A. (2009). Tobacco, alcohol, and other risk behaviors in film: How well do MPAA ratings distinguish content? *Journal of Health Communication*, *14*, 756-767.

Ting-Toomey, Stella. (2005). The matrix of face: An updated face-negotiation theory. In William B. Gudykunst (Ed.), *Theorizing about intercultural communication* (pp. 71-92). Thousand Oaks, CA: Sage.

Tinsley, Howard E. , & Weiss, David J. (1975). Interrater reliability and agreement of subjective judgments. *Journal of Counseling Psychology*, *22*, 358-376.

Tolhurst, William. (1985). Form and content: An aesthetic theory of art. *British Journal of Aesthetics*, *42*, 261-270.

Tov, William, Ng, Kok Leong, Lin, Han, & Qiu, Lin. (2013). Detecting well-being via computerized content analysis of brief diary entries. *Psychological Assessment*, *25*, 1069-1078.

Tracey, Terence J. , & Ray, Philip B. (1984). Stages of successful time-limited counseling: An interactional examination. *Journal of Counseling Psychology*, *31*, 13-27.

Trammell, Kaye D. , & Keshelashvili, Ana. (2005). Examining the new influencers: A self-presentation study of A-List blogs. *Journalism & Mass Communication Quarterly*, *82*, 968-982.

Traub, Ross E. (1994). *Reliability for the social sciences: Theory and applications*. Thousand Oaks, CA: Sage.

Trevino, Melina, Kanso, Ali M. , & Nelson, Richard Alan. (2010). Islam through editorial lenses: How American elite newspapers portrayed Muslims before and after September 11, 2001. *Journal of Arab & Muslim Media Research*, *3*, 3-17. doi:10. 1386/jammr. 3. 1-2. 3_1.

Trohidis, Konstantinos, Tsoumakas, Grigorios, Kalliris, George, & Vlahavas, Ioannis. (2008, September). *Multi-label classification of music into emotions*. Paper presented to the Conference on Music Information Retrieval (ISMIR 2008), Philadelphia, PA.

Tully, Bryan. (1998). Reliability of criteria-based content analysis of child witness statements: Cohen's kappa doesn't matter. *Legal and Criminological Psychology*,*3*, 183-188.

Turner, Tammara C., Smith, Marc A., Fisher, Danyel, & Welser, Howard T. (2005). Picturing usenet: Mapping computer-mediated collective action. *Journal of Computer Mediated Communication*, *10*(4).

Tweedie, Fiona J., Singh, Sameer, & Holmes, David I. (1996). Neural network approaches in stylometry: The Federalist Papers. *Computers and the Humanities*,*30*, 1-20.

Twitter usage: Company facts. (2015, September 30). *Twitter. com*. Retrieved from https://about. twitter. com/ company.

Twitter usage statistics. (2013). *internetlivestats. com*. Retrieved from http://www . internetlivestats. com/twitter-statistics/.

Uebersax, John S. (1987). Diversity of decision-making models and the measurement of interrater agreement. *Psychological Bulletin*, *101*, 140-146.

Uebersax, John S. (1992). Modeling approaches for the analysis of observer agreement. *Investigative Radiology*, *27*, 738-743.

Urist, Jeffrey. (1977). The Rorschach Test and the assessment of object relations. *Journal of Personality Assessment*, *41*, 3-9.

U. S. Commission on Civil Rights. (1977). *Window dressing on the set: Women and minorities on television*. Washington, DC: Government Printing Office.

U. S. Commission on Civil Rights. (1979). *Window dressing on the set: An update*. Washington, DC: Government Printing Office.

Vail, Laura, Sandhu, Harbinder, Fisher, Joanne Fisher, Cooke, Heather, Dale, Jeremy, & Barnett, Mandy. (2011). Hospital consultants breaking bad news with simulated patients: An analysis of communication using the Roter Interaction Analysis System. *Patient Education and Counseling*, *83*, 185-194.

Valcke, Martin, & Martens, Rob. (2006). The problem arena of researching computer supported collaborative learning: Introduction to the special section. *Computers & Education*, *46*, 1-5.

Vanden Heuvel, Jon. (1991). *Untapped sources: America's newspaper archives and histories*. New York: Gannett Foundation Media Center.

Van Gorp, Baldwin. (2005). Where is the frame? Victims and intruders in the Belgian press coverage of the asylum issue. *European Journal of Communication*, *20*,484-507.

Van Gorp, Baldwin. (2007). The constructionist approach to framing: Bringing culture back in. *Journal of Communication*, *57*, 60-78.

van Uden-Kraan, C. F., Drossaert, C. H. C., Taal, E., Lebrun, C. E. I., Drossaers-Bakker, K. W., Smit, W. M., Seydel, E. R., & van de Laar, M. A. F. J. (2008). Coping with somatic illnesses in online support groups: Do the feared disadvantages actually occur? *Computers in Human Behavior*, *24*, 309-324.

Verhellen, Yann, Dens, Nathalie, & de Pelsmacker, Patrick. (2016, in press). A longitudinal content analysis of gender role portrayal in Belgian television advertising. *Journal of Marketing Communications*. doi:10. 1080/ 13527266. 2013. 871321.

Verhoeven, Piet. (2008). Where has the doctor gone? The mediazation of medicine on Dutch television, 1961-2000. *Public Understanding of Science*, *17*, 461-472.

Verrocchio, Maria Cristina, Cortini, Michela, & Marchetti, Daniela. (2012). Assessing child sexual abuse allegations: An exploratory study on psychological reports. *International Journal of Multiple Research Approaches*, *6*, 175-186.

Vincent, Richard C. , Davis, Dennis K. , & Boruszkowski, Lilly Ann. (1987). Sexism on MTV: A content analysis of rock videos. *Journalism Quarterly*, 64, 750-755, 941.

VIP report compares big three database news vendors. (2007, November 29). *CommPilings*. Retrieved from http://commpilings. asc. upenn. edu/2007/11/.

Voelker, David H. , Orton, Peter Z. , & Adams, Scott. (2001). *Statistics*. Lincoln, NE:Cliff Notes.

Vossen, Piek. (1998). Introduction to EuroWordNet. *Computers and the Humanities*,32, 73- 89.

Wagner, E. R. , & Hansen, E. N. (2002). Methodology for evaluating green advertising of forest products in the United States: A content analysis. *Forest Products Journal*, 52(4), 17-23.

Waite, Kathryn, & Harrison, Tina. (2007). Internet archaeology: Uncovering pension sector web site evolution. *Internet Research*, 17, 180-195.

Walker, Marilyn A. , Grant, Ricky, Sawyer, Jennifer, Lin, Grace I. , Wardrip-Fruin, Noah,& Buell, Michael. (2011, December). Perceived or not perceived: Film character models for expressive NLG. In Mei Si, David Thue, Elisabeth Endre, James C. Lester, Joshua Tanenbaum, & Veronica Zammitto (Eds.),*Interactive Storytelling: Fourth International Conference on Interactive Digital Storytelling Proceedings* (pp. 109-121). Vancouver, Canada. doi:10. 1007/978-3- 642-25289-1_12.

Wallace, Laci, Wilson, Jacquelyn, & Miloch, Kimberly. (2011). Sporting Facebook: A content analysis of NCAA organizational sport pages and Big 12 Conference athletic department pages. *International Journal of Sport Communication*, 4, 422- 444.

Wallis, Cara. (2011). Performing gender: A content analysis of gender display in music videos. *Sex Roles*, 64, 160-172. doi:10. 1007/s11199- 010-9814-2.

Walsh, Janet. (2007). Experiencing part-time work: Temporal tensions, social relationships and the work-family interface. *British Journal of Industrial Relations*,45, 155-177.

Walsh, Jennifer L. , & Ward, L. Monique. (2008). Adolescent gender role portrayals in the media: 1950 to the present. In Patrick E. Jamieson & Daniel Romer (Eds.), *The changing portrayal of adolescents in the media since 1950*(pp. 132-164). Oxford: Oxford University Press.

Walther, Joseph B. (2004). Language and communication technology: Introduction to the special issue. *Journal of Language and Social Psychology*, 23, 384-396.

Walther, Joseph B. (2007). Selective self-presentation in computer-mediated communication:Hyperpersonal dimensions of technology, language, and cognition. *Computers in Human Behavior*, 23, 2538-2557.

Walther, Joseph B. , & Parks, Malcolm R. (2002). Cues filtered out, cues filtered in:Computer-mediated communication and relationships. In Mark L. Knapp & John A. Daly (Eds.),*Handbook of interpersonal communication* (3rd ed. , pp. 529-563). Thousand Oaks, CA: Sage.

Walton, David, & Fendell Satinsky, Rachel. (2013). Dropbox and the impact of personal cloud storage on ESI. *The Legal Intelligencer*. Retrieved from http://www. cozen. com.

Wang, Yazhe, Callan, Jamie, & Zheng, Baihua. (2015). Should we use the sample? Analyzing datasets sampled from Twitter's Stream API. *ACM Transactions on the Web*, 9(3), 13:1-13:23.

Wansink, B. , & Wansink, C. S. (2010). The largest Last Supper: Depictions of food portions and plate size increased over the millennium. *International Journal of Obesity*, 34, 943-944.

Wanta, Wayne, Golan, Guy, & Lee, Cheolhan. (2004). Agenda setting and international news: Media influence on public perceptions of foreign nations. *Journalism & Mass Communication Quarterly*, 81, 364-377.

Wanzer, Melissa, Booth-Butterfield, Melanie, & Booth-Butterfield, Steven. (2005). "If we didn't use humor, we'd cry": Humorous coping communication in health care settings. *Journal of Health Communication*, 10,

105-125.

Ward, L. Monique. (1995). Talking about sex: Common themes about sexuality in the prime-time television programs children and adolescents view most. *Journal of Youth and Adolescence*, *24*, 595-615.

Warrens, Matthijs J. (2010). A formal proof of a paradox associated with Cohen's Kappa. *Journal of Classification*, *27*, 322-332.

Waters, Richard D., Burnett, Emily, Lamm, Anna, & Lucas, Jessica. (2009). Engaging stakeholders through social networking: How nonprofit organizations are using Facebook. *Public Relations Review*, *35*, 102-106.

Waters, Richard D., & Jamal, Jia Y. (2011). Tweet, tweet, tweet: A content analysis of nonprofit organizations' Twitter updates. *Public Relations Review*, *37*, 321-324.

Waters, Richard D., & Jones, Paul M. (2011). Using video to build an organization's identity and brand: A content analysis of nonprofit organizations' YouTube videos. *Journal of Nonprofit & Public Sector Marketing*, *23*, 248-268.

Waters, Richard D., Tindall, Natalie T. J., & Morton, Timothy, S. (2010). Media catching and the journalist—Public relations practitioner relationship: How social media are changing the practice of media relations. *Journal of Public Relations Research*, *22*, 241-264.

Watkins, Patsy G. (1996). Women in the work force in non-traditional jobs. In Paul Martin Lester (Ed.), *Images that injure: Pictorial stereotypes in the media* (pp. 69-74). Westport, CT: Praeger.

Watt, James H., Jr. (1979). Television form, content attributes, and viewer behavior. In Melvin J. Voigt & Gerhard J. Hanneman (Eds.), *Progress in communication sciences*, *Volume 1*(pp. 51-89). Norwood, NJ: Ablex.

Watt, James H., & Krull, Robert. (1974). An information theory measure for television programming. *Communication Research*, *1*, 44-68.

Watt, James H., Mazza, Mary, & Snyder, Leslie. (1993). Agenda-setting effects of television news coverage and the effects decay curve. *Communication Research*, *20*, 408-435.

Watt, James H., Jr., & Welch, Alicia J. (1983). Effects of static and dynamic complexity on children's attention and recall of televised instruction. In Jennings Bryant & Daniel R. Anderson (Eds.), *Children's understanding of television: Research on attention and comprehension*(pp. 69-102). New York: Academic Press.

Watts, Mark D., Domke, David, Shah, Dhavan V., & Fan, David P. (1999). Elite cues and media bias in presidential campaigns. *Communication Research*, *26*, 144-175.

Watzlawick, Paul, Beavin, Janet Helmick, & Jackson, Don D. (1967). *Pragmatics of human communication: A study of interactional patterns, pathologies, and paradoxes.* New York: Norton.

Weare, Christopher, & Lin, Wan-Ying. (2000). Content analysis of the World Wide Web—Opportunities and challenges. *Social Science Computer Review*, *18*, 272-292.

Weaver, David A., & Bimber, Bruce. (2008). Finding news stories: A comparison of searches using LexisNexis and Google News. *Journalism & Mass Communication Quarterly*, *85*, 515-530.

Weaver, James B., III. (1991). Are "slasher" horror films sexually violent? A content analysis. *Journal of Broadcasting & Electronic Media*, *35*, 385-392.

Weber, Rene, Behr, Katharina-Maria, Tamborini, Ron, Ritterfeld, Ute, & Mathiak, Klaus. (2009). What do we really know about first-person-shooter games? An event-related, high-resolution content analysis. *Journal of Computer-Mediated Communication*, *14*, 1016-1037.

Weber, Robert Philip. (1990). *Basic content analysis* (2nd ed.). Newbury Park, CA: Sage.

Weigley, Samuel. (2013, March). 10 web sites where surfers spend the most time. *USA Today*. Retrieved from http://www. usatoday. com/.

Weinberger, Marc G. , Spotts, Harlan, Campbell, Leland, & Parsons, Amy L. (1995). The use and effect of humor in different advertising media. *Journal of Advertising Research*, *35*(3), 44-56.

Weisburd, A. Aaron. (2009). Comparison of visual motifs in *Jihadi* and *Cholo* videos on YouTube. *Studies in Conflict & Terrorism*, *32*, 1066-1074.

West, Mark D. (Ed.). (2001a). *Applications of computer content analysis*. Westport,CT: Ablex.

West, Mark D. (Ed.). (2001b). *Theory, method, and practice in computer content analysis*. Westport, CT: Ablex.

Westley, Bruce H. , & MacLean, Malcolm. (1957). A conceptual model for communication research. *Journalism Quarterly*, *34*, 31-35.

Weyls, Ryan. (2001). *Changing media presentations of adult entertainment* (Unpublished master's thesis). Cleveland State University, Cleveland, OH.

Whissell, Cynthia M. (1994a). A computer program for the objective analysis of style and emotional connotations of prose: Hemingway, Galsworthy, and Faulkner compared. *Perceptual and Motor Skills*, *79*, 815-824.

Whissell, Cynthia. (1994b). Objective analysis of text: I. A comparison of adventure and romance novels. *Perceptual and Motor Skills*, *79*, 1567-1570.

Whissell, Cynthia. (1996). Traditional and emotional stylometric analysis of the songs of Beatles Paul McCartney and John Lennon. *Computers and the Humanities*, *30*, 257-265.

Whissell, Cynthia. (2000). Phonoemotional profiling: A description of the emotional flavour of English texts on the basis of the phonemes employed in them. *Perceptual and Motor Skills*, *91*, 617-648.

Whissell, Cynthia, Fournier, Michael, Pelland, Rene, Weir, Deborah, & Makarec, K. (1986). A dictionary of affect in language: IV. Reliability, validity, and applications. *Perceptual and Motor Skills*, *62*, 875-888.

White, Marilyn Domas, & Marsh, Emily E. (2006). Content analysis: A flexible methodology. *Library Trends*, *55*, 22-45.

Whitehurst, Grover J. (1984). Interrater agreement for journal manuscript reviews. *American Psychologist*, *39*, 22-28.

Whitney, D. Charles, Wartella, Ellen, & Kunkel, Dale. (2009). Non-academic audiences for content analysis research. In Amy B. Jordan, Dale Kunkel, Jennifer Manganello, & Martin Fishbein (Eds.), *Media messages and public health: A decisions approach to content analysis*(pp. 233-245). New York: Routledge.

Wilke, Jürgen, Heimprecht, Christine, & Cohen, Akiba. (2012). The geography of foreign news on television: A comparative study of 17 countries. *International Communication Gazette*, *74*, 301-322. doi: 10. 1177/1748048512439812.

Wilkes, Robert E. , & Valencia, Humberto. (1989). Hispanics and Blacks in television commercials. *Journal of Advertising*, *18*(1), 19-25.

Wilkinson, Gene L. , Bennett, Lisa T. , & Oliver, Kevin M. (1997). Evaluation criteria and indicators of quality for internet resources. *Educational Technology*, *37*(3),52-58.

Williams, Brian C. , & Plouffe, Christopher R. (2007). Assessing the evolution of sales knowledge: A 20-year content analysis. *Industrial Marketing Management*, *36*,408-419.

Williams, Frederick, & Monge, Peter. (2000). *Reasoning with statistics: How to read quantitative research*(5th ed.). Fort Worth, TX: Harcourt College.

Williamson, Ian O. , King, James E. , Jr. , Lepak, David, & Sarma, Archana. (2010). Firm reputation, recruitment web sites, and attracting applicants. *Human Resource Management*, *49*(4), 669-687. doi:10. 1002/ hrm. 20379.

内容分析方法导论(原书第2版)

Willnat, Lars, & Zhu, Jian-Hua. (1996). Newspaper coverage and public opinion in Hong Kong: A time-series a-nalysis of media priming. *Political Communication*, *13*, 231-246.

Winer, B. J. (1971). *Statistical principles in experimental design* (2nd ed.). New York: McGraw-Hill.

Witherspoon, Candace L., & Stone, Dan N. (2013). Analysis and sentiment detection in online reviews of tax pro-fessionals: A comparison of three software packages. *Journal of Emerging Technologies in Accounting*, *10*, 89-115.

Woelfel, Joseph, & Fink, Edward L. (1980). *The measurement of communication processes: Galileo theory and method.* New York: Academic Press.

Wohlsen, M. (2014, July 2). Don't worry, Facebook still has no clue how you feel. *Wired*. Retrieved from http://www. wired. com/2014/07/business-facebook-feelings/.

Wölfel, Joe, Hsieh, R., Chen, H., Hwang, J., Cheong, P., Rosen, D., et al. [Woelfel, J.] (2005, Februar-y). *Wölfpak: A neural network for multilingual text analysis.* Paper presented at the 25th Annual Meeting of the International Network for Social Network Analysis (INSNA) conference, Redondo Beach, CA.

Wongpakaran, Nahathai, Wongpakaran, Tinakon, Wedding, Danny, & Gwet, Kilem L. (2013). A comparison of Cohen's Kappa and Gwet's AC1 when calculating interrater reliability coefficients: A study conducted with per-sonality disorder samples. *BMC Medical Research Methodology*, *13*, 1-7. doi:10. 1186/1471-2288-13-61.

Wongthongsri, Patinuch. (1993). *A comparative analysis of Thai and U. S. TV commercials* (Unpublished master's thesis). Cleveland State University, Cleveland, Ohio.

Wood, Wally. (1989, January). Tools of the trade: B-to-B's 60% standard. *Marketing and Media Decisions*, 98-99.

Woolley, Julia K., Limperos, Anthony M., & Oliver, Mary Beth. (2010). The 2008 Presidential election, 2. 0: A content analysis of user-generated political Facebook groups. *Mass Communication & Society*, *13*, 631-652.

Wrench, Jason S., & McCroskey, James C. (2001). A temperamental understanding of humor communication and exhilaratability. *Communication Quarterly*, *49*, 142-159.

Wright, Robert. (1988). *Three scientists and their gods: Looking for meaning in an age of information.* New York: Times.

Wu, Mu, & Neuendorf, Kimberly A. (2011, November). *Content analysis as a predictive methodology: Online video game auctions on eBay.* Paper presented to the Mass Communication Division of the National Communica-tion Association, New Orleans, LA.

Wu, Tailai, Peng, Chih-Hung, Shi, Yani, & Sia, Choon Ling. (2015). An exploratory study of website localiza-tion strategies: The effect of exogenous factors. *HCI in Business*, *9191*, 392-402.

Wurtzel, Alan, & Lometti, Guy. (1984). Determining the acceptability of violent program content at ABC. *Journal of Broadcasting*, *28*, 89-97.

Xenos, Michael A., & Foot, Kirsten A. (2005). Politics as usual, or politics unusual? Position taking and dia-logue on compaign websites in the 2002 U. S. elections. *Journal of Communication*, *55*, 169-185.

Xue, Fei, & Ellzey, Marilyn. (2009). What do couples do? A content analysis of couple images in consumer mag-azine advertising. *Journal of Magazine and New Media Research*, *10*(2), 1-17.

Yale, Laura, & Gilly, Mary C. (1988). Trends in advertising research: A look at the content of marketing-oriented journals from 1976 to 1985. *Journal of Advertising*, *17*(1), 12-22.

Yang, Dan, & Lee, WonSook. (2004, October). *Disambiguating music emotion using software agents.* Paper pres-ented to the Conference on Music Information Retrieval (ISMIR 04), Barcelona, Spain.

Yang, Yi Edward. (2010). Leaders' conceptual complexity and foreign policy change: Comparing the Bill Clinton and George W. Bush foreign policies toward China. *Chinese Journal of International Politics*, *3*, 415-446.

Yang, Yi-Hsuan, & Chen, Homer H. (2011). *Music emotion recognition*. London: Taylor & Francis LLC.

Yanovitzky, Itzhak, & Blitz, Cynthia L. (2000). Effect of media coverage and physician advice on utilization of breast cancer screening by women 40 years and older. *Journal of Health Communication*, *5*, 117-134.

Yasin, Mohamad Subakir Mohd, Hamid, Bahiyah Abdul, Keong, Yuen Chee, Ochman, Zarina, & Jaludin, Azhar. (2012). Linguistic sexism in Qatari primary mathematics textbooks. *GEMA Online Journal of Language Studies*, *12*(1), 53-68.

Yee, Fanny Chan Fong. (2011). The use of humor in television advertising in Hong Kong. *Humor*, *24*, 43-61.

Yin-Poole, Wesley. (2008). GTA 4 will take roughly 100 hours to finish. *Videogamer. com*. Retrieved from http://www. videogamer. com/news/gta_4_will_take_roughly_100_hours_to_finish. html.

Young, Michael D. (1996). Cognitive mapping meets semantic networks. *Journal of Conflict Resolution*, *40*, 395-414.

Yu, Yang, & Wang, Xiao. (2015). World Cup 2014 in the Twitter world: A big data analysis of sentiments in U. S. sports fans' tweets. *Computers in Human Behavior*, *48*, 392-400.

Zängle, Michael. (2014). Trends in papal communication: A content analysis of encyclicals, from Leo XIII to Pope Francis. *Historical Social Research*, *39*(4), 329-364.

Zemel, Alan, Xhafa, Fatos, & Cakir, Murat. (2007). What's in the mix? Combining coding and conversation a-nalysis to investigate chat-based problem solving. *Learning and Instruction*, *17*, 405-415.

Zhang, Yan, & Wildemuth, Barbara M. (2009). Qualitative analysis of content. In Barbara Wildemuth (Ed.), *Applications of social research methods to questions in information and library science* (pp. 308-319). Westport, CT: Libraries Unlimited.

Zhang, Yuan. (2009). Individualism or collectivism? Cultural orientations in Chinese TV commercials and analysis of some moderating factors. *Journalism & Mass Communication Quarterly*, *86*, 630-653.

Zhang, Yuanyuan, Dixon, Travis L., & Conrad, Kate. (2009). Rap music videos and African American women's body image: The moderating role of ethnic identity. *Journal of Communication*, *59*, 262-278.

Zhao, Xinshu, Liu, Jun S., & Deng, Ke. (2013). Assumptions behind intercoder reliability indices. In Charles T. Salmon (Ed.), *Communication yearbook 36* (pp.419-480). New York: Routledge.

Zheludev, Ilya, Smith, Robert, & Aste, Tomaso. (2014). When can social media lead financial markets? *Scientific Reports*, *4*, 1-12. doi:10.1038/srep04213.

Zhou, Lina, Burgoon, Judee K., Nunamaker, Jay F., Jr., & Twitchell, Doug. (2004). Automating linguistics-based cues for detecting deception in text-based asynchronous computer-mediated communication. *Group Decision and Negotiation*, *13*, 81-106.

Zhu, Junhuan, You, Quanzeng, Luo, Jiebo, & Smith, John R. (2013, December). *Towards understanding the effectiveness of election related images in social media*. Paper presented to the IEEE International Conference on Data Mining (ICDM), Workshop on Domain-driven Data Mining. doi:10.1109/ICDMW.2013.112.

Zhu, Ying, Basil, Debra Z., & Hunter, M. Gordon. (2009). The Extended Website Stage Model: A study of Ca-nadian winery websites. *Canadian Journal of Administrative Sciences-Revue Canadienne Des Sciences De L'Administration*, *26*, 286-300. doi:10.1002/cjas.118.

Zickuhr, Kathryn, & Rainie, Lee. (2014, January 16). E-reading rises as device ownership jumps. *Pew Research Center*. Retrieved from http://www. pewinternet. org/2014/01/16/e-reading-rises-as-device-ownership-jumps/.

Zillmann, Dolf. (1971). Excitation transfer in communication-mediated aggressive behavior. *Journal of Experimental*

Social Psychology, 7, 419-434.

Zillmann, Dolf. (1977). Humour and communication: Introduction to symposium. In Antony J. Chapman & Hugh C. Foot (Eds.), *It's a funny thing, humour* (pp. 291-301). Oxford, U. K. : Pergamon.

Zillmann, Dolf, Bryant, Jennings, & Cantor, Joanne R. (1974). Brutality of assault in political cartoons affecting humor appreciation. *Journal of Research in Personality*, 7, 334-345.

Zillmann, Dolf, Johnson, Rolland C., & Day, Kenneth D. (2000). Attribution of apparent arousal and proficiency of recovery from sympathetic activation affecting excitation transfer to aggressive behavior. In E. Tory Higgins & Arie W. Kruglanski (Eds.), *Motivational science: Social and personality perspectives* (pp. 416-424). Philadelphia, PA: Psychology Press/Taylor & Francis.

Zimmerman, Don H., & West, Candace. (1975). Sex roles, interruptions and silences in conversation. In Barrie Thorne & Nancy Henley (Eds.), *Language and sex: Difference and dominance* (pp. 105-129). Rowley, MA: Newbury.

Ziv, Avner. (1984). *Personality and the senses of humor*. New York: Springer.

Zuckerman, Milton. (1986). On the meaning and implications of facial prominence. *Journal of Nonverbal Behavior*, 10, 215-229.

Zullow, Harold M. (1991). Pessimistic rumination in popular songs and newsmagazines predict economic recession via decreased consumer optimism and spending. *Journal of Economic Psychology*, 12, 501-526.

Zullow, Harold M., & Seligman, Martin E. P. (1990). Pessimistic rumination predicts defeat of presidential candidates, 1900 to 1984. *Psychological Inquiry*, 1, 52-61.

Zurbriggen, Eileen L., & Sherman, Aurora M. (2010). Race and gender in the 2008 U. S. Presidential election: A content analysis of editorial cartoons. *Analyses of Social Issues and Public Policy*, 10, 223-247.

Zwick, Rebecca. (1988). Another look at interrater agreement. *Psychological Bulletin*, 103, 374-378.

主题词索引

后 记

前些年，当我接手系里"大众传播研究方法"课程的时候①，就计划针对每种主要的传播研究方法向学生推荐一两本书籍。在传播学领域，作为与问卷法、实验法"三足鼎立"的研究方法，内容分析法颇受研究者和学生的青睐。但与问卷法和实验法相比，人们在运用内容分析法的时候，对理论的关注往往不够，也不太注重研究流程的规范性和严谨性。因此，物色一两本介绍内容分析法的高质量图书就显得更加重要了。

通过调查，我发现目前在北美的高校中，有三本图书都很受欢迎，它们分别是：克里本多夫的《内容分析法：方法论导论》（*Content analysis：An introduction to its methodology*）、莱弗等人的《分析媒介讯息：定量内容分析法在研究中的应用》（*Analyzing media messages：Using quantitative content analysis in research*）②和纽恩多夫的《内容分析方法导论》（*The content analysis guidebook*）。有意思的是，这三本书的首版分别诞生于20世纪80年代、90年代和21世纪第一个十年，同时它们又都在2018年前后出版了最新版③。最后，我选择向学生推荐的是纽恩多夫的著作，这其中有必然的因素，也有偶然的成分。说必然，是因为我赞同彭增军的看法，克里本多夫的著作"显得有些学术有余而实用不足"，而弗莱等人的著作"一些问题没有讲到，另外一些问题讲得很细，却似乎有些凌乱"④。说偶然，那是因为当时重庆大学出版社的林佳木老师给我发来一份社会科学研究方法的书单，希望我从中挑选一本进行翻译，其中刚好就有纽恩多夫的著作，所以我毫不犹豫地选了它。

当我向学生推荐《内容分析方法导论》这本书的时候，首先会说明该书注重方法的科学性和严谨性、兼顾指南的学术性和实操性、融合最新的技术发展和应用情境等优点，然后肯定还会强调这么一点：作者提出了内容分析法的整合路径并对其进行了系统阐述。传统的内容分析法虽然有时也能同时获取或处理其他方面的数据（如用户在网络上留下的"行为痕迹"），但它通常只能用于描述讯息本身的特征或最多揭示不同讯息特征之间的关系。因此，尽管内容分析法在传播学中应用得非常广泛，但对于全面理解人类的传播行为却颇感"心有余而力不足"。通过内容分析整合模式，研究者可以将通过内容分析法获取的讯息数据和通过其他研究方

① 从2020年开始，这门课程被拆分成"定量传播研究方法"和"定性传播研究方法"两门，我负责定量课程。
② 该书的第2版有中文译本，中文译名为《内容分析：媒介信息量化研究技巧（第2版）》，由清华大学出版社在2010年出版。
③ 克里本多夫在2018年推出了第4版，莱弗等人在2019年推出了第4版，纽恩多夫在2017年推出了第2版。
④ 参见彭增军撰写的《媒介内容分析法》的"序"部分，该书由中国人民大学出版社2012年出版。

法(如问卷法、实验法和日志分析等)获取的有关信源和信宿的数据进行系统整合和有机关联。 从科学研究的目的来看，这种做法也就突破了传统内容分析法只能描述现象(比如，描述讯息的内容和形式特征)的局限，从而实现了科学研究更高的目标——解释或预测(比如，解释或预测何种讯息具有更好的传播效果)。 在我看来，当我们试图思考内容分析法在新技术时代的发展前景的时候，倡导内容分析法的整合路径远比探讨完善具体的技术操作更为重要。 因此，我非常喜欢纽恩多夫对这个问题的"深思熟虑"和所提供的"真知灼见"。

下面来简要说说翻译工作本身。 与出版社签订了合同之后，我组织了翻译团队，各个章节的分工如下：

第一章"定义内容分析法"，李武译，胡泊校。

第二章"内容分析法的整合路径"，李武译，胡泊校。

第三章"讯息单元与抽样"，黄扬译，李武校。

第四章"变量和预测"，吴燏函译，李武校。

第五章"测量与效度"，艾鹏亚、黄扬译，李武校。

第六章"信度"，艾鹏亚、吴燏函译，李武校。

第七章"互动媒体时代的内容分析法"，吴星星译，胡泊校。

第八章"研究结果与汇报"，黄扬、艾鹏亚译，李武校。

第九章"内容分析法的使用情境"，吴星星译，胡泊校。

"资源列表"吴星星译，胡泊校。

另外，由李武翻译前言、致谢、作者简介部分，由艾鹏亚翻译主题词索引，最后由李武通读全文，并做文字润色。 在校对和通读的过程中，我对学生的翻译稿都进行了不同程度的调整，有些部分甚至是重新翻译，但我仍然非常感谢团队中每个成员的努力付出。 没有你们，也就没有这本译著的"问世"！

最后，我把这本书的中文版推荐给想要学习或进一步熟悉内容分析法的学生。如果你在阅读中发现翻译存在问题，请反馈给我们。 谢谢！

李　武

Liw555@ sjtu. edu. cn

2018 年 10 月初稿

2020 年 4 月定稿